A. NOA

FAULSPIEL

Roman

WINNIE LIVE MEDIA

Umwelthinweis: Alle bedruckten Materialien dieses Buches sind chlorfrei und umweltschonend.

1. Auflage
Originalausgabe März 2011 verlegt durch
Winnie Live Media S. L. & Co. KG, Dortmund

Umschlaggestaltung und Satz: Marcus Lazzari,
roeske + lazzari, Dortmund
Werksatzschrift: „Vollkorn" von Friedrich Althausen
www.friedrichalthausen.de/vollkorn
Druck und Einband:
Hitzegrad Print Medien & Service GmbH, Dortmund
Gedruckt in Deutschland
ISBN: 3-981-41760-9

Für Agathe, Norbert, Oskar und Armstrong

Die folgenden Ausführungen basieren auf authentischen Begebenheiten. Die Protagonisten und alle weiteren Personen sowie die Handlung sind frei erfunden.

Jegliche Ähnlichkeiten mit noch lebenden oder bereits toten Personen sind rein zufällig und nicht beabsichtigt.

Dieses Werk soll ausschließlich ein Aufruf an alle Anhänger des „sauberen" Sports sein!

Dank an alle, die nicht in Valerie Sattlers rotem Notizbuch stehen!

KAPITEL 1

Es war genau das eingetreten, was er sich schon seit seiner Kindheit gewünscht hatte. Schon immer hatte er von einer Karriere als Profifußballer geträumt, und der liebe Gott war so gnädig, ihm ein fast schon einmaliges Talent in die Wiege zu legen.

In den Medien wurde er bereits als der „neue Kaiser" gefeiert.

Zu gut konnte er sich noch an seine Kindheit erinnern, als er mit seinen Kumpels auf dem Bolzplatz gekickt hatte. Sein größter Wunsch war, solange er zurückdenken konnte, einmal in die Fußstapfen seiner Fußballidole zu treten und eine steile Karriere als Profifußballer hinzulegen.

Seine ersten Gehversuche mit dem runden Leder machte er gemeinsam mit seinem Vater auf der kleinen Wiese hinter dem Haus, in dem sie wohnten. Unzählige Male versuchte er, den Ball in die von ihm gewünschte Richtung zu bugsieren. Schon als Kleinkind entwickelte er dabei seine eigene Schusstechnik. Irgendwie zeigte sich bereits zu dieser Zeit sein unglaubliches Talent für den Fußball. Einem sachkundigen Beobachter wäre sofort aufgefallen, dass er sich allein in seiner Körperhaltung und der Koordination seiner Bewegungsabläufe von anderen Altersgenossen unterschied. Mit dem Ball das Richtige zu tun, schien ihm in die Wiege gelegt worden zu sein.

Im Alter von vier Jahren bekam er von seinem Großvater die ersten Fußballstiefel zum Geburtstag geschenkt. Opa war Vorsitzender des lokalen Fußballvereins in dem Vorort, in dem sie wohnten, und er trainierte die jüngsten Mitglieder des Clubs.

Jedes Wochenende nahm er den kleinen Max mit zum Sportplatz, um sich die Fußballspiele seiner Vereinsmannschaften anzusehen. Die Seniorenmannschaft spielte in der Landesliga, und Max spürte noch genau, wie sehr ihn das Spiel dieser Mannschaft fasziniert hatte.

Immer dann, wenn die wenigen Zuschauer, die gekommen waren, einen Torschrei auf den Lippen hatten, lief ihm ein Schauer über den Rücken.

Seine erste Spielzeit absolvierte der Junge bei den Minikickern des kleinen Vereins. Die Mannschaft wurde von seinem Großvater betreut. Bereits in seiner ersten Spielsaison schoss er mehr als einhundert Tore.

Inzwischen hatte ihm sein Vater ein kleines Fußballtor auf der Wiese hinter ihrem Haus gebaut, und Max verbrachte einen Großteil seiner Zeit damit, aus allen Lagen und allen Entfernungen das Tore schießen zu üben. Schon damals empfand er diese Disziplin im Fußball als seine Passion und seine Berufung. Er fühlte sich zum Torjäger geboren, und seine ersten Erfolge bestätigten ihn darin.

Bis zu seinem achten Lebensjahr blieb er bei dem Vorstadtverein.

Seine Eltern sammelten für ihn die ersten Presseberichte, die in den örtlichen Zeitungen erschienen. Fein säuberlich wurden sie von seiner Mutter in ein kleines Album geklebt.

Schon zu dieser Zeit hatte er den Sprung bis in die Kreisauswahl seiner Altersklasse geschafft, und sein Großvater sorgte dafür, dass er in einem der großen Sportvereine seiner Heimatstadt unterkam. Hier sollte er eine entsprechende Ausbildung erhalten, zumal der neue Verein für seine Talentförderung bekannt war.

Dann kam der Tag, an dem er sein erstes Spiel für den neuen Club bestritt. Seine gesamte Familie, sein Großvater, sein Vater und vor allen Dingen seine Mutter hatten den Weg zum Sportplatz gefunden, um ihn spielen zu sehen.

Seine Mutter sagte ihm damals, wie stolz sie auf ihn wäre, und dieses Gefühl, das er dabei empfand, würde er wohl niemals vergessen. Umso mehr legte er sich ins Zeug, um sie nicht zu enttäuschen. Die Meinung seiner Familie bedeutete ihm schon immer sehr viel.

In diesem Spiel erzielte er zwei Tore und garantierte damit den Sieg seiner Mannschaft.

Es sollten nicht seine letzten Tore und Siege sein!

Seine Trainer betrachteten ihn schon in seinen jungen Jahren als Ausnahmetalent, wie es ihnen noch nie zuvor untergekommen war. Er schoss nicht nur Tore wie am Fließband, sondern war seinen Altersgenossen spielerisch in den meisten Belangen haushoch überlegen. Daher spielte er in den folgenden Jahren überwiegend in der Mannschaft, die schon eine Altersgruppe höher war als er selbst.

Im Grunde genommen blieb ihm der lange und dornige Weg der unzähligen, vielversprechenden jungen Talente erspart.

Das lag nicht zuletzt daran, dass er in jeglicher Hinsicht von seiner Familie, in erster Linie von seinem Großvater und seiner Mutter unterstützt wurde. Über all die Jahre brachten sie ihn regelmäßig zu den wöchentlichen Trainingseinheiten und verpassten kaum eins seiner Spiele.

Der Fußball bestimmte seither sein gesamtes Leben, und dennoch gab es oft genug Momente, in denen er an seinem scheinbar vorgezeichneten Weg zweifelte. Immer dann, wenn sein Vater mahnend den Zeigefinger hob und ihn an seine schlechten schulischen Leistungen erinnerte, überkam ihn ein flaues Gefühl in der Magengegend. Jedoch hatte er in seiner Mutter eine starke Verbündete, die seinen Vater immer wieder besänftigte.

So schlecht auch manchmal seine Leistungen auf der Schulbank waren, so herausragend waren die sportlichen Erfolge, die er beim Fußball feierte.

Mit vierzehn Jahren galt er bereits landesweit als einer der gefährlichsten und erfolgreichsten Torjäger im Jugendbereich. Unzählige Meisterschaften, Pokale und Auszeichnungen zierten seine noch blutjunge Karriere, und die erste Berufung in das Schülernationalteam ließ nicht lange auf sich warten.

Es war noch nicht einmal zwei Jahre her, als die ersten Headhunter der großen Profivereine auf ihn aufmerksam wurden. Er bestritt ein Spiel mit der Landesauswahl von NRW gegen die Mannschaft aus Rheinland-Pfalz. Einige Späher großer Vereine waren erschienen, um ihn zu beobachten.

Nach dem Spiel bekam er das Angebot, an einem Probetraining bei einem der großen Profivereine teilzunehmen.

Dies war die Chance, auf die er all die Jahre gewartet hatte. Sein Großvater begleitete ihn zu der Trainingseinheit, und er konnte sich noch exakt an die Worte erinnern, die er ihm auf dem Weg zum Trainingsgelände mitgab.

Der weise Mann versuchte, seinem Enkel die verständliche Nervosität zu nehmen, indem er ihn beschwor, sich während des Trainings auf seine Stärken zu besinnen. Max' Gefühl für die Spielsituation und sein instinktives Handeln hatten ihn bisher ausgezeichnet und erfolgreich gemacht. Darauf allein sollte er sich konzentrieren und alles andere um sich herum ausblenden.

Die Empfindungen, die der Junge hatte, als er gemeinsam mit seinen Vorbildern, den großen Namen des Fußballsports, in der Umkleidekabine saß, würde er niemals vergessen. Plötzlich kam er sich trotz seiner Erfolge ausgesprochen klein und winzig vor, und das Selbstvertrauen, das ihn trotz seiner Jugend auszeichnete, schrumpfte auf ein Minimum. Die ersten Zweifel darüber, ob er dieser Prüfung gewachsen wäre, beschlichen ihn. Eine innere Unruhe machte sich in ihm breit, wie er sie bisher noch nie gespürt hatte. Alle Anwesenden musterten ihn neugierig, als er von dem Trainerteam vorgestellt wurde. Die ganze Situation kam ihm unwirklich vor. Plötzlich befand er sich an dem Punkt, den er so zielstrebig verfolgt hatte!

Die Vergangenheit zählte jetzt nicht mehr, entscheidend für ihn und die Verwirklichung seiner Träume war ausschließlich der Moment, der Augenblick, in dem er sich jetzt befand. Der Trainingseindruck, den er hinterließ, sollte über seine sportliche Zukunft und Wohl und Wehe seiner Karriere entscheiden.

Ernsthafte Zweifel darüber, ob er die erste Nagelprobe seines noch jungen Lebens bestehen würde, ergriffen ihn. Zum ersten Mal bekam er ein Gefühl dafür, welche Auswirkungen derartiger Erfolgsdruck auf die Psyche haben könnte. Alle bisherigen sportlichen Herausforderungen hatte er mit dem Elan und der Unbekümmertheit seiner Jugend bewältigen können. Jedoch war dies eine Situation, der er sich nur schwerlich gewachsen fühlte. Eine psychische Blockade machte sich in ihm breit, ein dumpfes Gefühl, das sich von der Magengegend über seinen gesamten Körper ausbreitete.

Mit zitternden Knien betrat er das Spielfeld und hatte das Gefühl, dass die Augen aller Anwesenden ausschließlich auf ihn gerichtet wären.

Als er das erste Mal von einem seiner Mitspieler angespielt wurde, war seine Nervosität plötzlich wie weggeflogen. Er hatte jetzt das Spielgerät am Fuß, das ihn bereits seine gesamte Kindheit begleitet hatte. Spaß und Freude an dem Spiel verdrängten seine Ängste im Bruchteil einer Sekunde, und er gab sich – wie schon unzählige Male zuvor – seinem Gefühl und seiner Leidenschaft hin. Sein Großvater hatte mit allem Recht behalten!

Je länger das Spiel dauerte, desto leichter fiel es Max, und er erhielt zunehmend mehr bewundernde Blicke seiner Mitspieler.

Diese Anerkennung beflügelte ihn umso mehr in seinen Aktionen, und ihm gelang nahezu alles.

Nach dem Training wurde er von allen Seiten mit Lob überschüttet, und selbst die erfolgsverwöhnten Profis zollten ihm jede Menge Anerkennung!

Man prophezeite ihm eine glänzende und steile Karriere!

Holger Kranbaum hatte gerade die Pressekonferenz über sich ergehen lassen.

Mit eingeübten Floskeln hatte der Geschäftsführer des Vereins die Fragen der Medienvertreter beantwortet und seiner Meinung nach hatte er wie immer eine ausgesprochen gute Figur gemacht.

Es sei zwar tragisch, dass man so knapp am Sieg vorbeigeschrammt wäre, aber das sei nun mal das Salz in der Suppe beim Fußball.

Außerdem sei dieses Spiel nicht das erste gewesen, das so kurz vor Schluss entschieden wurde. Was hatte der gute Sepp Herberger schon gesagt: Ein Spiel dauert nun mal neunzig Minuten und ist erst vorbei, wenn der Schiedsrichter abpfeift!

Sie hätten eine junge Mannschaft, die sich noch im Aufbau befinde.

Ein solcher Erfolg wäre jetzt vielleicht zu früh gekommen.

Sie würden in der nächsten Saison erneut angreifen und dem Rest der Bundesliga die Stirn bieten.

Vielleicht hätten sie dann das glückliche Ende auf ihrer Seite. Heute wäre der Fußballgott auf Seiten des Gegners gewesen, da könne man nichts machen.

„Wer am Ende der Saison oben in der Tabelle steht, hat es auch verdient.

Unsere junge Mannschaft hat mehr erreicht, als wir am Anfang erhofft hatten; ihr gehört die Zukunft."

Im Umgang mit den Medien war er ein Meister seines Fachs; nicht umsonst hatte er in der Vergangenheit rhetorische Kurse belegt, um diesen Presseleuten nicht auf den Leim zu gehen. In dieser Disziplin konnte ihm kaum jemand das Wasser reichen.

Keiner hegte auch nur den leisesten Verdacht, außer diesem Runge. Diese Zecke!

Was wusste dieser penetrante Schmierfink wirklich?

War es nur ein Bluff?

Woher kannte er Valerie, und was hatte diese göttliche Nutte ihm erzählt?

Er musste sie unbedingt treffen. Heute noch!

In der Schublade seines Schreibtischs bewahrte er sein zweites Funktelefon auf.

Nach dem ersten Treffen mit seiner Teufelin, so nannte er sie immer, hatte er sich extra ein neues Handy mit einer anderen Telefonnummer zugelegt, die nur er und sie kannten.

War es wirklich schon drei Jahre her, als er sie kennen gelernt hatte?

Es geschah bei einem Seminar in der Sportschule in Kaiserau.

Damals hatte er einen Vortrag über die Organisation verschiedener Bereiche bei der bevorstehenden Weltmeisterschaft in Deutschland gehalten. Die Veranstaltung war über ein ganzes Wochenende geplant und wurde von verschiedenen Organisationskomitees im Ruhrgebiet ausgerichtet. Teilnehmer waren unter anderem Catering-Firmen aus ganz Deutschland.

Valerie saß in der ersten Reihe der Zuhörer.

Schon als sie den Hörsaal betreten hatte, war sie ihm aufgefallen, da ihm noch nie in seinem Leben eine solch attraktive Frau begegnet war. Allein ihr Gang und ihre Art, sich zu bewegen, waren der Ausdruck explosiver Erotik.

Ihre strohblonden, langen Haare hatte sie streng zu einem Knoten hochgebunden. Dazu abgrundtiefe dunkelgrüne Augen. Ein Gesicht wie gemalt und eine Figur, dass ihm der Atem stockte. Sie war die Attraktion des Abends und sie war sich ihrer Wirkung völlig bewusst.

Ihr enges, Figur betonendes Kostüm ließ ihre Brüste noch größer erscheinen.

Während seines gesamten Vortrags war er wie paralysiert und konnte seinen Blick nicht von ihr wenden. Natürlich bemerkte sie seine offensichtliche Bewunderung und erwiderte seine Blicke mit einem entwaffnenden Lächeln.

Nach der Veranstaltung sahen sie sich an der Hotelbar wieder.

„Guten Abend, mein Name ist Valerie Sattler, ich habe mit viel Interesse Ihren hervorragenden Vortrag verfolgt. Ich hätte nicht gedacht, dass sich ein Fußballfunktionär so gut mit Gastronomie und Catering auskennt."

Sie erzählte ihm, dass sie für ein großes Franchise-Unternehmen in Frankfurt arbeite.

Ihr Alter war 32 Jahre. Während sie noch mit ihm redete, starrte er nur auf ihre sinnlichen Lippen und danach wanderte sein Blick tiefer und versank in ihrem unglaublichen Ausschnitt.

Sie trug keinen Büstenhalter, und der Gedanke an ihre riesigen Titten beflügelte seine Fantasie und machte ihn fast wahnsinnig. Sie wusste das und machte keinen Hehl daraus. Er liebte Frauen, die sich ihrer Wirkung bewusst waren und dies auch zur Schau stellten.

Bis spät in die Nacht saßen sie zusammen an der Bar und tranken Champagner. Val, so nannte sie sich selbst, zog sich dann alleine in ihr Hotelzimmer zurück. Sie hatte Zimmer Nr. 69.

Nomen est omen, dachte er, als er noch vollständig bekleidet auf seinem Bett lag. Er stellte sich vor, dass er mit seinem Gesicht zwischen ihren Brüsten liegen würde und verspürte eine seltsame Wärme in seinen Lenden. Der Champagnernebel in seinem Kopf verstärkte dieses Gefühl noch.

Irgendwann nahm er all seinen Mut zusammen, hob den Hörer des Zimmertelefons ab und wählte ihre Nummer. Es klingelte eine halbe Ewigkeit, bis sie sich meldete.

„Hallo, ich dachte schon, du meldest dich nicht. Willst du nicht noch auf ein Gläschen herüberkommen?"

Wie in Trance schlich er über den Hotelflur; niemand sollte ihn bemerken.

Val hatte ihm schon die Tür geöffnet und stand völlig nackt vor ihm ...

Diese Nacht würde er so schnell nicht vergessen! Danach fühlte er sich 20 Jahre jünger. Sie gab ihm alles, was er in seiner Ehe bisher so sehr vermisst hatte. Seine intimsten Wünsche las sie ihm von den Lippen, bevor er sie ausgesprochen hatte. Es kam ihm so vor, als könne sie seine Gedanken lesen.

Damals hatte er sich das zweite Telefon besorgt und sie gebeten, nur über diese Nummer Kontakt aufzunehmen.

Später trafen sie sich bei jeder Gelegenheit, selbst bei Europapokal-Auswärtsspielen ließ er sie nachkommen.

Gedankenverloren wählte er ihre Nummer. Nach dem zweiten Rufton meldete sie sich.

„Hallo, mein Süßer, hast du wieder Verlangen nach der geilen Val? Muss dein kleines, böses Ding wieder befriedigt werden?"

Er liebte es, wenn sie so ordinär mit ihm sprach, wobei er ihre unterschwellige Dominanz wahrnahm, die er in der Vergangenheit schon so oft genossen hatte.

„Das ist kein schlechter Gedanke; nach dem heutigen Tag könnte ich ein paar deiner Spielchen gebrauchen!"

Allein ihre strenge, bestimmende Stimme erregte ihn dermaßen, dass er beinahe den eigentlichen Grund seines Anrufs vergessen hätte.

„Deshalb rufe ich dich nicht an, mein kleiner Teufel."

„Oh, wie schade, möchtest du etwas Telefonsex? Soll ich dir erzählen, was ich mit deiner unartigen, ungezogenen Flöte jetzt alles anstellen könnte? Ich würde sie zwischen meine starken Lippen pressen, meine zarte Zunge..."

Abrupt unterbrach er sie.

„Lass das, wir müssen uns heute noch sprechen, ich glaube, wir haben da ein kleines Problem."

„Was denn für ein Problem, mein Schwänzchen? Hat deine Frau von mir erfahren? Sag ihr doch, dass sie das nächste Mal zusehen darf, wenn ich mit deinem Lümmel spiele; sicherlich kann sie noch etwas lernen..."

Sie lachte süffisant und diabolisch.

Kranbaum konnte seinen Ärger kaum verbergen.

„Hör auf damit und halte gefälligst meine Frau aus dem Spiel, du versautes Stück!

Ich habe gleich noch eine Feier mit der Mannschaft und ein paar Sponsoren. Du musst hierher kommen! Wir haben einiges zu bereden. Fahr in das gleiche Hotel wie beim letzten Mal! Ich komme dann, sobald ich kann."

„Du weißt doch, dass ich für dich fast alles tue, nicht wahr, mein Schatz? Ich werde da sein und auf dich warten!"

Kranbaum legte erleichtert auf, nachher würde er mehr wissen. Dieser verfluchte Runge!

Er würde Valerie ein paar unangenehme Fragen stellen.

Als er sein Büro verließ, fing es schon an zu dämmern. Auf dem Weg zu der geplanten Feier fuhr er noch zu Hause vorbei, um sich etwas frisch zu machen und um seine Frau abzuholen.

Sie vertraute ihm blind und hatte die ganze Zeit keinen Verdacht geschöpft. Seit 23 Jahren war er verheiratet und hatte sie all die Jahre immer wieder mit verschiedenen Frauen betrogen.

Kranbaum war halt ein guter Lügner und Schauspieler, was in seiner Natur lag und worauf er auch noch stolz war. Ihn plagte auch kein schlechtes Gewissen. Lügen und Betrügen waren ihm in Fleisch und Blut übergegangen, und er bewegte sich in dieser Scheinwelt mit traumwandlerischer Sicherheit.

Nach dem Probetraining erhielt Max sofort einen Vertrag für zwei Jahre und spielte zunächst überwiegend in der Amateurmannschaft seines neuen Vereins, gehörte jedoch schon zum erweiterten Profikader.

Im Trainingslager für die folgende Saison wollte es das Schicksal, dass sich der etatmäßige Mittelstürmer und Torjäger schwer verletzte. Kreuzbandriss, mit die schlimmste Verletzung, die man sich als Fußballer zuziehen konnte!

Damit war Max' Zeit gekommen! Jetzt konnte er auf der großen Bühne Bundesliga zeigen, was in ihm steckte! Und er nutzte seine Chance! Bereits im ersten Spiel traf er gleich zwei Mal und zur Winterpause führte er mit Abstand die Torjägerliste an.

Plötzlich war sein Name in aller Munde:

Max Kaiser, das größte Stürmertalent seit Gerd Müller!

Die Gazetten waren voll mit Berichten über das neue deutsche Ausnahmetalent. Die Reporter übertrumpften sich gegenseitig mit Superlativen. Das reichte von „Fußball von einem anderen Stern“ bis hin zu „Heilsbringer des deutschen Fußballs“!

Seine erste Profisaison verlief wie in einem Bilderbuch; ihm war es zu verdanken, dass seine Mannschaft an der Tabellenspitze stand und jetzt, am letzten Spieltag, hatten sie sogar die einmalige Möglichkeit, nach vielen erfolglosen Jahren wieder Deutscher Meister zu werden. Durch seine Erfolge gehörte er zum Kader der Nationalmannschaft und war bereits für die bevorstehende Europameisterschaft nominiert.

Ihm erschien dieser schnelle Aufstieg in das Profigeschäft unfassbar. Selbst die großen europäischen Vereine waren auf ihn aufmerksam geworden und machten ihm bereits Avancen für einen Vereinswechsel. Es war gerade mal ein paar Tage her, dass er seinen bis dato größten Erfolg in der Nationalmannschaft feiern konnte.

Eines der letzten Vorbereitungsspiele für die Europameisterschaft bestritt die Nationalelf in Mailand gegen Italien, und Max war von Anfang an dabei. In diesem Spiel spürte er das erste Mal, was man unter internationaler Härte verstand. Sein Gegenspieler traktierte ihn fast über die gesamte Spielzeit mit allen erlaubten und unerlaubten Mitteln.

Kurz vor Ende des Spiels holte er Max direkt an der Außenlinie derart hart von den Beinen, dass er das Gefühl hatte, sämtliche Knochen in seinem Leib würden brechen.

Anstatt zu jammern und zu lamentieren, gab Max die einzig richtige Antwort auf die rüde und rüpelhafte Spielweise: In der Nachspielzeit erzielte er den Siegtreffer für seine Mannschaft!

Deutschlands neuer Fußballkaiser versenkt die stolzen Italiener titelte man anschließend in der internationalen Sportpresse.

Es war schon ewig her, dass die deutsche Elf in Italien gewinnen konnte.

Max genoss seinen schnellen Ruhm.

Er hatte das Bild noch genau vor Augen, wie stolz sein Vater war, als er mit seinem ersten Profivertrag nach Hause kam. Natürlich gönnte Papa ihm, dass sein Traum in Erfüllung ging, doch genauso stellte er sich die Frage, wer nun das Geschäft, das sich über eine halbe Ewigkeit etabliert hatte, weiterführen sollte. Eigentlich hatte er Max dafür vorgesehen.

Die kleine Metzgerei brauchte dringend einen Nachfolger, und Kaiser senior konnte das Geschäft nicht ewig weiterbetreiben. Seit drei Generationen befand es sich nun schon in Familienbesitz, und darauf konnte die Familie mehr als stolz sein.

Sein Urgroßvater hatte den kleinen Betrieb vor dem Ersten Weltkrieg gegründet, und danach wurde er immer an den ältesten Sohn weitergegeben. Es folgte eine fast endlose Diskussion über dieses Thema. Natürlich konnte der alte Kaiser die Beweggründe seines Sohnes verstehen, da einem jungen Kerl nicht oft im Leben eine solche Chance geboten wurde, und die wollte Max unter allen Umständen wahrnehmen. Zu seinem Glück hatte sich seine Mutter durchgesetzt, die schon immer für Max Partei ergriffen hatte.

„Nun lass den Jungen mal machen! Die Fußballkarriere dauert ja nicht ewig. Anschließend kann er das Geschäft immer noch übernehmen."

Zähneknirschend stimmte sein Vater schließlich zu.

Am Vorabend des Saisonfinales saß Max Kaiser nach dem Nachmittagstraining auf der Tribüne seines Heimstadions und genoss die Atmosphäre dieser reinen Fußballoper auch ohne Fans und Zuschauer. Noch einmal ließ er die Ereignisse der letzten Monate Revue passieren. Es war schon unglaublich, welche Entwicklung er gemacht hatte. Schon immer hatte er davon geträumt, in diesem Stadion vor seinem Heimatpublikum spielen zu dürfen, und jetzt sollte sein Traum Wirklichkeit werden!

Es war einer dieser herrlichen, frühen Sommertage. Die Luft war sauber und nicht so von Staub geschwängert, wie man es im Ruhrgebiet kannte. Die Nachmittagshitze hatte sich bereits verflüchtigt, und ein lauer Wind wehte durch das menschenleere Stadion. Vor seinem geistigen Auge zog das Szenario der von Fußballfans gefüllten Ränge vorüber, und er konnte die mystische Atmosphäre, die von dieser reinen Fußballarena ausging, fast körperlich spüren. Diesem Mythos konnte man sich einfach nicht verschließen. Jeder, der nur in irgendeiner Form mit dem Fußball verbunden war, wurde von diesem Virus infiziert. Dem Gänsehautgefühl, von dem man erfasst wurde, ausgelöst von dem Geschehen auf dem grünen Rasen, konnte sich der Betrachter kaum entziehen. Allein der Augenblick, wenn die Mannschaften in das Stadion einliefen, verursachte eine Euphorie, die sich wie eine Welle über die Tribünen ausbreitete.

Morgen ging es gegen die Bayern, einen Club, der sich in der Geschichte der Bundesliga zum Mythos entwickelt hatte. In diesem Spiel sollte sich die Meisterschaft entscheiden! Ein Unentschieden würde seiner Mannschaft reichen, und sie könnten nach neunzig Minuten die Salatschüssel über ihre Köpfe halten. Ein Saisonfinale, das den Anschein erweckte, als habe jemand ein Drehbuch dafür geschrieben. Die Spannung, die sich in der großen Fußballgemeinde ausbreitete, war kaum noch zu überbieten. Seit Tagen bestimmte dieses alles entscheidende Spiel die Titelseiten der deutschen Sportpresse. Könnte seine blutjunge Mannschaft diesem unglaublichen Druck standhalten, war die Frage, mit der sich die Experten am meisten beschäftigten.

Von dem Spiel gegen Italien hatte zwar noch etwas seine rechte Wade gezwickt, aber er glaubte nicht, dass ihn diese leichte Verletzung in irgendeiner Form behindern würde. Die medizinische Abteilung hatte ausgesprochen gute Arbeit geleistet.

Sein Trainer setzte sich auf den Tribünenplatz neben ihn.

Es war das erste Mal, dass er mit ihm unter vier Augen redete.

„Du musst unbedingt versuchen, mit beiden Beinen auf dem Boden zu bleiben. Ich kann mir schon vorstellen, was es für einen jungen Spieler bedeutet, wenn er täglich seinen Namen in der Presse liest, und die Medien sich um Interviews reißen."

„Natürlich schmeichelt mir das ungemein, und es tut auch dem Ego sehr gut, wenn man plötzlich so begehrt ist. Aber Sie können mir glauben, dass ich nicht abheben werde. Meine Eltern haben mich schon so erzogen, dass mir der Erfolg nicht zu Kopf steigt. Allein mein Vater würde mich recht schnell von meinem Thron wieder herunter auf den Boden der Tatsachen bringen!"

Max sah seinen Trainer gleichmütig an, als er das sagte.

„Ich wünsche mir, dass dieser Traum nie endet. Ich habe das seltene Glück, meine Träume leben zu können und das betrachte ich nicht als Selbstverständlichkeit, sondern als ein Geschenk Gottes."

„Du hast ein Gott gegebenes Talent für den Fußball, darauf kannst du wirklich stolz sein. Es hat in der Geschichte dieses Sportes nicht sehr viele Spieler gegeben, die mit deinen Eigenschaften gesegnet waren. Du bist ein Straßenfußballer, der instinktiv ein Spiel lesen kann und aus dem Bauch heraus fast immer das Richtige tut!

Trotz seiner Jugend war Max sich völlig darüber im Klaren, wie sehr ihm sein Talent geholfen hatte, zu dem zu werden, was er heute war. Er betrachtete es auch nicht als Selbstverständlichkeit, dass er, im Unterschied zu unzähligen anderen jungen Talenten, das einmalige Glück hatte, einen Profivertrag zu erhalten.

„Ich freue mich riesig auf das morgige Spiel. Wann hat man schon einmal die Gelegenheit, um die Krone des deutschen Vereinsfußballs spielen zu können? Wir werden das Ding schon schaukeln, und ich werde versuchen, alles beizusteuern, was in meiner Macht steht!"

„Es ist natürlich das Ziel eines jeden Sportlers, um die höchste Anerkennung seiner Leistung zu kämpfen, und in dieser Saison ist die Frage der Meisterschaft bis zum Ende so spannend wie selten zuvor."

Der Trainer sah ihn durchdringend an, und Max hatte das Gefühl, als wolle er ihm noch etwas sagen, was nur schwer über seine Lippen kommen wollte. Diesen Gedanken verscheuchte er aber schnell wieder.

„Als kleines Kind hatte ich schon davon geträumt, vor dieser Kulisse um die Meisterschaft spielen zu dürfen! Sagen Sie mal, Trainer, Sie hatten doch auch die Chance auf eine steile Karriere im aktiven Fußball, warum haben Sie Ihre Laufbahn eigentlich so früh beendet und sind Trainer geworden?"

„Das ist eine lange Geschichte, und irgendwann werde ich sie dir erzählen. Neben einigen anderen Gründen wurde ich am Ende durch eine schwere Verletzung gezwungen, meine Profikarriere an den Nagel zu hängen und auf den Trainerstuhl zu wechseln. Fußball ist wie ein Virus, wenn er dich einmal infiziert hat, dann lässt er dich in den seltensten Fällen wieder los. So ist es mir auch ergangen. Das war damals eine schwere Zeit für mich. Ich musste mich in vielerlei Dingen völlig umstellen. Aber jetzt müssen wir einiges besprechen, was sicherlich wichtiger ist als das Ende meiner Profilaufbahn."

Wieder folgte dieser Blick, den Max nicht einzuordnen wusste.

„Ich glaube schon, dass das Wichtigste für mich jetzt im Moment ist, mich auf das morgige Spiel zu konzentrieren. Immerhin wollen wir Deutscher Meister werden! Oder?"

„Da hast du natürlich nicht ganz Unrecht, mein Junge; es fällt mir auch sehr schwer, dir zu sagen, was ich dir mitteilen muss. Ich habe eine traurige Nachricht für dich:

Du wirst morgen nicht spielen!"

Wie Donner hallten die Worte in Max' Ohren. Hatte er richtig gehört?

„Wie bitte? Das ist doch nicht Ihr Ernst, das können Sie doch nicht machen!"

„Diese Entscheidung kommt auch nicht von mir, der Vorstand hat so entschieden. Da sind mir leider die Hände gebunden. In der Regel bin ich für die Aufstellung der Mannschaft und die sportlichen Belange zuständig. Aber der Vorstand hat sich vertraglich ein Vetorecht vorbehalten. Dagegen kann ich nichts tun. Du weißt doch, wie das ist: Wer bezahlt, der entscheidet auch, was die Musik spielt. Und wir verdienen ja nicht schlecht, oder?"

Max hatte das Gefühl, als würde der Himmel über ihm zusammenstürzen. Er konnte seine Tränen kaum zurückhalten. Das konnten sie doch nicht machen, es ging doch um die Deutsche Meisterschaft und er, der Top-Torjäger, sollte nicht mit auflaufen!

Am gleichen Abend hielt die Vereinsführung eine Pressekonferenz ab. Dabei wurde eine vorbereitete Erklärung verlesen. Den anwesenden Reportern gab man noch die Gelegenheit, Fragen zu stellen, und Max erhielt ein Redeverbot.

„Wir erwarten, dass du dich an das Interviewverbot hältst, kein Wort zu den Medien, sonst könnte es passieren, dass deine Karriere genauso schnell beendet ist, wie sie begonnen hat!"

Teilnahmslos hatte er in der Pressekonferenz gesessen. Die wichtigsten Medienvertreter aus Presse, Funk und Fernsehen waren anwesend. Natürlich fand eine Erklärung am Vortag zum entscheidenden Spiel um die Deutsche Meisterschaft besondere Beachtung.

Das Statement des Pressesprechers rauschte förmlich an ihm vorüber:

„Die Verletzung, die sich Max Kaiser in dem Italien-Spiel zugezogen hat, ist noch nicht vollständig auskuriert. Er soll geschont werden für die bevorstehende Europameisterschaft. Niemand von unserer Seite möchte die Verantwortung dafür übernehmen, dass er sich stärker verletzt. Immerhin möchten wir ja noch die nächsten Jahre Freude an seiner Spielweise haben."

Es geht mir gut, dachte Max. Was für eine Scheiße erzählen die denn da!

Er konnte nicht verstehen, was mit ihm geschah.

Als die Pressekonferenz zu Ende war, verließ er wortlos das Verwaltungsgebäude des Clubs.

Unbemerkt schlich er sich vorbei an den wartenden Reportern, weil er nicht die geringste Lust verspürte, das soeben Gehörte in irgendeiner Weise zu kommentieren. Er wollte nur noch allein sein, allein mit sich selbst und seinen Gedanken! Krampfhaft versuchte er, diese für ihn neue Situation zu verstehen. Doch so sehr er sich auch bemühte, offensichtlich reichte sein Verstand nicht aus, das Unfassbare zu verstehen.

Max fühlte sich wie ein geprügelter Hund, und die Art und Weise, wie er aus dem Stadion kroch, stieß ihm übel auf. Bislang hatte er sich immer allen Problemen in seinem jungen Leben gestellt, so war er auch erzogen worden. Dieser Fake und vor allen Dingen die Tatsache, dass er sich aus dem Stadion schleichen musste, missfielen ihm außerordentlich!

Bis zu ihm nach Hause waren es nur wenige Minuten zu Fuß. Man hatte ihm zwar angeboten, dass er mit einer vereinseigenen Limousine nach Hause gefahren werden könne, dieses Angebot jedoch lehnte er dankend ab. Max war stinksauer. Die Tränen liefen über sein heißes Gesicht. Tränen des Zorns und der Enttäuschung. Solang er auch darüber nachdachte, er konnte keinen Sinn in dieser Entscheidung finden.

„Guten Abend, Fußballgott! Sieht so aus, als wenn du trotz deiner Verletzung ganz gut zu Fuß bist!"

Der hatte ihm jetzt gerade noch gefehlt! Das war doch dieser Schmierfink, der kein gutes Haar am Fußball ließ.

Marcel Runge saß auf der Treppe vor dem Haus seiner Eltern. In den Mundwinkel hatte er sich eine Zigarette geklemmt. Runge schrieb unter anderem für den „ Anstoß", einem der auflagenstärksten deutschen Sportmagazine. Er war wie immer leger gekleidet, Jeans, offenes Hemd und Sakko.

Seine intelligenten Augen musterten Max neugierig.

Max begrüßte ihn ebenso höflich, obwohl er ihn am liebsten zum Teufel gewünscht hätte.

Er hatte nach dem heutigen Tag wirklich keine Lust auf ein Gespräch mit dem Schreiberling. Lieber wäre er mit seinen Gedanken und seiner Enttäuschung für den Rest des Abends allein geblieben.

„Da hat man dir ja übel mitgespielt. Ist ein wenig unfair, oder? Ist deine Verletzung wirklich so schlimm? Ich habe euch heute Nachmittag beim Training beobachtet. Auf mich hast du dabei einen gesunden Eindruck gemacht. Irgendetwas stimmt doch hier nicht!"

Max wollte einfach nur in Ruhe gelassen werden und das gab er dem Journalisten auch durch seine Körperhaltung zu verstehen. Diese Schreiber waren wirklich penetrante Zecken, die seiner Meinung nach die Privatspähre eines Menschen missachteten, wenn sie eine Story witterten. Oft genug hatte er erlebt, dass Runge oder seinesgleichen andere Sportler oder Menschen des öffentlichen Lebens in den Dreck gezogen hatten.

Am liebsten hätte Max ihm seine Enttäuschung und seine Wut ins Gesicht geschrien.

„Mein Junge, ich kenne das zu gut. Habe so was schon öfter erlebt. Genau so oder so ähnlich. Vielen vor dir ist es bereits so ergangen. Ich kann mir gut vorstellen, wie du dich jetzt fühlst."

Runge sah ihn mitleidig an, und Max hatte das unbestimmte Gefühl, dass dieser Reporter ehrlich zu ihm war. Er konnte diese Empfindung an nichts Besonderem festmachen, jedoch sagte ihm sein Bauch, dass dieser Journalist nicht zu den Typen gehörte, die nur auf eine reißerische Story aus waren. Dennoch versuchte er erneut, das Gespräch zu beenden.

„Gehen Sie bitte und lassen Sie mich für heute in Ruhe! Ich bin hundemüde und möchte nur noch ins Bett."

Runge sah ihn durchdringend an, und wieder hatte Max das Gefühl, dass in seinem Blick nichts Falsches lag. Ganz im Gegenteil, der Blick war offen und ehrlich.

„Bist du eigentlich so dumm und naiv oder tust du nur so? Das sieht doch ein Blinder, was hier los ist. Die können dich gar nicht spielen lassen! Die ganze Saison hat nur dir gehört. Du hast so einen Lauf, dass du die Bayern morgen im Alleingang abschießen würdest. Glaubst du etwa, die könnten sich noch ein Jahr ohne Champions League erlauben? Deren Mannschaft kostet ein Vermögen."

In aller Ruhe steckte sich Runge eine neue Zigarette zwischen die schmalen Lippen und fixierte den wie angewurzelt stehenden Max Kaiser.

„Du glaubst doch wohl nicht allen Ernstes, dass die den besten Stürmer seit Gerd Müller auf der Tribüne schmoren lassen, wenn sie wirklich vorhätten, das Spiel zu gewinnen! Ich bin mir recht sicher, dass das Spiel verkauft worden ist. Ihr seid bei den internationalen Buchmachern Favorit, und wer morgen auf die Bayern setzt, kann damit vermutlich ein Stange Geld gewinnen. Es gibt eigentlich nur zwei Möglichkeiten; die erste wäre, dass die Bayern das Spiel gekauft haben und die andere, dass eure Funktionäre das Spiel manipulieren, ohne dass die Bayern etwas davon ahnen. Eigentlich spricht alles für die zweite Variante."

Max fühlte sich nicht besonders wohl in seiner Haut. Es war für ihn unvorstellbar, dass ein Bundesligaspiel manipuliert sein sollte. Sicherlich hatte er schon von Spielverkäufen aus den unteren Amateurligen gehört. Da ging es um ein Fässchen Bier oder um einen Satz Trikots, vielleicht mal um ein paar Euro für die Mannschaftskasse, aber doch nicht in der höchsten Spielklasse. Das konnte doch nicht sein! Unmöglich!

„Erzählen Sie mir doch bitte nicht solch einen Blödsinn. Es werden doch keine Spiele in der Ersten Liga verkauft! Wir spielen hier immerhin um die Meisterschaft und nicht um die goldene Ananas!"

„Wie du meinst, ich hatte dich eigentlich für ein intelligentes Kerlchen gehalten, das erfahren möchte, was hierzulande wirklich mit dem Fußball los ist.

Seit vielen Jahren recherchiere ich jetzt schon in Sachen Fußballskandale und Spielmanipulationen. Du kannst dir nicht vorstellen, was in diesem Geschäft hinter den Kulissen abläuft. Ich beobachte dich schon seit Beginn deiner Karriere mit den Augen eines Luchses. Wenn man dich spielen sieht, dann stellt man fest, dass du richtigen Spaß am Fußball hast, und dass die Freude an dem Sport deine wichtigste Triebfeder ist. Du kannst sicher sein, dass viele dieser großen Sportereignisse getürkt und nicht ganz koscher sind. Dabei geht es mittlerweile um viel zu viel Geld.

Wenn die Bayern verlieren, werden sie mit etwas Pech nur Vierter und haben keine Möglichkeit, nächste Saison in der Königsklasse zu spielen. Das wäre ein finanzielles Desaster für den Club. Zwei oder drei Jahre ohne die Einnahmen aus der Champions League kann sich kaum einer der europäischen Spitzenvereine erlauben. Die Gehälter der Mannschaften verschlingen in jeder Saison Unsummen. Glaubst du etwa wirklich daran, dass dies alles über Eintrittsgelder finanziert werden kann? So naiv bist du doch nicht, oder?"

„Das sind doch alles Hirngespinste. Ich bin noch sehr jung, aber sicher nicht dämlich. Den Bayern täte es bestimmt mal ganz gut, wenn sie von ihrem hohen Ross runter kämen. Das gönnt ihnen mindestens die Hälfte der Bundesliga. Aber deshalb werden immer noch keine Spiele verkauft oder manipuliert. Das bilden Sie sich bestimmt nur ein! Dafür gibt es doch absolut keine Beweise!"

Max verzog seine Miene. Was wollte dieser Reporter ihm denn hier weiß machen? Er konnte sich einfach nicht vorstellen, dass Runge mit dem, was er sagte, Recht hatte. Man konnte doch nicht eine breite Öffentlichkeit verarschen, Millionen von Zuschauern, die Woche für Woche die Spiele sahen, Kinder und junge Leute, die ihre Idole in diesem Spiel gefunden hatten und ihnen nacheiferten!

„Beim Fußball geht es natürlich um den sportlichen Erfolg. Aber dabei wird oft nachgeholfen, denn heutzutage sind Sponsorengelder und Fernseh- sowie Werberechte wichtiger als das, was auf dem grünen Rasen passiert. Hier wird Politik gemacht und zwar auf dem Spielfeld. Es werden Idole geschaffen, um mit ihnen Geld zu verdienen. Hat dir schon einmal jemand gesagt, wie oft das Trikot mit deiner Rückennummer in den letzten Monaten verkauft worden ist? Mehr als zwei Millionen Mal. Allein am Tag nach deinen zwei Toren gegen die Italiener fast 300.000 Stück. Die haben mit dir in der kurzen Zeit mehr Schotter gemacht als mit anderen Spielern im Laufe ihrer Karriere!"

Erneut kramte Runge die Zigarettenschachtel hervor und steckte sich eine Kippe zwischen die Lippen. Max fühlte sich immer elender, je länger das Gespräch dauerte. Viel von dem, was ihm Runge sagte, hörte sich irgendwie logisch an. Er wusste zwar, dass mit dem Fußball eine Menge Geld verdient wurde, jedoch hatte er diesen Umstand vorher nie für so wichtig gehalten.

„Von diesen Zahlen wusste ich bisher nichts, und außerdem interessieren sie mich auch herzlich wenig. Ich möchte eigentlich nur Fußball spielen und nichts weiter. Diese Geschäftemacherei berührt mich wirklich nur am Rande. Das können Sie mir glauben oder nicht!"

„Ich weiß das", konstatierte Runge und blies den Rauch in den Nachthimmel.

„Was denkst du, wie viele wie dich ich schon gesehen habe? Junge, viel versprechende Talente, die plötzlich ohne ersichtlichen Grund in der Versenkung verschwunden sind. Wenn man einem die Wahl lässt zwischen einer glänzenden Karriere als Profi, mit allen daraus resultierenden Vorzügen oder einem Leben als Niemand, dann können die wenigsten widerstehen.

Seit einem halben Jahrhundert hat es in Deutschland keinen Ausnahmespieler mit deinem Talent gegeben. Du kannst, nein, du wirst sicher ein ganz Großer in diesem Sport werden. Aber nur dann, wenn wir dafür sorgen, dass dieses Spiel wieder sauber gespielt wird, und es auf dem Rasen ehrlich zugeht! Es kann nicht sein, dass die Fans, die jede Woche in die Stadien strömen, nach Strich und Faden verarscht werden! Irgendwie müssen wir die da oben aufhalten!"

„Das ist ja eine irre Geschichte, und ich kann das alles gar nicht glauben. Können Sie das denn auch beweisen, oder sind das nur Vermutungen? Ich versuche mir gerade vorzustellen, dass es wirklich so ist, wie Sie behaupten. Wenn man das in aller Konsequenz weiterdenkt, dann würde es ja bedeuten, dass selbst Europa- und Weltmeisterschaften abgesprochen sind. Das ist doch unmöglich! Wie soll das denn gehen? Das kann ich mit bestem Willen nicht nachvollziehen!"

Max lächelte schief, als hätte er einen schlechten Witz gehört. Er hatte das Gefühl, jemandem gegenüberzustehen, der sich in Verschwörungstheorien verrannt hat.

Runge sah ihn durchdringend an.

„Ich denke, am besten verbleiben wir so: Wenn die Bayern das Spiel morgen wider Erwarten gewinnen, und wenn während des Spiels etwas passiert, das den Anschein erweckt, als wäre es nicht ganz koscher, dann reden wir danach weiter. Ich denke, das ist ein fairer Vorschlag."

Max überlegte einen Moment. Natürlich hatte ihn dieses Gespräch neugierig gemacht. Sollte dieser Reporter wirklich Recht haben, dann wäre das ungeheuerlich. Das wäre das Aus für den Fußball!

„Ich muss jetzt unbedingt in mein Bett und schlafen! Sie können mir wirklich glauben, ich bin todmüde und außerdem muss ich das, was Sie mir gerade gesagt haben, erst einmal überdenken und verarbeiten. Das ist nicht so einfach! Sie sind gerade dabei, die Illusion meines Lebens zu zerstören! Und das beträfe auch besonders die Millionen jugendlicher Fußballfans!"

„Ich kann mir sehr gut vorstellen, wie du dich jetzt fühlst. Das kannst du mir glauben. Wenn man einem Menschen seine Träume nimmt, dann ist das für jemanden in deinem Alter eine Katastrophe. Nach dem Spiel gegen die Bayern melde ich mich noch einmal bei dir, und dann schauen wir mal!"

Bedächtig erhob sich Runge von der Treppe und schnippte seinen Zigarettenstummel zur Seite. Er streckte Max seine Hand entgegen. Max ergriff sie. Der Reporter hatte einen warmen und festen Händedruck. Freundschaftlich blickte er ihm tief in die Augen. In seinem Blick konnte Max nichts Falsches feststellen. Zumindest dies beruhigte ihn ein wenig!

Mühsam stieg er die Treppe zum Eingang seines Elternhauses empor. Seine Beine waren plötzlich schwer wie Blei. Auf dem Absatz drehte er sich noch einmal zu dem Reporter um.

„Ich hoffe wirklich, dass Sie Unrecht haben! Gute Nacht!"

Was wäre, wenn dieser Mann Recht hatte, was haben wir dann noch? Wo bleibt dann die schönste Nebensache der Welt? Was wäre mit all den Kindern, die sich für den Fußballsport begeisterten, die ihre Idole verehrten? Diese Schweinehunde, was machten sie bloß mit ihren Illusionen und ihren Visionen?

Es war schon spät geworden, weit nach Mitternacht. Seine Eltern schliefen bereits. Als er sein Zimmer betrat, schlug ihm schwül warme Luft entgegen. Max öffnete das Fenster und ließ die kühle Nachtluft herein. Auf einem Regal standen Pokale, und an der Wand hingen Urkunden, die er als Jugendspieler bekommen hatte. Plötzlich kam ihm das alles unwirklich vor. Wie Dämonen aus einer anderen Zeit. Die Ausführungen des Reporters hatten ihn nachdenklich gemacht.

Sollte Runge wirklich Recht haben?

Die Nachtluft tat gut. Max legte sich auf sein Bett. Vorher nahm er die Zeitungsausschnitte der letzten Tage von seinem Schreibtisch. Seine Mutter hatte sie für ihn gesammelt.

Erst vor ein paar Tagen hatte er sein zweites Länderspiel absolviert. Als er die Berufung in die Deutsche Nationalmannschaft erhielt, fiel er fast aus allen Wolken. Bereits das zweite Spiel, das er für Deutschland bestritt, ging gegen die Italiener, und jetzt gehörte er sogar zum Kader, der für die anstehende Europameisterschaft nominiert wurde.

Selbst die Gazetta aus Italien widmete ihm die Titelseite.

Die FAZ titelte „Revanche geglückt"! Man stellte sich ernsthaft die Frage, wie diese italienische Mannschaft noch vor zwei Jahren hatte Weltmeister werden können!

„Ein neuer Stern am deutschen Fußballhimmel! Max Kaiser versenkt die Italiener im Alleingang", berichtete das Abendblatt euphorisch.

Das alles war erst ein paar Tage her. Bejubelt hatten sie ihn, in den siebten Himmel gehoben! Jetzt stand er vor einem Scherbenhaufen. Sie ließen ihn nicht spielen, in dem wichtigsten Spiel seiner noch so jungen Laufbahn. Er war nicht verletzt, zumindest nicht so sehr, dass er nicht hätte spielen können!

„Kein Wort zu den Medien, sonst ist deine Karriere so schnell zu Ende, wie sie begonnen hat!" Die Worte des Managers hallten in seinem Unterbewusstsein. „Verstehst du?"

Er hatte nichts verstanden.

Und jetzt auch noch dieser Schreiberling mit seinen fragwürdigen Storys.

Natürlich erinnerte er sich an ein paar Fußballskandale aus der Vergangenheit, doch das konnte nicht bedeuten, dass sich dieses Spiel zu einer riesigen Lüge entwickelt hatte. Er wollte das alles nicht glauben! Was war mit seinen Idolen? Man durfte doch nicht die Fans und Millionen von Zuschauern derartig betrügen!

Der Gedanke daran machte ihn fast wahnsinnig. Alles in seinem Kopf drehte sich, und er wünschte sich nichts sehnlicher, als endlich einzuschlafen, um am anderen Morgen aus einem bösen Traum zu erwachen. Doch Max fand keinen Schlaf. Seine Gedanken ließen ihn nicht zur Ruhe kommen.

Fußball war sein Leben! Er wollte nicht wahrhaben, was Runge ihm erzählt hatte.

Fußball sollte ein Haufen sein, der zum Himmel stinkt? Idole, die keine sind, von Managerhand geschaffen?

Der Gedanke daran machte ihn krank.

Fußball war der Lebensinhalt vieler Menschen! Die paar Skandale, von denen man in der Vergangenheit gehört oder gelesen hatte, waren doch nur Einzelfälle. Deshalb durfte man doch nicht einen kompletten Sport verdammen!

Wohin sollte das führen?

Gegen Morgen übermannte ihn ein unruhiger Schlaf; er redete und stöhnte, während er sich von einer Seite auf die andere wälzte.

„Max! Maxl! Was ist denn? Wach auf!“ Sanft streichelte seine Mutter, die auf seiner Bettkante saß, über sein Gesicht.

„Du hast nur schlecht geträumt. Komm, mein Junge, steh auf! Heute ist doch dein großer Tag!“, ermunterte sie ihn froh gelaunt.

Schon als kleines Kind hatte seine Mutter ihn immer getröstet, wenn er des Nachts nicht zur Ruhe kam. Dabei nahm sie ihn behutsam in ihre Arme und drückte ihn an ihre warme, weiche Brust. Das beruhigte ihn dann sofort.

„Ist es das Spiel heute, das dich hat schlecht schlafen lassen? Mach dir doch deswegen keine Sorgen. Es ist nur ein Spiel! Auch wenn es um sehr viel geht! Du musst jetzt aufstehen! Sie kommen bestimmt gleich, um dich abzuholen.“

Intuitiv spürte sie die innere Anspannung ihres Kindes.

„Niemand wird mich abholen!“, murmelte der Junge mit tränenerstickter Stimme, warf sich den Bademantel über und verschwand in der Dusche.

Aus dem Badezimmer hörte er, wie seine Mutter das Frühstück zubereitete. Wie immer in den letzten Monaten. Cornflakes, eine Tasse Tee.

Sein Vater war bestimmt schon im Geschäft und bediente die ersten Kunden.

Das heiße Wasser der Dusche lief über seinen müden Körper und vermischte sich mit seinen Tränen. Es war wohl doch kein schlechter Traum. Die Worte des Reporters wiederholten sich wie die scheinbar nie enden wollende Fahrt eines Karussells in seinem Kopf:

„Ich habe schon viele wie dich gesehen! Irgendwie müssen die da oben aufgehalten werden!"

Max konnte und wollte das alles nicht glauben.

Er hatte sich das Handtuch über die Schultern gelegt und schlich wie ein begossener Pudel in die Küche. „Ich spiele heute nicht", presste er mühsam hervor.

„Ich weiß, ich habe gerade die Zeitung gelesen. Ist die Verletzung wirklich so schlimm? Oder ist es nur eine Vorsichtsmaßnahme, wie sie schreiben? Na ja, die Europameisterschaft ist ja auch viel wichtiger als das Spiel heute, nicht wahr?"

Wie sollte er das alles seiner Mutter erklären, wenn er es selbst nicht verstand.

„Was soll ich dazu sagen? Ich spiele nicht, und damit ist alles gesagt. Ich habe heute Morgen keinen Hunger. Ich gehe gleich direkt zum Stadion, um elf Uhr ist Mannschaftsbesprechung. Die möchte ich nicht versäumen."

Es war ein herrliches Wetter, die Sonne lachte vom wolkenlosen Himmel, und alles war bereitet für ein rauschendes Fußballfest. Auf dem Weg zum Stadion kam es ihm so vor, als würden ihn die Menschen, die ihm begegneten, fragend ansehen. Er hatte das Gefühl, dass ihre Blicke ihn durchbohrten:

„Warum lässt du deine Mannschaft gerade heute im Stich? Warum ausgerechnet bei diesem Spiel?"

„Guten Morgen, Max! Schade, dass du heute nicht spielst! Mach dir nichts draus, du bist noch so jung, und es werden noch jede Menge Spiele kommen, die du gewinnen kannst."

Der alte Pförtner wollte ihn nur ein wenig trösten.

Doch Max hätte ihn am liebsten angebrüllt, um seiner Enttäuschung Luft zu machen.

„Ja, ich weiß, dass das so ist", antwortete er stattdessen und erklomm mühselig die wenigen Stufen zum Besprechungsraum.

Max war spät dran und betrat den Raum als letzter. Alle drehten sich nach ihm um. In vielen Gesichtern seiner Mitspieler glaubte er so etwas wie Mitleid zu sehen. Aber vielleicht bildete er sich das auch nur ein. An einem Tisch am Kopf des Raumes saßen sein Trainer, der Manager und der Vorstand des Clubs. Max nahm auf der gegenüberliegenden Seite Platz, direkt neben seinem Mannschaftskollegen Steffen. Steffen war Abwehrspieler in der Truppe und spielte gemeinsam mit Max in der Nationalelf.

„Hallo, Kleiner, habe schon gehört, wirst nicht spielen. Mach dir nichts draus! Ich bin auch Teil des Drehbuchs. Nur mir hat man eine andere Rolle zugewiesen."

Max sah ihn fragend an. Er verstand nicht, was Steffen damit meinte.

Der Clubmanager erhob die Stimme.

„Heute haben wir die große und einmalige Chance, Fußballgeschichte zu schreiben. Am Anfang der Saison hatte uns niemand auf der Rechnung, und kein Mensch hat daran geglaubt, dass wir um die Meisterschaft mitspielen könnten. Dass wir heute an diesem Punkt stehen, haben wir zum großen Teil Max Kaiser zu verdanken. Ohne seine Tore hätten wir jetzt nicht die Möglichkeit für dieses Fußballfest. In einer

Fußballkarriere bekommt man nicht oft die Chance, um die Meisterschale zu spielen.

In ein paar Stunden könnt ihr den 80.000 da draußen auf den Tribünen und ein paar Millionen Zuschauern an den Fernsehgeräten zeigen, dass ihr ganze Kerle seid!"

So ein blödes Geschwafel, dachte Max. Er ertappte sich bei dem Gedanken, dass an den Worten Runges von gestern Abend doch etwas Wahres dran sein könnte.

Der Trainer gab die Mannschaftsaufstellung bekannt. Max Kaiser durfte auf der Tribüne Platz nehmen. Noch nicht einmal die Reservebank war für ihn vorgesehen!

Er hatte die leise Hoffnung gehabt, zumindest als Einwechselspieler im Kader zu sein.

„Max, wir zwei müssten mal ein paar Sätze miteinander wechseln. Ich glaube, es gibt da einiges zu klären!"

Abrupt rissen ihn die Worte des Managers aus seinen Gedanken.

„Ich wüsste nicht, was ich mit Ihnen zu klären hätte, Herr Kranbaum! Wollen Sie mir vielleicht begreiflich machen, warum ich heute nicht spielen darf und warum in allen Zeitungen steht, wie schwer meine Verletzung aus dem Spiel gegen die Italiener ist?"

„Dass du nicht spielst, war die Entscheidung des Vorstands. Die muss ich hier nicht kommentieren! Es ist besser, wenn du dich damit abfindest. Es geht hierbei nicht um dein persönliches sportliches Schicksal, sondern um andere Dinge!"

„Worum geht es dann?"

„Das wirst du sicherlich später verstehen, wenn du etwas länger dabei bist."

Der Funktionär lächelte unverbindlich und seine grauen, kalten Augen fixierten Max.

„Ich möchte hier ein paar Worte zu deinem Umgang verlieren."

„Meinen Umgang? Ich wüsste nicht, was Sie mein Privatleben angeht!", entgegnete Max entrüstet.

„Das geht uns eine ganze Menge an, solange es sich auf diesen Schmierfinken Runge bezieht. Du hast sicherlich einige seiner vereinsschädigenden Artikel und Kolumnen gelesen. Wir können nicht zulassen, dass Spieler, die auf unserer Lohnliste stehen, Kontakt zu ihm haben!"

Der Blick Kranbaums wurde stechender. Max verspürte die grenzenlose Wut, die in ihm aufstieg. Er hatte diesen Bastard in seinem gestriegelten Outfit noch nie besonders leiden können! Jetzt wollte der sich noch in seine privaten Angelegenheiten einmischen! Für wen hielt sich dieser Lackaffe eigentlich?

„Ich habe mich mit dem Reporter nicht getroffen. Er hat mich bei mir zu Hause abgepasst. Dafür habe ich mich nicht zu rechtfertigen! Das hat herzlich wenig mit meinem Vertrag zu tun, den ich mit dem Club geschlossen habe."

Max hatte sich zum Gehen abgewandt, jedoch stellte sich ihm Kranbaum in den Weg.

„Ich wollte dir damit nur einen Hinweis für die Zukunft geben. Wir sehen es nicht so gerne, wenn unsere Angestellten gegen unsere Interessen arbeiten."

Oder eure Leibeigenen, dachte der Jungprofi zornig.

„Ich mag den Runge auch nicht sonderlich, aber Sie können absolut sicher sein, dass ich mir auch in Zukunft meine Gesprächspartner selbst aussuche. Da lass ich mir keine Vorschriften machen, auch von Ihnen nicht! Jetzt gehen Sie bitte zur Seite, ich habe etwas Besseres zu tun, als mir diesen Scheiß anzuhören!"

Max sah sein Gegenüber grimmig an und drehte sich von ihm ab, um zu gehen. Der Manager hielt ihn an der Schulter fest. Die linken Blicke des Funktionärs schienen den Spieler zu durchbohren, doch der hielt ihnen hartnäckig stand.

„Pass genau auf, was du zukünftig tust, sonst ist deine Karriere so schnell zu Ende, wie sie begonnen hat!"

Jetzt war der Moment erreicht, in dem Max der Kragen platzte! Mit einer eleganten Bewegung hatte er sich aus Kranbaums Griff befreit. Seine Augen sprühten Gift und Galle!

„Für wen oder was halten Sie sich eigentlich? Ich kann jederzeit für einen anderen Verein spielen, da bin ich mir sicher! Oder glauben Sie etwa allen Ernstes, dass ich auf Sie angewiesen bin? Und jetzt gehen Sie mir aus dem Weg, bevor ich meine gute Erziehung vergesse! Das Gespräch ist für mich beendet!"

„Wie gesagt, achte auf deinen Umgang, sonst wirst du noch öfter auf der Tribüne sitzen, als dir lieb ist!"

Max stapfte wutschnaubend davon. Was bildeten sich diese Leute eigentlich ein? Er war doch nicht ihr Eigentum! Schon als er seinen Vertrag mit ihnen ausgehandelt hatte, kam er sich stellenweise vor wie ein Stück Vieh, das zur Versteigerung anstand. Zum Glück bestand er damals auf einer Ausstiegsklausel! Er könnte jederzeit für eine festgeschriebene Ablösesumme den Verein wechseln! Mittlerweile wären viele der großen Clubs froh, einen Spieler seiner Qualität und mit seinen Perspektiven in ihrem Kader zu haben. Immerhin war er aktueller Nationalspieler und Top-Torjäger in der Bundesliga!

Natürlich fragte er sich auch, warum man ihm mit allen Mitteln den Kontakt zu Marcel Runge verbieten wollte. Runge war vielen Leuten in der deutschen Fußballszene ein Dorn im Auge. Er konnte penetrant sein wie eine Schmeißfliege und war manchmal in der Wahl seiner Mittel auch nicht besonders zimperlich. Doch seine Berichte und Artikel waren meist neutral und objektiv, jedoch sehr kritisch formuliert und zeugten von ausgesprochenem Sachverstand.

Irgendetwas stank an dieser Sache ganz gewaltig, dessen war Max sich sicher.

Er war zwar erst achtzehn Jahre alt, doch hatte ihm sein Vater schon frühzeitig beigebracht, in wichtigen Dingen auf seinen Bauch zu hören, und der knurrte in dieser Angelegenheit sehr bedrohlich. Hier war einiges oberfaul!

Als er gerade dabei war, das Stadion zu verlassen, wurde er von Peter Abraham angesprochen. Abraham war Vorstand des Vereins.

„Hallo, Max, möchtest du dir das Spiel nicht von der Tribüne aus ansehen? Wir haben einen Platz in der VIP-Loge für dich reserviert. Es ist außer uns noch jede Menge Prominenz anwesend, der Bundestrainer hat sich auch angekündigt."

„Guten Tag, Herr Abraham, ich denke nicht, dass ich das möchte. Ich schaue mir das Spiel zu Hause auf Pay-TV an."

Der Vorsitzende sah ihn verständnislos an.

„Bevor ich es vergesse, am Montag würden wir gerne einen Termin mit dir verabreden. Es geht um deinen Vertrag. Unsere Vereinbarung läuft ja am Ende der nächsten Saison aus, und wir würden dich gerne langfristig an den Verein binden. Natürlich zu deutlich verbesserten Konditionen. Hättest du vielleicht vormittags Zeit für uns?"

Obwohl dem jungen Spieler der Sinn nicht nach Vertragsverhandlungen stand, willigte er ein.

„Montagvormittag ginge noch. Am Dienstag fängt das Trainingslager der Nationalmannschaft für die Europameisterschaft an. Montagabend fahre ich los."

„Würde dir 11 Uhr passen?"

Eigentlich war Max die Uhrzeit völlig egal. Er wollte nur noch weg, raus aus diesem Stadion!

„Sicher doch, 11 Uhr wäre eine gute Zeit. Bis Montag dann, schönen Tag noch!"

Und jetzt nichts wie weg hier! Max wollte sich gerade umdrehen, um diesem Ort zu entfliehen, da sprach ihn Abraham erneut an.

„Warte mal, Max, es wäre sicherlich besser, wenn du dir das Spiel im Stadion anschauen würdest! Ich könnte mir vorstellen, dass es den Fans auf der Südtribüne nicht besonders gefällt, wenn ihr neuer Superstar bei so einem wichtigen Spiel nicht im Stadion ist!"

Max stockte bald der Atem, als er das hörte. Diese scheinheiligen Arschlöcher machten wirklich vor nichts Halt!

„Ich glaube, die Fans wären noch um einiges mehr verärgert, wenn sie wüssten, dass ich gar nicht verletzt bin, und der Vorstand entschieden hat, dass ich nicht spiele! Oder was meinen Sie, Herr Abraham?"

Der Funktionär wurde sichtlich blass um die Nase und verlor etwas die Fassung. Er hatte von einem Achtzehnjährigen nicht mit solch einer Antwort gerechnet. Verzweifelt suchte er nach Worten, um die Situation zu retten. Seine Mundwinkel zuckten etwas.

„Aber vielleicht hat ja dieser Umstand Auswirkungen auf Ihr neues Vertragsangebot?"

Damit hatte Max ihm die nächste schallende Ohrfeige versetzt. Abraham zuckte unter seinen Worten zusammen.

„Ich wünsche Ihnen noch einen schönen Tag und vor allen Dingen ein spannendes Spiel!"

Damit ließ er den Funktionär einfach stehen und machte sich verstohlen auf den Heimweg. In Scharen strömten die Fans bereits ins Stadion. Alle waren davon überzeugt, die Deutsche Meisterschaft ihrer Mannschaft feiern zu können!

Zum Glück wurde er von den wartenden Reportern, die Hyänen gleich auf ihre Beute warteten, nicht behelligt. Er war heilfroh, als er sich von ihnen unentdeckt aus dem Stadion geschlichen hatte.

Max hatte sich seine Baseballkappe tief ins Gesicht gezogen und bahnte sich anscheinend teilnahmslos seinen Weg durch die Massen von Schlachtenbummlern. Er wollte auf keinen Fall erkannt werden!

Das Meer von Fahnen und bunten Trikots war schon ein beeindruckender Anblick. Allen stand die Zuversicht in die Gesichter geschrieben. Es würden bestimmt wieder Achtzigtausend im Stadion sein und etliche Millionen Zuschauer an den Fernsehgeräten. Was für eine Megakulisse für ein möglicherweise getürktes Spiel!

Die Pressetribüne war überfüllt von Vertretern aller wichtigen und namhaften Medien. Unter ihnen saß Marcel Runge vor seinem Bildschirm. Direkt hinter ihm befand sich die VIP-Loge. Hier hatte sich fast die gesamte deutsche Sportprominenz eingefunden. Selbst der Nationaltrainer mit seinem Betreuerstab war anwesend. Auf einem Tisch hatte man das Objekt der Begierde aufgebaut, von vielen abfällig Salatschüssel genannt.

Die Deutsche Meisterschale!

Seit Gründung der Bundesliga waren die Namen der Meister auf ihrem Rand eingraviert, und einer der beiden Mannschaften, die sich gerade auf dem Rasen warm liefen, sollte die nächste Gravur gewidmet sein. Die deutsche Meisterschaft im Profifußball hatte für den jeweiligen Club neben der sportlichen Ehre eine ganz besondere Bedeutung. Es war wie eine Lizenz zum Geld drucken.

Die Sponsoren standen Schlange und wollten alle Teil haben am Ruhm des Meisters. Fernseh- und Werbeverträge wurden geschlossen, Übertragungsrechte neu ausgehandelt. Am lukrativsten war die Teilhabe an den Fleischtöpfen der UEFA-Champions League. Die Attraktivität der Meistermannschaft stieg ins Unermessliche. Internationale Stars und Spitzenfußballer konnten verpflichtet werden, und die Merchandising-Produkte mit dem Aufdruck Deutscher Meister fanden reißenden Absatz.

Runge hatte keinen Zweifel daran, dass er Recht behalten würde. Alle Anzeichen sprachen dafür. Nicht nur die Tatsache, dass sie ihren Top-Torjäger auf die Tribüne verbannten. Er hatte von verschiedenen Kontaktleuten Informationen erhalten, die keinen anderen Schluss zuließen. Die Quoten bei den asiatischen Buchmachern waren optimal, und die Wetteinsätze für dieses Spiel stiegen ins Unendliche.

Bei den Wettanbietern konnte man auf alles setzen, was Spiele betraf. Es fing damit an, wer die Platzwahl gewann oder wer den ersten Einwurf oder Freistoß erhielt. Der erste Torschütze konnte mit einem Wetteinsatz belegt werden, der Halbzeitstand, in welcher Spielhälfte und in welcher Reihenfolge die Tore fallen würden, bis hin zum Ergebnis des Spiels. Die jeweiligen Quoten für die Einsätze veränderten sich ständig mit dem Spielverlauf. Die Einsätze wurden in Echtzeit und zumeist übers Internet gesetzt. Milliardenbeträge flossen in die Kassen der Wettanbieter und der Zocker. Hier war natürlich einer der Nährböden für Lug und Betrug zu finden. Es war ein riesiger Teufelskreis, ein Sumpf aus Lügen, Intrigen und Korruption.

Bisher hatte Runge nur am Rand dieser faulen Frucht kratzen können, und das, was er fand, stank zum Himmel! Zu seinem Alltag gehörten die ständigen Bedrohungen, denen er ausgesetzt war. Doch hatte er sich einmal an einer Sache festgebissen, ließ er nicht eher locker, bis das Ergebnis seiner Nachforschungen zufriedenstellend war.

Fußball nahm auch in seinem Leben einen immensen Stellenwert ein. Er war zwar kein aktiver Spieler gewesen, aber passiver Zuschauer und Beobachter. Er liebte dieses Spiel wie kaum etwas anderes auf dieser Welt, und es gab niemanden, der sich in diesem Metier besser auskannte als er.

Alle hatte er sie spielen gesehen. Die großen Stars der Sechziger. Seeler, Emmerich, Libuda, Schnellinger. Die ersten fußballerischen Gehversuche von Beckenbauer, der Lichtgestalt des deutschen Fußballs. Müller, Overath, Netzer. Jede Generation hatte ihre eigenen Stars und Idole.

Er konnte sich einfach nicht mit dem Gedanken anfreunden, dass dieses einst so ehrliche und faszinierende Spiel, das die Massen elektrisierte, zu einem Geld fressenden Ungeheuer verkommen war. Ein kommerzieller Moloch, mit dem Millionen von Menschen manipuliert wurden, die alle nur das eine wollten, spannende Spiele und jede Menge Tore!

„Grüß Gott, Marcel, na, wie sieht dein Tipp heute aus?"

Sein Nachbar auf der Pressetribüne war ein Bayer, wie man ihn typischer nicht finden konnte.

Rote, fleischige Wangen, schütteres, graues Haar. Sein riesiger Bauch war in eine Krachlederne gezwängt, und darüber trug er ein kariertes Hemd, dessen Ärmel er hochgekrempelt hatte.

Die Kopfhörer wirkten wie ein Fremdkörper auf seinem massigen Schädel und erinnerten Marcel ein wenig an einen außerirdischen Bayern-Fan.

„Die Bayern werden es machen, das ist sicher!", schrie er ihm zu und versuchte, das Raunen und die Schlachtgesänge auf den Tribünen zu übertönen.

„You never walk alone!", dröhnte es von der Südtribüne.

Die Mannschaften liefen ins Stadion ein. Jeder Spieler hatte ein Kind an der Hand. Die Nachwuchskicker liefen mit vor Stolz geschwollener Brust neben ihren Idolen her. Empfangen wurden sie von einem Blitzlichtgewitter der unzähligen Kameras, die auf sie gerichtet waren.

Niemand konnte sich der Faszination und der Atmosphäre in der Arena entziehen. Fast jeder der Anwesenden hatte eine

Gänsehaut; Runge lief ein kalter Schauer über den Rücken. Die Tribünen waren getränkt in ein Meer von Fahnen. Er hätte sein letztes Hemd dafür gegeben, nur ein einziges Mal vor solch einer Kulisse im Trikot auflaufen zu dürfen!

Selbst vor dem Fernseher spürte Max die ungeheure Spannung, die von der Szenerie ausging. Wie gerne wäre er jetzt mit auf dem Spielfeld gewesen, doch diese Schweine hatten ihm seinen größten Traum genommen.

Solch ein Finale und er durfte nicht dabei sein!

Max Kaiser saß allein in seinem Zimmer und verfolgte den Anstoß des Spiels vor dem Bildschirm.

Kurz zuvor hatte er noch einen Anruf von einem Spielervermittler bekommen, der ihm ein lukratives Angebot eines spanischen Top-Clubs unterbreiten wollte. Vor zwei Tagen noch hätte ihn dieses Angebot mit Stolz erfüllt, doch im Moment wusste er nicht genau, was er davon halten sollte. Sein Gefühlsleben war völlig durcheinander geraten, und er war sich nicht ganz klar darüber, welche der vielen Empfindungen überwogen. Waren es mehr Wut und Zorn oder Enttäuschung und Trauer?

Sollte Runge Recht haben mit dem, was er sagte, würde er alles tun, was in seiner Macht stand, um diesen Sport wieder sauber zu machen, dessen war er sich absolut sicher.

Wie sollte es bloß mit seiner Karriere weitergehen, wenn sich herausstellte, dass alles nur fauler Zauber war?

Wie sollte er mit reinem Gewissen einem Kind, das voller Stolz sein Trikot trug, ein Autogramm geben?

Seine Eltern hatten bisher alles für ihn geregelt und seine Probleme gelöst. Jetzt stand er vor der wichtigsten Entscheidung in seinem noch so jungen Leben und die musste er ganz allein treffen!

Das Spiel befand sich bereits in der zwanzigsten Minute, und über seine Gedanken hatte er noch nicht viel von den Geschehnissen auf dem Rasen mitbekommen. Es war das Abtasten zweier Giganten. Jede Mannschaft wartete darauf, dass die andere einen Fehler machen würde. Seine Jungs spielten auch nicht den offensiven Hurra-Stil, der sie bisher so erfolgreich gemacht hatte, und mit dem sie fast jeden Gegner in die Knie gezwungen hatten.

Was sie hier boten, war eher Fußball zum Abgewöhnen. Es tat weh, dabei zuzusehen, und das Spiel erweckte den Anschein, als hätten die Kicker das Fußballspielen binnen Tagen verlernt. Das hatte nichts mehr mit dem Fußball zu tun, mit dem sie in den letzten Monaten die Massen begeistert und fast jedes Stadion zum Überkochen gebracht hatten!

Mit Argusaugen beobachtete Runge die Geschehnisse auf dem Rasen. Solch einen Grottenkick hatte er schon lange nicht mehr gesehen! Was die Mannschaften boten, war unterirdisch. Not spielte gegen Elend. In dieser Verfassung war keiner der beiden eines Meisters würdig. Das Geschehen spielte sich ausschließlich im Mittelfeld ab, und Torszenen waren Mangelware; als hätten sie einen Nichtangriffspakt geschlossen.

Das Spiel lebte nur noch von den Erwartungen.

Im Grunde genommen hätten die Zuschauer für diese Darbietung Schmerzensgeld verdient.

Selbst die DFB-Honoratioren unterhielten sich angeregt; das Spiel schien sie nicht sonderlich zu interessieren.

Vielleicht lag es daran, dass das Ergebnis schon feststand, dachte Runge zynisch.

Er beobachtete die Gäste auf der Ehrentribüne, die sich offensichtlich zu Tode langweilten.

Der Bundestrainer saß nicht auf seinem Platz, er stand etwas abseits und diskutierte lautstark mit Holger Kranbaum. Runge hätte zu gern erfahren, was die beiden zu besprechen hatten.

Er nahm seinen Kopfhörer ab und versuchte, ein paar Wortfetzen aufzuschnappen.

„Das lassen Sie mal unsere Sorge sein, am kommenden Montag werden wir einen neuen Vertrag mit ihm schließen und dann haben wir alle Zeit der Welt, seine Entwicklung behutsam voranzutreiben."

Die Antwort des Bundestrainers konnte er leider nicht verstehen.

Runge sah nur, dass er deutlich erregt schien.

„Was soll das alles?", hörte er Kranbaum sagen.

„Noch ist er unser Spieler, und unsere Interessen stellen wir über die Anforderungen der Nationalmannschaft. Wir treffen unsere eigenen Entscheidungen für das Wohl unseres Vereins und unserer Mannschaft! Auch Sie können uns da nicht beeinflussen!"

Das Gespräch drehte sich doch um den kleinen Kaiser, dachte Runge. Er empfand es als ausgesprochen wichtig, sich so schnell wie möglich mit ihm zu treffen.

Inzwischen war Halbzeit, das Spiel stand 0:0, und ein gellendes Pfeifkonzert begleitete die Mannschaften auf ihrem Weg in die Katakomben. Die Zuschauer machten ihrem Unmut über diese katastrophale Darbietung der Spieler Luft. Dafür hatten sie das Eintrittsgeld nicht bezahlt!

„Na, Herr Runge, wie gefällt Ihnen das Spiel?", Holger Kranbaum hatte sich auf den freien Platz neben ihn gesetzt und lächelte selbstgefällig.

„Habe schon bessere gesehen", erwiderte der Journalist scheinbar emotionslos.

„Es geht immerhin um sehr viel, und in solchen Spielen beherrscht oft die Taktik das Geschehen. Die zweite Halbzeit wird sicher besser!"

„Na ja, sieht mir nicht so nach Taktik aus, was die Herrschaften da auf dem Spielfeld zeigen. Bösartige Menschen könnten vermuten, dass es abgesprochen ist."

Runge sah Holger Kranbaum belustigt an.

„Da sind sie ja wieder, Ihre Verschwörungstheorien. Vielleicht gewöhnen Sie sich endlich mal an den Gedanken, dass man beim Fußball so gut wie nichts im Voraus planen kann. Bei diesem Sport gibt es zu viele Unwägbarkeiten. Viel hängt auch von der Tagesform ab."

„Da haben Sie nicht ganz Unrecht, und sicherlich ist Fußball immer eine Gleichung mit vielen Unbekannten. Aber da wären wir auch schon beim Thema; eventuell sind Sie ja bereit, mir die eine oder andere Frage zu beantworten?", hakte der Journalist nach, sich in Gedanken seine Interviewstrategie vor Augen führend.

„Selbstverständlich, Sie wissen doch, dass wir hier immer um eine ehrliche Pressearbeit bemüht sind!"

Dieser Kerl war wirklich aalglatt, aber Runge hatte sich vorgenommen, dass er ihn jetzt packen würde und zwar an einer Stelle, die ihm außerordentliche Schmerzen bereiten würde!

„Frage eins: *Warum spielt eigentlich Max Kaiser heute nicht?* Es ist schon etwas verwunderlich, dass Sie den Top-Torjäger der laufenden Saison nicht im Kader für dieses eminent wichtige Spiel haben."

Runge hatte einen exakten Plan, wie er Kranbaum in die Enge treiben wollte und versuchte, ihn sofort mit seiner ersten Frage unter Druck zu setzen. Es schien fast so, als würden sich Kranbaums Gesichtszüge leicht verspannen. Runge achtete genau auf jede Regung in seinem Gesicht, um den

Zeitpunkt, an dem er seine entscheidende Frage stellen wollte, nicht zu verpassen!

„Er ist verletzt", antwortete Kranbaum knapp.

„Das haben wir ja in der Pressekonferenz erfahren. Aber das ist doch nicht wirklich so, oder? Zufällig habe ich Max gestern Abend noch getroffen, und da machte er einen recht munteren Eindruck auf mich. Er schien auch sehr enttäuscht über seine Nichtberücksichtigung zu sein."

Kranbaum wirkte etwas gereizt.

„Wissen Sie was, Herr Runge, Sie gehen mir langsam mit Ihren Hirngespinsten und dubiosen Andeutungen auf die Nerven!"

„Ich will damit gar nichts andeuten. Jeder zieht sich immer den Schuh an, der ihm passt. Beantworten Sie einfach meine Frage! Nichts weiter. Warum spielt er nicht? Kaiser ist nicht verletzt!"

Jetzt wurde die Unterhaltung für Kranbaum sichtlich unangenehm. Das musste sie auch, denn Marcel Runge verfügte über Informationen, die für den Funktionär äußerst problembehaftet waren.

Wie es der Zufall wollte, hatte der Journalist vor einigen Wochen in einer Frankfurter Hotelbar eine junge Dame kennen gelernt. Im Laufe des Gespräches mit ihr stellte sich heraus, dass sie als Callgirl für einen Escort-Service arbeitete. Sie hatte ihren freien Abend an der Bar des Hotels verbracht und bereits jede Menge Alkohol getrunken. Es war zunächst eine typische Bar-Konversation, bis irgendwann das Gespräch auf das Thema Fußball kam.

Die Dame wusste einiges zu berichten und kannte sich in Sachen Fußball erstaunlich gut aus. Irgendwann im Verlauf des Abends nahm das Gespräch eine Wendung, die Runges Neugier weckte.

Er flößte ihr immer mehr Alkohol ein, um ihre Zunge noch etwas zu lockern. Kurzfristig beschloss er, sie mit auf sein Zimmer zu nehmen, Ihr Honorar in Höhe von achthundert Euro für die bereits angebrochene Nacht erschien ihm zwar sehr hoch, aber die Aussicht auf Informationen, die ihm bei seinen Recherchen entscheidend weiterhelfen könnten, ließen seine Zweifel verstummen.

Bewaffnet mit einer Flasche irischem Whiskey und zwei Flaschen Champagner machten sie sich auf den Weg in die Suite, die Runge gemietet hatte.

Sie war ein Weib, wie von Göttern geschaffen; alles passte an ihr und war an der richtigen Stelle. Noch niemals zuvor waren ihm derartige silikonfreien Brüste begegnet.

Als sie sich ihrer Jacke entledigte, sprangen sie fast aus ihrem Ausschnitt, und Runge hätte bei dem Anblick um ein Haar vergessen, warum er sie eigentlich mit auf sein Zimmer genommen hatte.

Sie erzählte ihm in sehr bildhafter Sprache, dass sie sich ständig unter anderem für hochrangige Sportfunktionäre und Bundesligaspieler bereithalten musste.

Ihr Name war Valerie und nach ihren Aussagen hatte sie sich durch die komplette Spitze der deutschen Bundesliga gevögelt.

So, wie sie aussah, konnte Runge das auch problemlos nachvollziehen. Diese Frau war mehr als eine Sünde wert.

Nachdem sie eine weitere Flasche Champagner beim Room-Service geordert hatten, wurde ihre Zunge immer lockerer. Sie berichtete ihm von einem hohen Tier eines Bundesligavereins, für den sie jederzeit verfügbar sein musste. Ihre Bosse machten mit dem Funktionär offensichtlich jede Menge dubiose Geschäfte. Sie wusste zwar nichts Genaues, war sich aber sehr sicher, dass diese Geschäfte illegal waren.

Nach ihrer Aussage war der Funktionär wohl unsterblich in sie verliebt und ihr sexuell völlig hörig.

Sie nannte zwar keinen Namen, aber nach ihrer Beschreibung konnte es sich nur um Kranbaum handeln.

So ist das halt, wenn man mehr mit dem Schwanz als mit dem Kopf denkt, sinnierte Runge.

Er bedankte sich bei ihr auf ewig für die Tipps und vor allem für den erotischen Morgen und versprach ihr, sie und ihre hübschen Titten nicht zu vergessen.

„Der Junge hat sich die Verletzung in dem Spiel gegen die Italiener zugezogen, das haben außer mir Millionen an den Bildschirmen gesehen. Wir wollen ihn schonen, damit er die Verletzung komplett auskurieren kann. Immerhin muss er in ein paar Wochen für Deutschland bei der Europameisterschaft spielen. Das allein war Grund genug für uns, ihn heute nicht zum Einsatz zu bringen. Die Maßnahme war außerdem genauso mit dem DFB abgestimmt."

Triumphierend stierte ihn Kranbaum an. Spätestens jetzt war für Marcel Runge der Zeitpunkt gekommen, um die Katze aus dem Sack zu lassen. Jetzt, da der Funktionär das Gefühl hatte, er habe die Situation wieder völlig unter Kontrolle, würde er ihm den Gnadenstoß versetzen.

„Sagt Ihnen eigentlich der Name Valerie etwas?"

Runge spürte die Wirkung seiner Worte fast körperlich. Kranbaum zuckte bei dem Namen Valerie zusammen, als hätte ihn der Blitz getroffen. Er rang förmlich nach Luft und wurde kreidebleich im Gesicht.

Volltreffer, dachte Runge.

Jetzt habe ich dich genau an der Stelle, wo ich dich haben wollte, du Schweinehund!

„Entweder Sie beantworten mir jetzt ein paar Fragen, oder ich zerlege Sie in meinem nächsten Artikel in ihre Bestandteile. Damit wäre die Karriere beendet.

Außerdem würde Ihre Familie sicher sehr erfreut darüber sein, in aller Öffentlichkeit etwas mehr über ihre außerehelichen Kontakte und ihre Bumserei mit der süßen Valerie zu erfahren."

Kranbaum suchte immer noch nach seiner Fassung, da holte Runge bereits zum nächsten Schlag aus.

„Verdammt riesige Titten hat sie, die Valerie. Ich habe selbst daran genuckelt und kann Sie sicher verstehen, aber Ihre Frau bestimmt nicht, oder?

Also noch mal von vorne: *Warum spielt der Junge heute nicht?*"

Kranbaum war sichtlich durcheinander und sein Gesicht hatte zwischenzeitlich von aschfahl auf dunkelrot die Farbe gewechselt.

„Sie kennen das doch sicher auch, etwas zu viel Alkohol, eine Menge Stress, zu Hause läuft auch nicht alles so nach Wunsch, und dann steht plötzlich so ein Engel vor einem. Da kann niemand nein sagen, oder?"

„Selbstverständlich verstehe ich das alles, aber in Ihrer Position geht das einfach nicht.

Also noch mal: *Warum spielt der Junge heute nicht?*"

„Diese Frau bringt mich um den Verstand, sie gibt mir alles, was ich von ihr will und erfüllt meine geheimsten Wünsche und Sehnsüchte, sexuell meine ich. Sie vögelt wie eine Göttin!"

„Das interessiert hier im Moment niemanden, außer Ihrer Ehefrau vielleicht! Zum letzten Mal:

Warum lasst ihr ihn in Gottes Namen auf der Tribüne?"

Kranbaum war völlig außer sich; seine sonst so weltmännische Fassade stürzte in sich zusammen, und Marcel Runge genoss seinen Triumph.

„Es gibt wichtige Gründe dafür, hier sind zu viele Leute. Wir können uns morgen treffen und ich werde Ihnen einiges dazu sagen. Morgen Vormittag melde ich mich bei Ihnen."

„Okay!“, antwortete Runge und schnalzte dabei mit der Zunge. „Und das hier werde ich dann auch wieder mitbringen. Mit einer flüchtigen Handbewegung zog er ein kleines Diktiergerät aus der Tasche und drückte demonstrativ auf die Stopptaste.

„Ich warte auf Ihren Anruf!“

Max hing noch immer seinen Gedanken nach, wobei er von fern die Schlachtgesänge der Fans im Stadion vernahm. Die zweite Halbzeit lief bereits, und es waren immer noch keine Tore gefallen.

Vielleicht schaukeln sie es ja über die Zeit, und der Reporter hatte Unrecht mit allem, was er gesagt hat. Er hoffte dies wirklich inständig und momentan wünschte er sich nichts mehr, als dass der Schiedsrichter das Spiel abpfeift, und seine Mannschaft die Meisterschale gewinnt.

Interessiert starrte er auf den Bildschirm.

Noch acht Minuten und es ist vorbei. Noch acht Minuten bis zur Meisterschaft!

Das kann ja auch alles gar nicht wahr sein. So viele Menschen lassen sich nicht täuschen oder manipulieren.

Das Spiel plätscherte vor sich hin, und es machte den Anschein, als hätten sich beide Mannschaften bereits mit dem Ergebnis abgefunden. Aber die Bayern mussten doch noch etwas tun, denn nur ein Sieg würde sie zum Meister machen.

Der Dritte und Vierte lagen in Ihren Spielen klar vorn und mit dem Ergebnis wären sie nur Vierter in der Tabelle und damit raus aus der Champions League. Für den ruhmreichen Verein wäre das ein finanzielles Desaster. Er hatte vor der abgelaufenen Saison unglaubliche Summen für Spielerverpflichtungen ausgegeben und den Kader verstärkt. Ein neuer Trainer sollte alles richten.

Im UEFA-Cup konnten sie ebenfalls keine Bäume ausreißen.

Doch das durfte nicht seine Sorge sein.

Noch zwei Minuten Nachspielzeit, gleich haben wir es geschafft!

Gebannt fixierte er das weitere Geschehen auf dem Bildschirm. 120 Sekunden noch, dann ist es vorbei!

Sein Freund Steffen führte den Ball gerade in der eigenen Hälfte. Er erweckte den Eindruck, als warte er nur noch auf den Schlusspfiff.

Gemächlich passte er zurück zum Torwart, viel zu gemächlich und viel zu langsam.

Der Bayern-Stürmer sprintete dazwischen, holte sich den Ball und umkurvte den Torwart. Ein trockener Schuss ins kurze Eck des Tores und es stand 1:0 für die Bayern.

Max gefror das Blut in den Adern. So ein katastrophaler Fehler. Ausgerechnet von Steffen.

Die Bilder wurden gerade in Zeitlupe wiederholt. Das konnte doch nicht wahr sein, Max fühlte sich wie in Trance und bekam nicht mehr mit, dass der Schiedsrichter das Spiel abpfiff. Er saß da und starrte den Fernseher an, ohne die Bilder darin zu erkennen, er sah auch nicht mehr die jubelnde Traube der Bayern-Spieler, die triumphierend ihre Fäuste in den blauen Sommerhimmel reckten.

Plötzlich fiel ihm Steffens Äußerung während der Mannschaftsbesprechung wieder ein: Ich bin auch Teil des Drehbuchs.

Marcel Runge hatte Recht behalten. Nach einem gellenden Pfeifkonzert herrschte jetzt Totenstille im Stadion. Einige der Fans weinten, weil sie das Debakel in der Schlussminute des Spiels nicht fassen konnten. Gegenseitig versuchten sie, sich zu trösten, und alle rangen nach Fassung. Andere machten ihrem Unmut Platz, indem sie ihre Fahnen und Schals verbrannten. Getränkebecher flogen durch die Luft.

Was war bloß passiert? Bis dreißig Sekunden vor Schluss des Spiels war die Welt noch in Ordnung. Dann hat dieser Fehlpass – ausgerechnet von einem Nationalspieler – das Spiel entschieden!

Runge hatte es vorausgesagt, keiner wollte ihm zuhören, und niemand wollte ihm glauben!

Millionen an den Bildschirmen konnten es mitverfolgen. Aber es würde so sein wie immer. Die Medien würden den Sieger als verdienten Meister in den Himmel heben, die eigenen Fans hatten so oder so eine rosarote Brille auf, und für den Verlierer blieben nur Hohn und Mitleid.

Das ist halt Fußball, und ein Spiel dauert immer so lange, bis der Schiedsrichter es beendet. Die alte Leier immer wieder aufs Neue!

Runge kannte die wirklichen Hintergründe.

Seiner Meinung nach war das Spiel verkauft worden. Er wusste nur noch nicht, wer alles eingeweiht war. Am anderen Tag wollte er von dem korrupten Kranbaum alle Zusammenhänge erfahren. Er wollte ihn sprichwörtlich an die Wand nageln und ihn auspressen wie eine Zitrone. Die Pressekonferenz konnte er sich sparen, weil ewig die gleichen Ausflüchte und Phrasen gedroschen würden. Schuldige würden gesucht und gefunden werden.

Meistens musste der Trainer dran glauben, denn er war immer das schwächste Glied in der Kette. Ein Bauernopfer, oftmals war er in die Skandale gar nicht eingeweiht. Er bekam vom Vorstand oder Management seine Anweisungen und hatte sie zu befolgen. Den Spielern wurde ein Maulkorb verpasst, und wenn die Sache nach hinten losging, wurde der Trainer gefeuert. Gegen eine entsprechende Abfindung selbstverständlich.

Funktionäre und Spieler machte man sich über Geschenke oder finanzielle Zuwendungen gefügig.

Einer seiner Informanten, der lange Zeit einer Berufsgruppe angehört hatte, die sich mit Spiel- und Wettmanipulationen befasste, hatte Runge berichtet, dass die Mittels- und Kontaktleute extra geschult wurden.

Hauptinhalte der Schulungen waren in erster Linie psychologische Aspekte. Man versuchte, sich in die Psyche der Zielperson hineinzuversetzen und sie tiefenpsychologisch zu analysieren. Gesucht wurden vermeintliche Charakterschwächen und spezifische Vorlieben. Anschließend wurden die Ergebnisse der Analyse in Teams besprochen, bevor eine Entscheidung darüber gefällt wurde, auf welchem Weg man der Person begegnen wollte. Dies betraf Spieler in gleichem Maße wie Funktionäre und Schiedsrichter.

Wenn man die Schwächen der zu manipulierenden Person gefunden hatte, wurden sie beim nächsten Treffen gnadenlos ausgenutzt. Das Opfer wurde entweder bestochen, erpresst oder in sonstiger Art und Weise unter Druck gesetzt. Damit brachte man die Zielperson in ein Abhängigkeitsverhältnis, aus dem es irgendwann kein Entkommen mehr gab. Ziel dieser Maßnahmen war meistens, Fußballspiele und andere Sportereignisse so zu manipulieren, dass der Verlauf, der Ausgang oder das Ergebnis eigentlich schon vorher feststanden. Es wurden dann bei internationalen Buchmachern, vorwiegend im asiatischen Raum, Unsummen von Wetteinsätzen platziert.

So oder so ähnlich war es wohl auch Holger Kranbaum ergangen.

Valerie hatte dem Reporter erzählt, dass er sich in eine Internet-Community für außereheliche Affären und Seitensprünge eingeloggt hatte. Dabei fiel er regelmäßig auf gefakte Teilnehmerinnen herein, die ihn in einem Chat-Room über seine intimsten Geheimnisse plaudern ließen.

Kranbaum wähnte sich immer in anonymer Sicherheit des Internets.

Allerdings wurde er über seine Mail- und IP-Adresse lokalisiert und identifiziert. Anschließend erstellte man ein sexualpsychologisches Profil von ihm, und das Ergebnis war dann Valerie.

Schon bevor sie den direkten Kontakt zu ihm suchte, hatte sie sich via Internet-Chat mit ihm unter einer anderen Identität in Verbindung gesetzt. Kurze Zeit später war es um ihn geschehen.

Danach war es eine Kleinigkeit, ihn in eine sexuelle Abhängigkeit zu bringen. Dies geschah, ohne dass er es merkte.

Diese Abhängigkeit in Verbindung mit der Angst davor, dass alles auffliegen könnte, machte ihn zum Spielball ohne eigenen Willen und Gegenwehr.

Eigentlich hätte Runge Mitleid mit Kranbaum haben müssen, aber er verspürte nur abgrundtiefe Verachtung.

Bastarde wie er und seinesgleichen, Menschen mit einer kaum zu überbietenden Geltungssucht und Profilneurose waren Schuld daran, dass dieser einst so ehrliche und wunderbare Sport zu dem verkommen war, was er heute darstellte. Schon bald würde er diesem Treiben ein Ende bereiten, ihm fehlten nur noch einige wenige Teile, um das Puzzle zu komplettieren. Dann käme die Wahrheit ans Licht, und er würde dafür sorgen, dass jede Menge Köpfe rollten.

Sein vorrangiges Ziel war, diesen Sport wieder sauber zu machen, damit zukünftig ein Meister auch ein Meister war und nichts anderes! Dies wollte er um jeden Preis und mit solcher Intensität, dass er es sich zu seiner Lebensaufgabe gemacht hatte, jeden Judas und jeden Pharisäer ans Messer zu liefern!

Schon Morgen würde er sich mit Kranbaum treffen und den Rest der Geschichte erfahren, die er eigentlich schon kannte. Er würde diesem Hundesohn keine andere Möglichkeit lassen, als seine Machenschaften öffentlich zuzugeben und alle Zusammenhänge aufzudecken. Allein der Gedanke daran ließ seinen Adrenalinspiegel steigen und sein Herz rasen. Noch nie in den letzten Jahren war er seinem Ziel so nahe!

Immerhin hatte er die Aufzeichnungen auf seinem Tonbandgerät, nicht nur von Valerie und Kranbaum, sondern von allen Informanten, mit denen er Kontakt hatte. Siegessicher verließ er das Stadion; das Spiel war schon lange zu Ende, und die meisten Fans befanden sich auf dem Weg nach Hause. Nur einige wenige waren noch auf den Tribünen. Zusammengekauert saßen sie auf ihren Sitzen und konnten das Unglück immer noch nicht fassen. Die Meisterfeier war sprichwörtlich ins Wasser gefallen.

Runge nahm sein Handy aus der Jackentasche und wählte die Nummer von Max Kaiser.

„Hallo, Max Kaiser hier", seine Stimme hörte sich uralt und blechern an, aber das konnte auch an der Verbindung liegen.

„Guten Tag, Max, Marcel Runge hier. Ich denke, jetzt ist es an der Zeit, dass wir ausführlich miteinander reden."

„Mir ist aber nicht besonders nach Reden zu Mute. Ich glaube, ich möchte nur alleine sein."

„Junge, ich weiß, was jetzt in dir vorgeht, und wie du dich fühlst. Glaube mir, niemand kann das so gut beurteilen wie ich."

„Gar nichts wissen Sie!"

„Für dich ist heute eine Welt zusammengebrochen. Alle deine Träume und Ideale sind mit diesem Spiel zerstört worden. Woran du geglaubt und wonach du bisher gelebt hast, ist alles futsch! Du musst jetzt dafür kämpfen, dass deine Ideale weiterleben! Ich werde dir alles berichten, was ich weiß, und du musst mir dabei helfen, diesen ganzen Schwindel aufzudecken. Deine Karriere steht erst an ihrem Anfang und ist noch lange nicht zu Ende! Ich hole dich zu Hause ab; ich kenne einen Ort, an dem wir völlig ungestört sind. Passt es dir in zwanzig Minuten?“

Max überlegte einen Moment lang.

„Wir treffen uns am besten an der neuen U-Bahn-Station. Ich möchte vermeiden, dass man uns zusammen sieht. Halten Sie bitte am Straßenrand an und warten auf mich. Ich werde in zwanzig Minuten da sein. Was für einen Wagen fahren Sie?“

„Einen dunkelblauen Peugeot 504.“

„Also, bis gleich dann!“ Max legte auf.

KAPITEL 2

Marcel Runge wartete in seinem zwanzig Jahre alten Peugeot am verabredeten Ort auf Max.

Der Junge ließ sich mächtig Zeit, dachte er, als plötzlich die Beifahrertür geöffnet wurde, und Max in den Wagen sprang.

„Fahren Sie los! Sofort!"

Runge legte den Gang ein und trat aufs Gas. Das alte Vehikel gab einen Seufzer von sich und nahm rasant Fahrt auf.

„Ich bin vor Ihnen gewarnt worden, ich soll mich von Ihnen fern halten!"

„Das kann ich mir gut vorstellen, die haben jede Menge Angst vor mir. Und das mit Recht!"

„Wohin fahren wir?"

Max drehte sich immer wieder ängstlich um, weil er sicher sein wollte, dass ihnen niemand folgte. Aber die Straße hinter ihnen war wie leergefegt.

„Ich habe in der Nähe ein kleines Apartment, nichts Tolles, aber niemand kennt es. Ich habe es mir vor einigen Jahren gekauft, als ich die ersten Drohanrufe bekommen habe."

„Drohanrufe? Werden Sie bedroht? Von wem?"

„Ja, wenn ich das wüsste. Dahinter steckt mehr als ein gekauftes Spiel, mein Junge. Ich glaube, dass wir hier organisiertem Betrug in großem Stil auf der Fährte sind. Da wird ein riesiges Rad gedreht! Es werden Millionen, wenn nicht sogar Milliarden gemacht!

Die schrecken vor nichts zurück!"

„Die? Wer sind ‚Die'?"

In Max' Stimme war ein leichter Anflug von Angst und Panik zu vernehmen.

„Ich weiß noch nicht genau, wer alles dahinter steckt oder wer darin verwickelt ist. Eins ist jedoch sicher, das sind brutale Kriminelle, die keinerlei Skrupel haben. Das geht bis in die höchsten Kreise des deutschen, vielleicht sogar des globalen Fußballs."

„Übertreiben Sie jetzt nicht ein wenig? Ich kann mir ja vorstellen, dass mal ein Spiel verkauft wird, um Kohle zu machen oder um bei Fußballwetten große Summen zu gewinnen. Aber mehr steckt da bestimmt nicht dahinter.

Das hat man doch bei dem Hoyzer-Skandal 2005 gesehen. Da ging es darum, in der zweiten und der Amateur-Liga Schiedsrichter zu bestechen, damit sich ein paar Kriminelle über Fußballwetten daran bereichern konnten."

Runge zögerte etwas mit seiner Antwort. Sollte er wirklich jetzt schon die Katze aus dem Sack lassen, oder wäre es besser, damit zu warten, bis sie in seinem Versteck wären? Dort konnte er dem Jungen gleich die Ergebnisse seiner Recherchen vorlegen. Das würde ihn bestimmt überzeugen.

„Da hast du vielleicht Recht, aber das war nur die Spitze des Eisberges. Glaube mir, dahinter steckt noch viel mehr. Ich bin jetzt schon fast drei Jahrzehnte an dieser Sache dran.

Anfangs war es nur ein Verdacht. Denk mal an den so genannten FC Meineid in den siebziger Jahren.

Damals hatte niemand solch einen Skandal für möglich gehalten. Es waren mehr als 50 Spieler, zwei Trainer und sogar Vereinsfunktionäre darin verwickelt. Die Strafen, die ausgesprochen wurden, waren verhältnismäßig mild. Die meisten Spieler wurden nach kurzer Zeit wieder begnadigt, einige wurden dann später noch gefeierte Nationalspieler."

„Zu der Zeit war ich noch gar nicht geboren. Darüber weiß ich auch nicht besonders viel. Paps hatte mir einmal etwas davon erzählt."

„Elf Bundesligaspiele waren verkauft, mindestens sechs Vereine darin verwickelt, und interessanterweise wurden nur zwei Vereine bestraft. Es gibt Kritiker, die heute noch den Verantwortlichen beim DFB den Vorwurf machen, dass zu oberflächlich ermittelt und geurteilt wurde. Das hatte vermutlich etwas mit der WM 1974 in Deutschland zu tun.

2005 hat es neben dem Schiedsrichter-Skandal in Deutschland fast auf der ganzen Welt ähnliche Skandale gegeben: In Belgien ging es dabei um den Zweitligisten Excelsior Virton.

In der Türkei wurde ein Spieler von Trabzonspor für 10 Monate gesperrt und musste 30.000 Euro Strafe zahlen.

In Frankreich hatte der FC Metz Strafanzeige erstattet. Demnach soll ein Manipulationsangebot des Spiels gegen Olympique Lyon vorgelegen haben.

Selbst Anfang des zwanzigsten Jahrhunderts, als der Fußball noch in den Kinderschuhen steckte, wurden die ersten Manipulationsversuche und Fußballskandale bekannt.

Die olympischen Spiele 1936 in Deutschland waren eines der besten Beispiele dafür, dass große Sportveranstaltungen für politische Ziele ausgenutzt wurden.

Oder denk mal an die Weltmeisterschaft 1978 in Argentinien; damals hat sich die Militärregierung des südamerikanischen Staates diesen Event auch vor den Karren gespannt."

Max war nachdenklich geworden und hörte aufmerksam zu. Das waren doch alles Einzelfälle, dachte er. Dahinter konnte man doch kein System oder eine Organisation erkennen.

Es konnte doch nicht sein, dass dieser gesamte Sport von kriminellen Elementen infiltriert war!

Das konnte doch nicht unbemerkt bleiben!

„Ich habe einen Bekannten bei der Staatsanwaltschaft in Italien, die in dem großen Fußballskandal zur Zeit der WM hier in Deutschland ermittelt hat. Er ist der Meinung, dass die einzige Möglichkeit der italienischen Nationalmannschaft, um bei ihrer Rückkehr aus Deutschland nicht gesteinigt zu werden, darin bestand, den Weltmeistertitel zu erlangen.

Auch er vertritt die Auffassung, dass der Titel für Italien gekauft und manipuliert war, um so schnell wie möglich einen Deckel auf den Betrug zu stülpen und um die Gemüter zu beruhigen."

„Na, finden Sie das nicht etwas an den Haaren herbeigezogen? Man kann sich heutzutage mit Geld sicher vieles kaufen, aber bestimmt keinen WM-Titel! Das wäre ja völlig niederträchtig!"

„Das wäre allerdings perfide und das würde auch nur funktionieren, wenn die großen Verbände UEFA und FIFA mitspielen würden. Aber dafür gibt es leider keine Beweise.

Jedoch spricht das Gesetz der Logik schon dafür!

Bei der WM 2002 in Asien hat ein Fußballzwerg wie Korea seinen Weg immerhin bis ins Halbfinale gemacht. Selbst die Italiener wurden im Viertelfinale in einem Skandalspiel geschlagen. Der Squadra Azzura wurden mindestens ein reguläres Tor aberkannt sowie zwei einwandfreie Elfmeter nicht gegeben.

In Korea wurden während der WM Milliarden mit Merchandising Produkten verdient, die alle zu Ladenhütern geworden wären, wenn die koreanische Mannschaft nicht so weit gekommen wäre!

Außerdem hatte der Fußball in Asien nach der Weltmeisterschaft einen ganz anderen Stellenwert als vorher. Das allein war Ziel der großen Sportverbände. Je populärer das Spiel wurde, desto mehr Kohle konnte man damit scheffeln! Willkommen beim rat race!"

Max wurde zunehmend nachdenklicher und zog sich immer weiter in sich zurück. Das waren Dinge, über die er bislang noch nicht nachgedacht hatte. Das alles hatte er auch nie von einem anderen Standpunkt aus betrachtet. Nach dem, was er bis jetzt gehört hatte, war er schon der Meinung, dass hier irgendetwas nicht stimmte. Heutzutage floss beim Fußball mehr Geld als Milch und Honig im Schlaraffenland. Auch wenn er noch jung war, so wusste er doch sehr wohl, dass viel Geld auch Macht bedeutete, und dass sich in unserer Gesellschaft nahezu alles um Geld drehte. In Verbindung mit Geld entwickelte sich dann automatisch Gier nach noch mehr Geld, nach noch mehr Macht, nach noch mehr Einfluss!

„Wir sind da, mein Junge. Wir fahren jetzt hier in die Tiefgarage und dann mit dem Aufzug nach oben."

Als sie das Apartment betraten, staunte Max nicht schlecht. Die Tür zur Wohnung hätte dem Tresorraum einer Bank alle Ehre gemacht. Nach außen wurde der gesamte Korridor über eine Video-Anlage überwacht. Die Tür und der Türrahmen waren in einer verstärkten Außenwand verankert. Sämtliche Fenster der Wohnung bestanden aus schusssicherem Panzerglas. Diese Bude hätte selbst einen Atomkrieg überstanden. Das Apartment bestand eigentlich nur aus einem großen Raum, einer Küche und einem Badezimmer.

Alle Wände waren zugestellt mit Stahlschränken, gefüllt mit einer Anzahl von Akten und Ordnern. An der Stirnseite thronte ein riesiger Schreibtisch, auf dem sich mehrere Computer, Telefone, Fax- und Funkgeräte befanden.

„Arbeiten Sie eigentlich beim CIA oder für eine Zeitung?"

Max grinste belustigt bei diesen Worten.

„Diese Wohnung hat mich meine gesamten Ersparnisse gekostet und weit mehr als das. Aber man gönnt sich ja sonst nichts!"

Marcel Runge schmunzelte.

„Hier findest du die Ergebnisse meiner Recherchen der letzten Jahrzehnte, mein Lebenswerk sozusagen. Ich habe alles zusammengetragen, was greifbar war. Akten, Verträge, Fotos,

Videos und Tonbänder. Mein Diktiergerät war in den letzten Jahren mein ständiger Begleiter. In den Schränken findest du fast zweihundert Ordner, voll mit Zeitungsausschnitten, die die Skandale und Manipulationen der letzten 25 Jahre dokumentieren und meine Recherchen noch untermauern.

Das, was hier steht, würde ausreichen, um einige dieser korrupten Schweine in den Knast zu bringen. Daher auch die Sicherheitsmaßnahmen. Du bist außer mir der einzige, der von diesem Ort weiß!“

„Danke für das Vertrauen“, sagte Max ergriffen, „was macht Sie so sicher, dass ich nicht auch einer von denen bin?“

„Sicher ist nichts auf dieser Welt, aber ich habe im Laufe meines Lebens eine gesunde Menschenkenntnis erlangt. Viele der Schweine erkennt man sozusagen am Gang. Ich habe dich Fußball spielen sehen und deinen Blick wahrgenommen, als du wusstest, dass sie dich nicht spielen lassen. Da war mit klar, dass du eine ehrliche Haut bist und dass du dir das nicht gefallen lässt, was sie mit deinen Träumen machen. Du bist ein Kämpfer, Max, und das ist gut so!

Wenn man kämpft, kann man verlieren, aber wer nicht kämpft, der hat schon verloren!

Wir hatten mal einen Nationalspieler, der war auch solch ein Kämpfer, nur hatte er nicht deine begnadete Technik. Dir hat man das Ballgefühl in die Wiege gelegt. Ich möchte dich noch sehr lange kämpfen und spielen sehen, in ehrlichen Spielen, mit ehrlichen Siegern und Verlierern!

Für viele bist du heute schon ein Vorbild und ein Idol. Deine Popularität wird sich spätestens bei der Europameisterschaft auf die ganze Welt ausdehnen. Millionen werden dir elektrisiert zuschauen und von dir begeistert sein. Du hast das gewisse Etwas, welches dieser Sport so nötig braucht!“

Max war völlig sprachlos. Wie hatte er sich in diesem Mann getäuscht! Bis vor wenigen Stunden hatte er ihn nur verachtet. Als Schmierfinken tituliert. Jetzt sah er die ganze Wahrheit! Dieser Kerl liebte Fußball mindestens genauso wie er. Alles, was er tat, hatte nur einen Antrieb! Er wollte, dass dieser Sport wieder sauber würde, damit sich Millionen von Menschen an ihm erfreuen könnten, damit die Kinder dieser Welt wieder echte Idole hätten und keine korrupten Geldsäcke, die nur noch mit Dollarzeichen in den Augen die Stadien dieser Welt bevölkerten!

Er würde ihm bei seinem Plan helfen. Er wusste zwar noch nicht wie, aber er würde ihm helfen!

So viel war sicher!

Kranbaum saß wie auf heißen Kohlen. Es war schon zwei Uhr morgens, und die Party war immer noch nicht zu Ende. Seine Frau war direkt nach dem Essen wieder nach Hause gefahren. Sie wollte die Kinder und das Haus nicht so lange allein lassen. Er musste einen Weg finden, um der Feier zu entfliehen. Wahrscheinlich würde es noch nicht einmal jemandem auffallen, wenn er einfach verschwinden würde.

Valerie wartete schon seit mehreren Stunden auf ihn, der süße Teufel mit den riesigen Möpsen! Allein der Gedanke daran und seine Gier nach ihrer sexuellen Fantasie ließen seine Ungeduld immer größer werden. Er hatte bereits jede Menge Alkohol getrunken, und das verstärkte seine Geilheit noch.

Langsam schob er sich auf den Ausgang zu. Niemand beachtete ihn sonderlich. Es herrschte trotz der schlimmen Niederlage eine fröhliche Bierlaune. Fast alle Gäste waren betrunken. Erst als er in seinem Sportwagen saß, atmete er tief durch. Seine Gedanken drehten sich nur noch um Valerie. Zunächst würde er sich ihr völlig hingeben und ihr dann ein paar unangenehme Fragen stellen!

Seine Frau rechnete ja sowieso erst vormittags mit ihm, was sie bereits gesagt hatte, bevor sie die Party verließ.

Er nestelte in seiner Sakkotasche und holte einige dieser gelben Pillen heraus, die ihm ein befreundeter Arzt regelmäßig beschaffte. Sie sorgten dafür, dass er sich wie ein wilder Hengst fühlte! Er konnte dadurch stundenlang vögeln, ohne irgendeine Ermüdung zu spüren. Valerie hatte ihm diesen Tipp gegeben. Wirklich ein Teufelszeug! Er schluckte die Pillen, legte den Gang ein und fuhr los. Valerie, ich komme, gleich bin ich bei dir, mein kleiner Satan!

Seine sexuellen Träume und seine unbändige Vorfreude ließen bereits jetzt seinen Schwanz merklich anschwellen. Na, siehst du, mein Lümmel, dachte er, du bist noch ganz gut in Form! In seiner grenzenlosen Fantasie malte er sich aus, was diese Teufelin so alles mit ihm anstellen würde!

Dieser glückseligen Vorstellung gab er sich ohne jegliche Gewissensbisse hin!

Die dunkle Limousine, die ihm im sicheren Abstand folgte, bemerkte er nicht!

Kranbaum lotste seinen Sportwagen zügig durch die Stadt und konnte es kaum noch abwarten, sich mit Valerie zu vereinigen. In seiner Hose pochte es schon gewaltig.

Endlich hatte er das abgelegene Hotel erreicht. Es war sorgfältig ausgesucht. Ohne Nachtportier und für Gäste, die erst spät in der Nacht zurückkamen, gab es einen versteckten Seiteneingang.

Der Funktionär parkte seinen Wagen hinter dem Gebäude und beeilte sich, zu dem unauffälligen Einlass zu gelangen. Den Schlüssel hielt er schon in der Hand bereit.

Etwas abseits wartete sein Schatten in der dunklen Limousine.

Gleich bin ich bei dir, meine Süße!, frohlockte er im Geiste.

Das Zimmer, in dem Val auf ihn wartete, befand sich im ersten Stock. Er öffnete die Tür – und da lag sie vor ihm: Seine Versuchung, sein sündiger Apfel, dem er nicht widerstehen konnte!

Sie war nur mit einem Hauch von Stoff bekleidet, der mehr zeigte, als er verbarg.

„Hallo, meine Gebieterin! Hier ist dein Satyr!"

Kranbaum spürte das Blut in seinen Adern pochen.

„Lass uns mit dem Spiel beginnen!"

„Endlich bist du da, mein Engel, habe schon alles vorbereitet!"

Valerie sah ihn vielversprechend an.

„Dort auf dem Tisch ist eine kleine Leckerei für dich!"

Akribisch hatte Val mehrere Linien Kokain auf einem Spiegel für ihn vorbereitet. Es war zu einhundert Prozent rein!

Seitdem er sie kannte, nahm er das weiße Pulver regelmäßig zu sich. Er fühlte sich immer wie im siebten Himmel, wurde nie müde und hatte das Gefühl, er könne Bäume ausreißen und Berge versetzen. Gierig zog er die Droge mit einem kleinen Röhrchen in seine Nase. Fein säuberlich, eine Linie nach der anderen.

„Ich habe dieses Mal eine besondere Qualität für dich ausgesucht. Es soll eine unvergleichliche Nacht werden!", hauchte sie.

„Jede Sekunde mit dir ist einzigartig!" Er konnte sich kaum noch auf den Beinen halten. Sein Hirn hatte aufgehört zu arbeiten, und seine Logik hatte ordinärer Ficksucht Platz gemacht.

Die Droge hatte ihn schon völlig in ihrer Gewalt. Irgendetwas war anders als sonst, aber seine Gier war so groß, dass ihm das nicht sonderlich auffiel.

Valerie zog ihm behutsam seine Kleidung vom Leib, bis er völlig nackt vor dem Bett stand. Seine Erektion war nicht zu übersehen, und das Blut pochte in seinen Schwellkörpern. Seine Nasenspitze war überzogen von dem weißen Stoff. Aber das nahm er in seiner unendlichen Geilheit nicht mehr wahr!

Jetzt war Val in ihrem Element! Unter dem Kopfkissen zog sie einen mit Moschus parfümierten Seidenschal hervor und verband Kranbaum die Augen, der am ganzen Körper zitterte wie Espenlaub.

Nachdem sie ihn rücklings niedergestreckt hatte, fesselte sie seine Arme mit Handschellen und seine Beine mit Lederbändern an das Bett. Der Funktionär drehte fast durch, seine Erektion trieb ihrem Höhepunkt entgegen. Im gleichbleibenden Stakkato bäumte er sich immer wieder auf, während Val seinen pulsierenden Riemen bearbeitete. Das Gefühl, dass er ihr völlig ausgeliefert war, machte ihn rasend. Immer deutlicher zeigte die Droge in Verbindung mit dem Potenzmittel ihre Wirkung. Die Substanzen vermischten sich zunehmend in seinem Blut, das wie von einem Sturm gepeitscht durch seine Adern jagte.

Kranbaum war nicht mehr Herr seiner Sinne und suhlte sich in seinen sexuellen Untiefen. Der Cocktail aus Alkohol, Kokain und Chemie ließ sein Herz im roten Drehzahlbereich rasen, er schwitzte wie eine dreckige, stinkende, rülpsende Sau! Sein Gesicht war blaugefleckt angelaufen und schien sekündlich zu platzen, seine blutunterlaufenen Augen stierten ins Leere, und seine Hände krallten sich um die Bettpfosten.

Vals Behandlung peitschte ihn immer mehr nach vorne, und er gab nur noch tierische Laute von sich. Sein widerliches Grunzen und sein brunftiges Röhren hatten nichts Menschliches mehr an sich. Der Schweiß rann ihm in Sturzbächen über seine widerwärtige Fratze.

Valerie kannte keine Gnade, ein zynisches Lächeln umspielte ihre Lippen. Mit geübten Griffen brachte sie ihn mehrmals bis kurz vor seinen Orgasmus, um dann unvermittelt von ihm abzulassen. Sie war eine Spezialistin dieses Spiels und genoss die erzwungene Unterwürfigkeit ihres Sklaven.

Vor seinem Erguss bekam der Fußballfunktionär nicht mehr mit, dass sein Herz plötzlich stehen blieb, und er mit einem tiefen Stöhnen seinen letzten Atem aushauchte. Seine Erektion sank in sich zusammen, und er fiel zurück in die Kissen des Bettes.

Sorgfältig und behutsam räumte Valerie das Zimmer auf und entfernte alle ihre Spuren. Sie löste die Fesseln an seinen Händen und Füßen. Bevor sie den Raum verließ, warf sie dem toten Holger Kranbaum noch einen verächtlichen und gleichgültigen Blick zu.

„Geschieht dir recht, du dreckiges Schwein, du geiler Bock!"

Sie verließ das Hotel über den Seitenausgang. Niemand hatte sie gesehen. Auf der gegenüberliegenden Straßenseite stand die dunkle Limousine. Valerie wurde bereits erwartet.

KAPITEL 3

Max Kaiser staunte nicht schlecht, als Runge nach und nach die Erkenntnisse seiner Recherchen preisgab. Er hatte wirklich sehr genau nachgeforscht und nahezu alles dokumentiert, was er in Erfahrung bringen konnte. Langsam wurde für ihn das Bild klarer.

Weltweit hatte es immer wieder Skandale im Fußball gegeben; dabei ging es entweder um illegale Sportwetten, Bestechungen oder Spielmanipulationen. Es war offensichtlich, dass hier vieles nicht mit rechten Dingen zuging. Viele Machenschaften liefen nach demselben Schema ab:

Oft wurden marode Profivereine von so genannten ausländischen Großinvestoren aufgekauft. Die Kapitalanleger kamen meist aus dem ehemaligen Ostblock, insbesondere der einstigen Sowjetunion oder noch weiter östlich aus Asien, hier überwiegend aus China.

Weitere Delikte waren beispielsweise Bilanzfälschungen, um entweder die finanzielle Situation eines Vereins zu verschleiern oder um sie besser aussehen zu lassen. Aber am meisten Geld wurde mit Wettmanipulationen gemacht. Bei asiatischen Buchmachern konnte man auf so ziemlich alles wetten, was der Fußball hergab. Es waren nicht nur einfache Ergebniswetten, sondern auch Wetten auf Torfolgen oder Torschützen. Am lukrativsten waren die Einsätze auf Spiel entscheidende Tore kurz vor Schluss der Spielzeit.

Die Geschichte der Spielmanipulationen hatte nach Runges Meinung erst Anfang der siebziger Jahre in der Bundesliga angefangen. Die ersten internationalen Skandale hatte er bereits zu Beginn des zwanzigsten Jahrhunderts recherchiert.

„Ich hatte dir ja auf der Fahrt hierhin über die Affäre FC Meineid erzählt. Damals ging es darum, dass bestimmte Mannschaften den Abstieg aus der Bundesliga vermeiden wollten. Dieser Skandal war eigentlich der Auslöser für meine Recherchen. In der Szene war es immer bekannt, dass einzelne Spieler ein paar Mark am Finanzamt vorbei in die Tasche steckten, aber bei dem damaligen Skandal war es das erste Mal, dass so viele Vereine, Spieler und Funktionäre daran beteiligt waren. Zumindest war es das erste Mal, dass es öffentlich wurde.

Viele Sportfreunde hatten dadurch das Vertrauen in das Spiel verloren, niemand konnte sich bis dato vorstellen, dass es Spieler gab, die für ein paar Groschen ihre Seele verkauften und extra schlecht spielten, oder dass Torhüter die harmlosesten Bälle passieren ließen. Ich war damals kaum älter als du und kickte nur in der Bezirksliga, aber trotzdem war für mich die Enttäuschung riesig. Einige Schalker Spieler hatten 2.300 DM für ihren Betrug erhalten. Ein jämmerlicher Preis, um seine Ehre und sein Gesicht zu verlieren!"

Max hörte aufmerksam zu. Er wollte alle Fakten erfahren. Vielleicht würde er so ein System finden, das Licht ins Dunkel brachte. Ihm wurde zunehmend bewusst, dass es heute gar nicht mehr um den Fußballsport ging, da im Vordergrund immer mehr Show und Vermarktung standen. Es ging eigentlich nur noch darum, jede Menge Zaster zu machen!

„Es ist zwar schon gefährlich genug für den Sport, wenn Spieler, Funktionäre und Schiedsrichter so viel kriminelle Energie besitzen, dass sie sich manipulieren lassen, aber dies ist nur ein kleiner Furz gegen die Gefahr, die große Investoren darstellen, wenn sie ganze Vereine kaufen.

Diese Leute pumpen Unmengen an finanziellen Mitteln in einen Club und wecken damit völlig bewusst die Gier der Spieler und aller Beteiligten."

Runge verweilte einen Moment bei dem letzten Gedanken, er wollte Max Kaiser damit Gelegenheit geben, darüber nachzudenken.

„Die meisten dieser Geldgeber haben unerklärliche und seltsame Verbindungen zu kriminellen Strukturen. Oft funktioniert das so, dass Aktienpakete von großen internationalen Konzernen an Mafia ähnliche Organisationen verhökert werden. Viele der Tochterunternehmen dieser Konzerne werden von Leuten angeführt, die eine äußerst zwielichtige Vergangenheit haben.

Die Konzerne oder deren Töchter versuchen dann über äußerst lukrative Sponsorenangebote, ein Mitspracherecht in den Vereinen zu bekommen. Wenn dann die Vereinsstrukturen einmal infiltriert sind, brechen meist alle Dämme, und der Fußball verkommt regelrecht zu einer Ware, die immer derjenige bekommt, der die meisten Moneten auf den Tisch des Hauses legt.

Überwiegend konzentrieren sich die Aktivitäten auf einzelne Paten, die die Rechte an unzähligen Spielern halten und komplette Ligen manipulieren. In Italien gab es zum Beispiel einzelne Personen, die fast ausnahmslos in jeden Fußballskandal des Landes verstrickt waren. In Uruguay hielt ein einziger Geschäftsmann die Transferrechte an den meisten Talenten Südamerikas und verscherbelte sie meistbietend nach Europa."

Max wurde klar, dass er hier ein Spiel mit sehr hohem, fast unkalkulierbaren Risiko spielte.

Der Fußball schien wie ein Magnet auf Kriminelle zu wirken, auf Menschen ohne jegliche Skrupel, die vor nichts zurückschreckten.

Er bekam ein Grausen bei dem Gedanken, sich mit solchen Subjekten einlassen zu müssen.

„Haben Sie eigentlich keine Angst davor, dass Ihnen irgendwann mal etwas zustößt?", fragte er Runge zögerlich.

„Selbstverständlich habe ich Angst. Der Einsatz ist unglaublich hoch, aber ich verliere lieber meinen Job, mein

Geld und im schlimmsten Fall auch mein Leben, bevor ich tatenlos zusehe.

Mit diesem Gedanken könnte ich nicht umgehen. Ich werde alles tun, was in meiner Macht steht, um den Fußball wieder sauber zu machen. Diese Schweine gehören nicht nur an den Pranger, sondern in den Knast!"

Max sah auf seine Armbanduhr, es war bereits 8.30 Uhr morgens. Die ganze Nacht hatten sie damit verbracht, Akten zu wälzen. Chronologisch hatten sie sich von Fall zu Fall durchgearbeitet.

Ihm fiel ein, dass er um elf Uhr den Termin mit dem Vorstand seines Vereins hatte. Sie wollten ihm ein neues Vertragsangebot unterbreiten.

Er erzählte Runge davon und dass er sich nicht sicher war, ob er ein neues Angebot überhaupt annehmen sollte. Sein Gefühl bei dem Gedanken, noch ein paar Jahre in diesem korrupten Umfeld spielen zu müssen, war nicht gerade das beste. Er hätte am liebsten sofort den Verein gewechselt, aber nach allem, was er jetzt wusste, war er auch nicht sicher, dass er nicht vom Regen in die Traufe geriet.

„Es gibt nur einen Grund, warum sie dir so früh ein neues Angebot machen. Durch die Europameisterschaft wird sich dein Marktwert um ein Vielfaches steigern. Damit hätten sie die Möglichkeit, für den Fall, dass du irgendwann unbequem wirst, dich für eine Unsumme zu verkaufen. Außerdem binden sie dich damit langfristig und haben dich dann auch in der Hand. Du bist für sie ungeheuer wertvoll und das nicht unbedingt nur als Spieler. Aber das soll dich nicht daran hindern, dir zumindest das Angebot anzuhören; mal sehen, wie weit sie sich aus dem Fenster lehnen."

Marcel Runge hatte absolut Recht. Er würde sich ihr Angebot erst einmal anhören. Es war für ihn auch wichtig zu erfahren, wie viel er ihnen wert war.

Runge saß in der Zwischenzeit an einem seiner Laptops und gab irgendwelche Passwörter ein.

„Was machen Sie da noch?“, wollte Max wissen. Es war schon spät, und sie mussten sich beeilen. Er wollte zu seinen ersten richtigen Vertragsverhandlungen nicht zu spät kommen. Außerdem machten sich seine Eltern sicher Gedanken darüber, dass er die ganze Nacht nicht zu Hause gewesen war.

„Ich glaube, dein Termin fällt heute aus!“, sagte der Journalist mit vibrierender Stimme. „Ich habe hier gerade die neusten Nachrichten über den DPA-Ticker abgefragt. Schau dir das mal an!“

Max setzte sich neben ihn an den Schreibtisch und fing an, den Text zu lesen, der über den Bildschirm flimmerte:

‚Hochrangiger Bundesliga- und Vereinsfunktionär tot aufgefunden.

Am heutigen frühen Morgen wurde der bekannte und hoch dekorierte Funktionär Holger Kranbaum in einem Hotelzimmer tot aufgefunden. Kranbaum befand sich in eindeutiger Sexpose nackt auf dem Bett, als ein Mitarbeiter des Hotels ihn fand.

Nach ersten Ermittlungen der Polizei ist Kranbaum vermutlich an Herzversagen in Verbindung mit Drogenkonsum gestorben. Er hinterlässt eine Frau und drei Kinder.

Sein Verein hat zum Tod seines Funktionärs noch keinen Kommentar abgegeben.‘

Max glaubte, seinen Augen nicht zu trauen. Er war völlig außer sich. Ausgerechnet Kranbaum, nach außen hin ein Saubermann, wie er im Buche stand, nackt in einem Hotelbett, gestorben an einer Überdosis Rauschgift! Er konnte das nicht fassen, das war einfach unglaublich!

„Wer sich in Gefahr begibt, der kommt mit etwas Pech darin um!“, äußerte sich Runge lakonisch.

„Er hat zu sehr mit dem Feuer gespielt. Schade nur, er war mein Kronzeuge und wollte sich eigentlich heute bei mir melden."

„Ihr Kronzeuge, wie soll ich das denn verstehen?"

„Ich hatte einiges gegen ihn in der Hand und wollte ihn mit seinem Hintern an die Wand nageln. Er war es, der das Spiel gestern verkauft hat!"

„Sind Sie sicher?"

„Absolut sicher!"

„Würden Sie mich jetzt bitte nach Hause bringen, ich glaube, das war heute alles etwas viel für mich. Das muss ich erst einmal verarbeiten. Können wir bitte fahren?"

Als sie einige Minuten später aus der Tiefgarage fuhren, wollte Max wissen, welche Rolle er in den nächsten Wochen spielen sollte und wie er Runge helfen könnte. Runge hatte da noch keine konkreten Vorstellungen, er wollte sich im Laufe der nächsten Tage bei Max melden, der sollte jetzt erst einmal mit der Nationalmannschaft ins Trainingslager fahren und sich in aller Ruhe auf die bevorstehende Europameisterschaft vorbereiten. Dort hätte er auch die Muße, über die Eindrücke und Erfahrungen der letzten Zeit nachzudenken.

„Wie fühlst du dich nach dem Debakel von gestern?" Sein Vater machte eine besorgte Miene.

„Ich weiß nicht so recht, was ich davon halten soll."

Er wollte seinem Vater keinen reinen Wein einschenken, noch nicht. Max musste alles erst einmal selbst verstehen und verarbeiten.

„Es war schon ein ziemlicher Grottenkick, nicht wahr ? Vor allen Dingen der Fehlpass von Steffen war ja unterirdisch!", warf Kaiser senior in den Raum.

„Ach, weißt du, so was passiert beim Fußball. Dadurch wird das Spiel auch so interessant, es lässt sich halt nichts kalkulieren."

Nun fing auch Max schon damit an, diese alten Phrasen zu dreschen. Aber er konnte seinem Vater auch nichts davon erzählen, was Runge ihm gezeigt und gesagt hatte.

Sein Vater war noch von altem Schrot und Korn. Für ihn gab es nur schwarz und weiß.

Er hatte sich von klein auf hochgearbeitet und war bei Kunden und Nachbarn ein angesehener Mann. Alle hatten riesigen Respekt vor ihm, vor allen Dingen vor seiner Ehrlichkeit und seinem geradlinigen Charakter.

Wie sollte Max diesem Mann erklären, was da für eine zum Himmel stinkende Kacke abliefe. Zumal er noch immer so seine Zweifel hatte!

Vielleicht war das gar kein alles umspannendes Komplott. Möglicherweise betraf die Sache nur ein paar Spieler, die gekauft worden waren, und alle anderen wussten nichts davon.

Vielleicht wussten sogar die Verantwortlichen des FC Bayern nichts davon!

„Hast du schon davon gehört, dass Kranbaum, der Geschäftsführer, heute Nacht gestorben ist?"

Sein Vater war sichtlich geschockt.

„Wie gestorben?", fragte er ungläubig.

„Angeblich hat man ihn splitternackt, in Sexstellung in einem Hotelzimmer gefunden.

Überdosis Rauschgift, Herzstillstand. Ich weiß auch nichts Genaues."

Sein Vater reagierte für ihn völlig unerwartet.

„Er war eh ein Schweinehund! Dem habe ich von Anfang an nicht getraut. Dieser Saukerl war viel zu schmierig und immer aalglatt. Solche Menschen mag ich nicht. Seine arme Familie!"

Er dachte einen Moment nach.

„Ich glaube, er hinterlässt seine Ehefrau und drei Kinder. Was soll aus denen jetzt bloß werden?

So eine Schande. Im Nachhinein gehört er noch verprügelt. Du weißt ja, wie die Leute sind. Jetzt werden sie seine Familie erst einmal richtig zerreißen."

„Ich möchte weg von dem Verein", sagte Max mit ernster Miene.

„Das musst du auch, mein Junge!" Sein Vater schaute ihm tief in die Augen. „Du bist ein schlauer Kerl, und wenn dir der liebe Gott nur etwas von mir in die Wiege gelegt hat, dann gehst du weg von diesem skandalösen Haufen. Ein Kaiser hat in solch einer Umgebung nichts zu suchen! Unsere ganze Familie hat immer ehrlich ihren Lebensunterhalt verdient, und das musst du auch tun!"

Max war völlig überrascht. Wusste sein Vater vielleicht mehr, als er anfangs geglaubt hatte?

„Du brauchst mir nicht viel zu erzählen, ich weiß auch so, dass in diesem Verein nicht alles mit rechten Dingen zugeht. Bisher wollte ich nur nicht mit dir darüber reden. Ich dachte, du wirst das irgendwann schon selbst feststellen. Ich hatte mit deiner Mutter schon ein paar Mal darüber gesprochen. Sie war immer der Meinung, dass du irgendwann von selbst darauf kommst, dass da etwas stinkt, und dass du nur ausgenutzt wirst. Die versuchen halt nur, ihren Reibach mit dir zu machen!"

So hatte sein Vater noch nie mit ihm geredet, und bisher hatte Max immer den Eindruck, dass er alles Böse von ihm hatte fernhalten wollen.

„Ich glaube, in den letzten Jahren habe ich nicht ganz mitbekommen, dass mein kleiner Max erwachsen geworden ist. Aus meinem kleinen Jungen ist ein richtiger Mann geworden! Du wirst schon das Richtige tun. Wenn du mit mir reden möchtest und wenn du einen Rat brauchst, dann bin ich immer für dich da, das weißt du hoffentlich!“

„Natürlich weiß ich das“, sagte Max und hätte seinen Vater am liebsten in die Arme genommen. Es war schwierig, erwachsen zu werden und dabei zu erfahren, dass die Welt nicht so rosarot und behütet ist, wie sie aus Kinderaugen aussieht.

„Mein Manager hat mich darüber informiert, dass ein Angebot aus Spanien vorliegt, aber ich denke, es gibt auch genug Vereine in Deutschland, bei denen ich jederzeit spielen kann. Der Vorstand will mir heute ein neues Vertragsangebot unterbreiten, das ich jedoch nicht annehmen werde!“

„Warte erst mal ab, mein Junge. Die Saison ist gerade vorbei, und wenn du eine gute Europameisterschaft spielst, werden dir die Manager die Bude einrennen. Ich weiß, dass du die richtige Entscheidung treffen wirst. Wir sind alle stolz auf dich und werden es auch bleiben!“

Max hatte Tränen in den Augen; noch niemals hatte sein Vater ihm gesagt, dass er stolz auf ihn sei, und er nahm sich vor, diesen Mann nicht zu enttäuschen. Er sollte immer stolz auf ihn sein können!

„Danke, Paps!“, flüsterte der junge Mann hörbar erleichtert.

Nach langer Zeit nahm ihn sein Vater noch einmal in die Arme und drückte ihn an seinen dicken Bauch.

„Du wirst schon alles richtig machen. Wir sind immer für dich da!“

KAPITEL 4

Valerie Sattler lag auf dem Sofa in ihrem Frankfurter Apartment. Sie fühlte sich nicht besonders wohl in ihrer Haut. Dies hatte aber weniger damit zu tun, dass sie Kranbaum eine Überdosis Kokain verpasst hatte. Dieses alte, perverse Dreckschwein hatte es nicht anders verdient! So ein arroganter, notgeiler Bock war ihr in ihrer langen Karriere als Callgirl noch nicht untergekommen.

Seit vielen Jahren verdiente sie ihre Brötchen jetzt schon im horizontalen Gewerbe. Sie war sechzehn Jahre alt, als sie von ihrem Vater zu Hause rausgeworfen wurde, weil sie ihm lästig war. Ihre Mutter hatte sich das Leben genommen, als sie von den ständigen Eskapaden und Seitensprüngen ihres Vaters erfahren hatte. Sie hatte das alles irgendwann nicht mehr ertragen können.

Er war im Baugewerbe tätig und hatte nach dem Mauerfall in der ehemaligen DDR binnen kürzester Zeit ein Vermögen mit Immobilien gemacht. Das war ihm wohl zu Kopfe gestiegen und plötzlich genügte ihm die kleinbürgerliche sächsische Idylle nicht mehr.

Er war damals wie viele andere, die plötzlich am westlichen Wohlstand Teil haben konnten, völlig abgehoben. Es gab nur noch frivole Partys, bei denen sich jeder selbst feierte, und Alkohol und Drogen wurden im Überfluss konsumiert. Bei einer dieser Partys hatte sie auch Igor kennen gelernt. Er hatte für ihren Vater immer die weiblichen Gespielinnen besorgt.

Igor war ein großer Kerl, durchtrainiert, mit guter Bildung und Manieren. Er sprach perfekt deutsch.

Nachdem ihr Vater sie ohne einen Pfennig Geld auf die Straße gesetzt hatte, war sie bei Igor untergekommen. Es war nicht schwer für ein junges, unerfahrenes Mädchen, sich in diesen Mann zu verlieben. Bei ihm bekam sie anfangs alles, was sie sich von einem Mann erträumt hatte. Er bot ihr ein luxuriöses Leben und hatte Verständnis für alle ihre weiblichen Belange. Er war zärtlich, einfühlsam und gab ihr das Gefühl, eine Frau zu sein. Damals hatte sie sich sehr wohl gefühlt und gedacht, es würde ewig so weitergehen. Im Laufe der Jahre veränderte sich Igor zunehmend. Die Zeiten, die sie gemeinsam verbrachten, wurden seltener. Sexuell spielte sich lange Zeit gar nichts mehr ab.

Als Igor ihr irgendwann unmissverständlich zu verstehen gab, dass sie jetzt für ihren Lebensunterhalt arbeiten müsse, wurde ihr klar, dass er sie in den letzten Jahren in ein seelisches und wirtschaftliches Abhängigkeitsverhältnis gebracht hatte.

Womit sollte sie denn jetzt Geld verdienen? Sie hatte keinen Beruf erlernt.

Igor gab ihr zu verstehen, dass sie das tun sollte, was sie am besten konnte, und das war seiner Meinung nach „Ficken"! Das konnte sie so gut wie kaum eine andere. Sie sollte einfach nur die Beine breit machen.

Von dem Tag an vermittelte er sie ständig an irgendwelche reichen Säcke. Sie hatte keine Fragen zu stellen und nur im richtigen Moment da zu sein. Nach anfänglichem Widerwillen und Ekelgefühlen, sich jedem beliebigen Mann hingeben zu müssen, entwickelte sie eine individuelle Überlebensstrategie, indem sie sich privat weiterbildete und durch ihr naturgegebenes, ansprechendes Aussehen eine äußerlich erotische Ausstrahlung inszenierte, um Männer aus gehobenen Schichten bedienen zu können.

Und schon bald lagen ihr die Kerle aus dem höheren Management zu Füssen und überhäuften sie mit Geld und Geschenken. Sie kam viel rum, schlief in den teuersten Hotels und war gern gesehener Gast in den besten Restaurants.

Irgendwann hatte sie immer mehr gezielte Aufträge mit speziellen Patienten, wie Igor sie nannte. Sie bekam dann meist ein genaues sexuelles Profil von den Männern mit allen Vorlieben und Abneigungen, und der erste Kontakt lief fast immer gleich ab. Valerie nahm an einem Seminar oder Kongress teil und lernte die „Zielperson" dann wie zufällig in einem Restaurant oder an einer Hotelbar kennen.

Ihr Auftrag war immer der Gleiche: Der Patient sollte in eine sexuelle Abhängigkeit gebracht werden, egal wie und mit welchen Mitteln. Meist sollte sie dabei Drogen zu Hilfe nehmen.

Dann wurden in eindeutigen Posen ein paar Videos gedreht oder Fotos gemacht, und schon hatte man den Patienten da, wo man ihn haben wollte. In der Regel handelte es sich um irgendwelche Sportfunktionäre oder hochgestellte Persönlichkeiten aus Politik und Wirtschaft.

Was später alles geschah, wusste sie nicht, nur so viel, dass ihre Kunden meist erpresst wurden. Igor kümmerte sich immer um alles Weitere.

Im Laufe der Jahre hatte sie ihren ehemaligen Traummann dann so richtig kennen gelernt. Er arbeitete für eine große Organisation, war eiskalt und äußerst berechnend und schreckte vor nichts zurück. Oft genug wurde sie von ihm bedroht oder verprügelt, wenn nicht alles so lief, wie er es sich vorgestellt hatte.

Wenn er dann mal Lust auf sie verspürte, nahm er sie einfach und zwar mit einer unglaublichen Brutalität, wobei er sie meist auf Russisch beschimpfte, und zum Schluss konnte sie noch froh sein, wenn er sie nicht zu allem Überfluss auch noch zusammenschlug.

Viel zu spät wurde ihr klar, dass er ihren Willen gebrochen hatte, und sie ihm völlig ausgeliefert war. Sie war zu keinerlei Kritik mehr fähig und führte wie ein Roboter nur noch Befehle aus. Igor hatte sie in der Hand und konnte sie jederzeit fallen lassen.

Nachdem Kranbaum tot war, wurde sie von Igor an dem Hotel abgeholt. Er fragte sie nur, ob das Problem gelöst sei, als sie in den Wagen einstieg. Ein Menschenleben bedeutete ihm offensichtlich gar nichts. Er sprach mit ihr darüber, als würde er sich über Äpfel und Birnen unterhalten. Er zeigte keinerlei Emotionen oder Gefühle. Kranbaum hatte ein Problem dargestellt, und dieses Problem musste zu aller Zufriedenheit gelöst werden!

Valerie war sich im Klaren darüber, dass Igor, wenn sie irgendwann ein Problem für ihn darstellen würde, oder wenn er sie nicht mehr gebrauchen könnte, genauso mit ihr verfahren würde.

Dies bereitete ihr nicht nur Unbehagen, sondern eine derartige Angst, die sie nur bei dem Gedanken daran bis in ihr Innerstes erzittern ließ. Igor war erbarmungslos und würde sie, ohne mit der Wimper zu zucken, verschwinden lassen.

Sie hatte auch niemanden, mit dem sie darüber reden könnte. Selbst wenn sie sich an die Polizei wenden würde, wäre das nicht nur ihr sicheres Todesurteil, sondern sie würde auch für lange Zeit hinter Schloss und Riegel landen. Immerhin war sie diejenige, die Kranbaum die Überdosis verabreicht hatte.

Ihr wurde bewusst, dass es keinen Ausweg aus diesem Dilemma gab. Sie nahm einen tiefen Schluck aus ihrem Glas Wodka. Immer häufiger versuchte sie, ihre Angst mit Alkohol zu betäuben.

Nur unterbewusst nahm sie wahr, dass ihr Handy klingelte. Beethovens 9. Symphonie, Song of Joy, sie hatte sich diesen Klingelton ausgesucht, weil sie in ihrer Kindheit ein fröhliches und unkompliziertes Mädchen gewesen war. Äußere Umstände hatten sie zu dem gemacht, was sie heute war.

Auf dem Display erschien ein unbekannter Teilnehmer als Anrufer.

Einen Moment überlegte sie, ob sie das Gespräch annehmen sollte oder nicht. Schließlich entschloss sie sich dazu, sich zu melden, immerhin riefen die meisten ihrer Freier ohne Kennung an.

„Hallo, hier spricht die süße Val, wer stört die Göttin aller Nutten bei ihrem Schönheitsschlaf?"

„Noch schöner, als ich dich in Erinnerung habe, kann ich mir gar nicht vorstellen! Hier spricht Marcel Runge. Ich hoffe, du erinnerst dich?"

„Marcel Runge?"

„Frankfurt Hilton, zu viel irischer Whiskey und jede Menge Champagner. Ich war der Blutegel, der sich an deinen göttlichen Titten festgesaugt hatte. Na, fällt der Groschen?"

„Natürlich erinnere ich mich!"

Sie hatte keine Ahnung, wer dieser Runge war und überlegte fieberhaft, wo sie ihn einordnen sollte.

„Du hattest mir von diesem Fußballfunktionär mit den perversen Neigungen erzählt, ich wollte aber nur Blümchensex von dir. Du konntest dich nicht mehr erinnern, wann du das letzte Mal in der Missionarsstellung gevögelt hattest! Wir haben viel getrunken und genauso viel gelacht in dieser Nacht."

Dunkel kam die Erinnerung zu ihr zurück, ja natürlich, sie war total besoffen gewesen, der Typ hatte ihr eine Menge komischer Fragen gestellt und wollte anschließend nicht mehr von ihren Titten ablassen.

„Na sicher, Marcel Runge, wie sollte ich dich vergessen können! Was verschafft mir die Ehre deines Anrufs?"

„Ich würde mich gerne mit dir etwas näher über Holger Kranbaum unterhalten. Er ist letzte Nacht etwas tragisch verstorben."

Valerie war geschockt, als sie Kranbaums Namen hörte. Woher wusste dieser Bastard, dass sie etwas damit zu tun hatte?

„Kranbaum ist tot? Woran ist er gestorben?"

„Böse Zungen behaupten, dass er sich zu Tode gefickt hat. Mit dir als Partnerin könnte ich mir das auch gut vorstellen!"

„Was soll ich damit zu tun haben? Dieser geile Sack hatte außer mir noch jede Menge anderer Gespielinnen, soviel ich weiß."

„Ich habe auch nicht gesagt, dass du etwas damit zu tun hast. Ich möchte nur ein unverbindliches Gespräch mit dir führen. Vielleicht finden wir ja gemeinsam heraus, wer dahinter steckt."

Valeries Gesicht war kochend heiß, sie war irritiert und wusste nicht, wie sie sich jetzt verhalten sollte. Wie wurde sie diesen Mistkerl bloß wieder los?

„Ich glaube nicht, dass ich dir da irgendwie weiterhelfen kann. Außerdem, warum interessierst du dich für dieses verdammte Arschloch, bist du etwa Bulle?"

„Nein, ich bin kein Bulle, bin nur etwas neugierig. Aber ich habe einige gute Bekannte bei der Frankfurter Kripo, denen könnte ich ja mal einen Tipp geben, was deine Person angeht. Ich hoffe, du verstehst, was ich meine!"

„Willst du mich etwa erpressen? Ich glaube, du weißt nicht, worauf du dich da einlässt!"

In dem Moment, als Valerie diesen Satz ausgesprochen hatte, wusste sie, dass sie einen Fehler gemacht hatte.

„Hör zu, Süße, ich weiß genau, worauf ich mich einlasse und wer oder was du bist. Du kannst mir keine Angst mit deinen Hintermännern machen! Sprich einfach mit mir, nichts weiter.

Heute Abend, 20 Uhr, Airport Hilton, Zimmer 234. Und komm alleine, ich erwarte dich!"

Runge hatte einfach aufgelegt.

Valerie Sattler versuchte krampfhaft, nicht in Panik zu verfallen. Sie nahm einen tiefen Schluck Wodka und wollte sich beruhigen. Ihr erster Gedanke war Igor. Den verwarf sie aber schnell wieder; eventuell könnte er auf den Gedanken kommen, dass sie jetzt ein Problem darstellte, das dringend gelöst werden musste. Wie das enden würde, wusste sie zu genau. Abhauen war auch keine Lösung, dann hätte sie außer Igor auch noch die Bullen am Hals.

Außerdem, wo sollte sie hin?

Nach einem weiteren Schluck Wodka fasste sie den Entschluss, sich mit Runge zu treffen. Er war auch nur ein Kerl, und sie würde schon mit ihm fertig werden! Diese Kerle waren sowieso alle gleich, und wenn sie sich erst einmal entblättert hatte, dann schmolzen sie dahin wie Schnee in der Tropensonne. Sie würde ihm ihre riesigen Titten unter die Nase halten, und schon wäre er folgsam wie ein Lamm. Wenn sie nur mehr über ihn wüsste! Aber egal, sie würde schon herausfinden, wie sie ihn am besten gefügig machen könnte. Darin war sie Expertin!

Max Kaiser ging zu Fuß zum Stadion, er wollte sich den Vorschlag des Vorstandes für eine Vertragsverlängerung zumindest anhören. Mal sehen, wie weit sie gehen würden. Aber dennoch würde er den Rat seines Vaters annehmen und den Verein schnellstmöglich wechseln.

Die Sonne strahlte vom Himmel, kein Wölkchen war weit und breit zu sehen. Jetzt, da er eine Entscheidung getroffen hatte, fühlte er sich schon viel besser. Er musste nur weg aus diesem Umfeld, und alles würde wieder gut!

Am Eingang zum Verwaltungsgebäude saß wie immer in den letzten Wochen die kleine Blondine mit dem rot geschminkten Schmollmund. Sie trug ein dezentes dunkelblaues Kostüm und begrüßte Max freundlich und unverbindlich.

„Guten Morgen, Herr Kaiser! Schöner Tag heute, nicht wahr? Die Herren erwarten Sie schon im Besprechungsraum."

Max schnupperte ihr frisches Parfüm, das ihn irgendwie an eine Waldwiese erinnerte; es roch blumig, sehr dezent, und er dachte, es passe gut zu ihr.

„Guten Morgen, schöne Frau! Es ist ein herrlicher Tag, gerade richtig, um Verträge zu kündigen."

Max fuhr mit dem verchromten Fahrstuhl in die dritte Etage. Er kannte den Weg gut. Rechts den Flur entlang und ganz am Ende befand sich der Raum, in dem alle wichtigen Geschäfte besprochen wurden.

Ohne anzuklopfen, trat er ein. Die Wände waren behangen mit dem Ruhm der Vergangenheit. Fotos von Spielern, die den Verein gegründet und ihn später durch ihre Leistungen auf der ganzen Welt bekannt gemacht hatten. Unzählige Vereinswimpel demonstrierten nationale und internationale Erfahrungen des Clubs.

Der Raum war Licht durchflutet, und an dem Besprechungstisch saßen Peter Abraham, der Vorstand, Karl Schneider, der Aufsichtsratsvorsitzende und der Trainer, Laurenz Kerstner.

„Guten Morgen, Max!", begrüßte ihn Karl Schneider mit ironischem Tonfall.

„Guten Morgen, meine Herren!", erwiderte Max, ohne mit der Wimper zu zucken.

Er nahm an dem großen Tisch Platz.

„Du hast ja sicherlich von dem Unglück in der letzten Nacht gehört, oder?"

Abrahams Stimme klang etwas blechern, und Max hatte den Eindruck, dass er unterschwellig echte Trauer heraushören konnte.

„Ja, ich habe es heute Morgen im Radio gehört, blöde Sache. Wenn das so stimmt, wie es dargestellt wird, dann ist das eine Katastrophe für Kranbaums Familie und schlecht für das Image des Vereins."

„Da hast du allerdings Recht. Von uns hat niemand geahnt, was Herr Kranbaum in seiner Freizeit so treibt! Aber man kann den Menschen halt nur vor den Kopf sehen. Wir, das heißt der Club, werden uns jedenfalls in einer Presseerklärung von derartigen Machenschaften distanzieren. Wir bilden ja immerhin auch Kinder und Jugendliche aus und haben insofern auch eine Vorbildfunktion in Deutschland!"

Die Stimme des Vorstands nahm merklich an Schärfe zu.

„So etwas können wir uns einfach nicht erlauben, die Presse wird uns zerreißen! Ich sehe jetzt schon die Schlagzeilen!"

Max blickte seine Gesprächspartner nachdenklich an und versuchte, in ihren Gesichtern zu lesen, was sie wohl dachten.

„Wir haben dir ein neues Angebot ausgearbeitet, dein Vertrag läuft ja am Ende der nächsten Saison aus. Zu weit verbesserten Konditionen selbstverständlich. Dein Jahresgehalt würde sich um 300 % verbessern, plus Prämien und Freistellung zu allen Länderspielen. Die Laufzeit wäre zunächst für fünf Jahre geplant. Ist ja wohl ein hervorragendes Angebot, oder?

Zusätzlich zahlen wir dir noch eine Prämie, wenn du mehr als 20 Tore pro Saison erzielst."

Karl Schneider sah ihn fragend an.

Max dachte nach. Das Angebot war wirklich nicht schlecht. Aber er hatte sich vorgenommen, den Club zu verlassen, egal, wie viel sie ihm bieten würden.

„Selbstverständlich enthält der Vertrag eine Ausstiegsklausel für eine Verpflichtung im Ausland bei einem internationalen Top-Club zu einer festgeschriebenen Ablösesumme.

Allerdings erst nach Ablauf von drei Jahren. Ich denke, das ist ein äußerst lukratives Angebot!"

„Warum habt ihr mich gegen die Bayern nicht spielen lassen? Ich war nicht verletzt!"

„Mensch, Max, das haben wir doch alles schon besprochen. Du bist ein junger Spieler, selbstverständlich mit einem Ausnahmetalent. Aber wir dürfen dich auch nicht verheizen."

Max suchte den Blickkontakt mit seinem Trainer und sah sofort, dass er das nicht ehrlich meinte, was er gerade gesagt hat.

„Ich werde den Club verlassen, so bald als möglich!"

Seine „Chefs" schienen wie vom Donner gerührt. Hatten sie richtig gehört?

„Wir können dein Gehalt über Sponsorengelder und Webeverträge noch um einiges aufstocken!"

Karl Schneider versuchte, seine Verblüffung mit einem gequälten Lächeln zu überdecken.

„Mir geht es nicht ums Geld, das sollten Sie eigentlich wissen! Ich habe bis ans Ende meiner Karriere noch genügend Zeit, Geld zu verdienen. Ich möchte einfach nicht in solch einem Umfeld spielen müssen, in dem die Funktionäre den Trainer zum Kasper machen, weil irgendwelche anderen Interessen wichtiger sind als der Sport und die Fans.

Sie haben mir eindeutig zu verstehen gegeben, dass sich daran auch in Zukunft nichts ändern wird."

Max konnte seinen inneren Triumph nicht ganz verbergen.

„Du kleiner Scheißer, was bildest du dir eigentlich ein? Wir haben schon viele wie dich kommen und gehen sehen. Du denkst wohl, hast ein paar Tore geschossen, und jetzt gehört die Welt dir allein. So ein Angebot wirst du nirgendwo und nie wieder bekommen!"

Schneider hatte Schaum vor seinem Mund, als er diese Worte zischte.

„Hältst dich wohl für einen ganz Großen. Du musst erst noch ein paar Jahre Gras fressen, bevor du ein Großer werden kannst!"

„Ja, das kann schon sein, aber zum Glück wird das nicht das Gras in diesem Stadion sein, das ich ständig fressen muss. Außerdem haben Sie ja wohl für die verschaukelte Meisterschaft genügend abgesahnt, damit können Sie sich sicher ein paar Spieler leisten, die dieses Possenspiel mitmachen, oder? Wünsche Ihnen noch einen schönen Tag!"

Max stand auf und wollte den Raum verlassen, aber Karl Schneider stellte sich ihm in den Weg.

„Ich glaube, du hast nicht die leiseste Ahnung davon, was du gerade gesagt hast. Alleine dafür hängen wir dir eine Klage an den Hals, die dich bis an dein Lebensende verfolgen wird. Dein Vater muss dann schon jede Menge Wurst verkaufen, um die Schulden seines Sohnes zu bezahlen!"

„Lassen Sie gefälligst meine Familie aus dem Spiel, Sie Penner! Ich hoffe nur, dass Ihnen bald jemand ihr zwielichtiges Handwerk legt. Und jetzt gehen Sie mir aus dem Weg. Die Besprechung ist beendet!"

Max riss die Tür auf und stürmte in den Flur Richtung Treppenhaus. Weit entfernt hörte er noch, dass ihm Schneider etwas hinterher brüllte:

„Du kannst dir nicht vorstellen, wie weit unser Einfluss reicht. Deine Karriere ist zu Ende!"

Die Worte hallten in seinem Kopf nach: Deine Karriere ist zu Ende! Deine Karriere ist zu Ende!

Er wollte nur noch weg von hier und raus aus diesem Gebäude.

Er war froh, als ihm draußen die Sonne entgegen lachte. Deine Karriere ist zu Ende, hörte er immer wieder.

„Hallo, Kleiner!", Steffen stand direkt vor ihm. Max hatte ihn zunächst gar nicht wahrgenommen.

„Wohin so eilig? Du siehst ja aus, als hätte es dir die Petersilie verhagelt.

Das Angebot scheint ja nicht so prickelnd gewesen zu sein?“

„Ach, lass mich in Ruhe, du gehörst doch auch dazu!“

„Wozu gehöre ich?“, Steffen musterte ihn abschätzend.

„Zu dieser ganzen Blase von korrupten und asozialen Machern. Ihr macht diesen Sport kaputt, ich dachte, wenigstens du wärst ehrlich!“

„Hey, hey, jetzt halt mal den Ball flach! Komm, wir gehen einen Kaffee trinken und reden. Ich glaube, ich muss dir einiges erklären!“

„Was gibt es da zu erklären? Das ist nicht in Ordnung, was ihr macht!“

„Komm einfach mit und wir reden!“

Wortlos gingen sie nebeneinander her.

Das nächste Café war nur ein paar Schritte entfernt; sie setzten sich an einen abgelegenen Tisch, wo sie sich ungestört unterhalten konnten. Steffen erzählte ihm, wie er vor einigen Jahren entdeckt wurde, von seinem ersten Profivertrag und davon, dass er irgendwann gemerkt hat, dass seine Träume nur Illusionen waren, weit entfernt von der Realität. Er redete davon, dass er genauso wie Max am Anfang an den ehrlichen Sport geglaubt hatte und eigentlich nur Fußball spielen wollte, bis ihm klar wurde, dass es keinen Sinn machte, gegen den Strom zu schwimmen. Er hatte bis heute den Verein nicht gewechselt und konnte daher nicht beurteilen, wie es woanders war. Er wusste nur, dass die Funktionäre sehr einflussreiche Freunde hatten und ihm jede Menge Schwierigkeiten bereiten konnten.

Er konnte auch von anderen jungen Spielern berichten, sehr vielversprechenden Talenten, die einfach in der Versenkung verschwunden waren. Steffen war überzeugt davon, dass nicht der gesamte Fußball korrupt sei, sondern dass es sich hier um Einzelfälle handelte. Es ging dabei meistens um wirtschaftliche Interessen. Es war einfach zu viel Geld im Spiel. Er hatte seiner Meinung nach den einfachen Weg gewählt. Eine Sportlerkarriere war viel zu kurz, um sie so ohne weiteres aufs Spiel zu setzen.

Steffen kam nicht gerade aus guten familiären Verhältnissen, seine Schulausbildung hatte er nach dem neunten Schuljahr abgebrochen. Das einzige Talent, das er hatte, war Fußball spielen, und dies war auch die einzige Möglichkeit, aus seinem Leben etwas zu machen und Erfolg zu haben. Man hatte ihm zu verstehen gegeben, dass er, wenn er nicht mitspielte, wieder in der Gosse landen würde.

Er war vor seiner Profikarriere in falsche Gesellschaft geraten und hatte schon sehr früh Kontakt mit Drogen und Alkohol gehabt. Zu dieser Zeit hatte er ab und zu in der Bezirksliga gekickt, zumindest wenn dies sein Drogenkonsum zuließ. Wenn er klar im Kopf war, dann zeigte sich sein außerordentliches Talent, und jeder Trainer konnte auf den ersten Blick sehen, dass er mit entsprechendem Training in den höchsten Ligen spielen könnte. Damals wurde er von Laurenz Kerstner entdeckt. Kerstner trainierte zu der Zeit die Amateurmannschaft und übernahm Steffen nach einer Saison in den Profikader. Hier entwickelte er sich binnen kürzester Zeit zum Nationalspieler.

Er erzählte Max, dass er schon des Öfteren an Spielmanipulationen beteiligt war. Es hatte sich finanziell immer für ihn gelohnt. Anfangs hätte er auch so seine Probleme damit gehabt, moralisch, meinte er. Aber mit der Zeit hätte er sich daran gewöhnt, was blieb ihm auch anderes übrig.

Zwischenzeitlich musste er sich auch noch finanziell um seine Familie kümmern. Seine Mutter hatte sich endlich von seinem Alten, dem Trunkenbold, getrennt, und dieser Verantwortung konnte er sich nicht entziehen. Er musste sie unterstützen, zu viel Leid und Schläge hatte sie ertragen müssen und oft genug hatte sie sich dazwischen gestellt, wenn der Alte wieder besoffen nach Hause gekommen war und seinen Frust an ihm auslassen wollte.

Er kaufte ihr ein Häuschen mit einem kleinen Garten und einer blauen Bank, die unter einem Kirschbaum stand. So, wie sie es sich immer gewünscht hatte. Seine Schwester Iris lebte mit ihr zusammen, und der Alte war letztes Jahr gestorben. Er hatte sich mal wieder den Arsch volllaufen lassen und wurde auf dem Weg nach Hause von einem Auto angefahren. Der Fahrer war einfach abgehauen, und am Morgen hatte man den Verunglückten blutüberströmt und tot im Rinnstein gefunden.

„Meine einzige Chance, die ich habe, ist, immer weiter mitzumachen. Ich kann nicht mehr zurück. Noch ein paar Jahre und dann ist es so oder so zu Ende. Außerdem bin ich nicht der Einzige, der in diesem Film mitspielt."

Max hatte die ganze Zeit aufmerksam zugehört und fragte sich, ob Steffen das alles wohl auch in der Öffentlichkeit sagen würde. Er konnte ihn sicherlich verstehen, aber das bedeutete noch lange nicht, dass er seine Taten akzeptierte.

„Hast du dir schon einmal Gedanken um unsere Fans gemacht? Da sind Leute dabei, die ihr ganzes Leben für diesen Sport hergeben. Hast du sie am Samstag nach dem Spiel weinen sehen? Diese Menschen, die uns zujubeln und die Woche für Woche beschissen werden!"

„Ich kann doch auch nichts daran ändern, ich bin nur ein kleines Rad im Getriebe. Wenn ich nicht mitspiele, dann schmeißen sie mich raus und ruinieren mich. Oder es geht mir so wie Kranbaum!"

„Soll das etwa heißen, dass Kranbaum umgebracht wurde?" Max lief ein eiskalter Schauer über den Rücken.

„Keine Ahnung, aber möglich wäre es auf jeden Fall, es geht dabei einfach um zu viel. Stell dir mal vor, wenn das alles einmal ans Tageslicht kommt, dann würde vermutlich ein großer Teil der Bundesliga im Knast landen. In den ausländischen Ligen läuft das bestimmt ähnlich!"

„Denkst du wirklich, dass die Spiele in allen Ligen manipuliert werden?"

Max spürte, wie sich seine Eingeweide zusammenzogen, ihm war hundeelend bei dem Gedanken.

„Soweit ich weiß, sind da immer nur einzelne Spiele betroffen und nicht eine ganze Saison."

Steffen riet ihm, das Angebot des Clubs anzunehmen. Immerhin hätte er dann ausgesorgt.

Max versprach, darüber nachzudenken, allerdings wusste er ganz genau, dass er seine Meinung nicht ändern würde.

Zum Abschluss sagte er ihm noch, dass dieses Gespräch in der Form nie stattgefunden habe, und dass er im Ernstfall alles leugnen würde.

Max war sehr nachdenklich; einerseits war er froh darüber, dass er den Funktionären seine Meinung gesagt hatte und dass er das Angebot abgelehnt hatte, andererseits war er sich nicht sicher, wie es jetzt für ihn weitergehen würde. Ob das alles vielleicht auch Einfluss auf seine Nominierung für die Nationalmannschaft hatte oder nicht.

Er beschloss, zunächst mit seinem Vater und anschließend mit seinem Vermittler darüber zu reden.

Sein Vater hatte wie immer sein Geschäft über Mittag geschlossen und saß zusammen mit seiner Mutter bei einer Tasse Kaffee im Garten.

Max berichtete alles, was sich am Morgen zugetragen hatte, auch von dem Gespräch mit Steffen.

Seine Eltern versicherten ihm, dass er absolut richtig gehandelt habe und dass er trotzdem seinen Weg machen würde. Er habe halt nach seiner Überzeugung gehandelt, und das wäre gut so!

Sein Vater erklärte ihm, dass es besser sei, so zu verfahren, damit man sich jeden Morgen, ohne ein schlechtes Gewissen zu haben, im Spiegel ansehen könne, als des Geldes wegen seine Seele zu verkaufen.

Er sei halt ein Kaiser, und die seien nun mal so!

Das war die einfache, aber bestechende Logik seiner Eltern, unumstößlich, ehrlich und ehrbar! So kannte er sie und so war er von ihnen erzogen worden.

Und er war stolz darauf, ein Kaiser zu sein!

Am Nachmittag legte er sich in sein Zimmer und versuchte, die quälenden Gedanken los zu werden. In den letzten Tagen war einfach zu viel passiert. Wie würde es wohl für ihn weitergehen? Hatte er jetzt alles verloren, hatte er alle seine Träume verspielt?

Er fiel in einen bleiernen Schlaf und wurde hin und her gerissen von unruhigen Träumen.

Irgendwann wachte er schweißgebadet auf.

Morgen musste er bei der Nationalmannschaft sein. Aber vorher wollte er noch mit seinem Vermittler reden und vor allen Dingen mit Marcel Runge.

Runge wollte sich mit einer wichtigen Informantin treffen und einige Dinge über die Machenschaften von Kranbaum erfahren.

Er hatte sich vorgenommen, Runge von dem Gespräch mit Steffen zu erzählen.

Max konnte sich nach allem nicht vorstellen, dass es sich dabei um mehr als die Manipulation einzelner Spiele handelte. Er war kein Freund von Verschwörungstheorien und glaubte daran, dass dieses Spiel eigentlich ehrlich und korrekt gespielt würde.

Lediglich die Geldgier einiger weniger sorgte dafür, dass einzelne Partien verkauft wurden. Er konnte auch nicht anders handeln, dazu war ihm das Spiel viel zu wichtig. Jetzt musste er nur für sich den richtigen Weg finden!

Er nahm sich felsenfest vor, alles in seiner Macht Stehende dafür zu tun, dass dieser Sport ehrlich durchgeführt würde und wollte sich niemals an Manipulationen beteiligen!

Seine Erziehung und nicht zuletzt sein Gewissen schrieben ihm diese Handlungsweise ohne Wenn und Aber vor! Den ersten Schritt hierzu hatte er bereits damit getan, dass er das Angebot seines Vereins nicht angenommen hatte, wie der zweite aussehen sollte, wusste er noch nicht. Aber er war sich sicher, dass er einen Weg finden würde, damit er sich jeden Morgen geradeaus im Spiegel ansehen konnte!

KAPITEL 5

Abraham, Schneider und Kerstner hatten noch einige Stunden in dem Besprechungsraum verbracht und die Reaktion von Max Kaiser diskutiert.

Schneider betrachtete die Tatsache, dass der junge Kaiser den Vertrag nicht verlängern wollte, als eine Unverschämtheit.

Dieser kleine Katzhoffen Sohn bildete sich wohl ein, er könne sie in irgendeiner Form unter Druck setzen. Dem würden sie schon zeigen, wie der Hase liefe! Sie ließen ihn einfach wieder in der Versenkung verschwinden, und in einem Jahr redete keiner mehr von ihm!

Laurenz Kerstner, der Trainer, vertrat die Meinung, dass man Max noch etwas Bedenkzeit geben solle.

„Wir dürfen jetzt nichts übers Knie brechen. Er ist ein junger Kerl, und die Enttäuschung darüber, dass er am Samstag nicht spielen durfte, sitzt vermutlich noch tief. Nun lasst ihn erstmal die Europameisterschaft spielen, dann sieht die Welt garantiert wieder anders aus."

„Sollte er aber bei der Euro eine gute Form haben, dann werden ihm die großen Vereine die Bude einrennen. Für das Ausland hat er eine Ausstiegsklausel in seinem Vertrag.

Wir müssen ihn unbedingt zu einer Unterschrift bewegen, um seinen Vertrag zu verlängern, sonst erhalten wir außer einer kleinen Aufwandsentschädigung nur eine lange Nase.

Ich glaube, dieser Schweinehund weiß ganz genau, was er tut!"

Schneiders Augen waren schmal und zusammengekniffen.

„Es gab in der Geschichte des Clubs noch nie einen Spieler mit derartigem Talent und Charisma auf dem Platz. Die

Fans liegen ihm jetzt schon zu Füßen. Der Junge ist wie eine Lizenz zum Geld drucken!"

Seine Stimme bebte vor Zorn.

„Der Junge ist halt ein Vollblut-Fußballer mit einem unglaublichen Instinkt und Zug zum Tor. Er ist schon technisch äußerst beschlagen und kann ein Spiel förmlich lesen. Das gibt es nicht so oft. Ich wünschte mir, wir hätten noch zwei oder drei von dieser Sorte, dann wären wir auf solche Spielchen wie am Samstag nicht angewiesen."

Peter Abrahams Stimme klang traurig, indem er das aussprach. Manchmal fragte er sich, wie es eigentlich hatte so weit kommen können. Ausgerechnet er, der früher ein ständiger Verfechter des ehrlichen Sports war und in dieser Hinsicht keinerlei Kompromisse zuließ, war plötzlich in eine Situation geraten, aus der er keinen Ausweg mehr fand.

Er war nun schon Club-Mitglied seit fast 58 Jahren; sein Großvater gehörte zu den Gründern des Vereins und hatte vor einem ganzen Jahrhundert zu den Spielern der ersten Stunde gehört.

Sein Vater hatte mitgeholfen, die Jugendabteilung aufzubauen, in der auch er seinen ersten Kontakt zum runden Leder bekommen hatte. Allerdings hatte sein Talent nie für den großen Wurf gereicht. Er war wohl Jugend-Auswahl-Spieler, aber er hatte es immer nur bis auf Landesebene geschafft. Irgendwann hatte er beschlossen, dem Verein in anderer Form zur Seite zu stehen.

Seit fünfzehn Jahren war er nun Vorstandsmitglied und seit fast zehn Jahren Vorsitzender des Clubs.

Er hatte dabei mitgewirkt, den Verein zu strukturieren und ihm eine zunächst einwandfreie kaufmännische Führung verordnet.

In den neunziger Jahren schien das Jammertal zu Ende; neben dem sportlichen Erfolg stand der Club auch auf soliden wirtschaftlichen Füßen. Er hatte als Vereinspräsident den Gang an die Börse gewagt und damit dem Club zu einem unglaublichen finanziellen Zufluss verholfen. Die großen Sponsoren gaben sich bei ihm die Türklinke in die Hand, und die Gelder flossen im Überfluss. Mittlerweile konnte das Stadion gekauft und ausgebaut werden. Die Zukunft des Vereins hatte nie rosiger ausgesehen!

Irgendwann war es dann passiert.

Er hatte sich mit seiner Tiefbaufirma gehörig verhoben und stand kurz vor dem Gang zum Konkursgericht. Die Firma war von seiner Familie seit Generationen aufgebaut worden, und er hätte damals die Schande wohl nicht überstanden. Sein Vater hätte ihm eine Pleite nie verziehen.

Sein gesamtes Vermögen stand auf dem Spiel, und er suchte krampfhaft nach einem Ausweg aus dem Dilemma. Selbst seine Hausbank, mit der seine Familie schon seit zwei Generationen zusammenarbeitete, wollte ihm den finanziellen Hahn zudrehen.

Als wäre es gestern gewesen, konnte er sich noch an das abschließende Gespräch mit dem Vorstand seiner Bank erinnern. Er hatte einen Millionenkredit beantragt, um die entstandenen Liquiditätslöcher zu stopfen. Man hatte ihn einfach fallen lassen; Banker kannten keine Moral und keine Dankbarkeit. All die Jahre hatten sie eine Menge Geld durch seine Firma verdient, und jetzt, da er dringend Unterstützung brauchte, sollte er einfach abserviert werden.

Kurz vor seinem wirtschaftlichen Exitus waren einige Auftragsvermittler an ihn herangetreten, die ihm große Auslandsaufträge beschaffen konnten. Es handelte sich dabei um Straßenbauaufträge auf der ganzen Welt, unter anderem in Osteuropa und in einigen Ländern Afrikas. Die Auftragssummen nahmen astronomische Höhen an und beliefen sich zum Teil im dreistelligen Millionenbereich.

Es kam ihm damals vor wie ein Geschenk Gottes! Das wäre die Lösung aller seiner wirtschaftlichen Probleme! Und die letzte Möglichkeit, seine Firma zu retten! Er könnte dem Teufel noch einmal von der Schüppe springen! Selbst seine Bank bot ihm eine längerfristige Zusammenarbeit an, für den Fall, dass er sich einige dieser Aufträge an Land ziehen konnte.

Es kam ihm wie gestern vor, als er völlig euphorisch nach Amsterdam zur Vertragsunterzeichnung gefahren war. Der Termin sollte im Krasnapolski, einem der vornehmsten Hotels in der holländischen Metropole, stattfinden. Seine Vertragspartner waren Vertreter eines osteuropäischen Konsortiums von Investoren, die weltweit riesige Summen in vermeintlich marode Firmen und derartige Planungen steckten. Das Ziel war vordergründig, die Firmen vor der Insolvenz zu retten, meistens wurden sie dann aber zerschlagen und die einzelnen Bestandteile Gewinn bringend verkauft.

Der erste Vertrag war vom Inhalt her relativ einfach gehalten. Seine Firma verpflichtete sich, über einen Zeitraum von mehreren Jahren ganz bestimmte Straßenbauarbeiten in Kamerun, an der Westküste Afrikas, auszuführen. Zunächst sollte sich dies auf die Hauptstadt Jaounde beziehen und im weiteren Verlauf hunderte Kilometer ins Landesinnere führen.

Das Auftragsvolumen belief sich auf mehrere 100 Mio. US-Dollar. Die Zahlungsabwicklung wurde sowohl über die Credit Suisse aus der Schweiz als auch durch die Credit Lyonaise aus Südfrankreich sowie einer Bürgschaft der Regierung des westafrikanischen Staates garantiert.

Diese beiden Banken galten im internationalen Zahlungsverkehr als außerordentlich zuverlässig und gehörten zu den ältesten Geschäftsbanken in der Schweiz und Frankreich.

Allein die Anzahlung für den Auftrag hätte alle seine finanziellen Probleme gelöst.

Er hatte im Vorfeld bereits durch seine Ingenieure die Lage sondieren lassen und war äußerst zuversichtlich, den Auftrag vollständig und termingerecht ausführen zu können.

Am Abend vor der Unterzeichnung war er von seinen Auftraggebern zu einem Bankett in der Hotelbar eingeladen worden.

An diesem Abend nahm das Verhängnis seinen Lauf. Man gab ihm unmissverständlich zu verstehen, dass man als Gegenleistung für die Auftragsvergabe einige „kleine" Gefälligkeiten von ihm erwartete. Eine dieser Gefälligkeiten war Karl Schneider, den er zunächst als Manager mit allumfassenden Vollmachten in seinem Club unterbringen musste. Später dann sollte Schneider als Aufsichtsrat integriert werden.

Man erklärte ihm, dass die Hintermänner des Konsortiums stark daran interessiert wären, Gelder in beträchtlicher Höhe in einige europäische Traditionsclubs zu investieren.

Auch sein Verein sollte finanziell von diesen Transaktionen profitieren.

Karl Schneider sollte ein Garant dafür sein, dass die Investitionen entsprechend eingesetzt und verplant würden. Ihm wurden diesbezüglich eindeutige Verträge vorgelegt, die Schneider entsprechende Vollmachten einräumten, sowohl im sportlichen als auch im wirtschaftlichen Bereich. Er sollte diese Vereinbarungen unter allen Umständen bei seinen Vorstandskollegen und im Aufsichtsrat des Vereins durchdrücken. Nur er hatte im Verein die Lobby und den Status, um derartige Vorhaben zu verwirklichen.

Damals hatte er bereits die Gefahr geahnt, die ein derartiges Unterfangen mit sich brachte.

Peter Abraham wusste, dass er mit seinem Einverständnis die Vereinsführung völlig aus der Hand gab und sich selbst zum Repräsentationsobjekt degradierte.

An dem Abend musste er die schwierigste Entscheidung seines Lebens treffen! Er hatte keine Wahl und so musste er in den sauren Apfel beißen!

Schneider riss direkt nach seinem Amtsantritt die Ruder des Clubs an sich, und von dem Moment an waren Betrug und Korruption Tür und Tor geöffnet. Er fand in Holger Kranbaum auch einen Gleichgesinnten, der ihn mit Lug und Trug nach vollem Herzen unterstützte.

So wurde langsam aber sicher die gesamte Vereinsführung unterwandert. Spieler und Trainer wurden unter Druck gesetzt, um Spiele zu manipulieren. Es ging dabei meist um Sportwetten, die in erster Linie bei asiatischen Buchmachern abgeschlossen wurden.

Meist wurden nur einzelne Spieler manipuliert; sie wurden in allen Fällen durch horrende Geldbeträge oder sonstige Vergünstigungen gefügig gemacht

Abraham wollte in der Vergangenheit schon des Öfteren sein Amt zur Verfügung stellen, was ihm aber ständig untersagt wurde. Zu tief steckte er bereits in den Machenschaften drin.

Sein Fußballclub wurde umfunktioniert zu einer Maschinerie, die als Ziel nicht mehr den sportlichen Erfolg suchte, sondern lediglich dazu verwandt wurde, Unmengen von Geld zu scheffeln.

Er hatte sich oft genug gefragt, wie lange er mit diesem Wissen und der damit verbundenen Schande noch leben wollte. Sein Gewissen plagte ihn immer stärker. Nächte lang konnte er nicht schlafen und zermarterte sich sein Hirn, wie er aus dieser Zwickmühle entkommen konnte. Aber so sehr er sich auch quälte, er fand keinen Ausweg. Der Druck seiner familiären Verpflichtungen und seiner gesellschaftlichen Stellung war viel zu hoch, und dem konnte er einfach nicht entfliehen.

„Wir müssen versuchen, den Jungen davon zu überzeugen, dass hier alles mit rechten Dingen zugeht. Ich glaube nicht, dass wir etwas erreichen werden, wenn wir ihn auf irgendeine Weise bedrängen. Ich kenne seine Familie schon sehr lange, mein Vater und sein Großvater, der alte Kaiser, sind zusammen zur Schule gegangen. Die Kaisers waren schon immer eine sehr ehrbare Familie mit klaren Prinzipien und einem unumstößlichen Rechtsbewusstsein.

Ich werde noch einmal ein Gespräch mit seinem Vater suchen, vielleicht kann ich ihn auf unsere Seite ziehen."

„Solch einen Blödsinn habe ich selten gehört! Wir müssen dem Knaben einfach mal gehörig den Kopf waschen, dann kommt er schon zur Vernunft!" Schneider hatte einen hochroten Kopf und schien unglaublich erregt zu sein.

So ein Prolet, dachte Peter Abraham.

„Wenn wir nur noch einen Funken Ehre in uns haben, dann sollten wir den Jungen in Ruhe lassen. Wir hätten halt dieses Scheißspiel nicht verschaukeln dürfen, dann gäbe es dieses Problem nicht!"

Man merkte Peter Abraham seine tiefe innere Zerrissenheit an.

„Mein Freund, hier geht es nicht um Ehre und Gewissen, sondern darum, unsere und damit die Ziele unserer Auftragsgeber durchzusetzen. Nichts anderes ist wichtig. Du bist anscheinend etwas sentimental geworden auf deine alten Tage." Schneider sah Abraham mit stechenden Augen an

„Die Quoten bei den internationalen Buchmachern sind kurz vor Schluss des Spiels in astronomische Höhen geschnellt, und unsere Auftraggeber haben mit diesem Spiel ein Vermögen gemacht. Normalerweise müssten die Bayern uns für die Meisterschaft noch eine Provision zahlen, obwohl sie nichts von ihrem Glück wussten", grinste Schneider selbstherrlich. „Die konnten ihr Glück gar nicht fassen und hatten sich schon damit abgefunden, im nächsten Jahr international um die goldene Ananas zu spielen!“

„Nach der Geschichte mit Kranbaum dürfen wir nicht noch mehr Staub aufwirbeln“, meldete sich Kerstner nun auch zu Wort. „Die Medien sind jetzt aufgescheucht wie ein Hühnerhaufen, deshalb müssen wir das Thema eine Zeit lang ruhen lassen. Wir werden schon eine Lösung des Problems finden!“

Laurenz Kerstner hatte sich stets als Vermittler in der Runde gesehen. Kranbaum und Schneider hatten immer die osteuropäische Lösung, so nannten sie das, bevorzugt. Damit meinten sie, dass man grundsätzlich die harte Tour einschlagen sollte, wenn jemand mit ihren Zielen nicht konform lief.

Abraham war schwach und ständig von Selbstzweifeln zerfressen. Er konnte sich nie so richtig für einen Weg entscheiden.

Kerstner war eigentlich auch völlig ungewollt in diese Runde geraten.

Schon als Kind bestach er mit einem unglaublichen Talent für das Fußballspielen.

Er hatte eine Bilderbuchkarriere gemacht. Über die Kreis- und Landesauswahlmannschaften fand er schnell den Weg in die Junioren-Nationalmannschaft. Seinen ersten Profivertrag für die Bundesliga erhielt er bereits mit 19 Jahren.

Die ersten Jahre als Profi verliefen auch stetig erfolgreich. Schnell hatte er sich in seiner Mannschaft einen Stammplatz erspielt. Seine Spielweise war eher unauffällig, aber dafür sehr effektiv. Er spielte im defensiven Mittelfeld eine Art Libero vor der Abwehr. Taktisch war er einerseits ein Zerstörer des gegnerischen Angriffsspiels und andererseits für den Aufbau des eigenen Offensivspiels zuständig. In dieser Rolle fühlte er sich auch ausgesprochen wohl und konnte sein Talent, ein Spiel zu lesen und kurzfristig zu analysieren, voll entfalten.

Nach einigen Profijahren mit mittlerem sportlichen Erfolg stand er endlich auf dem Sprung in die Nationalmannschaft. Auch einige große Vereine aus dem Ausland hatten bereits versucht, ihn zu verpflichten.

Das Unglück geschah in einem völlig unwichtigen Vorbereitungsspiel seiner Mannschaft im Trainingslager. Sie spielten ein Trainingsspiel gegen eine norddeutsche Amateurauswahl. Kurz vor Ende der ersten Halbzeit, seine Mannschaft führte bereits mit 5:0, wurde er von einem übermotivierten Spieler des Gegners derart hart gefoult, dass seine Kniescheibe zersplitterte. Nach zwölfmonatiger Verletzungspause fand er den Weg nie wieder zurück in die Mannschaft. Die Verletzung brach immer wieder von neuem auf, und das Knie entzündete sich ständig schon bei der kleinsten Belastung.

Schließlich hatte er keine andere Wahl, als seine aktive Karriere mit 28 Jahren als Sportinvalide zu beenden.

Das Spiel ließ ihn jedoch nie los! Fußball war ihm einfach zu wichtig! Es war sein Lebensinhalt! Außerdem konnte er auch nichts anderes und hatte keinen Beruf erlernt.

Laurenz Kerstner entschloss sich schließlich, die Trainerlaufbahn einzuschlagen, um wenigstens auf diesem Weg seiner Berufung, so glaubte er zumindest, Rechnung zu tragen.

Nach bestandener Ausbildung zum Profitrainer übernahm er zunächst die Amateurmannschaft seines alten Vereins, und als der Trainer des Profikaders mangels Erfolg vor vier Jahren gefeuert wurde, übernahm er das Training der Lizenzspielerabteilung. Hier lernte er dann auch schnell den rauen Alltag des Profitrainers kennen!

Irgendwann begriff er, dass es keinen Sinn machte, gegen den Strom zu schwimmen. Die Angst davor, seinen Job und damit seine Berufung zu verlieren, veranlassten ihn immer öfter dazu, Kompromisse mit sich selbst und seinem Gewissen zu schließen.

So verstrickte sich Kerstner immer mehr in den Sumpf von Lügen, Manipulationen und Bestechungen. Seine Rolle in dem Geflecht war, junge Talente zu erkennen, sie an den Profikader heranzuführen und gefügig zu machen.

Hiermit hatte er jede Menge Erfolg, da von ihm nichts Bösartiges ausging. Er erweckte eher Vertrauen, und die meisten Menschen neigten dazu, ihm zu glauben.

Er selbst hatte irgendwann den Glauben an den sauberen Fußball verloren und hatte seine Profession der Einflussnahme und dem Diktat des Geldes untergeordnet.

Er lebte in der Illusion, dass er das Richtige tat und hatte daher auch kein Problem mit seinem Gewissen!

„Wie soll denn deiner Meinung nach die Lösung des Problems aussehen?", fragte Schneider sichtlich genervt.

„Auf jeden Fall dürfen wir bei dem kleinen Kaiser keine Gewalt und keinen Zwang ausüben. Ich glaube, damit entfernen wir uns nur noch mehr von ihm. Er ist jetzt enttäuscht und weiß im Moment nicht, was richtig und was falsch ist. Wir sollten ihm etwas Zeit geben, damit er nachdenken kann. Er ist ein junger Kerl und auch noch ziemlich naiv. Ich werde zu gegebener Zeit noch einmal mit ihm reden, vielleicht kann ich ihn ja doch noch überzeugen, einen Vertrag zu unterschreiben."

Kerstner hatte seiner Meinung nach die Situation deeskaliert und völlig unter Kontrolle. Selbst Schneider pflichtete ihm jetzt bei.

„Okay, versuchen wir es erstmal auf die sanfte Tour, den Holzhammer können wir dann immer noch rausholen!"

Marcel Runge war schon seit mehr als einer Stunde in seinem klapprigen Gefährt auf der Autobahn unterwegs, um sich mit Valerie Sattler zu treffen. Die Nacht über hatte er sich im Bett hin und her gewälzt. Er hatte einfach keinen Schlaf gefunden!

Er war davon überzeugt, dass der Tod Kranbaums kein Zufall war. Die haben ihn einfach umgelegt! Ihm war völlig klar, in welcher Gefahr er sich befand, aber er wusste auch genauso gut, dass er auf dem richtigen Weg war und in ein Hornissennest gestochen hatte.

Er hatte sie gehörig aufgescheucht, jetzt musste er nur noch herausfinden, wer sie waren und wer alles darin verwickelt war. Dann würde er seine komplette Geschichte veröffentlichen und alle Beweise und Dokumente, die er hatte, vorlegen.

Der Skandal und die Wellen, die er damit schlagen würde, wären unglaublich und unfassbar.

Aber damit könnte er das Spiel wieder sauber bekommen und Spielern wie dem kleinen Kaiser die Chance geben, die sie verdient hatten.

Ein junger spanischer Spieler hatte ihm vor ein paar Jahren einmal sein Leid geklagt. Nachdem er in einem Ligaspiel nicht dazu bereit gewesen war, mit angezogener Handbremse zu spielen, verschwand er zunächst auf der Reservebank, dann auf der Tribüne und schließlich ließ man ihn noch ab und zu in der zweiten Amateurmannschaft kicken.

Seine finanziellen Bezüge wurden auf ein Minimum reduziert, und er versank schließlich im sportlichen Niemandsland.

Diese Hunde hatten schon verschiedene Möglichkeiten, die jungen Burschen unter Druck zu setzen. Entweder sie verhalfen ihnen dazu, ein Star und eine Ikone zu werden oder sie ließen sie im Nirwana verschwinden.

Jetzt endlich hatte er die Chance, dem Ganzen ein Ende zu setzen und diesen Moloch auszuräuchern. Noch nie war er seinem Ziel so nahe! Immer wurde nur die Spitze des Eisbergs entdeckt und entlarvt!

Schon in den neunziger Jahren war er einmal so weit wie heute. Damals war er zusammen mit einigen französischen Kollegen Tapie auf den Fersen.

So richtig bekannt wurde Bernard Tapie durch den Kauf der Aktienmehrheit von Adidas im Jahr 1990. Zuvor hatte er mehrere insolvente Unternehmen aufgekauft und saniert, allerdings wurde ihm immer vorgeworfen, die Unternehmen aufzuspalten und auszuplündern. Er wurde finanziert von der Credit Lyonaise, einer der größten französischen Banken.

Tapie erzielte damals Milliardengewinne. Schon in den Achtzigern hatte es ihn in den Sport gezogen. So sorgte er zunächst mit dem Radrennstall La Vie Claire für Furore, dessen Mannschaft eine der erfolgreichsten des Jahrzehnts war.

Schließlich wurde er noch Aktionär und Präsident von Olympique Marseille. Runge hatte immer den Verdacht, dass es mit den Erfolgen der Mannschaft nicht mit rechten Dingen zuging. Beweisen konnte man am Ende nur, dass ein Spiel gegen US Valenciennes gekauft war. Marseilles wurde die Meisterschaft aberkannt, und der Verein musste zwangsabsteigen. Tapie wurde zu vier Jahren Gefängnis verurteilt.

Leider konnte damals nicht noch mehr aufgedeckt werden, aber diesmal hatte er alle Fakten in der Hand. Nur Kranbaum, dieser Hundesohn, hatte sich durch sein Ableben aus der Affäre gezogen! Runge hätte seinen Arsch zu gerne an die Wand gehängt!

Jetzt würde er sich erst einmal die süße Valerie vornehmen. Er war schon voller gespannter Erwartung, was dieses Vögelchen ihm zwitschern würde! Sie hatte bestimmt jede Menge zu berichten. Er wusste nur noch nicht, wie er die Nuss knacken sollte und das Flittchen zum Reden bringen konnte.

Aber ihm würde bestimmt noch so einiges einfallen.

Eigentlich war dieser süße Vogel viel zu schade für den Jcb, den er zu erledigen hatte. Ihm war nie zuvor ein weibliches

Wesen begegnet, das ihn so extrem erregte! Wenn er nur an ihre Monstertitten dachte, kribbelte es gewaltig, aber er durfte sich von ihrer geilen Ausstrahlung nicht von seinem eigentlichen Ziel abbringen lassen.

Das sonore Brummen des Motors beruhigte Runge wieder etwas. Die alte Karre tat noch immer ihren Dienst, und in etwa einer Stunde würde er dieser göttlichen Nutte gegenüberstehen und danach, so hoffte er, würde er einiges mehr wissen.

Valerie Sattler saß auf heißen Kohlen. Igor wollte sie noch heute unbedingt sehen und war schon auf dem Weg in ihr Apartment, aber sie musste sich auch noch mit diesem Runge treffen. Sie konnte Igor keinen Korb geben, er akzeptierte keine Absagen.

Sie hatte Angst, denn normalerweise kam er nie einfach so außer der Reihe in ihr Domizil. Ihre Kunden vermittelte er ihr immer per Telefon, und sie traf sich nur noch ausgesprochen selten mit ihm.

Was er wohl ausgerechnet jetzt von ihr wollte?

Der Türsummer riss Valerie abrupt aus ihren Gedanken. Mit zitternden Knien bewegte sie sich langsam auf die Tür zu und sah durch den Spion.

Draußen stand Igor, einst der Mann ihrer Träume und jetzt für sie der absolute Alptraum.

Sie öffnete die Tür und lugte durch den Spalt, der sich auftat.

„Ach, du bist es, das ging aber schnell. Was verschafft mir denn die Ehre deines Besuches?"

„Quatsch keine Opern und mach die Tür auf!", befahl Igor gereizt.

Igor schob sie einfach beiseite und ging in das Apartment.

„Was gibt es so wichtiges? Du weißt doch, dass ich heute meinen freien Tag habe."

Valerie konnte ihren Respekt und ihre Furcht kaum verbergen. Es kostete sie jede Menge Selbstbeherrschung, nicht in Tränen auszubrechen.

„Unser Mittelsmann bei den Bullen hat mich heute Nachmittag angerufen."

Igor hatte einen drohenden Unterton in der Stimme.

„Ja und, was hatte er zu sagen?"

Valerie wäre jetzt am liebsten so schnell wie möglich geflüchtet, so unangenehm war ihr die Situation. Vor dem Mann, den sie einst abgöttisch geliebt hatte, hatte sie jetzt Todesangst!

„Die haben in dem Hotelzimmer DNA-Spuren gefunden, und jemand hat dich gesehen, als du in das Hotel gegangen bist."

Der Ton wurde immer bedrohlicher!

„Ich schwöre dir, dass mich niemand gesehen hat. Ich war wie immer vorsichtig und bin durch den Nachteingang gegangen. Wenn überhaupt, dann wissen sie, dass Kranbaum nicht alleine in dem Zimmer war. Er ist an einer Überdosis gestorben. Das kann auch passiert sein, nachdem ich bei ihm war."

„In seinem Wagen haben sie sein Handy gefunden. Die Bullen versuchen gerade herauszufinden, auf wen die Nummer registriert ist, mit der der Idiot zuletzt telefoniert hat."

Igor kam Angst einflößend auf sie zu, Valerie wich einen Schritt zurück. Er packte sie an den Haaren und schleuderte sie mit einem Ruck auf das Sofa.

„Die Nummer ist bestimmt auf Kranbaum registriert, er hat mir die Telefon-Karte gegeben. Wir hatten nur über diese Nummer Kontakt. Glaub mir doch!"

Er beugte sich über sie und schlug ihr mit dem Handrücken ins Gesicht.

„Ich warte unten in der Lobby auf dich, zieh dir was an und pack ein paar Sachen zusammen! Du hast zehn Minuten!"

Igor drehte sich um und verließ die Wohnung. Als die Tür hinter ihm ins Schloss fiel, konnte Valerie ihre Tränen nicht mehr zurückhalten; sie blutete aus Mund und Nase, und ihr Kopf dröhnte.

Das war sicher ihr Todesurteil! Sie war jetzt zu einem Problem geworden, das er auf seine Art lösen wollte, dessen war sie sich absolut sicher.

Die Gedanken rasten durch ihren Kopf. Sie musste hier weg! Aber wie und wohin?

Eilig streifte sie eine Jeans und einen Pullover über und reinigte notdürftig ihr Gesicht. Für alle Fälle hatte sie schon seit Monaten eine Tasche mit den dringendsten Utensilien gepackt.

Vorsichtig schob Valerie ihren Kopf durch den Türspalt.

Der Flur war leer.

Eilig lief sie an dem Fahrstuhl vorbei zu der Tür, die zum Treppenhaus führte und hastete die Stufen hinunter.

Als sie in der unteren Etage ankam, warf sie einen vorsichtigen Blick in die Lobby. Igor wartete dort mit zwei anderen Typen, die sie vorher noch nie gesehen hatte.

Auf Zehenspitzen schlich sie in den Flur zur Tiefgarage. Schon vor einigen Monaten hatte sie sich einen Wagen gekauft – nur für diese Situation.

Igor hatte sie nicht bemerkt.

Mit gehetztem Blick sah sie sich in der Tiefgarage um. Einen Moment verharrte sie im Schatten eines Lieferwagens und lauschte. Sie war sich sicher, allein zu sein und eilte hastig zu ihrem Wagen.

Als sie endlich in ihrem Auto saß, atmete Valerie das erste Mal etwas durch und fuhr langsam Richtung Ausfahrt. Draußen vor dem Apartmenthaus standen Igors Sportwagen und ein dunkler Mercedes. Die Fahrzeuge waren beide leer. Dieser Hurensohn wollte sie also einfach verschwinden lassen!

Valerie fuhr Richtung Autobahn. Erst als sie einige Kilometer zwischen sich und die Apartmentanlage gebracht hatte, atmete sie erleichtert auf und steckte sich eine Zigarette an.

Ihr Schädel brummte noch immer, ihre Lippen schmerzten und waren angeschwollen.

Dieses brutale Arschloch, dachte sie.

Langsam legte sich ihre Panik, aber wo sollte sie bloß hin?

Zimmer 234 fiel ihr wieder ein; das Airport Hilton lag am Frankfurter Flughafen. Sie hatte eine Entscheidung getroffen! Sie würde sich mit Runge treffen, aber vorher musste sie noch ein Ticket lösen, damit sie mit dem nächsten Flieger abhauen konnte.

Marcel Runge lag auf dem Bett im Hilton Airport, Zimmer 234. Noch ein paar Minuten, dann müsste das hübsche Busenwunder hier auftauchen. Er hatte sich eine Flasche irischen Whiskey beim Roomservice bestellt und ließ die Eiswürfel ein paar Mal kreisen, bevor er einen tiefen Schluck aus dem Becher nahm. Ein herrliches Gesöff, dachte er.

Das Summen des Telefons riss ihn abrupt aus seinen Gedanken. Runge nahm ab.

„Hallo?"

„Hier ist Val", antwortete ihre unterdrückte Stimme, „sind Sie allein?"

„Wer sollte außer mir schon hier sein? Ich hatte doch gesagt, dass ich alleine kommen würde."

„Okay, dann öffnen Sie die Tür!"

Runge ging zur Zimmertür und öffnete sie langsam. Valerie Sattler stand direkt vor ihm, sie hatte das Handy noch in der Hand. In Jeans und Pullover gefiel sie ihm fast noch besser, als er sie in Erinnerung hatte. Ihre Lippen waren am Mundwinkel aufgeplatzt, und ein Teil ihres Gesichts war leicht angeschwollen.

„Was ist denn mit dir passiert? Gab es einen Unfall?"

„So könnte man es nennen", sie verzog ihre Lippen zu einem leichten Grinsen.

„Nun komm erst mal rein und erzähle, was passiert ist!"

„Ich hatte einen kleinen Betriebsunfall. Nicht so wichtig!"

„Möchtest du etwas trinken?"

„Ich nehme das Gleiche wie Sie, kann ich jetzt gut gebrauchen."

Marcel Runge reichte ihr ein Glas mit irischem Whiskey, und Valerie trank es in einem Zug leer.

„Kann ich bitte noch einen bekommen?" Runge blickte erstaunt. „Du scheinst es ja nötig zu haben!"

„Was wollen Sie eigentlich von mir?" Valerie sah ihn fragend an.

„Ich denke, wir sollten beim ‚Du' bleiben, beim letzten Mal war es nach meiner Erinnerung auch nicht so förmlich!"

Valerie reckte sich, indem sie ihre Arme hinter dem Kopf verschränkte. Runge hatte das Gefühl, als würden ihre Brüste jeden Moment ihren Pullover sprengen. Dieses Miststück war sich ihrer Wirkung absolut bewusst!

„Hallo, mal langsam, ich hätte zwar gegen ein Schäferstündchen nichts einzuwenden, aber eigentlich bin ich hier, weil ich Antworten auf ein paar Fragen brauche", stellte Runge klar.

Valerie fischte einen Eiswürfel aus dem Glas und hielt ihn sich an die geschwollene Lippe.

„Und ich brauche deine Hilfe, ich habe ein paar Probleme mit meinen Auftraggebern", erwiderte Valerie kleinlaut.

„Wer sind denn deine Auftraggeber?" Runge hatte einen gespannten Gesichtsausdruck. „Und was für Aufträge sind das denn?"

Valerie erzählte ihm ihre ganze Geschichte, wie damals alles angefangen hatte. Von ihrem Vater, wie sie Igor kennen gelernt hatte und davon, dass sie auf Kranbaum angesetzt wurde. Bis dahin hatte sie ihm die ganze Wahrheit gesagt.

Marcel Runge hörte gespannt und nachdenklich zu. Er hatte etwas Mitleid mit ihr und er verstand, dass sie zunächst unverschuldet in dieses Milieu und die Fänge von diesem Igor geraten war.

„Für wen arbeitet Igor eigentlich?"

„Ich habe keine Ahnung, seine Hintermänner habe ich nie gesehen, ich hatte immer nur mit ihm zu tun. Ich bekam einen Patienten, so nannte er die Klienten, immer zugewiesen. Mir wurde gesagt, wie und wo ich Kontakt aufnehmen müsste. Vorher bekam ich ein regelrechtes Skript über die jeweilige Person. Darin standen Informationen, von allgemeinen Daten, bis hin zu ganz speziellen Dingen, wie sexuelle Neigungen, Vorlieben usw. Meistens hatte ich den Auftrag, diese Leute in eine sexuelle Abhängigkeit zu bringen. Manchmal wurden mir Adressen vorgegeben, an denen ich mich mit den Kerlen treffen sollte. Die Apartments waren meistens mit Video ausgestattet. Die Typen wurden dann anschließend mit den Aufnahmen erpresst oder sonst irgendwie unter Druck gesetzt. Die Klienten waren irgendwelche Männer aus der Wirtschaft oder Politik, meistens jedoch Sportfunktionäre.

„So wie Holger Kranbaum?", Runge sah sie forschend an. „Was ist an dem besagten Abend eigentlich passiert?"

„Das war ein Unfall", Valerie sah an Runge vorbei. Sie vermied es, ihm direkt in die Augen zu schauen. Sie hatte Angst, er würde bemerken, dass sie log.

„Er hat diese Potenzmittel geschluckt wie saure Drops und dann kam noch die Droge dazu. Ohne Kokain ging bei ihm gar nichts mehr. Er ist dann immer völlig ausgerastet. Er war widerlich!"

„Erzähl mir, was an dem Abend passiert ist!"

„Kranbaum hat mich nachmittags angerufen und wollte mich unbedingt sehen. Ich bin dann in dieses Hotel gefahren. Dort haben wir uns öfter getroffen. Immer im gleichen Zimmer. Das Zimmer hatte er nur für uns angemietet. Ich hatte einen Schlüssel für den Nachteingang und habe in dem Hotelzimmer auf ihn gewartet.

Irgendwann in der Nacht kam er dann, völlig betrunken und hatte schon jede Menge von diesen Pillen geschluckt. Nachdem er sich ausgezogen hatte, schoss er sich noch ein paar Linien Koks in die Birne."

„Ja und weiter?"

„Es war eigentlich alles wie immer, dieses Stück Scheiße hat die schrägsten Sachen von mir verlangt. Irgendwann röchelte er nur noch auf die ekelhafteste Art und hat sich dann nicht mehr gerührt. Ich habe Panik bekommen und bin sofort abgehauen. Am anderen Tag habe ich dann davon in den Nachrichten gehört."

„Warum hat dieser Zuhälter dich verprügelt?"

„Das hat er andauernd gemacht, er ist ein brutales Schwein, es macht ihn wohl an, wenn er Frauen schlagen kann. Er musste mir immer demonstrieren, wie viel Macht er über mich hat. Aber jetzt habe ich ein für alle Mal die Schnauze voll! Ich haue hier ab! In den letzten Jahren konnte ich mir etwas Geld auf die Seite legen."

„Wie kann ich dir helfen?"

„Du hattest mir gesagt, dass du gute Verbindungen zur Polizei hast."

„Ja, das stimmt, es gibt ein Sonderdezernat beim BKA, das sich mit diesen Dingen beschäftigt. Die bekommen ab und zu Informationen von mir."

„Bist du ein Bulle?", Valerie sah ihn etwas skeptisch an.

„Nein, ich bin Reporter und habe es mir zur Aufgabe gemacht, diese Machenschaften aufzudecken und die ganze Bagage in den Knast zu bringen."

Valerie kramte in ihrer Handtasche und brachte ein in rotes Leder gebundenes Notizbuch zum Vorschein.

„Hier sind alle Namen und die Kontakte, die ich in den letzten Jahren hatte, verzeichnet. Ich gebe dir das Buch! Das ist mein Vermächtnis, das ich dieser Bande von Dreckskerlen und vor allen Dingen Igor hinterlasse. Bring diese Schweine hinter Gitter, so schnell wie möglich!"

Gierig sah Runge auf das Notizbuch. Diese Aufzeichnungen waren ein weiteres wichtiges Puzzleteil auf dem Weg zu seinem Lebensziel!

„Zeig mal her!", mit fahrigen Bewegungen blätterte er in dem Buch und konnte seine Erregung kaum verbergen; seine Hände zitterten leicht. Das war ja unfassbar, dachte er. Einen Großteil der Namen, die er las, kannte er. Es war unglaublich, das who is who der deutschen Gesellschaft war vertreten! Er fand Namen und Adressen von Größen des Sports, von Politikern und bekannten und einflussreichen Leuten aus der Wirtschaft.

„Mein lieber Scholli, du hast dich ja durch den kompletten Jetset gevögelt!"

„Hinter jedem Namen findest du Notizen über Ort und Zeitpunkt der Meetings sowie über Vorlieben und einige persönliche Informationen. Außerdem habe ich Aufzeichnungen darüber gemacht, was mir die Herrschaften so alles erzählt haben."

Valerie grinste anzüglich.

„Dir ist sicher bekannt, dass die meisten Geheimnisse im Bett ausgeplaudert werden. Fast alle meiner Kunden versuchten mir irgendwie zu imponieren und prahlten dann mit ihren vermeintlichen Heldentaten.

Dabei ging es meistens um ihr Verhandlungsgeschick oder darum, wen sie gerade korrumpiert oder betrogen hatten. Sie erzählten mir von finanziellen Transaktionen ins Ausland und wie sie Geld am Fiskus vorbei geschmuggelt hätten.

Ich habe alles aufgeschrieben und dokumentiert. Ich wollte das eigentlich nie hören, aber ich konnte auch nichts dagegen tun. Manchmal kam ich mir wie eine Beichtschwester vor. Danach musste ich die unterschiedlichsten und abstrusesten sexuellen Vorlieben befriedigen. Kaum jemand war dabei, der einfach nur die Missionarsstellung wünschte.

Ich kann mich noch gut an den einflussreichen Politiker erinnern, der gemolken und gepeinigt werden wollte, bis er fast blutleer war. Igor hat ihn gnadenlos erpresst.

Ich musste ihm bei jedem Treffen Windeln anlegen und die Flasche geben. Der Typ war über vierzig und war noch immer in der postnatalen Phase hängen geblieben. Ansonsten war er ein netter Kerl, sehr gebildet und mit guten Manieren. Igor hatte alles auf Video dokumentiert. Der arme Kerl hat mir regelrecht Leid getan.

Irgendwann hat man ihn mausetot in einem Schweizer Hotel in der Badewanne aufgefunden.

Ich weiß nicht, ob er dem Elend selbst ein Ende bereitet hat, oder ob Igor in seiner unnachahmlichen Art nachgeholfen hat.

Übrigens, deine Daten findest du auch in dem Buch!“

Marcel Runge konnte sein Glück nicht fassen; es würde Monate dauern, bis er alle Aufzeichnungen gesichtet und analysiert hatte. Endlich hatte er den Schlüssel in der Hand, um die Türen zu der verborgenen Schatzkammer zu öffnen, deren Inhalt alle seine geheimsten Wünsche und Bedürfnisse befriedigte.

Er würde diesen Bastarden den Garaus machen! Sie würden die volle Wucht seiner Macht als Reporter und Medienvertreter zu spüren bekommen! Jetzt konnte er einen Großteil dieses Sumpfes trockenlegen!

„Dich hat mir ein Engel geschickt! Du weißt sicherlich, wie brisant und gefährlich diese Informationen sind."

„Ich bin mir völlig im Klaren darüber, was das bedeutet. Dieses Notizbuch hat mir immer wie ein Stück glühende Kohle auf der Seele gebrannt, aber es war auch so eine Art Lebensversicherung. Ich wusste, dass ich irgendwann nicht mehr gebraucht würde und überflüssig wäre. Igor hätte mich, ohne mit der Wimper zu zucken, verschwinden lassen, und niemand hätte mich vermisst!"

„Wer sich mit dem Teufel einlässt, der darf sich nicht wundern, wenn er irgendwann in der Hölle landet!" Runge lächelte vielsagend.

„Ich glaube, dass der Satan persönlich ein Waisenknabe im Vergleich zu Igor ist. Er hat nichts Menschliches an sich und manchmal kam er mir vor wie ein Dämon aus einer anderen Welt. Dieser Kerl hat mindestens hundert verschiedene Gesichter und kennt keine Skrupel. Wenn du dich mit ihm anlegst, dann sind deine Chancen auf ein langes Leben gleich Null!"

Runge füllte die Gläser noch einmal mit Whiskey und ohne es zu bemerken, hatten sie die Flasche komplett leer getrunken. Er musste sich jetzt umgehend mit seinem alten Freund Hans Wolf, mit dem er zusammen aufgewachsen war, in Verbindung setzen. Nach dem Abitur hatten sich ihre Wege zunächst für ein paar Jahre getrennt. Während er Publizistik studiert hatte, hatte Hans die gehobene Laufbahn im Polizeidienst eingeschlagen. Nach den ersten Jahren als Kommissar bei der Sitte übernahm Wolf das Rauschgiftdezernat in seiner Heimatstadt. Heute leitete er ein Sonderdezernat für Wirtschaftskriminalität und organisiertes Verbrechen beim BKA. Gleich morgen Früh würde er Kontakt mit ihm aufnehmen.

„Was hast du jetzt eigentlich vor?", Runge sah Valerie direkt und gespannt an.

„Ich werde komplett aus diesem Milieu aussteigen. In den letzten Jahren konnte ich mir etwas Geld auf die hohe Kante legen, ohne dass Igor es bemerkt hat. Ich habe lange auf diesen Tag hingearbeitet. Morgen Früh startet mein Flieger in ein neues Leben. Ein neues Land, ein neues Umfeld, ein neuer Anfang! Da, wo ich hingehe, werde ich ein kleines Café eröffnen und völlig anonym, ohne großes Aufsehen einen neuen Anfang wagen.

Darf ich vielleicht noch mal dein Badezimmer benutzen, ich hatte keine Zeit mehr, mir die Kummerfalten aus dem Gesicht zu bügeln!"

„Selbstverständlich, kein Problem. Restauriere dich in Ruhe und entspanne dich unter der Dusche! Lässt du mich wissen, wo ich dich finden kann?"

„Das halte ich für keine gute Idee! Ich habe ja deine Telefonnummer, irgendwann melde ich mich bei dir und erkundige mich nach dem Stand der Dinge."

Runge wünschte ihr von ganzem Herzen, dass sie alles das schaffen würde, was sie sich vorgenommen hatte. Sie hatte in ihrem kurzen Leben so viel erlitten, dass sie sich einen neuen Anfang redlich verdient hatte. Erst jetzt, nachdem er einen großen Teil ihrer Lebensgeschichte kannte, sah er in ihr einen völlig anderen Menschen als zuvor. Aus dem Callgirl war plötzlich jemand geworden, zu dem er sogar Zuneigung empfand. Valerie Sattler war in ein Leben gezwungen worden, das sie sich nicht ausgesucht hatte!

Aus dem Badezimmer vernahm er das monotone Geräusch der Dusche. Runge nahm sein Handy und wählte fast automatisch eine ihm gut bekannte Nummer. Es erschien ihm wie eine Ewigkeit, bis sich am anderen Ende jemand meldete.

„Wolf!", vernahm er die schlaftrunkene Stimme seines alten Freundes Hans Wolf.

„Marcel hier, ich hoffe, ich habe dich nicht geweckt!"

„Hast du noch alle Tassen im Schrank? Hast du mal auf die Uhr gesehen, es ist fünf Uhr morgens! Was gibt es so Wichtiges, dass du mich zu solch einer unchristlichen Zeit weckst?"

„Wir müssen uns unbedingt sehen! Ich habe gerade Informationen erhalten, die so brisant sind, dass wir so schnell wie möglich darüber reden müssen. Ich bin zur Zeit in Frankfurt, kann ich dich später im Dezernat treffen?"

„Ich habe heute Vormittag noch ein paar Termine, aber ab Mittag habe ich Zeit für dich. Was hast du denn so Wichtiges aufgetan?"

„Das kann ich dir jetzt am Telefon nicht erklären, ich muss es dir zeigen. Du wirst aus dem Staunen nicht herauskommen! Wir sehen uns später!"

Runge legte auf; ihm war gar nicht bewusst, wie schnell die letzten Stunden vergangen waren.

Es war tatsächlich schon fünf Uhr morgens. Langsam bemerkte er die Müdigkeit, die sich in seinem Körper breit machte. In den letzten Nächten hatte er so gut wie nicht geschlafen. Zu viel hatte sich ereignet und zu viel beschäftigte ihn gedanklich. Er war seinem Ziel noch nie so nahe wie im Moment!

Hinter ihm öffnete sich langsam die Badezimmertür. Er nahm das sanfte Aroma eines teuren Parfüms wahr, das irgendwie etwas orientalisch duftete. Er glaubte, eine leichte Note von Sandelholz darin zu riechen. Auf jeden Fall war der

Duft sehr erotisch! Als er sich umdrehte, stand Valerie dicht vor ihm. Ihre langen Haare hatte sie am Hinterkopf zu einem Knoten zusammengebunden. Sie war völlig nackt, auf ihrer Haut glitzerten noch einige Wasserperlen, und ihre Brustwarzen auf den riesigen Brüsten waren steil aufgerichtet. Ihm stockte fast der Atem, und er wusste nicht genau, was ihn mehr erregte, ihr Anblick oder der feine erotische Geruch, den sie verströmte. Entweder war sie ein Engel, oder der Teufel hatte sie gemacht! Nun verstand er auch, warum Kranbaum dieser Frau so verfallen war.

„Ich dachte mir, für deine Hilfe und damit du mich nicht so schnell vergisst, mache ich dir noch ein kleines Abschiedsgeschenk!" Diese Worte hauchte sie beinahe unhörbar.

Valerie nahm Marcel Runges Kopf in ihre Hände und presste ihn sanft zwischen ihre großen, warmen Brüste. Runge fasste sie an den Hüften und trug sie zum Bett, auf dem er gemeinsam mit ihr eng umschlungen die Zeit völlig vergaß. Sie liebten sich mehrere Male und verschmolzen zu einem Bild voller Erotik und Emotionen! Ihr Liebesspiel war geprägt von Zärtlichkeit, Zuneigung und Ekstase!

Es war zehn Uhr morgens, als Valerie am Gate 27 auf den Start ihres Fluges nach Caracas wartete.

Nachdem sie eine nie enden wollende Stunde zärtlichen Sex mit Marcel Runge gehabt hatte, war er friedlich neben ihr eingeschlafen. Sie hatte sich leise angekleidet und bevor sie auf Zehenspitzen das Zimmer verlassen hatte, hatte sie ihm noch einen zärtlichen Kuss auf die Stirn gedrückt. Ein derartiger Mann war ihr noch nie zuvor begegnet! Er hatte einen unglaublich starken Charakter und war von einer fast mystischen Aura umgeben. Für sein Alter sah er noch sehr attraktiv aus. Aber was sie am meisten beeindruckte, waren die Ruhe und die Sicherheit, die er ausstrahlte, sowie die unglaubliche Energie und die extreme Willenskraft, womit er sein Ziel im Visier hatte. Er ließ sich durch nichts und niemanden davon abbringen, seinen Idealen zu folgen!

Sie wünschte sich für sich selbst nur ein wenig dieser Charakterstärke, die er hatte. Aber sie war nur eine Hure, die sich und ihre Haut verkauft und nicht den Mut gefunden hatte, gegen ihre Angst anzukämpfen und ihre Träume, die sie einst gehabt hatte, in Angriff zu nehmen.

Das sollte sich jetzt ändern! Sie war fest entschlossen, ihr Leben völlig umzukrempeln und sie nahm die Kraft aus der viel zu kurzen zärtlichen Umarmung dieses so charakterfesten Mannes.

Valerie wollte die letzten Jahre völlig hinter sich lassen und alles vergessen, was sie so sehr gedemütigt und verletzt hatte. Sie wollte nicht mehr an Igor denken und an all das, was mit diesem abgrundtief bösartigen Menschen zusammenhing.

Dafür war sie Marcel Runge am meisten dankbar! Aus diesem kurzen, aber tiefen emotionalen Moment wollte sie die Energie schöpfen, um ein neues Leben zu beginnen!

Nach ihrer Flucht vor Igor aus dem Apartmenthaus war sie zuerst zum Frankfurter Flughafen gefahren. Zunächst wusste sie nicht so Recht, wohin ihre Reise gehen sollte. Am Lufthansa Schalter saß ein junger Mitarbeiter, der ihr auf den ersten Blick sympathisch war. Nachdem sie sich bei ihm erkundigt hatte, wohin die nächsten Flüge gingen, buchte sie kurz entschlossen ein Ticket nach Venezuela. Sie überließ dem Schicksal ihren weiteren Weg und hoffte inständig, dass es für sie eine bessere Zukunft parat halten würde!

KAPITEL 6

Max Kaiser hatte sich am Nachmittag mit dem Kader der Nationalmannschaft in München getroffen. Nach einer kurzen Ansprache des Trainers bekamen die Spieler einen Ablaufplan sowie eine Zimmerzuteilung für das kommende mehrwöchige Trainingslager vor der Europameisterschaft. Nun saßen sie im Reisebus und befanden sich auf dem Weg in die Schweiz. Ihr Ziel war Nidau, ein kleiner Ort in der Nähe von Biel, direkt am Lac de Neuchatel im Kanton Bern. Hier sollte die Mannschaft die Ruhe und die Kraft finden, um das Minimalziel Halbfinale bei der Europameisterschaft zu verwirklichen.

Vor der Abfahrt war Kranbaums Tod das Hauptgesprächsthema. Niemand hatte ihm einen derartigen Lebenswandel zugetraut. Alle hielten sie ihn für einen Saubermann mit blütenweißer Weste. Nur Steffen, sein Sitznachbar, wusste anscheinend mehr. Er habe schon lange daran geglaubt, dass Kranbaum ein Doppelleben führte. Genauer wollte er sich dazu nicht äußern.

Nach etwa vier Stunden Fahrt hatten sie ihre Unterkunft für die nächsten Wochen, das Hotel Seeblick, direkt am Bieler See erreicht.

Max und Steffen waren gemeinsam in einem Zimmer untergebracht. Das Zimmer war sehr geräumig, komfortabel und hatte einen herrlichen Ausblick auf den See.

Nach dem Ablaufplan hatten sie heute noch frei, bevor dann am anderen Morgen die erste Trainingseinheit angesetzt war.

Max hatte sich nach dem Abendessen vorgenommen, einige Telefonate zu erledigen. Als erstes hatte er sich bei seinen Eltern gemeldet und ihnen von dem schönen Hotel und der guten Atmosphäre in der Mannschaft berichtet.

Anschließend telefonierte er sehr lange mit seinem Manager. In diesem Gespräch erfuhr er, dass zwar zwei lose Anfragen aus dem Ausland vorlägen, aber noch nichts Konkretes. Die großen Clubs warteten bestimmt auch erst einmal den Start der Europameisterschaft ab. Die meisten Spieler befänden sich zur Zeit sowieso im Urlaub, außer den jeweiligen Nationalspielern der Nationen, die an der Euro teilnahmen. Dies beunruhigte Max auch nicht sonderlich.

Wie sagte seine Mutter so schön: Er würde seinen Weg schon machen, und jeder neue Tag eröffnete mindestens eine neue Chance.

Max musste nur eine gute Europameisterschaft spielen, dann würden ihm die großen Clubs die Bude einrennen.

Den letzten Anruf hatte er sich für Marcel Runge aufgespart. Am Mittag hatte er ihn bereits kurz sprechen können. Runge hatte aber keine Zeit, er saß gerade in einem wichtigen Besprechungstermin und versprach, dass sie am Abend telefonieren könnten, da er wichtige Neuigkeiten für Max hätte.

Marcel Runge saß im Airport Hilton beim Frühstück und schlürfte genüsslich seinen Café au lait. Irgendwie war die Begegnung der letzten Nacht mit Valerie Sattler nicht spurlos an ihm vorüber gezogen. Er war etwas verwirrt über seine Gefühle für diese Frau.

Als er vor fünfundzwanzig Jahren seine Ehefrau durch einen mysteriösen Unfall verloren hatte, nahm er sich vor, nie wieder in seinem Leben derart tiefe Gefühle für eine Frau zu entwickeln. Zu tief saß der Schmerz über den Verlust seiner geliebten Mia. Er wollte den Umstand, dass sie nicht mehr an seiner Seite weilte, bis heute nicht akzeptieren.

Außerdem wurde sein Leben zunehmend gefährlicher. Je tiefer er in diesen Sumpf, mit dem er sich befasste, vorstieß und je mehr Leuten er mit seinen Nachforschungen auf die Füße trat, desto risikoreicher wurde die ganze Angelegenheit für ihn. Schon oft war er in der Vergangenheit massiv bedroht worden. Ihm allein konnte niemand Angst machen oder ihn von seinem Vorhaben abbringen. Insofern war er froh, dass er auf keinen Menschen Rücksicht nehmen musste. Zu groß wäre die Gefahr gewesen, ihn mit einem Angehörigen, den er liebte, unter Druck zu setzen oder ihm wehzutun.

Seinen knapp einjährigen Sohn Robert hatte er nach Mias Tod zu guten Freunden nach Südfrankreich gebracht. Dort konnte er inkognito in behüteten Verhältnissen aufwachsen. Sein Freund Jean Pierre und seine Frau Luise kümmerten sich rührend um ihn und betrachteten ihn von Anfang an als einen Teil ihrer Familie. Sie lebten in Cluny, einem kleinen Ort in der Nähe von Macon. In regelmäßigen Abständen hatte Runge ihn besucht und seine Entwicklung mitverfolgt und begleitet.

Außer Jean Pierre, dessen Frau und ihm wusste niemand, dass Rob sein eigen Fleisch und Blut war.

Robert stand kurz vor dem Abschluss seines Jurastudiums an der Sorbonne. Seine Ausbildung hatte Runge ein Vermögen gekostet.

Rob war ein intelligenter und gut aussehender junger Mann geworden, der weltoffen und unglaublich gebildet war. Die Zukunft lag ihm zu Füßen. Bereits jetzt hatte er eine gut dotierte Stelle bei einer Pariser Anwaltskanzlei in Aussicht, die er nach seinem Examen antreten wollte. Da er seine letzten Semesterferien dieses Jahr zu Hause verbringen wollte, hatte sich Runge vorgenommen, ihn zu besuchen, zumal er sowieso während der Fußball-Europameisterschaft in der Schweiz sein wollte. Von da aus war es ein Katzensprung nach Cluny. Er freute sich schon darauf, seinen Sprössling wiederzusehen. Irgendwann würde er gemeinsam mit Jean Pierre die Karten auf den Tisch legen und Robert erzählen, wer er wirklich war.

Runge bestellte sich noch einen Café au lait und nahm einen tiefen Zug aus seiner Zigarette.

Als er in seinem Hotelbett aufgewacht war, war es 10 Uhr morgens, und Valerie war bereits gegangen. Ihr süßes Parfüm lag noch in der Luft, das Bett, ja sogar das ganze Zimmer rochen nach ihr. Er glaubte fest daran, dass er diesen Geruch niemals mehr loswerden würde.

Es war schon sehr lange her, dass ihn eine Frau so nachdenklich gemacht und seine Gefühle durcheinander gebracht hatte.

Wohin sie wohl gegangen war? Er hoffte inständig, dass er sie wiedersehen könnte.

In seiner Jackentasche fühlte er ihr rotes Notizbuch, dessen Inhalt so brisant war!

Bevor er sein Hotelzimmer verließ, hatte er noch einige Seiten der Notizen gelesen. Unglaublich, mit wem Val als Callgirl zu tun gehabt hatte! Sie hatte alles fein säuberlich notiert, Namen, Kontaktadressen und zum Teil seitenlange Beschreibungen der einzelnen Personen, ihre sexuellen Neigungen und Informationen, die sie von ihnen erhalten hatte, alles bis ins Detail.

Dieses Buch war purer Sprengstoff, er würde es hüten wie seinen Augapfel!

Ja, die gute Valerie, wo sie jetzt wohl sein mochte? Er hoffte, sie würde alles schaffen, was sie sich vorgenommen hatte und am meisten hoffte er, dass sie sich irgendwann bei ihm melden würde. Sie hatte ihn tatsächlich schwer beeindruckt!

Mittlerweile hatte ihm der Kellner einen weiteren Milchkaffee gebracht. Runge nestelte sein Handy aus der Tasche und wählte nachdenklich die Dienstnummer von Hans Wolf.

„Na, alter Junge, ich hoffe, du hast deine Termine hinter dich gebracht und jetzt ein paar Stunden Zeit für mich!"

„Du weißt, dass ich immer Zeit für dich habe, nur ab und zu muss ich auch ein wenig für mein Gehalt arbeiten. Wo bist du jetzt und wann kannst du hier im Dezernat sein?"

„Ich bin noch im Airport Hotel am Frankfurter Flughafen und könnte in einer Stunde bei dir sein."

An der Rezeption zahlte Runge seine Rechnung. Am Terminal daneben war ein erregtes Gespräch zu hören. Nicht seine berufliche Neugierde weckte sein Interesse, sondern eher die Lautstärke und die Intensität, mit der diese Unterhaltung geführt wurde, machten ihn aufmerksam.

Ein fast zwei Meter großer Kerl mit kurz geschorenen blonden Haaren und einem fast aristokratischen Gesichtsausdruck redete auf eine Mitarbeiterin des Hotels ein. Der Typ machte einen sehr gepflegten Eindruck, er war ausgesprochen gut und teuer gekleidet.

„Jetzt hören Sie mir mal zu, junge Frau! Wir reden hier über meine Ehefrau, die mich gestern Abend Hals über Kopf verlassen hat. Ich dachte bis heute Morgen, sie würde wieder zu mir zurückkommen und habe bereits alle guten Hotels in Frankfurt abgesucht. Ihr Haus ist die letzte Adresse, wo sie hätte absteigen können. Sie müssen mir doch sagen können, ob sie gestern Abend hier ein Zimmer genommen hat!"

„Ich sagte Ihnen doch bereits, dass wir gestern völlig ausgebucht waren und dass wir keine Möglichkeit hatten, noch kurzfristig Gäste aufzunehmen. Ich kann anhand der Reservierungslisten sehen, dass definitiv keine Zimmer mehr frei waren. Und unter dem Namen Ihrer Frau finde ich keine Buchung!"

Ein weiterer Kerl stand etwas abseits und schien das Geschehen aufmerksam zu beobachten. Auch er war korrekt gekleidet, hatte aber eine typische Schlägervisage. Sein schulterlanges Haar war am Hinterkopf zu einem Zopf zusammengebunden.

„Schauen Sie noch ein letztes Mal nach, bitte! Vielleicht haben Sie etwas übersehen."

Der Blonde hatte fast schon einen flehenden Gesichtsausdruck.

„In Gottes Namen, ein letztes Mal."

Die Hotelangestellte ließ ihren geübten Blick über den Bildschirm ihres Terminals gleiten.

„Wie ich Ihnen schon sagte, wir haben keine Buchung vom gestrigen Tag, auch nicht von einer Valerie Sattler. Es tut mir ausgesprochen Leid, dass ich Ihnen nicht weiterhelfen kann."

„Komm, Igor, lass uns gehen", meldete sich die Schlägervisage zu Wort, „wir finden das Früchtchen sicher woanders."

Die beiden Kerle bewegten sich in Richtung Ausgang, und Runge folgte ihnen mit ein paar Metern Abstand. In der Hotelauffahrt parkte ein dunkler Mercedes. Als die beiden das Hotel verließen, startete wie von Geisterhand der Motor, und der Wagen rollte langsam auf den Hoteleingang zu. Der Blonde und der Schlägertyp stiegen ein. Hinter dem Steuer saß ein dritter Kerl, den Runge erst jetzt schemenhaft durch die getönten Scheiben sehen konnte.

Mit quietschenden Reifen schoss der Mercedes davon. Runge merkte sich das Kennzeichen.

Laurenz Kerstner bestieg gerade seinen schwarzen Audi, nachdem er an der Raststätte eine Kleinigkeit gegessen hatte. Er befand sich auf dem Weg in die Schweiz, wo er das Trainingslager der deutschen Nationalelf besuchen wollte, für das er vom Bundestrainer eine Einladung bekommen hatte. In der Vergangenheit hatte der Bundestrainer schon des Öfteren seinen Rat gesucht. Er sollte ihn über die Stärken und Schwächen der jungen Nationalspieler auf dem Laufenden halten, weil er gerade die jungen Spieler wie Steffen oder Max am besten kannte und daher jede Menge guter Tipps und Ratschläge geben konnte. Besonderen Wert legte der Bundestrainer auf die Beurteilung ihrer psychischen Verfassung.

Doch der eigentliche Grund für Kerstners Trip in die Schweiz lag ganz woanders. Er wollte sich Max Kaiser zur Brust nehmen und mit aller Macht versuchen, ihn dazu zu bewegen, die ihm angebotene Vertragsverlängerung seines Clubs anzunehmen.

Niemals zuvor hatte er einen Spieler gesehen, der mit solch einem Ausnahmetalent gesegnet war. Max Kaiser war technisch unglaublich beschlagen, und manchmal sah es so aus, als hätte er das Ballgefühl mit der Muttermilch aufgesogen. Er hatte ein Auge für das Spiel und einen Torinstinkt wie kaum ein Zweiter.

Dieser Junge war Gold wert.

Er hatte das Spiel auf der Straße gelernt, und das sah man in seiner gesamten Körperhaltung und Spielanlage. Wenn er das Spielfeld betrat, spürte jeder im Stadion, dass dieser Spieler hier war, um zu gewinnen, nichts anderes kam für ihn in Frage. Dafür liebten ihn die Fans, selbst die der gegnerischen Mannschaft. Er war jung und völlig unverbraucht. Er hatte alles das, was ihn zum Idol der Massen machte.

Kerstner hatte seine eigene Philosophie, wie er diesen jungen, ehrgeizigen Spieler begeistern könnte. Er musste ihm die Möglichkeit geben, Siege und Erfolge zu feiern, nur so, davon war er überzeugt, konnte er Max Kaiser dazu bewegen, den Vertrag zu verlängern. Wenn man ihn unter Druck setzen würde, dann käme genau das Gegenteil dessen heraus, was sie eigentlich beabsichtigten.

Außerdem musste er ihn davon überzeugen, dass das letzte Spiel gegen die Bayern nicht geschoben war. Max Kaiser war seiner Meinung nach eine ehrliche Haut so wie seine gesamte Familie.

Sie mussten ihn anders benutzen.

Sein Einfluss auf die Fans war mit Geld nicht zu bezahlen, deshalb könnten sie eine Ikone aus ihm machen, mehr einen Popstar als einen Fußballspieler. Ein Garant für Millionenumsätze!

Schneider, dieser Dummkopf, würde das niemals begreifen, dazu mangelte es ihm an Kreativität und Intelligenz. Sein Auftreten erinnerte Kerstner immer an einen Holzklotz, den man in ein Schaufenster warf! Keine Spur von Einfühlungsvermögen und Diplomatie.

Wie konnten die hohen Herren im Hintergrund nur solch einen Holzkopf für die Durchsetzung ihrer Ziele einsetzen? Denen musste doch irgendwann klar werden, dass Schneider ihnen auf Dauer mehr schaden als nutzen würde!

Kerstner befand sich jetzt kurz vor München und würde in ein paar Stunden sein Ziel Nidau in der Schweiz erreichen. Er hatte schon eine klare Vorstellung davon, wie er den kleinen Max Kaiser umstimmen würde.

Inständig hoffte er, dass ihm dies noch vor Beginn der Europameisterschaft gelingen würde. Wenn die Späher der anderen Clubs erst einmal bemerken würden, was für ein Juwel dieser Kaiser war, dann hätte er bestimmt keine Chance mehr. Sie würden ihn mit Angeboten überhäufen und sich gegenseitig überbieten.

Marcel Runge hatte Wiesbaden erreicht und parkte seinen alten Peugeot in der Danziger Straße, nur ein paar Blocks von der Theaterstraße entfernt, wo sich das BKA befand.

Sein Freund Hans Wolf hatte ihn zwischenzeitlich noch einmal angerufen und ihn darum gebeten, etwas später zu kommen.

Der Vorfall an der Rezeption des Hotels in Frankfurt ging Runge nicht aus dem Kopf. Was für ein Zufall! Es musste sich um den Igor handeln, von dem Valerie ihm erzählt hatte. Dieser Satan in Menschengestalt! Die beiden anderen Figuren, die Schlägervisage und der Fahrer des Mercedes, passten auch genau ins Bild.

Was für ein Glück, in jeder Hinsicht! Einerseits für ihn und Val, denn wenn die Typen sie in dem Hotel gefunden hätten, dann hätte er bestimmt einen Sack voll Probleme zu lösen gehabt.

Andererseits wusste er jetzt, wen er vor sich hatte, und irgendwie nahm er diese Angelegenheit, zumindest soweit es Valerie betraf, persönlich. Jetzt hatte er ein passendes Gesicht zu diesem Dämon!

Diese nach außen gut getarnten teuflischen Züge hatten sich unauslöschlich in sein Gehirn eingebrannt. Vielleicht hatte sein Freund Hans Wolf noch ein paar Informationen für ihn.

Runge hatte die Theaterstraße erreicht, Hausnummer 11, hier befand sich der zentrale Eingang zum BKA. Nachdem er alle Sicherheitsvorkehrungen über sich hatte ergehen lassen, betrat er den Fahrstuhl. Das Büro von Hans Wolf befand sich im dritten Stock.

Runge klopfte an die Bürotür, Wolf saß an seinem Schreibtisch, auf dem sich hohe Aktenberge stapelten.

„Hallo, Hans, du solltest nicht so viel Zeit auf dem Golfplatz verbringen, dann wäre deine Arbeit auch schnell erledigt!"

„Mensch, Marcel, bist du alt geworden, oder liegt es daran, dass ich dich über den Aktenberg so schlecht erkennen kann?"

„Na, zumindest hast du in den letzten Monaten deinen Zynismus nicht verloren. Du weißt, dass an uns allen der Zahn der Zeit nagt und du siehst auch nicht gerade wie zwanzig aus!"

Immer, wenn er Hans Wolf wiedersah, musste er diese Art der Begrüßung über sich ergehen lassen. Dies war ein Ritual und wiederholte sich jetzt schon seit vielen Jahren zeremonienhaft. Außenstehende hatten immer den Eindruck, sie könnten sich auf den Tod nicht ausstehen. Genau das Gegenteil war der Fall. Seit mehr als vierzig Jahren war er nun schon mit Hans befreundet und mochte seinen offenen Zynismus.

„Wird Zeit, dass du endlich wieder aus deinem Zölibat erwachst und dich mit einem Wesen des anderen Geschlechts vereinigst", grinste ihn Hans Wolf mit einem Lausbubengesicht an.

„Das hält jung!"

„In meinem Alter ist man, glaube ich, weit entfernt von allem Weltlichen; vielleicht sollte ich einmal eine dieser Selbsthilfegruppen besuchen und offen über meine Schüchternheit reden!"

Runge grinste frech zurück.

Sie umarmten sich beide.

„Bin froh, dich zu sehen, was gibt es Neues? Du hast am Telefon gesagt, dass du unglaubliche Informationen und verwertbares Material gefunden hättest!"

Hans Wolf setzte sich wieder hinter seinen Schreibtisch, wobei seine stahlblauen Augen interessiert funkelten.

Runge erzählte ihm ausführlich von seiner Begegnung mit Valerie Sattler, allerdings ohne ihren Namen zu erwähnen. Er schilderte ihm alle Zusammenhänge, von dem Tag an, als er Val kennen gelernt hatte, über die Unterredung mit Kranbaum im Stadion, bis hin zu der letzten Nacht.

Hans Wolf hörte aufmerksam zu und stellte nur ab und zu eine Verständnisfrage.

Als Runge das Ereignis mit Igor an der Hotelrezeption schilderte, horchte Wolf merklich auf.

„Kannst du diesen Igor näher beschreiben und würdest du ihn gegebenenfalls wiedererkennen?"

„Natürlich würde ich den jederzeit wiedererkennen. Dafür könntest du mich mitten in der Nacht wecken!"

Er beschrieb Igor bis ins Detail und ließ auch nicht die Beschreibung seines Begleiters aus.

„Ich denke, wir werden uns gleich einmal ein paar Fotos aus unserer Datei ansehen. Vielleicht finden wir ihn ja wieder. Es gibt einige Hinweise durch Informanten, dass die italienische Mafia bei den meisten Spielmanipulationen und Wettgeschäften mitmischt, aber wir haben noch nichts Konkretes."

Runge nahm neben Hans Wolf hinter dessen Schreibtisch Platz. Wolf öffnete eine Datei und gab die Daten ein, die er von Runge als Beschreibung für Igor bekommen hatte. Es flimmerten eine Unmenge von Fotografien über den Bildschirm. Die schrägsten Visagen waren dabei, aber auch Gesichter, die völlig nichtssagend aussahen, und denen man nichts Kriminelles zutrauen würde.

Runge sah sich jede Person, die nur annähernd Ähnlichkeit mit Igor hatte, genau an. Plötzlich fand er ihn!

„Da, der ist es, ich bin mir absolut sicher! " Runges Stimme überschlug sich fast.

„Aha, mal schauen, was wir über den Knaben so alles wissen.

Er ist Kosovo-Albaner und heißt in Wirklichkeit Vladimir Bako; Igor scheint sein Deckname zu sein.

Der ist seit 1992 in Deutschland und hat ein Vorstrafenregister, das so dick ist wie das Frankfurter Telefonbuch, ist also mit Sicherheit kein Waisenknabe.

Verdacht auf jede Menge Kapitalverbrechen, von schwerer Erpressung über Menschenhandel bis hin zu Mord.

Er hat von 94 – 98 wegen versuchten Totschlags und mehrfacher schwerer Körperverletzung eingesessen.

Ihm werden Verbindungen zur italienischen Mafia nachgesagt.

Er hat noch einen Spitznamen; man nennt ihn auch Il Tedesko, das heißt so viel wie ‚Der Deutsche'. Diesen Namen trägt er, weil er optisch wie ein Deutscher aussieht und perfekt die deutsche Sprache spricht."

„Da haben wir ja einen richtig dicken Fisch an Land gezogen, der Kerl scheint brandgefährlich zu sein!"

Marcel Runge sah seinen Freund fragend an.

„Ja, mit der Ndrangheta ist nicht zu spaßen. Diese Mafiaorganisation wurde viele Jahre völlig unterschätzt! Mittlerweile weiß man jede Menge über sie. Im Gegensatz zur Cosa Nostra und der sizilianischen Camorra ist diese Organisation nicht unterwandert. Fast alle Mitglieder im engeren Kreis sind blutsverwandt. Ihr Ursprung und ihr Zentrum liegen in Reggio Calabria und Crotone, das sind Provinzen in Calabrien. Sie haben mittlerweile Zweigstellen auf der ganzen Welt, auch hier bei uns in Deutschland.

Ihre hauptsächlichen Einnahmequellen sind Drogen-, Waffen-, Menschenhandel und Erpressung. Man schätzt, dass sie mehr als 40 Milliarden Euro Umsatz pro Jahr machen.

Sie kontrollieren fast den gesamten Drogenhandel in Süd- und Mitteleuropa."

„Und das alles wird aus Italien gesteuert?"

„Es gibt ein kleines Dorf am Fuß des Aspromonte, das Plati heißt. Dort befindet sich die Hochburg der Organisation. Das gesamte Dorf ist von unterirdischen Gängen durchzogen.

Diese Gänge dienen als Lager für alles Mögliche, Waffen, Drogen und Bargeld."

„Wenn dieser Igor oder Vladimir – oder wie er auch immer heißt – Verbindungen zu der italienischen Mafia hat, dann steht eine der mächtigsten Organisationen hinter seinen Machenschaften."

Runge dachte weiter nach. Seine Stirn kräuselte sich.

„Aber ich kann mir nach allem, was du mir gerade über die Ndrangheta erklärt hast, nicht vorstellen, dass er ein Mitglied dieser Vereinigung ist."

„Zumindest gehört er nicht zum engeren Kreis, dazu müsste er blutsverwandt sein, was bei einem Kosovo-Albaner unwahrscheinlich ist. Das heißt aber nicht, dass er nicht für sie arbeitet oder zumindest enge Kontakte zu ihnen pflegt. Die Aussagen unserer Informanten sind da ganz eindeutig. Oft bedienen sich solche Leute auch Mafia ähnlicher Strukturen für ihre kriminellen Absichten. Es gibt sogar Hinweise darauf, dass die Ndrangheta in einigen Bereichen mit der russischen Mafia zusammenarbeitet. Hieraus könnte man die Verbindung von diesem Bako auch herleiten. Von Russland bis zum Kosovo ist es nicht besonders weit."

„Ihr solltet diesem Vogel mal auf den Zahn fühlen, vielleicht ergibt sich daraus etwas Brauchbares!"

Runge sah Hans Wolf fragend an.

„Du weißt, dass so etwas hier in Deutschland nicht ganz so einfach ist. Dazu brauchen wir konkrete Verdachtsmomente für eine oder mehrere Straftaten. Für Überwachungsaktionen brauchen wir einen richterlichen Beschluss, das können wir nicht einfach so machen."

„Ich habe hier ja noch das Notizbuch, das mir die junge Dame gegeben hat, vielleicht ergeben sich daraus einige Ansätze. Ich würde dich bitten, dir die Aufzeichnungen zu kopieren und mir das Buch wieder zurückzugeben."

Wolf nahm das Notizbuch an sich und rief einen Kollegen herein.

Er gab ihm das Buch mit dem Auftrag, es vollständig zu kopieren und die Unterlagen dann zusammen mit dem Original wieder zurückzubringen.

„Marcel, ich weiß zwar, dass meine Worte vergebliche Liebesmühe sind, aber bitte versprich mir etwas!"

Hans Wolf sah seinen Freund mit ernster Miene an.

„Sei in dieser Sache absolut vorsichtig, denn mit diesen Leuten ist nicht zu spaßen und auch nicht gut Kirschen essen. Überlass lieber uns diese Angelegenheit, wir werden uns diesen Vladimir Bako schon zur Brust nehmen. Wir haben dafür unsere Experten und unsere eigenen Methoden. Bitte, Marcel, du hast schon genug getan und jede Menge erreicht. Wenn wir die Informationen aus dem Notizbuch gesichtet haben, dann müssten wir genügend Material und Beweise haben, um groß angelegte Überwachungsaktionen zu starten. Daraus werden wir ganz sicher auch Resultate erzielen. Wir werden diese Leute aus dem Verkehr ziehen und sie dahin bringen, wohin sie gehören!"

Marcel Runge überlegte kurz, bevor er antwortete.

„Mein Freund, du weißt, wie lange ich an dieser Sache schon dran bin. Vermutlich haben diese Dreckschweine oder ihresgleichen auch meine Frau auf dem Gewissen. Ich habe Mia damals auf ihrem Totenbett ein Versprechen gegeben und das muss und werde ich einhalten! Ich kann nicht zurück! Für mich gibt es nur den Weg nach vorne, und vorne ist da, wo diese Verbrecher sind. Ich werde alles tun, was in meiner Macht steht, um diese verkommenen Subjekte zur Strecke zu bringen.

Du hast von mir jetzt die Möglichkeit bekommen, diesen gordischen Knoten zu zerschlagen und mir dabei zu helfen, mein Lebenswerk zu beenden. Dies erwarte ich nicht zuletzt als Freund von dir. Wir müssen diesem Spuk jetzt ein Ende bereiten!"

„Das werden wir sicher tun, Marcel. Ich hatte dich auch nur gebeten, vorsichtig zu sein. Je näher du dem Kern kommst, desto heißer wird die Sache. Pass bitte auf, dass du dich nicht verbrennst und darin umkommst. Diese Hochkriminellen schrecken auch vor Mord nicht zurück!

Ich möchte nicht, zumindest jetzt noch nicht, zu deiner letzten Party eingeladen werden. Wir haben noch einige schöne Jahre vor uns!"

Da war er wieder, sein Zynismus, selbst in dieser ernsten Situation konnte es Hans Wolf nicht lassen. Aber dies war auch eine der Eigenschaften, die Runge an ihm schätzte.

Einige Zeit später verließ er das Gebäude in der Theaterstraße 11 und schlenderte nachdenklich vorbei an Geschäften, die gerade schließen wollten, und Menschen, die noch schnell die letzten Einkäufe tätigten. Seine Gedanken waren bei Mia, seiner Frau. Er hatte sie nach ihrem Tod in Cluny beerdigt. Damals war die Welt für ihn zusammengebrochen!

Sie hatten Jean Pierre und dessen Frau Luise besucht; Robert war gerade einmal acht Monate alt. Mia wollte morgens für das Frühstück ein paar Lebensmittel einkaufen und war deshalb mit dem Auto in den nächsten Ort gefahren. Auf dem Rückweg von dem kleinen Geschäft gab es einen Verkehrsunfall. Ihr Wagen wurde von einem LKW förmlich überrollt und dabei völlig zerdrückt! Der Fahrer des LKW war weitergefahren! Mia war in dem total demolierten Kleinwagen mit furchtbarsten Verletzungen eingequetscht. Verbissen arbeiteten die Rettungskräfte der Feuerwehr stundenlang, um sie aus dem Schrotthaufen freizuschneiden. Trotz intensivster Rettungsmaßnahmen gelang es nicht, sie am Leben zu halten, und Mia verstarb zwei Tage nach dem Unfall im Krankenhaus.

Der Fahrer des LKW wurde nie gefunden, und Zeugen gab es keine!

Schon zu der Zeit hatte Runge mehrere ernste Drohungen erhalten, von denen er sich nicht hatte einschüchtern lassen. Er konnte den Mord bis heute nicht beweisen, und der Preis, den er für seine Hartnäckigkeit bezahlen musste, war immens hoch! Sie hatten ihm seine Frau und damit einen Teil seines Lebens und seiner Zukunft genommen!

Runge dachte lange Zeit, er würde an seinem Kummer zerbrechen. Jean Pierre und seine Frau hatten ihm damals sehr geholfen, nicht nur dadurch, dass sie sich um Robert gekümmert haben.

Er hatte sich vorgenommen, zunächst in der Schweiz den kleinen Kaiser zu treffen und anschließend das Grab seiner Frau in Cluny zu besuchen. Er würde ein langes Gespräch mit ihr führen müssen, auch und nicht zuletzt über Valerie Sattler.

Den Motor seines alten Peugeots hatte er gerade gestartet, als er ein leichtes Vibrieren in seiner Jackentasche spürte. Sein Handy klingelte, und auf dem Display erschien die Nummer von Max Kaiser.

„Guten Abend, Max! Wie war dein erster Tag im Trainingslager?"

„Heute ist noch nicht allzu viel passiert. Wir haben zunächst die Zimmer bezogen. Ich teile mir mein Zimmer mit Steffen. Das eigentliche Training geht erst morgen Früh los. Wir haben morgen vier Trainingseinheiten auf dem Programm."

„Ja, die nächsten Wochen werden sicher sehr anstrengend für dich. Wie ist die Stimmung in der Mannschaft?"

„Die Stimmung ist bombig. Die meisten von uns können den Startschuss und das erste Gruppenspiel gar nicht abwarten. Wenn es nach mir ginge, dann könnte die Europameisterschaft auch schon morgen losgehen und nicht erst in sechs Wochen."

„Das will ich dir gerne glauben. Das wird dein erstes richtig großes Turnier, und da kann ich mir schon vorstellen, dass du es nicht abwarten kannst, dich mit den Stars des internationalen Fußballs zu messen. Immerhin treffen hier die besten Spieler Europas aufeinander."

Runge dachte bei seinen Worten, dass sich Max hinter diesen Euro-Millionären sicher nicht verstecken müsse. Er war jung, unverbraucht und sprühte vor Ehrgeiz und Tatendrang. Er werde bei diesem Turnier schon seinen Weg machen, da war sich Runge absolut sicher. Er freute sich schon darauf, Max spielen zu sehen. Die Leichtigkeit und die Selbstverständlichkeit, mit denen er den Ball behandelte, waren ein richtiger Augenschmaus!

„Wann werden wir uns sehen?", wurde Runge aus seinen Gedanken gerissen.

„Ich bin jetzt noch in Deutschland, weil ich einen wichtigen Termin beim BKA in Wiesbaden hatte. Dort arbeitet ein alter Freund von mir. Ich werde die Nacht durchfahren und bin dann gegen Morgen in Bern. Für die nächsten vier Wochen habe ich mir dort ein Hotelzimmer reserviert. Vielleicht können wir uns morgen Abend treffen."

„Du hattest einen Termin beim BKA? Was gab es denn so Wichtiges?"

„Das erzähle ich dir, wenn wir uns sehen. Was denkst du, wann können wir uns treffen?"

Max Kaiser überlegte einen Moment.

„Die letzte Trainingseinheit endet morgen Nachmittag um 17 Uhr. Anschließend ist Abendessen. Von 20 bis 23 Uhr haben wir Freizeit."

„Das hört sich gut an, ich hole dich dann um 20.30 Uhr an eurem Hotel ab. Ist es bei dem Hotel Seeblick geblieben?"

„Ja, natürlich", antwortete Max, „es liegt direkt am Bieler See."

„Ich weiß, ich kenne das Hotel, es ist ein sehr schönes Haus, mit einer ausgesprochen guten Küche!"

Runge hatte vor Mias Tod einmal ein Wochenende mit ihr in diesem Hotel verbracht. Der Gedanke daran ließ bei ihm alte Wunden wieder aufbrechen, von denen er glaubte, dass sie längst verheilt wären!

„Okay, wir sehen uns dann morgen Abend. Fahr bitte vorsichtig!"

Max legte auf und ließ Marcel Runge allein mit seinen Gedanken an Mia und an die Vergangenheit. Runge hatte Mias Warnungen immer vom Tisch gewischt. Nicht, dass er sie nicht ernst genommen hätte, eher lag es daran, dass er die Gefahr nicht so deutlich gespürt hatte, wie Mia sie wahrgenommen hatte.

Sie hatte ihn immer in seiner Arbeit unterstützt und ihm geholfen, so gut sie konnte; sie hatte ihn sogar immer wieder ermutigt, wenn seine Nachforschungen nicht ausreichten, um einen Fall, an dem er arbeitete, aufzudecken. Als dann die ersten massiven Bedrohungen kamen, bat sie ihn darum, einen sicheren Platz für sie und den kleinen Robert zu finden. Er dachte immer, Cluny sei sicher genug. Aber da hatte er sich offensichtlich gewaltig geirrt!

Bis zu dem Tag, an dem der Unfall geschah, hatte er immer felsenfest daran geglaubt, dass man seine Familie in Ruhe lassen würde. Aber dem war dann leider nicht so, und Mia musste bitter für seine Fehleinschätzung bezahlen!

Lange Zeit nach ihrem Tod war er zerfressen von Selbstmitleid und Schuldgefühlen. Er hätte sie schon früher in Sicherheit bringen müssen! Jean Pierre hatte ihn wieder aufgerichtet und auf den richtigen Weg gebracht. Er schwor sich damals, die Mörder Mias und deren Hintermänner zur Strecke zu bringen! Seitdem wurde er unaufhaltsam von diesem Gedanken getrieben, der wie ein schmerzender Stachel in seinem Fleisch saß, und ihn manchmal Nächte lang nicht schlafen und zur Ruhe kommen ließ.

Nun näherte er sich der Lösung der Aufgabe, die bislang sein Leben bestimmt hatte!

Jean Pierre hatte diesen gesamten Machenschaften einen Namen gegeben: panem et circenses, Brot und Spiele. Ein Phänomen, das die alten Römer entwickelt und erdacht hatten, um die Volksmassen zu manipulieren. Die römischen Cäsaren und Senatoren hatten schon eine feine Nase dafür entwickelt, was für die Bevölkerung des alten Rom am wichtigsten war. Brot und Spiele! Essen und Zerstreuung! Gib dem Volk Idole und mache ihre Bäuche voll, das lenkt sie ab von ihren alltäglichen Problemen und macht sie gefügig und folgsam! Kein römisches Staatsoberhaupt, kein Kaiser konnte es sich leisten, die Plebejer in Aufruhr geraten zu lassen. Erstmals wurden diese Worte von dem römischen Dichter Juvenal geprägt: „Populum romanum duabus praecipue rebus, annona et spectaculis, teneri!" Das bedeutet ungefähr, dass sich das römische Volk nur durch zwei Dinge im Bann halten ließ: Getreide und Schauspiele.

Jean Pierre hatte alles auf diese einfache Formel ‚Brot und Spiele' gebracht! Lass sie nur lange genug um das Goldene Kalb tanzen, dann verlieren sie den Blick für die Realität und das Wesentliche! Panem et circenses, aber so einfach, wie sein Freund Jean Pierre aus Cluny es sah, war es für Marcel Runge schon lange nicht mehr. Dieser alte Gedanke der Römer war nach seiner Meinung mutiert zu einem abartigen Virus, der nur getrieben wurde von Geldgier, Machtbesessenheit und dem Ziel, die moralischen Grundfesten der Menschen zu erschüttern.

Einstige Ziele des fairen sportlichen Wettkampfes, wie er in der Antike von den Griechen vor knapp 2800 Jahren manifestiert wurde, wurden missbraucht für korrupte Machenschaften von kranken und kriminellen Charakteren, die unsere Gesellschaft hervorgebracht hatte.

Oder sie wurden benutzt von Politikern, die unpopuläre Entscheidungen treffen wollten oder mussten. So zum Beispiel während des so genannten Sommermärchens! Während der WM 2006 in Deutschland nutzte die deutsche Bundesregierung das Fußballspektakel, um die umfangreichste Steuererhöhung in der Geschichte der Bundesrepublik auf den Weg zu bringen. Bei der Gelegenheit wurden nicht nur die Mehrwertsteuer und Versicherungssteuer erhöht, sondern es gab auch noch eine Fülle von Einschränkungen und Kürzungen in den unterschiedlichsten Bereichen!

Und welchen menschenverachtenden Begriff der Neuzeit hat der Sicherheitsberater des US-Präsidenten Jimmy Carter, Zbigniew Brzezinski, 1995 geprägt? Tittytainment! Dieser Neologismus aus „entertainment“ und „tits“ soll mit seiner Mischung aus simpel betäubender, verdummender Unterhaltung und minimal ausreichender Ernährung die großen arbeitslosen und frustrierten Bevölkerungsteile bei Laune halten!

Marcel Runge würde sich niemals mit diesen Umständen abfinden können und dagegen ankämpfen, bis sein letzter Tropfen Energie verbraucht wäre, bis zu seinem letzten Atemzug!

KAPITEL 7

Der Stewart brachte Valerie gerade den frisch gepressten Orangensaft, den sie vor wenigen Minuten bestellt hatte.

Ihr Flug nach Caracas dauerte nun schon mehr als sieben Stunden, und in etwa zwei Stunden würde sie auf dem Aeropuerto Internacional de Maiquetia Simon Bolivar, in der Hauptstadt Venezuelas, landen.

Sie hatte schon lange gewusst, dass sie irgendwann diesen Weg würde gehen müssen, nur wohin er sie führen sollte, das wusste sie nicht.

Igor hatte sich im Laufe der letzten Jahre immer mehr verändert. Aus dem Menschen, den sie einst geliebt hatte, war ein bösartiger, skrupelloser Verbrecher geworden.

Zu Beginn, als sie damit angefangen hatte, für Igor als Callgirl zu arbeiten, hatte sie dies noch aus vermeintlicher Liebe zu ihm getan, weil sie ihn nicht hatte enttäuschen wollen und weil sie alles hatte geben wollen, um ihn bei sich zu halten.

Erst einige Jahre später hatte sie begriffen, was er seit dem Tag ihres Kennenlernens mit ihr wirklich im Sinn hatte.

Von Anfang an hatte er sie, ohne dass sie es bemerkt hätte, auf diesen Moment vorbereitet, den Tag, an dem sie ihr erstes Date mit einem Freier hatte.

Sie hätte nie geglaubt, dass sie dazu in der Lage wäre, sich einem wildfremden Menschen, ohne irgendwelche Emotionen hinzugeben und den üblen Brechreiz, den sie empfand, während dieser fiese Wichser sie begrabschte und sexuell missbrauchte, zu ignorieren und hinunterzuwürgen.

Sie konnte sich noch genau an den Tag erinnern, als Igor sie in dieses Apartment gebracht hatte.

Wortlos saß sie in dem feudal eingerichteten Studio in der Frankfurter City und sah Igor zu, wie er die Funktion der installierten Videokameras überprüfte.

„Denk dir einfach, du wärst ein Filmstar in Hollywood, und es wird gerade ein Kinofilm mit dir gedreht. Das ist alles nicht wirklich, nicht real! Du tust das alleine für mich, aus Liebe und Zuneigung zu mir!"

Niemals würde sie den zynischen Ausdruck in seinen kalten, grauen Augen vergessen können, der ihr im Nachhinein bewusst wurde, als er ihr schwor, wie sehr er sie liebte. Dann verließ er das Apartment. Und sie glaubte ihm, sie glaubte an seine Liebe und lebte lange in der Illusion, dass sie das alles auch nur aus Liebe zu ihm tat. Dieser Schweinehund hatte sie verkauft wie ein Stück Vieh!

Valerie erinnerte sich noch genau daran, wie sehr ihr die Hände zitterten, als sie mit weichen Knien die Tür zu ihrem ersten Date öffnete. Da stand er nun vor ihr, ihr erster Freier!

Er war ein Abgeordneter des hessischen Landtags, klein, untersetzt, mit Halbglatze und roch ekelhaft nach altem Schweiß. Igor hatte ihr erzählt, dass er diesem Mann einen Gefallen schuldig sei.

Und sie tat es aus Liebe!

Diese kleine, widerlich stinkende Kreatur lag nun neben ihr im Bett, saugte und lutschte an ihren Brüsten herum.

Er grunzte abscheulich, als er in sie eindrang und sich sofort ergoss.

Sie hätte ihm in die Fresse kotzen können!

Als Igor sie am nächsten Morgen abholte, schwor sie sich, dass dies das einzige Mal gewesen sei. Sie erzählte Igor von Ihrem Ekel, den sie empfunden hatte, und dass sie danach Stunden lang unter der Dusche gestanden hätte, um sich den Schmutz des widerlichen Kerls vom Körper zu waschen.

Igor belächelte sie nur und versprach ihr, dass es ihr beim nächsten Mal schon leichter fallen würde.

Es hatte für Valerie eine Ewigkeit gedauert, bis sie die Abscheu und den Widerwillen gegen diese fremden Männer halbwegs überwinden konnte, was ihr jedoch niemals vollständig gelungen war.

Im Laufe der Zeit entfernte sich Igor immer mehr von ihr. Sie sahen sich immer seltener, und er ließ sie spüren, dass er sie zu einer Ware degradiert hatte, die er, wann immer es ihm gefiel, meistbietend verkaufte.

Valerie bemerkte, dass sie zunehmend abstumpfte und schließlich nur noch ein willenloses Geschöpf war, das Igor völlig hilflos ausgeliefert war.

Aus dieser Lethargie erwachte sie erst, als er sie das erste Mal verprügelte.

Sie hatte sich geweigert, einen Freier zu treffen, der eine ausgeprägte sadistische Veranlagung hatte.

Bei ihrem ersten Treffen verlangte er die abstrusesten sexuellen Praktiken von ihr, die alle darin endeten, dass sie fürchterliche Schmerzen empfand.

Er fesselte sie mit Handschellen, sodass ihr schon nach wenigen Minuten die Handgelenke schmerzten und ihre Hände blau anliefen, anschließend schlug er sie mit einer Gerte aus Leder so heftig, dass ihr Körper mit Striemen und Wundmalen übersät war. Schließlich schob er ihr riesige künstliche Geschlechtsteile in alle Körperöffnungen und onanierte dabei, wenn sie vor Schmerzen aufschrie.

Danach konnte sie tagelang nicht richtig laufen und wusste nachts nicht, auf welche Seite sie sich legen sollte, damit sie sich halbwegs schmerzfrei in den Schlaf weinen konnte.

Dieses perverse Schwein war in seinem normalen, gut bürgerlichen Leben Staatsanwalt, verheiratet und Vater von vier Kindern. Sie wusste von ihm, dass er seine Ehefrau so niemals behandelt hätte und wünschte ihm im Nachhinein die Pest an den Hals.

Als sie Igor davon erzählte, hoffte sie insgeheim, dass er irgendetwas gegen dieses brutale Schwein unternehmen würde. Stattdessen rastete er völlig aus. Er beschimpfte sie und drohte ihr damit, sie auf die Straße zu setzen, allerdings würde er ihr vorher sämtliche Knochen im Leib zerschlagen und ihr Gesicht, so wie er sich ausdrückte, einer Spezialbehandlung unterziehen.

Er schilderte ihr anschaulich, wie sie mit entstellten Gesichtszügen aussehen würde.

Anschließend schlug er sie mit einem Gürtel so lange, bis ihr Körper ganz taub vor Schmerzen war und gab ihr zu verstehen, dass sie nun wüsste, was wirkliche Schmerzen wären, damit sie sich in Zukunft nicht so anstelle.

Er vermied es immer, sie ins Gesicht zu schlagen, denn er wollte, so erklärte er ihr, seine Geldkuh nicht unnütz beschädigen. Würde er ihr hübsches Gesicht zerschlagen, dann hätte sie keinen Wert mehr für ihn!

Von diesem Tag an bereitete sich Valerie darauf vor, dass sie irgendwann Hals über Kopf verschwinden müsste. Endlich verstand sie, dass sie nur eine Ware für Igor war, die er benutzte, wie er sie gerade brauchte und sie wegwarf, wenn sie unnütz geworden war.

Diese Erkenntnis brachte Valerie fast um den Verstand, und sie begriff, dass sie sich in einer Spirale befand, die sie immer weiter nach unten zog. Dieser brutale Verbrecher würde sie eines Tages einfach umbringen und in einem Müllsack verpackt irgendwo verscharren.

Es dauerte einige Wochen, ehe Valerie wieder einigermaßen bei klarem Verstand war und sie fing damit an, ihre Flucht aus diesem Käfig akribisch zu planen und vorzubereiten.

Ihr war klar, dass sie niemanden in ihre Pläne einweihen und einbeziehen konnte, da Igor auf keinen Fall irgendeinen Verdacht schöpfen durfte.

Zunächst kaufte sie sich einen Kleinwagen, unauffällig und günstig, damit sie jederzeit mobil und beweglich wäre.

Die Geldgeschenke ihrer Freier, die sie vorher oft abgelehnt hatte, nahm sie von nun an und deponierte sie in einem sicheren Versteck in ihrem Apartment.

Sie reduzierte ihre persönlichen Ausgaben auf ein Minimum und versuchte auch von dem Geld, das sie von Igor zum Erhalt ihrer Attraktivität bekam, so viel wie möglich auf die Seite zu legen. Solange sie sich nicht gegen ihn auflehnte, war er mit seinen finanziellen Zuwendungen sehr großzügig, um sie bei Laune zu halten.

Im Laufe der letzten Jahre hatte sich in ihrem Depot eine stattliche Summe angehäuft, mit der sie im Ausland einige Jahre bequem würde leben können.

Zwischenzeitlich suchte sie über das Internet nach Möglichkeiten zur Lebensgestaltung, die sich für sie im Ausland ergeben könnten.

Ihrer Meinung nach konnte sie nicht innerhalb Europas bleiben, weil die Gefahr zu groß war, dass sie durch einen dummen Zufall entdeckt würde. Igor hatte ihr immer erzählt, dass er sehr gute Beziehungen innerhalb der Grenzen Europas habe. Insbesondere nach Italien und Spanien sowie in den gesamten osteuropäischen Raum.

Er hatte sie einmal zu einem geschäftlichen Termin mitgenommen, da er sie als Repräsentationsobjekt für seine Geschäftspartner brauchte. Er erklärte ihr, dass sie den ganzen Abend den Mund zu halten hätte und nur ein schönes Gesicht machen sollte.

Das Treffen fand in einem vornehmen Restaurant am Stadtrand von Frankfurt statt.

Igor war wie immer weltmännisch und ein perfekter Gastgeber. Seine Geschäftspartner waren Südamerikaner sowie zwei Italiener. Sie waren alle in weiblicher Begleitung.

Igor unterhielt sich mit ihnen überwiegend in deren Landessprache. Valerie konnte nicht allzu viel verstehen, und die

Zusammenhänge waren ihr nicht ganz klar, aber immerhin verstand sie, dass es sich um Lieferungen von immensem Wert handelte, die irgendwann in Galizien, an der nordspanischen Küste, ankommen würden.

Sie nahm an, dass es sich dabei um Drogenlieferungen handelte.

Also musste sie sich ein Domizil in einem Land suchen, in dem die Gefahr, entdeckt zu werden, so gering wie möglich war. Hierfür kamen nur die Karibik oder ein Staat in Südamerika in Frage.

Gestern hatte Igor sie das erste Mal ins Gesicht geschlagen. Damit zeigte er ihr wahrscheinlich unbeabsichtigt, dass sie ein überflüssiges Anhängsel geworden war und ein Problem, dass es für ihn zu lösen galt – und wie er seine Probleme zu lösen pflegte, wusste sie zu genau.

Valerie verstand diese Geste sofort und war froh darüber, dass sie ihre Flucht schon von langer Hand geplant hatte.

Das Anschnallzeichen erschien vor Valerie in dem Display ihres Sitzes. Die Maschine setzte zu ihrem Landeanflug auf den Flughafen von Caracas an. Valerie schloss ihre Augen und freute sich auf die nahe Zukunft ohne Igor und ohne die damit verbundenen Schmerzen an ihrer Seele und ihrem Körper!

Die Zollformalitäten hatte sie schnell hinter sich gebracht, tauschte an einem Bankschalter in der Flughafenhalle ein paar Euro gegen die Landeswährung Bolivar und schlenderte dann zum Info-Terminal. Hier erkundigte sie sich nach dem nächsten Flug nach Isla Margarita, eine dem Festland vorgelagerte Insel der kleinen Antillen.

Bis zum nächsten Flug nach Porlamar, der Hauptstadt Margaritas, hatte sie noch eine gute Stunde Zeit. Sie wollte auf dieser Insel zunächst einmal ein paar Tage relaxen. Anschließend wollte sie auf einer der benachbarten Inseln

Trinidad oder Tobago versuchen, eine neue Existenz zu gründen. Schon als Teenager hatte sie davon geträumt, einmal an einem Ort, an dem das ganze Jahr die Sonne schien, ein kleines Restaurant oder eine Bar zu eröffnen.

Laurenz Kerstner saß beim Frühstück im Hotel Seeblick am Bieler See, wo er im Laufe des gestrigen Abends im Quartier der deutschen Fußballnationalmannschaft angekommen war.

Ihm gegenüber saßen zwei Mitglieder des Betreuerstabes sowie der Bundestrainer Jörg Hunold.

Hunold war ein absoluter Fachmann in Sachen Fußball, ein kühler Stratege, der in jedem Spiel versuchte, den Gegner mit offensivem Fußball unter Druck zu setzen. Dies konnte man von einigen Trainern, die die Mannschaft in der Vergangenheit betreut hatten, nicht unbedingt behaupten.

Er hatte die Mannschaft erst vor zwei Jahren, nach der letzten Weltmeisterschaft, übernommen und ihr in der kurzen Zeit bereits seinen strategischen Stempel aufgedrückt.

Vergessen waren die Niederlagen und grottenschlechten Spiele, die die Mannschaft Ende der neunziger Jahre abgeliefert hatte.

Die letzte WM in Deutschland war der Anfang für eine neue Ära der deutschen Nationalmannschaft.

Nach dem Sommermärchen in Deutschland und nachdem die Mannschaft immerhin den dritten Platz belegt hatte, wurde der Altersdurchschnitt der Spieler drastisch verjüngt.

Hunold wollte frischen, dynamischen und attraktiven Fußball bieten, der die Massen wieder begeistern sollte.

Dies war ihm bis heute auch zum großen Teil geglückt.

Mit Bravour hatte die Mannschaft die Qualifikation für die Europameisterschaft geschafft und hatte sich wieder an die Weltspitze gespielt. Es war schon viele Jahre her, dass eine deutsche Nationalmannschaft zu den Top-Favoriten eines großen Turniers gehörte.

Diesen Erfolg konnte sich Hunold fast alleine auf seine Fahne schreiben. Als krönender Abschluss fehlte ihm jetzt nur noch der Titel als Europameister. Deshalb hatte er als Minimalziel für dieses Turnier auch das Erreichen des Semifinals ausgegeben. Dies traute er seiner jungen und hungrigen Mannschaft ohne weiteres zu. Ihr Markenzeichen waren der Elan und die jugendliche Unbekümmertheit!

„Also, Herr Kerstner, nach allem, was Sie mir bislang über Steffen und Max berichtet haben, stellt sich mir nach wie vor die Frage, warum Max Kaiser im letzten Saisonspiel nicht gespielt hat. War seine Verletzung wirklich so gravierend? Ich hätte mir gewünscht, nicht zuletzt in Hinblick auf die Europameisterschaft, dass er mit einem deutschen Meistertitel im Gepäck zu uns stößt. Ich muss Ihnen als erfahrenem Trainer doch sicher nicht erklären, welche Auswirkungen solch ein sportlicher Erfolg auf das Selbstvertrauen und damit auch auf die weitere Karriere eines jungen Spielers hätte. Ich bin davon überzeugt, dass ihre Mannschaft mit Max Kaiser den Titel gewonnen hätte!"

Hunold beäugte Kerstner und schaute ihn mit skeptischer Miene an.

Kerstner versuchte, diesem Blick standzuhalten, was ihm allerdings nicht überzeugend gelang.

„Ich hatte ja bereits während des Spiels die Gelegenheit, mit Ihrer Vereinsführung über dieses Thema zu diskutieren. Dabei konnte ich mich des Eindrucks nicht erwehren, dass Ihr Aufsichtsrat Schneider nicht wirklich glaubwürdig in seiner Argumentation wirkte."

„Schneider ist auch eher ein Experte für wirtschaftliche Zusammenhänge", antwortete Kerstner vorsichtig.

„Sie wissen, dass Max sich in dem letzten Freundschaftsspiel gegen die Italiener eine böse Blessur zugezogen hatte. Nach dem Länderspiel hatte ich ihn vom Training beurlaubt, damit er sich ausruhen solle. Max brannte vor Ehrgeiz, und ich hatte die Befürchtung, dass er übermotiviert in das Spiel gegen die Bayern geht und sich noch mehr verletzt. Damit wäre uns allen nicht gedient gewesen."

„Wir sind uns doch alle im Klaren darüber, worum es beim Fußball geht, oder? Gerade die jungen Spieler brennen darauf zu spielen, am liebsten jedes Spiel über volle neunzig Minuten!

Leute wie Ihr Herr Schneider oder Kranbaum – Gott sei seiner Seele gnädig! – sorgen dafür, dass unsere jungen Talente auf der Reservebank verkümmern. Sie holen sich lieber für teures Geld Legionäre aus dem Ausland, anstatt unsere eigenen, jungen Leute mit Geduld und Vertrauen in ihrer Entwicklung aufzubauen. Was denken Sie wohl, was Sie dem jungen Max Kaiser damit angetan haben? Was meinen Sie, wie oft ein Spieler in seiner Karriere die Möglichkeit hat, um die Krone des deutschen Fußballs zu spielen? Darum geht es im Fußball und um nichts anderes! Es geht darum, Spiele zu gewinnen und am Ende den Pokal in den Händen zu halten. Das sollten Sie ihrer Vereinsführung einmal deutlich machen!"

Kerstner zuckte förmlich unter der Schärfe der Worte zusammen und ihm war völlig klar, dass Hunold mit allem, was er sagte, völlig Recht hatte.

„Ich bin halt nur ein Angestellter des Vereins, unsere Kompetenzen sind klar abgegrenzt, und am Ende muss ich das tun, was mein Arbeitgeber von mir verlangt, und wenn das so weit geht, dass ich die Order bekomme, einen Spieler auf die

Reservebank oder auf die Tribüne zu schicken, dann muss ich das befolgen!"

In dem Moment, als er die Worte ausgesprochen hatte, begriff er schlagartig, dass dies ein riesiger Fehler war. Er hatte sich von Hunold provozieren und zu dieser unbedachten Äußerung hinreißen lassen. Er hasste sich selbst für seine Unbeherrschtheit und sein unüberlegtes Handeln!

„Habe ich mir doch gleich gedacht, dass dies nicht Ihre Entscheidung war und dass dies mit der Verletzung von Max Kaiser vermutlich nichts zu tun hatte!"

Hunold schnaubte verächtlich durch die Nase. Er sah Kerstner mitleidig an.

„Glauben Sie mir, Sie sind nicht die erste Marionette, die sich Trainer schimpft, die mir in meiner Laufbahn begegnet ist. Trainer wie Sie, die nur der Macht des Geldes gehorchen und Angst vor ihrer eigenen Courage haben, gibt es leider wie Sand am Meer. Meinen Sie nicht, es wäre für Ihr Seelenheil besser gewesen, wenn Sie sich gegen ihre Vereinsführung durchgesetzt und mit Ihrer Mannschaft den Meistertitel gewonnen hätten? Möglich, dass Ihr Job futsch gewesen wäre, aber Sie hätten ihr Gesicht und Ihre Ehre nicht verloren und könnten sich heute mit einem Meistertitel im Gepäck einen neuen Arbeitgeber suchen.

Wovor hatten Sie eigentlich Angst? Trainer kommen und gehen in jedem Club, und keiner ist sehr lange ohne Job. Ich hatte einmal Ihre Arbeit, vor allen Dingen Ihren Einsatz für die jungen Spieler sehr geschätzt, aber ich denke, ich werde mir andere Ratgeber suchen müssen und in Zukunft lege ich daher auch keinen Wert mehr auf Ihre Gesellschaft und die Zusammenarbeit!"

Kerstner spürte, wie ihm der kalte Schweiß ausbrach und obwohl er Hunold Recht geben musste, machte sich unbändiger Zorn in ihm breit, der ihm fast die Kehle zuschnürte.

„Was bilden Sie sich eigentlich ein?“, krächzte er förmlich. „Für wen, in Gottes Namen, halten Sie sich? Sind Sie vielleicht der Herrgott, der die Fußballweisheit mit Löffeln gefressen hat? Sie wollen mir Ratschläge geben? Ich weiß zu gut, wie das Gefühl ist, wenn die Karriere auf einmal abrupt zu Ende ist. Ich habe das alles schon erlebt und hinter mir. Vielleicht wäre es besser gewesen, Kaiser spielen zu lassen, vielleicht hätten wir mit ihm auch den Titel gewonnen. Aber stellen Sie sich vor, er hätte sich noch mehr verletzt, als er sowieso schon war und er hätte deswegen diese Europameisterschaft nicht spielen können, oder im schlimmsten Fall wäre es ihm so ergangen wie mir, was hätten Sie dann gesagt?“

„Dieses Risiko, sich zu verletzen, geht jeder Leistungssportler ein. Und jeder ist sich darüber im Klaren, dass deshalb die Karriere morgen zu Ende sein kann. Doch Sinn des Spieles ist, am Ende den Pokal und damit den Triumph in Händen zu halten, auch wenn man sich dabei verletzt. Und jetzt gehen Sie mir besser aus den Augen!“

Wutschnaubend stand Kerstner auf und stürmte aus der Hotelhalle. Am Ausgang begegnete ihm Max Kaiser, den er bald über den Haufen gerannt hätte.

„Hallo, Trainer, wohin so eilig? Sie sehen aus, als wäre der Leibhaftige hinter Ihnen her.“

„Ah, Max, gut dass ich dich treffe, wir müssen uns unbedingt nochmals unterhalten. Es geht um deine Vertragsverlängerung. Ich kann dir einiges erklären und bin von der Vereinsführung bevollmächtigt, dir ein noch besseres Angebot zu machen.“

Max sah ihn belustigt an.

„Ich hatte Ihnen meine Entscheidung bereits mitgeteilt und ich glaube, im Moment werde ich daran auch nichts ändern. Zunächst einmal läuft mein Vertrag noch eine Saison, wenn ich nicht die Option der Ausstiegsklausel ziehe. Außerdem steht mir zur Zeit der Kopf nicht nach Vertragsverhandlungen. Ich möchte jetzt erst einmal eine erfolgreiche Europameisterschaft spielen, und dann sehen wir weiter! Ansonsten können Sie ja in der Zwischenzeit Ihr Angebot meinem Management unterbreiten!"

Max ließ Kerstner einfach stehen und ging mit den anderen zurück ins Hotel.

Seitenlange Informationen flimmerten über den Bildschirm:

Vladimir Bako, geboren am 16.02.1977 in Skopje, Jugoslawien, 1994 bis 1996 Mitglied der UCK im Kosovo, 1996 politisches Asyl in Kaiserslautern beantragt, etliche Vorstrafen wegen Körperverletzung und unerlaubten Waffenbesitzes, Verstoß gegen das Kriegswaffen Kontrollgesetz, Mordanklage 1998, wurde mangels Beweisen freigesprochen.
Nicht bewiesene enge Kontakte zur russischen Mafia und zur Ndrangheta.
Vermutlich Drogenhändler im großen Stil.
Nicht eindeutig nachgewiesene Kontakte zu kolumbianischen Drogenkartellen.
Heiratete 1996 eine deutsche Frau.
Erhielt damit eine unbefristete Aufenthaltsgenehmigung.
2000 Antrag auf deutsche Staatsbürgerschaft, abgelehnt.

Hans Wolf überflog nachdenklich die Informationen, die ihm die Datei über Vladimir Bako alias Igor gab.

Die Auskünfte, die er über so genannte Bürgerkriegsflüchtlinge, vor allen Dingen aus den ehemaligen Bürgerkriegsländern in Osteuropa erhielt, glichen sich immer öfter. In vielen Fällen hatte er es mit Leuten zu tun, die unter dem Vorwand der politischen oder religiösen Verfolgung in Deutschland Asyl beantragten. Die Bundesrepublik war für die ,Flüchtlinge' in fast jeder Hinsicht ein Schlaraffenland. Sie machten sich das deutsche Sozialsystem zu Nutze, viele wurden früher oder später straffällig und hatten nach kurzer Zeit ein ellenlanges Vorstrafenregister. Scheinehen wurden geschlossen, um damit einer drohenden Ausweisung zu entgehen.

In den meisten Fällen hatte er es mit Kleinkriminellen zu tun, die sich durch Diebstähle, Einbrüche oder kleinere Drogendelikte über Wasser hielten. Aber immer öfter gingen ihm richtig ‚dicke Fische' ins Netz. Das waren Verbrecher, die für mafiose Organisationen arbeiteten und vor keinem Kapitalverbrechen zurückschreckten. Diese Typen hatten absolut keine Hemmschwelle mehr, selbst ein Menschenleben bedeutete für sie kaum etwas.

Schien ja ein schlimmer Finger zu sein, dachte er. Er hatte im Zusammenhang mit den Informationen, die ihm Marcel Runge gegeben hatte, und nach der Auswertung des Notizbuchs schon etwas klarer gesehen.

Dieser Bako schien der Mittelsmann für die ganz dicken Fische zu sein. Vermutlich war er indirekt der Mann für das Grobe. Derjenige, der den Dreck wegräumte und den Weg bereitete für die kriminellen Machenschaften seiner Auftraggeber. Aber auch einer, der auf eigene Rechnung arbeitete.

Wolf war froh, dass sein Freund Marcel Runge ihm diese Informationen beschafft hatte, aber er sorgte sich auch um seinen Freund. Mit diesen Leuten war wirklich nicht zu spaßen.

Deren Hemmschwelle lag bekanntlich tief, und ein Menschenleben bedeutete absolut gar nichts. Leute wie dieser Bako waren mit dem Krieg und dem Tod aufgewachsen, sie hatten in jungen Jahren in direkter Nachbarschaft Dinge gesehen und erlebt, die ein normaler Mensch nur aus dem Kino kannte.

Hans Wolf hatte nun die Aufgabe, die Ermittlungen gegen Bako einzuleiten. Wie gerne würde er diesen Kerl so schnell wie möglich aus dem Verkehr ziehen!

Über die Staatsanwaltschaft hatte er schon Überwachungsmaßnahmen beantragt, die nach kurzer Prüfung genehmigt wurden. Seine Ermittler hatten bereits damit angefangen, sein Funktelefon zu orten und abzuhören.

Zunächst einmal wollten sie ein Bewegungsdiagramm von Bako erstellen und erfahren, mit wem er ständig in Kontakt stand.

Aus den Aufzeichnungen in dem roten Notizbuch gingen mehrere Telefonanschlüsse hervor, die Bako benutzte. In Zusammenarbeit mit den einzelnen Telefongesellschaften, über die er telefonierte, war es relativ einfach, eine Liste seiner telefonischen Kontakte zu erhalten.

Hans Wolf war sich sicher, dass er mit diesen einfachen Maßnahmen schon sehr bald die ersten Erfolge verzeichnen könnte. Bei der Überprüfung des Autokennzeichens, das Runge ihm gegeben hatte, stellte sich heraus, dass der Mercedes auf eine bekannte Größe des Frankfurter Rotlicht-Milieus zugelassen war.

Bako hatte also Verbindungen in alle Richtungen.

Hans Wolf sah auf die Uhr. Fast hätte er vergessen, dass heute sein Hochzeitstag war und er seiner Frau einen gemeinsamen Abend versprochen hatte!

Sie warf ihm immer vor, dass er zu viel arbeite und mit seinem Büro verheiratet sei!

Dennoch versuchte sie, ihn so zu akzeptieren, wie er war. Es entsprach seinem Charakter, sich für das, was er als Recht empfand, einzusetzen. Deshalb hatte er sich auch schon sehr früh dafür entschieden, eine Laufbahn im Polizeidienst einzuschlagen. Er verfügte über einen analytischen Verstand und ein angeborenes Organisationstalent.

Während seiner Ausbildung hatte er sich ein gesundes Misstrauen und eine fast untrügliche Menschenkenntnis angeeignet.

Schon zu der Zeit, als er noch bei der Sitte oder für das Drogendezernat gearbeitet hatte, zeichnete er sich durch außerordentliche Fahndungs- und Ermittlungserfolge aus. Seine Hartnäckigkeit, mit der er eine aufgenommene Spur verfolgte, hatte ihm unter Kollegen den Spitznamen Terrier eingebracht. Wenn er einmal die Fährte eines Verbrechens aufgenommen hatte, ließ er nicht eher locker, bis er die Tat aufgeklärt hatte. Seine Aufklärungsquote lag weit über neunzig Prozent.

Hans Wolf nahm sein Diensttelefon vom Schreibtisch und schaltete gleichzeitig seinen PC aus. Er wählte die Nummer seines privaten Anschlusses. Kurze Zeit später meldete sich seine Frau Eva.

„Hallo, mein Liebling, über die Arbeit habe ich etwas die Zeit vergessen. Ich bin in etwa 20 Minuten zu Hause. Ich liebe dich! Bis gleich!"

Unterwegs kaufte er noch in einem Blumenhandel einen dicken Strauß Rosen für seine Eva.

Er liebte sie immer noch wie damals, als sie sich in einer Bibliothek kennen gelernt hatten und freute sich auf ihren ersten gemeinsamen Abend seit genau einem Jahr.

Die Hände der jungen Russin glitten über den leichten Ölfilm auf seiner Haut, sie hatte sich vom Gesäß aufwärts bis zu seinem Nacken vorgearbeitet und knetete nun mit zarter Kraft seine verspannten Muskeln.

Igor lag lang ausgestreckt auf dem Massagetisch, und die Masseuse kniete über ihm.

Er genoss diese Stunden in Ritchies Sauna Club mindestens einmal in der Woche. Der Kerl schaffte es immer wieder, attraktive und blutjunge Frauen zu besorgen. In dieser Hinsicht war Ritchie einmalig, keiner wusste so genau, wie er das hinbog.

Die Mädchen waren höchstens vier Wochen bei ihm und wurden dann komplett ausgetauscht. Meistens sprachen sie kein Wort Deutsch, und fast alle stammten aus Osteuropa.

Igor ging seinen Gedanken nach, während das junge Mädchen ihn verwöhnte.

Valerie, diese Schlampe, hatte ihn doch tatsächlich gefilmt! Er hatte sie gar nicht für so schlau und durchtrieben gehalten. Für ihn war sie immer ein naives Dummchen gewesen! Aber in dem, was sie tat, war sie gut und nicht zuletzt sein bestes Pferd im Stall. Irgendjemand hatte ihr das Talent für die Bumserei in die Wiege gelegt.

Krampfhaft überlegte er, wo sich dieses Miststück versteckt haben könnte. Er musste sie unbedingt finden, nicht weil er sie noch brauchte, sie wusste einfach zu viel und konnte ihm mit ihrem Wissen gefährlich werden. Ihren Vater hatten sie schon in die Mangel genommen.

Dieser Schwachkopf hatte sich vor Angst in die Hosen gepinkelt, als er zusammen mit Ritchie bei ihm aufgetaucht war.

Aber Igor war sich sicher, dass der Alte nichts wusste. Er hatte schon seit Jahren nichts mehr von Valerie gehört.

Anschließend hatten sie sich alle Mädchen vorgenommen, die sie für sich arbeiten ließen, aber auch hier fanden sie keinen Hinweis darauf, wohin sie sich verdrückt hatte.

Eines war sicher für Igor, sollte er dieses Weib noch einmal in die Finger bekommen, würde er sie, ohne mit der Wimper zu zucken, um die Ecke bringen!

Vermutlich hatte sie sich vor Angst schlotternd in irgendeinem Loch verkrochen! Irgendwann würde sie sich schon verraten, wo sollte sie auch hin?

„Schön, dass dir unsere kleine Natascha ein paar nette Stunden bereitet, da hast du dir auch die Beste ausgesucht!"

Ritchie war, ohne dass Igor es bemerkte, in den Massageraum gekommen und setzte sich neben ihm auf eine Bank.

„Verzisch dich!", knurrte er die blonde Russin an, und Natascha verließ eiligst den Raum. Als sich die Tür hinter ihr geschlossen hatte, redete Ritchie weiter.

„Wir müssen uns um diesen Abraham kümmern, der Mann wird langsam unbequem. Es gibt Leute, die der Meinung sind, dass er bald umfällt. Der ist einfach zu labil und wird dem Druck nicht mehr lange standhalten!"

Ritchie verharrte einen Moment in seinen Gedanken, bevor er fortfuhr.

„Schneider hat sich gestern Abend mit mir getroffen und ist davon überzeugt, dass Abraham es nicht mehr lange machen wird. Das könnte für uns alle zum Fiasko werden!"

„Ich weiß, er hat ein ausgeprägtes Ego und ist immer noch der Meinung, er könnte uns auf den richtigen Weg bringen."

Igor feixte in sich hinein.

„Dieser Vollpfosten weiß vermutlich gar nicht, an wen er seine Seele verkauft hat. Unsere russischen Freunde verstehen in dieser Hinsicht absolut keinen Spaß. Im Grunde genommen brauchen wir ihn auch nicht mehr. Schneider hat eigentlich alles gut im Griff, wir müssen ihm nur noch einen adäquaten Ersatz für diesen Kranbaum besorgen. Abraham wird sicher keine Lücke hinterlassen!"

„Na, dann lass dir mal was einfallen!", Ritchie sah Igor durchdringend an.

„Mach dir mal keine Gedanken, alter Junge. Wir werden ihm eine Spezialbehandlung verpassen, mit der er garantiert riesige Probleme bekommt. Das Schlimmste, was diesem Saubermann passieren könnte, ist, dass seine Familie ihn fallen lässt, und dass er in der Öffentlichkeit seine weiße Weste verliert. Das kriegen wir schon hin, lass das mal meine Sorge sein. Der Kerl ist schon so gut wie hinüber!“

Ein anzügliches Grinsen verzerrte Igors Gesicht.

Er hatte noch nie ein Problem damit, Existenzen oder Menschen einfach zu vernichten. Seine Erfolgsformel war eigentlich ganz einfach und subtil: Such die schwache Stelle einer Person und wenn du sie gefunden hast, dann kannst du sie quälen bis aufs Blut.

In dieser Disziplin war Igor ein Spezialist! Was ihn so unglaublich gefährlich machte, war diese Paarung von krimineller Energie und überdurchschnittlicher Intelligenz. Dies hatte ihn auch meistens davor bewahrt, aufgedeckt und gefasst zu werden. Er war ein Schauspieler, der unzählige Rollen perfekt beherrschte.

Immer wieder konnte er der Justiz durch die Maschen schlüpfen.

Das Erste, was er gelernt hatte, als er vor vielen Jahren aus dem ehemaligen Jugoslawien verschwinden musste, war, dass die Justiz in Deutschland schwerfällig und behäbig arbeitet.

Für jeden Schritt brauchte man eine richterliche Verfügung oder eine Genehmigung, und selbst wenn er mal für eine kurze Zeit eingebuchtet wurde, dann betrachtete er das nicht als Unglück. Im Vergleich zu den Gefängnissen, die er aus dem Osten kannte, erschienen ihm deutsche Strafvollzugsanstalten wie ein Hotel. Er hatte alle erdenklichen Freiheiten, konnte Fernsehen oder in der Sporthalle trainieren, selbst Freigang wurde ihm gewährt.

Im deutschen Strafvollzug war man in erster Linie daran interessiert, die Delinquenten nach ihrer Haftzeit wieder in die Gesellschaft einzugliedern. Selbst, wenn diese das nicht wollten!

Das einzige, was ihn störte, war die Tatsache, dass er sich nicht mehr so freizügig bewegen konnte wie im normalen Leben.

Im Knast hatte er auch einige von den Leuten kennen gelernt, derer er sich heute bediente. Auch Ritchie war so eine Knastbekanntschaft.

Er hatte zu der Zeit wegen räuberischer Erpressung ein paar Jahre aufgebrummt bekommen. Sie hatten einen Hamburger Geschäftsmann unter Druck gesetzt und hatten versucht, ihn zu erpressen. Bei der Geldübergabe wurden sie von einem Sondereinsatzkommando hochgenommen. Wahrscheinlich war die Geldgier des Kaufmanns größer als seine Angst, und er war zur Polizei gelaufen.

Igor versuchte aus allen Dingen zu lernen und seinen Nutzen zu ziehen. Im Laufe der Zeit schärfte er seine kriminelle Intelligenz immer mehr, sodass er sich bei allen Ermittlungen unbeschadet aus der Affäre ziehen konnte. Meistens hielt er sich im Hintergrund, als derjenige, der die Aktion geplant und auf den Weg gebracht hatte. Die Ausführung überließ er immer Leuten, mit denen er im Grunde keine Verbindung hatte.

Er hatte auch genügend Polizisten und Staatsanwälte, ja sogar Richter bestochen oder so unter Druck gesetzt, dass er meistens schon sehr früh davon erfuhr, wenn er in irgendwelche Ermittlungen verstrickt war. Immer wieder schaffte er es, dass Verfahren gegen ihn eingestellt oder einfach fallen gelassen wurden. Er hatte sich ein Gebilde aus finanzieller Macht und Erpressung aufgebaut, das außerordentlich schwer zu erschüttern war.

Daher fühlte er sich absolut sicher in seiner Haut und vermied es immer, in irgendeiner Form aufzufallen. Den Fehler hatte er in jungen Jahren des Öfteren gemacht und für sein unüberlegtes Handeln ein paar Jahre eingesessen.

Im Laufe der Jahre war er schlauer und abgebrühter geworden und hatte dieses fast undurchdringliche Gebäude aus Intrigen, Erpressung und Korruption so präzise aufgebaut, dass es fast unmöglich war, ihm in irgendeiner Form etwas nachzuweisen.

Sobald es ein Problem zu lösen oder eine Lücke zu schließen galt, half ihm seine kriminelle Intelligenz immer wieder dabei, seine Vorgehensweise akribisch zu planen und sein Vorhaben fast schon generalstabsmäßig in die Tat umzusetzen.

Für Abraham hatte er bereits seine Schlinge ausgelegt, und dieser Tölpel würde ihm garantiert auf den Leim gehen!

„Hast du die Mädels organisiert, die ich bei dir bestellt habe?“

Er sah Ritchie durchdringend an.

Ritchie schnaubte verächtlich durch die Nase.

„Selbstredend, hast du etwas anderes erwartet? Genau so, wie du sie geordert hast! Sie stehen dir zur Verfügung, du musst nur noch den Startschuss geben!“

Igor schmunzelte. „Dann werden wir für den scheinheiligen Abraham einmal eine kleine Party veranstalten, bei der er sich zu Tode feiert.“

Er lachte satanisch, und Ritchie stimmte in das Gelächter ein.

Max lag in seinem Zimmer des Hotels Seeblick und döste vor sich hin. Die ersten Trainingseinheiten hatte er hinter sich gebracht. Als erstes hatten sie einen Laktat-Test durchgeführt. Seine Werte waren hervorragend. Nach einer ausgiebigen Konditionseinheit standen nur noch Gymnastik und Stretching auf dem Trainingsprogramm. Vor dem Abendessen hatte der Trainer noch einige taktische Einzelgespräche mit verschiedenen Spielern geführt. Auch mit Max hatte er lange gesprochen.

„Du musst dir nur deine Unbekümmertheit und Leichtigkeit im Spiel erhalten, dann wirst du eine ganz große Zukunft in diesem Sport haben“, hatte er ihm geraten.

Er wollte ihn von allen taktischen Zwängen befreien, damit er seinem Instinkt und seinem direkten Zug zum Tor folgen konnte. „Spiel einfach so, wie du es auf der Straße gelernt hast. Du bist mit einem Talent gesegnet, wie es selten in diesem Sport vorkommt.“

Max war stolz darauf, dass ihm der Nationaltrainer so viel Vertrauen entgegen brachte und nahm sich vor, dieses Vertrauen niemals zu enttäuschen. Er würde sich in jedem Spiel zerreißen!

Von dem Klingelton seines Handys wurde er abrupt aus seinen Gedanken gerissen. Auf dem Display wurde Runges Nummer angezeigt.

„Ich sitze schon seit einer viertel Stunde in der Hotel-Lobby und warte auf dich! Haben sie euch so gequält beim Training, dass du eingeschlafen bist?“, lachte Runge amüsiert.

„Nein, nein, ich war nur etwas in Gedanken und habe darüber die Zeit vergessen. Ich komme sofort runter. Zwei Minuten!“

Max beeilte sich, aus dem Hotelzimmer zu kommen. Jedoch stellte sich ihm Steffen in den Weg.

„Was will dieser Schmierfink schon wieder von dir?“, er sah Max stechend an.

„Ich denke, das geht dich nichts an, oder?“ Max versuchte, Steffen mit sanfter Gewalt an die Seite zu schieben. Doch Steffen hielt ihm Stand.

„Dieser Schreiberling versucht, uns schon seit Jahren in Verruf zu bringen und veröffentlicht die miesesten Anspielungen und Verdächtigungen. Lass ihn einfach abblitzen!“

„Ich habe das Gefühl, du verstehst da einiges nicht richtig. Wenn hier jemand unseren Sport in Verruf bringt, dann sind das Leute, wie du einer bist. Ich dachte eigentlich, wir hätten das bereits geklärt, und du hättest das verstanden."

Max sah Steffen mitleidig an.

„Ich weiß, welche Triebfeder du hast, aber du solltest dir darüber im Klaren sein, dass ich wegen dir oder deinesgleichen nicht mein Gesicht verlieren werde. Ich appelliere nur an deinen Stolz und dein Ehrgefühl, wenn davon noch etwas vorhanden ist. Komm auf den richtigen Weg zurück, noch ist genügend Zeit dafür! Und jetzt geh mir aus dem Weg!"

Max schlug die Zimmertür unsanft hinter sich zu und ließ Steffen mit seinem Gewissen allein. Irgendwie tat er ihm Leid, und Max verstand, warum er diesen Manipulationen ausgesetzt war, aber das bedeutete nicht, dass er es akzeptierte.

„Na, du Held, hast du die Tageszeitungen schon gelesen? Selten ist ein Spieler vor einem großen Turnier so mit Vorschusslorbeeren überhäuft worden. Die Blätter sind voll mit Artikeln über dich."

Marcel Runge nahm Max in die Arme und drückte ihn sanft.

„Na ja, sie müssten doch am besten wissen, dass die Presse manchmal zu Übertreibungen neigt."

Marcel schmunzelte: „Da hast du allerdings Recht."

Sie setzten sich an die Bar. Marcel Runge bestellte für sich einen Whiskey Sour und für Max ein Mineralwasser.

Er erzählte ihm von seiner Begegnung mit Valerie Sattler, von dem roten Notizbuch und seinem Termin in Wiesbaden mit seinem Freund Hans Wolf.

Max hörte ihm aufmerksam zu. Das, was er hörte, bestürzte ihn und machte ihm Angst. Er merkte, wie sich eine innere Unruhe in ihm breit machte. Außerdem wurde er bei dem, was er hörte, wütend, und es festigte sich sein Entschluss, alles dafür zu geben, dass der Fußball wieder sauber würde.

„Sehen Sie denn eine Chance, diese ganze Institution und das Komplott aufzudecken?"

„Ich denke schon", gedankenverloren nippte Marcel an seinem Cocktail.

„Spiel du Fußball und zeig der Welt, was du drauf hast, um den Rest kümmere ich mich!

Manchmal reicht eine Kleinigkeit, um den Stein ins Rollen zu bringen, und das kann sich dann ganz schnell zu einer Lawine entwickeln. Praktisch wie ein reinigendes Gewitter. Danach scheint meist wieder die Sonne, und man kann wieder befreit aufatmen. Man räumt den Müll weg, und alles ist wieder in Ordnung!

Mach dir keine Gedanken, konzentriere dich auf das Wesentliche und zeig allen, wie schön und attraktiv dieser Sport wirklich ist!"

„Aber wie soll ich mich auf Fußball konzentrieren, wenn ich nicht weiß, ob alles mit rechten Dingen zugeht?"

Max sah Runge fragend an.

„Deine Aufgabe ist es, den Fans und der Welt zu zeigen, wie faszinierend dieses Spiel sein kann. Du musst die Massen auf deine Seite bringen und dann wirst du sehen, wie einfach alles für dich wird.

Fußball ist nicht nur ein einfaches Ballspiel, Fußball ist eine Philosophie, eine Lebenseinstellung. Der Sport muss zurück zu seinen Wurzeln. Du musst dabei helfen, dieses faszinierende Spiel aus diesem stinkenden Loch herauszuholen, in dem es sich gerade befindet!

Fußball ist eine Massenbewegung, ein Sport, der die Menschen elektrisiert. Darin liegt die Macht deines unglaublichen Talents!

Du hast die Möglichkeit, die Menschen zu überzeugen, indem du das tust, was du am besten kannst. Spiel dieses Spiel, als wenn es nichts anderes gäbe im Universum, dann werden sie dir zu Füßen liegen, und du wirst alle Zweifler mitreißen!"

Max brach fast zusammen unter dieser Last, die Marcel Runge ihm auferlegte. Er wurde sich der ungeheuren Verantwortung seiner Position als Profispieler bewusst!

„Aber wenn ich versage, was dann? Ich bin noch so jung, ich kann doch diese Last nicht allein auf meinen Schultern tragen!"

„Mit dieser Last wirst du fertig!

Tu das, was du kannst. Folge deinem Instinkt und deiner Intuition, dann gibt es nichts, was du falsch machen kannst! Du bist mit einem Talent gesegnet, wie ich es noch nie gesehen habe. Das Auge, ein Spiel zu lesen und instinktiv das Richtige zu tun, diese Fähigkeiten sind dir angeboren! Du hast eine fast schon perfekte Technik und ein Ballgefühl, das seinesgleichen sucht.

Mach dir keine Gedanken, spiel einfach nur Fußball!"

Nachdem sie sich gegenseitig geschworen hatten, dass jeder das Seine tun werde, um ihr gemeinsames Ziel zu erreichen, verabschiedeten sie sich voneinander. Marcel versprach Max, sich mindestens einmal pro Woche bei ihm zu melden, um ihn auf dem Laufenden zu halten.

Valerie Sattler hatte sich auf Isla Margarita einen Bungalow gemietet. Ihre neue Unterkunft lag in einer traumhaften Parkanlage direkt am Playa el Agua, einem etwa drei Kilometer langen Sandstrand im Nordosten der Insel. Der Park war bepflanzt mit Palmen aller Art und den für die Karibik typischen Blumen, die in allen Regenbogenfarben schillerten. Guacamayas, bunte Papageien, rundeten die Traumkulisse ab.

Margarita gehört zu den kleinen Antillen Inseln in der Südkaribik und ist dem Festland Venezuelas vorgelagert.

Der Sage nach ist die Insel aus der Träne eines Engels mit dem Namen ‚Perle der Karibik' entstanden; tatsächlich wurde sie von Christoph Kolumbus während seiner dritten Entdeckungsreise, im August 1498, entdeckt. Kolumbus war auch der eigentliche Namensgeber, der die Insel nach ihren unglaublichen Vorkommen an Perlen benannte. Margarita heißt Perle.

Valerie genoss diese paradiesische Umgebung in vollen Zügen und merkte, wie die Last der Vergangenheit langsam von ihr abfiel.

Ihre Haare hatte sie blauschwarz gefärbt und trug sie im Stil der einheimischen Frauen lang und offen, fast bis auf die Hüften.

Sie fand, dass ihr das neue Outfit sehr gut stand. Es brachte die Züge ihres makellosen Gesichts und ihre noch immer sehr gute Figur besonders zur Geltung.

Außerdem sollte dies auch einen der vielen kleinen Schritte bedeuten, die sie unternahm, um sich von ihrer Vergangenheit zu distanzieren.

Adressen und Telefonnummern von einigen Maklern in Asuncion und Porlamar hatte sie sich bereits besorgt und wollte sich sofort auf die Suche nach einer geeigneten Immobilie zur Verwirklichung ihres Traumes machen.

Eine Bar oder ein kleines Restaurant in diesem Paradies! *Val's Kitchen* würde in großen, bunten Lettern über dem Eingang prangen! Sie würde kleine, einheimische Gerichte und karibische Cocktails anbieten.

Isla Margarita war touristisch noch nicht voll erschlossen und bot daher jede Menge gastronomischer Nischen.

Val saß auf ihrer kleinen Terrasse im Schatten einer Palme und hing ihren Gedanken nach. Der Wind, der warm und weich vom Meer herauf wehte, streichelte ihre Haut. Es fühlte sich an wie Samt, der langsam über den Körper glitt. In den letzten Tagen hatte sie oft an Marcel Runge denken müssen. Noch nie hatte sie solche Gefühle für einen Mann entwickelt. Er hatte ihr mit seiner gerechten Geradlinigkeit und seinem ehrlichen Charakter sehr imponiert. Dies alles waren Attribute, die sie bisher in ihrem Leben noch nicht kennen gelernt hatte.

Igor hatte sie nur ausgenutzt und war von seinem Wesen her ein Krimineller. Sie hoffte, dass sie durch ihre Aufzeichnungen dazu beitragen konnte, diesen Verbrecher hinter Schloss und Riegel zu bringen.

Ihren Vater verabscheute sie, weil sie ihm die Schuld an dem Tod ihrer Mutter gab. Er hatte sie durch seine Betrügereien in den Selbstmord getrieben.

Für Runge empfand sie eine tiefe Zuneigung; sie vermisste ihn und ertappte sich immer öfter bei dem Gedanken, ihn jetzt bei sich haben zu wollen. Sie träumte nachts davon, dass er in ihrem Bett neben ihr lag. Im Traum spürte sie eine Zärtlichkeit und Wärme, die sie vorher noch nie kennen gelernt hatte.

Doch am Morgen, wenn sie erwachte, zerplatzte der Traum regelmäßig wie eine Seifenblase. Sie hoffte inständig, dass er seine Ziele erreichen würde und konnte es kaum abwarten, ihn endlich wieder zu sehen und in ihre Arme zu schließen. Ein tiefes Verlangen nach diesem seltsamen Mann machte sich in ihr breit. Mit ihm verband sie ihr neues Leben, ohne Hass auf sich selbst und auf das, was sie tat. Tief in ihrem Inneren hoffte sie darauf, mit diesem Mann den Rest ihres Lebens verbringen zu können. Ein Leben, in dem sie sich selbst wiederfand und mit erhobenem Haupt und Stolz jeden

Tag in den Spiegel schauen konnte. Noch nie zuvor war ihr bewusst geworden, wie armselig und verabscheuungswürdig ihr bisheriges Dasein war. Sie hatte eigentlich nur vor sich hin vegetiert, ohne konkretes Ziel und ohne Lebensinhalt. Immer geblendet und verführt von den Intrigen Igors.

Sie war Runge auf ewig dankbar dafür, dass er ihr die Augen geöffnet und ihr damit einen neuen Lebensweg geebnet hatte. Aber bevor sie ihn wiedersehen könnte, musste sie erst für ihre neue Existenz sorgen. Durch das durchdringende Klingeln des Haustelefons wurde sie aus ihren Gedanken gerissen. Der Portier an der Pforte meldete sich und gab ihr zu verstehen, dass der Makler, mit dem sie sich für heute verabredet hatte, in der Lobby der Anlage auf sie wartete.

Sie warf sich ein seidiges Strandtuch um ihre bloßen Schultern und überprüfte nochmals den Sitz ihrer Haare, bevor sie sich auf den Weg zur Lobby machte.

Rodrigo Madras wartete bereits etwas ungeduldig auf sie. Sein Äußeres machte einen schäbigen Eindruck auf Valerie. Seine schlecht sitzende Kaki-Hose wurde gehalten von einem alten und zerschlissenen Gürtel, die Schuhe, in denen seine bloßen Füße steckten, waren offene Sandalen, die auch schon bessere Zeiten gesehen hatten, und an seinem Hemd fehlten bereits einige Knöpfe.

Er hatte einen offenen Gesichtsausdruck, mit ehrlichen Augen, schwarze schulterlange Haare und einen kleinen kugeligen Bauch. Unter dem Arm trug er einen Stapel Unterlagen. Madras hatte ein kleines Maklerbüro in Asuncion und war ihr von dem Barkeeper der kleinen Bar unten am Strand empfohlen worden. Insgesamt machte er zwar einen etwas heruntergekommenen, aber dennoch ehrlichen Eindruck auf Valerie.

„Senorita Sattler?“, sprach er sie mit einem grauenhaften Akzent an.

„Ja, ich bin Valerie Sattler, Senor Madras?", antwortete Val auf Englisch.

„Ich habe hier schon einmal einige Objekte für Sie zusammengestellt. Ich hoffe, es ist etwas Interessantes dabei!"

Sein Englisch und sein Akzent waren wirklich fürchterlich, aber es passte zu ihm, und Valerie war froh, dass sie sich überhaupt verständigen konnte, denn mit ihren paar Brocken Spanisch würde sie sicherlich nicht weit kommen.

„Das Beste wird sein, wenn Sie sich die Objekte direkt vor Ort ansehen, die Fotos und die Beschreibungen geben nicht sehr viel her."

Madras sah sie mit seinen flinken Augen ungeduldig an.

„Folgen Sie mir bitte, mein Auto steht unten am Strand!"

Er wieselte vor ihr her und führte sie zum Strand. Es waren nur ein paar Meter, bis sie vor einem Vehikel standen, das er ihr stolz als sein Auto präsentierte. Valerie hatte derartige Fahrzeuge bisher nur auf dem Schrottplatz oder nach einem Verkehrsunfall gesehen. Sie stand vor einem undefinierbaren, zerbeulten, rostigen Etwas, das ohne weiteres irgendwann einmal so etwas wie ein Auto gewesen sein konnte.

Die Frontscheibe fehlte völlig, und der Rahmen des Fensters war gesäumt mit bunten Kügelchen aus Stoff. Auf dem Armaturenbrett prangte ein großes Madonnenabbild, das von der Sonne vergilbt und kaum zu erkennen war. Val nahm auf dem fleckigen und mit Löchern übersäten Beifahrersitz Platz und fragte sich in dem Moment, ob sie ihr Ziel wohl lebend und unbeschadet erreichen würden. Aber dieses Vehikel fuhr tatsächlich! Val konnte ihre Verwunderung darüber kaum verbergen.

„Air condition", feixte Madras und wies mit dem Zeigefinger auf die fehlende Frontscheibe.

Ein herzliches Lachen kam über Vals Lippen, und sie musste feststellen, dass die unkomplizierte Art des kleinen Venezolaners sie sehr amüsierte. Aus den Lautsprechern im Heck des Gefährtes dröhnte Merengue, eine Musikrichtung, die man auf Margarita überall und zu jeder Tages- und Nachtzeit hörte.

Madras klopfte den Takt auf dem völlig zerfressenen Lenkrad mit und summte die Melodie vor sich hin.

Der Ort, zu dem sie fuhren, nannte sich Juan Griego, ein kleines malerisches Fischerdorf.

Der sympathische Mann lenkte das Vehikel eine kleine Anhöhe, über dem Dorf gelegen, hinauf. Von hier aus hatte man einen sensationellen Ausblick über die Bucht, an der der beschauliche Ort lag.

Auf dem Hügel befand sich eine malerische Hütte, deren Außenputz in einem blauen Pastellton gestrichen war. Vor der Hütte erstreckte sich eine gemütliche Terrasse.

„Dieses Objekt wurde in den letzten zehn Jahren von einem englischen Ehepaar als Restaurant betrieben. Die Inhaber sind vor drei Monaten zurück in ihre Heimat gegangen und haben mich damit beauftragt, das Restaurant zu verkaufen."

Madras lächelte wissend.

„Die gesamte Einrichtung soll mit verkauft werden. Es gibt auch eine kleine Küche. Viele Touristen kommen nach Juan Griego, weil der Strand dort unten in der Bucht sehr beliebt ist. Die Einheimischen nennen ihn Moskito Coast. Früher waren hier in der Gegend viele Mangroven-Sümpfe, und man konnte es wegen der vielen Moskitos kaum aushalten. Aber in den letzten Jahren wurden die Sümpfe wegen der Touristen alle trockengelegt, und damit waren auch die Mücken verschwunden. Von hier aus haben Sie einen fantastischen Ausblick auf die Bucht, und der Sonnenuntergang ist sehr malerisch!

„Darf ich es mir einmal von innen ansehen?"

So etwas hatte Val eigentlich gesucht. Wenn das Lokal innen hielt, was es von außen versprach, und der Preis entsprechend war, dann würde sie nicht mehr lange suchen müssen.

Umständlich nestelte Madras einen Schlüssel aus seiner Hosentasche und schloss die Eingangstür auf.

Abgestandene Luft schlug ihnen entgegen, Madras öffnete die Fenster, und eine frische Meeresbrise sowie das einfallende Sonnenlicht vertrieben sofort die Gespenster der Vergangenheit.

Der Raum war sehr einfach, aber auch geschmackvoll eingerichtet. Die Wände waren dekoriert mit Malereien, die den Alltag der Fischer im Dorf darstellten.

„Das Lokal verfügt über eigene Toiletten, fließendes Wasser und einen Stromanschluss“, fuhr der Makler in seiner Beschreibung fort.

„Strom und fließendes Wasser sind hier auf den Dörfern nicht unbedingt selbstverständlich. In der Küche finden Sie die notwendige Einrichtung, um jede Art von Speisen zubereiten zu können. Das gesamte Geschirr und Besteck sowie Töpfe und Pfannen sind ebenfalls im Kaufpreis enthalten. Außerdem würde ich für Sie die Kaufmodalitäten mit den Behörden abwickeln und die Konzession einholen.“

„Wenn Sie mir dann auch noch einen Koch besorgen können, der die einheimische Küche beherrscht und bezahlbar ist, dann wären wir uns fast einig.“

Val hatte diese Äußerung nicht wirklich ernst gemeint, aber Rodrigo Madras stieg sofort darauf ein.

„Zufällig habe ich einen Cousin, der sicherlich sehr gerne hier kochen würde. Er heißt Mano, kommt aus dem Ort und ist sehr beliebt bei den Menschen, die hier leben!“

Madras schmunzelte, und seine schlauen Augen funkelten vielsagend.

„Dann müssten wir uns nur noch über den Preis unterhalten, vielleicht werden wir uns einig."

Valerie spürte, dass dieses kleine Lokal genau das war, was sie suchte, und dieser kleine listige Makler hatte das ihrer Meinung nach auch erkannt.

„Der Preis inklusive allem, was ich aufgezählt habe, beträgt 60.000 Bolivar, was ungefähr 20.000 Euro entspricht. Wenn wir uns einigen können, bräuchten Sie sich um nichts zu kümmern. Ich würde alles für Sie regeln!"

Valerie war erschrocken über den Preis, denn sie hatte nicht erwartet, dass es für sie so günstig wäre.

Aber offensichtlich lagen hier die Preise für Immobilien auf einem anderen Niveau als in Europa. Sie wollte trotz des niedrigen Preises nicht sofort zusagen, sondern noch etwas handeln.

„Ich würde Ihnen 55.000 Bolivar bezahlen, aber nur, wenn Sie mir den Koch besorgen!"

Madras hielt Val die rechte Hand hin.

„Der Handel ist perfekt, 55.000 Bolivar, wir sind uns einig!"

Obwohl sich Valerie in diesem Moment darüber ärgerte, dass sie nicht noch weniger geboten hatte, schlug sie ein und war gleichzeitig froh darüber, dass ihr Traum schon bald in Erfüllung gehen würde. Jetzt endlich konnte sie ihre weitere Zukunft planen und und ihr neues Leben beginnen!

Als sie die kleine Anhöhe hinunterfuhren, blickte sie noch einmal zurück auf ihr neues Restaurant und stellte sich vor, wie die Terrasse mit Gästen voll besetzt wäre!

Madras pfiff vergnügt ein Lied neben ihr, und sie gönnte ihm seinen Triumph, denn auch sie war einen riesigen Schritt vorangekommen.

Bald würde ihr lang gehegter Traum Wirklichkeit werden, und sie freute sich schon auf die ersten Gäste, die sie bewirten und umsorgen könnte. Dies alles würde ihr dabei helfen, endgültig mit ihrer zwielichtigen Vergangenheit abzuschließen und endlich ein für sie akzeptables neues Leben zu beginnen!

KAPITEL 8

Peter Abraham hatte sich seit Stunden nicht mehr aus seinem feudalen Büro getraut. Gedankenverloren saß er hinter seinem Schreibtisch und starrte aus dem Fenster.

Vor ihm lag die Skyline von Frankfurt, das Banken- und Börsenviertel. Ein Zentrum weltumspannender Macht, das in den letzten Jahrzehnten die Glücksritter, die das schnelle Geld suchten, angezogen hatte.

Frankfurt war nach dem Zweiten Weltkrieg eine Großstadt mit internationalem Flair geworden, mit allen Schattierungen, die unsere moderne Gesellschaft mit sich brachte. Auch die Halbwelt und das Milieu hatten sich hier niedergelassen, und er war mittlerweile ein Teil davon geworden.

Eigentlich stammte er aus einer alten, ehrbaren hessischen Familie. Seine Großeltern und sein Vater hatten die Baufirma, deren Geschicke er heute lenkte, gegründet und zu ihrem finanziellen und wirtschaftlichen Erfolg geführt. Sein Großvater hatte sich nach dem Krieg einen Großteil der Aufträge sichern können, die den Inhalt hatten, diese von den Alliierten fast völlig zerbombte und zerstörte Stadt wieder aufzubauen.

Dies hatte seiner Familie ein unglaubliches Vermögen und die damit zusammenhängende gesellschaftliche Anerkennung verschafft.

Nachdem er in den achtziger Jahren die Firma von seinem Vater übernommen hatte, musste Abraham einsehen, dass er den Anforderungen des modernen Baugeschäftes eigentlich nicht gewachsen war. Er litt immer unter seinen dominanten Eltern, die ihm eigentlich nie gestatteten, die Firma wirklich selbständig zu führen. Obwohl er offiziell als Inhaber firmierte, musste er sich selbst die kleinste Entscheidung von seinem Vater absegnen lassen. Daher löste der plötzliche Tod seines Erzeugers bei ihm auch anstatt Trauer, eher ein Gefühl der Erlösung aus. Dennoch schaffte er es nie, sich aus dem mächtigen Schatten seines Vaters zu befreien.

Dies war auch der Grund dafür, dass er sich immer öfter aus der Firma zurückzog und sich seinen abstrusen sexuellen Neigungen hingab. Hier fand er seine eigentliche Erfüllung und sein Seelenheil.

Schon als Heranwachsender hatte er diese Fantasien, in denen er sich vorstellte, dass er von seiner Mutter sexuell missbraucht wurde. Diese Träume verfolgten ihn sein ganzes Leben und immer, wenn die Realität für ihn zu schwierig und zu grausam wurde, flüchtete er in diese Scheinwelt.

Mit genügend Geld fand er stets Frauen, die ihm seine Wünsche erfüllten und ihm sexuelle Befriedigung verschafften. Dabei wurden seine Anforderungen mit der Zeit immer perverser und anormaler.

Das Schwierigste daran war, die Spuren seiner abartigen Triebhaftigkeit vor seiner Familie zu verbergen. So hatte er sich im Laufe der Zeit eine eigene Schattenwelt aufgebaut, in die er sich immer dann begab, wenn das wahre Leben für ihn zu problematisch wurde. Hier konnte er sein zweites Ich ausleben und befriedigen.

Auf Abrahams Schreibtisch lag das Päckchen, das ihm seine Sekretärin heute Morgen gebracht hatte. ‚An Peter Abraham persönlich' stand in dem Adressfenster. Mit fahrigen Fingern hatte er das Paket aufgerissen. Der Inhalt schockierte ihn zutiefst!

Wieder einmal hatte er seiner Neigung nachgegeben und jetzt hatte er das Ergebnis vor sich liegen: „Du wirst deinen Vorstandsposten zur Verfügung stellen, sofort! Oder diese Fotos und das Video gelangen in die Öffentlichkeit!"

Immer wieder war er in regelmäßigen Abständen in die Black-Pussy-Bar im Norden der Stadt gegangen, aber nur, um sich selbst zu bestätigen, dass er seiner Neigung und seinem krankhaften Verlangen nach diesen sadomasochistischen Praktiken auch widerstehen konnte.

Es war wie ein Spiel für ihn, er quälte sich selbst damit, seiner Sucht nach obszönem Sex nicht nachzugeben. Jedes Mal hatte er sich danach schlecht gefühlt und jedes Mal hatte er sich geschworen, dass es das letzte Mal sein würde.

Die Frau hatte er an der Bar kennen gelernt; sie war nicht besonders attraktiv, jedoch hatte sie eine animalische Ausstrahlung, und Abraham war sofort fasziniert von ihr.

In ihm regte sich das unbändige Verlangen danach, seine Triebe zu befriedigen.

Sie tranken ein paar Wodka zusammen, und als sich die Stimmung etwas gelöst hatte, bot sie ihm an, dass er mit ihr zu einer Party gehen könne. Nur er und sie und noch vier andere Frauen. Er bräuchte sich keine Sorgen zu machen. Die Party wäre streng geheim und nur für alte Stammkunden der Szene. Außerdem wären die Frauen alle nicht von hier und wollten nur ein wenig Spaß haben. Sie bräuchten halt noch einen Mann dabei, der es geil fände, sich etwas quälen und peitschen zu lassen.

Sie wären dann insgesamt fünf Frauen, die sich so richtig an ihm vergehen würden.

Seine grenzenlose Gier nach sexueller Befriedigung ließ sich nun nicht mehr unterdrücken, und er ging mit!

Die Stunden in dem Apartment waren selbst für ihn wirklich außergewöhnlich, denn die Frauen waren seiner Meinung nach vom Fach und wussten genau, was sie taten. Er ließ sich so hochgradig in seine obszöne Abartigkeit fallen, dass er alles um sich herum vergaß und nicht mehr wahrnahm, was um ihn herum geschah. Alle möglichen sadistischen Rollenspiele wurden mit ihm durchgeführt und sämtliche perversen Praktiken exerziert, die er sich in seinen kühnsten Fantasien nur hätte vorstellen können. Abraham ließ sich in seiner Gier nach Schmerz und Dominanz quälen bis aufs Blut.

Als er auf dem Weg nach Hause zu seiner Familie war, spürte er eine tiefe, innere Befriedigung und gestand sich ein, dass er diesem Verlangen nie wieder widerstehen wollte. An den folgenden Tagen besuchte er jeden Abend die Black-Pussy-Bar, getrieben von seiner Sucht nach abartigem Sex und sadomasochistischen Spielen. Die Frauen, die er kennen gelernt hatte, waren jedoch nicht mehr aufzufinden, und niemand kannte sie dort.

Als er jetzt dieses Päckchen und den Brief vor sich liegen hatte, verstand er, dass er in eine Falle getappt war, aus der es kein Entrinnen mehr gab. Wie sollte er erklären, dass er jetzt seinen Posten zur Verfügung stellte?!

Seine Familie hatte diesen Verein, der zwar nicht in ihrer Heimatstadt lag, mit aufgebaut, und er selbst musste fast seine gesamte Kraft dafür verwenden, um den Club dahin zu führen, wo er sich heute befand.

Sein Großvater, als eines der Gründungsmitglieder des Vereins, hatte genügend damit zu tun gehabt, sein Umfeld davon zu überzeugen, dass ein Auswärtiger sich ebenso mit dem Club identifizieren könne wie ein Einheimischer aus dem Ruhrgebiet. Es dauerte Jahrzehnte, bis er das endlich geschafft hatte. Eines seiner überzeugendsten Argumente war die fortwährende finanzielle Unterstützung des Vereins. Einen Großteil der sportlichen Erfolge in den letzten Jahren wurden Peter Abraham zugeschrieben.

Fußball war nicht nur sein Steckenpferd sondern eine Lebensphilosophie und daher betrieb er sein Vorstandsamt mit der nötigen Energie und Kraft. Nicht zuletzt hatten ihm die Erfolge des Vereines einen erheblichen Teil der gesellschaftlichen Reputation und der Hochachtung seiner Familie eingebracht.

Jetzt, da der Verein, wenn auch überwiegend durch unlautere Mittel verursacht, wirtschaftlich und sportlich sehr gut dastand, würde niemand verstehen können, dass er sein Amt hinwarf. Er sah auch keine Möglichkeit, diesen Umstand zu erklären. Der Gedanke an die Schmach und die Schande, die er erleiden müsste, wenn dieses Material an die Öffentlichkeit geriete, ließ ihn innerlich erschauern.

Seine Familie würde ihm diese Demütigung niemals verzeihen! Durch seine Charakterschwäche würde er sich zum Gespött der Leute machen.

Wie in Trance band Abraham seine Krawatte ab und öffnete das Fenster seines Büros. Fein säuberlich knotete er den Schlips mit dem einen Ende an das Fensterkreuz und legte sich die Schlinge wieder um seinen Hals. Er würde nicht mehr vor sich selbst weglaufen, sondern dem Ganzen jetzt für immer ein Ende bereiten.

Als er sich fallen ließ, und ihm die Schlinge der Krawatte unerbittlich seinen Kehlkopf eindrückte und ihm unwiderruflich den Atem nahm, erstarrte sein ganzer Körper vor Schmerz, und er verlor mit einem riesigen Glücksgefühl das Bewusstsein, bevor er sein Leben aushauchte.

Am folgenden Morgen fand eine Sekretärin Peter Abraham tot in seinem Büro. Es war ein skurriler Anblick, wie er mit tiefblauem Gesicht und heraushängender Zunge am Fensterkreuz hing.

Aber in seinen Augen, die weit geöffnet waren, konnte man so etwas wie eine tiefe Befriedigung und Erleichterung erkennen.

Max Kaiser kam gerade vom Frühstück zurück und wollte sich für die erste Trainingseinheit des Tages umziehen, als er die sms bekam. Sie war von Marcel Runge:

Hallo, Kleiner, sieht so aus, als würden euch langsam die Funktionäre ausgehen. Peter Abraham hat sich heute Nacht erhängt. Melde mich später noch einmal.

Gruß Marcel.

Die Nachricht traf ihn wie ein Keulenschlag. Er war sich nicht sicher, ob er das alles nur träumte. Mit fahrigen Fingern wählte er Runges Nummer.

„Grüß dich, Max!", meldete sich Runge schon nach dem ersten Klingelton.

„Sieht so aus, als wäre die Lawine bereits in Bewegung gekommen, und einige dieser Bastarde versuchen sich vor der Verantwortung zu drücken."

Obwohl ihm Abraham nie sonderlich sympathisch war, empfand Max tief in seinem Inneren doch so etwas wie Mitleid für ihn. Er hatte sich ihm gegenüber immer fair verhalten und manchmal hatte er den Eindruck, als wolle er ihn vor irgendetwas schützen.

„Was genau ist denn passiert? War es vielleicht ein Unfall oder wirklich Selbstmord?"

„Genaues weiß ich auch noch nicht. Ich habe heute Morgen über Dpa-Ticker die neusten Nachrichten und Informationen erhalten. Da stand nur, dass man Abraham erhängt in seinem Büro gefunden habe. Näheres erfahre ich im Laufe des Tages."

„Was soll denn die ganze Scheiße? Erst Kranbaum, jetzt Abraham, wer ist denn der nächste? Das kann doch alles nicht wahr sein!"

Max konnte seine Aufregung und Bestürzung nicht mehr zurückhalten.

„Da wird offensichtlich einigen Leuten der Boden unter den Füßen zu heiß. Wenn man in einem Eimer Scheiße rührt und ihn dann umkippt, dann kommt da nur Scheiße raus, und es stinkt auch danach. Und zwar ganz gewaltig!"

Marcel Runge konnte seine Schadenfreude kaum verbergen. Es erfüllte ihn mit Genugtuung, dass einige dieser Verbrecher zur Verantwortung gezogen wurden, auch wenn sie sich selbst oder gegenseitig umbrachten.

„Ich halte dich auf dem Laufenden, konzentriere dich auf deinen Job, auch wenn es dir schwer fällt. Du kannst so oder so nichts mehr daran ändern. Die beiden haben nur ihre gerechte Strafe bekommen; manchmal holen dich halt die Sünden deines Lebens schneller ein, als dir lieb ist."

Marcel Runge legte auf.

Einerseits war er froh darüber, dass die Zahl dieser Bastarde sich um einen weiteren verringert hatte, doch andererseits ärgerte es ihn, dass sich Abraham auf diese feige Art und Weise der Verantwortung entziehen konnte. Er hätte ihm zu gerne höchstpersönlich den Garaus gemacht.

In diesem Moment musste Marcel an seine verstorbene Frau Mia denken. Siehst du, Kleines, wir kommen dem Ziel immer näher, genau, wie ich es dir versprochen habe. Still summte er eine Melodie vor sich hin: Unchained Melody von den Righteous Brothers. Es war Mias Lieblingssong.

Sein alter Peugeot hatte die Steigungen zwischen Bern und dem Genfer See mit Bravour genommen. Nun befand er sich kurz vor Macon in Südfrankreich, bis Cluny waren es noch 35 Kilometer. Runge wollte endlich seinen Sohn wiedersehen, weshalb sie sich bei seinem alten Freund Jean Pierre verabredet hatten. Außerdem wollte er Mias Grab besuchen und ein langes Gespräch mit seiner Frau führen.

Cluny liegt im Departement Saone-et-Loire in der Region Burgund. Ein malerischer Ort, in dem man ganz nach Belieben die Seele baumeln lassen konnte.

Der Ort wurde bekannt durch das Kloster der Cluniazenser, das bis ins 18. Jahrhundert der größte Kirchenbau der Christenheit war. Die Abteikirche wurde während der Französischen Revolution zerstört und später im 20. Jahrhundert nach alten Vorlagen und Entwürfen wieder aufgebaut.

Jean Pierres Haus lag oberhalb der Abtei. In einer kleinen Seitenstraße und wurde umsäumt von einer alten Bruchsteinmauer.

Vor dem antiken Gemäuer stellte Runge seinen alten Peugeot ab und betrat den Garten, den Jean Pierre mit seiner Frau Luise mit viel Liebe angelegt hatte. Mitten in dem Garten stand eine mehr als 150 Jahre alte Kastanie mit einer blauen Bank darunter. Jean Pierre saß auf der Bank, ihm gegenüber saß sein Sohn Robert.

Runge spürte, wie sein Herz pochte, als er seinen Sohn und seinen alten Freund betrachtete. Wie gerne hätte er ein einfaches Leben ohne große Probleme geführt. Doch sein Schicksal hatte ihm einen anderen Weg gewählt, und er konnte seiner Bestimmung nicht entfliehen.

Sie begrüßten sich herzlich. Robert erzählte von der Stelle in der Anwaltskanzlei in Paris, die er nach seinem Studium annehmen würde und von seinem täglichen Allerlei an der Sorbonne, von seinen Freunden und davon, dass er seiner Meinung nach jetzt endlich die Frau für sein Leben gefunden habe.

Runge spürte, wie sich seine Brust mit Stolz füllte, Stolz darüber, dass Robert so eine prächtige Entwicklung gemacht hatte. Ihm stand die Zukunft offen. Eine Zukunft mit beruflichem Erfolg und einem ruhigen, erfüllten Leben.

Er war Jean Pierre unendlich dankbar dafür, dass er Robert dieses Leben ermöglichen konnte. Sein Freund war eigentlich ein alter Haudegen, der viele Jahre in der Fremdenlegion gedient hatte. Irgendwann war er des Kämpfens müde und genau zu dieser Zeit hatte er Luise kennen gelernt.

Ein zartes Geschöpf von Frau, die vom Äußeren eigentlich gar nicht zu Jean Pierre passte. Aber sie hatten gegenseitig ihre Erfüllung und ihren Lebensmittelpunkt in Cluny, dem Ort mit der geschichtsträchtigen Vergangenheit, gefunden. Hier konnte Robert nach Mias Tod behütet und fern von den Gefahren, denen sein Vater durch seine Arbeit ausgesetzt war, aufwachsen. Immer beschützt durch Jean Pierre und seine Anonymität.

Marcel Runge war schweren Herzens die wenigen Schritte von Jean Pierres Haus bis zum Friedhof gegangen. Die kleine Steinbank an Mias Grab hatte er extra dorthin gestellt, um die endlosen Gespräche mit seiner Frau führen zu können. Er wusste, dass Mia trotz ihres frühen Todes hier an diesem stillen und beschaulichen Ort ihre Ruhe gefunden hatte. In den letzten Jahren war er regelmäßig hier, um sie zu besuchen, und seine Gespräche mit ihr hatten ihm immer wieder die Kraft gegeben, seinen Weg weiterzugehen.

Er erzählte ihr davon, dass er seinem Ziel um einiges nähergekommen sei, und dass es nun nicht mehr sehr lange dauern könne, bis er den Großteil des kriminellen Netzwerkes aufdecken würde.

Erst als er das Thema Valerie ansprechen wollte, fehlten ihm für einige Minuten die Worte. Dennoch war er sich sicher, dass Mia ihn verstehen würde und dass sie seine Gefühle für diese Frau akzeptieren konnte. Er erzählte ihr von der Nacht in dem Hotel in Frankfurt und davon, wie Valerie sein Herz berührt hatte. Er beichtete ihr seine geheime Sehnsucht nach Wärme, Zärtlichkeit und Vertrauen, diese Gefühle, auf die er so lange verzichten musste. Nach dem Gespräch am Grab seiner Frau erfüllte ihn eine tiefe Zufriedenheit, und er spürte die Kraft, die sie ihm verliehen hatte, um die letzten Schritte bis an sein Ziel gehen zu können.

Bevor er sich wieder auf den Rückweg nach Bern machte, aßen sie noch gemeinsam zu Abend. Runge musste feststellen, dass er sich hier in Cluny immer wieder wohl fühlte. In der Abgeschiedenheit und der Geborgenheit, die Jean Pierres Familie ihm boten. Jean Pierre begleitete ihn noch bis zu seinem Auto.

„Ich denke, wenn du die Sache zum Abschluss gebracht hast, dann ist der Zeitpunkt gekommen, dass wir dem Jungen reinen Wein einschenken müssen. Er hat ein Recht darauf, die ganze Wahrheit zu erfahren."

Jean Pierre sah Runge mit seinen gutmütigen braunen Augen an.

„Natürlich hat er ein Recht darauf, alles zu erfahren. Aber die Zeit dafür ist noch nicht reif. Es gibt vorher für mich noch einiges zu regeln. Das weißt du doch, oder?"

Runge stieg ins Auto und startete den Motor seines alten, treuen Begleiters.

„Pass auf dich auf, mein Freund! Du weißt, dass mit diesen Leuten nicht zu spaßen ist. Ich möchte die letzten Jahre, die wir noch haben, nicht ohne dich gehen müssen. Wenn du meine Hilfe brauchst, dann lass es mich wissen, ich werde da sein!"

Runge zwinkerte ihm durch das geöffnete Fenster zu, legte den Gang ein und fuhr los.

Die Scheinwerfer seines alten Peugeots durchschnitten die Nacht und tauchten die Fassaden der historischen Häuser Clunys in ein gespenstisches Licht.

Igor lag auf dem Rücken im Bett seines Luxusapartments in der Frankfurter Innenstadt. Er war splitternackt. Neben ihm lag die rothaarige Polin, die Ritchie ihm als Zeitvertreib geschickt hatte. Sie wischte sich gerade die Reste des Kokains von den Brüsten und aus dem Gesicht. Igor hatte sich nach der Nachricht über Abrahams Tod eine kleine private Feier gegönnt. Die Polin hieß Agneta und war seiner Meinung nach fürs Vögeln geboren worden. Nachdem sie sich eine gehörige Portion Kokain genehmigt hatten, nahm er sie in allen Stellungen und Positionen, die ihm einfielen, und Agneta machte alles mit, ohne zu murren.

So wünschte er sich die Frauen. Er konnte diese Weiber, die selbständig dachten und handelten, nicht ausstehen, die machten nur Probleme. Agneta sollte die Lücke schließen, die Valerie, diese Schlampe, hinterlassen hatte. Aber vorher wollte er noch seinen Spaß mit ihr haben und sie entsprechend vorbereiten.

Er fühlte eine unglaubliche Genugtuung darüber, dass dieser Holzkopf von Bauunternehmer genauso funktioniert hatte, wie er es geplant und vorausgesehen hatte. So ist das eben, wenn Männer ihren Schwanz nicht unter Kontrolle haben!

Seine Auftraggeber waren zufrieden mit ihm und hatten sich ausgesprochen großzügig gezeigt. Er konnte diese Russen zwar nicht besonders leiden, aber sie waren spendabel und großzügige Geschäftsleute. Zumindest so lange man sie zufrieden stellte. Das hatte er bislang immer geschafft. Alle Aufträge, die er von ihnen bekommen hatte, wurden unmittelbar erledigt, und es gab keinen Grund, irgendetwas zu beanstanden. Jetzt wollte er nur noch das Geschäft mit den Italienern abschließen, dann hätte er genug Geld gesammelt, um hier zu verschwinden.

Schon vor einigen Jahren hatte er in Brasilien ein großes Anwesen gekauft und seine Gelder bei Banken auf der ganzen Welt deponiert. Alles unter einer anderen Identität. Noch ein paar Monate und sie könnten ihn alle am Arsch lecken. Für die Italiener hatte er eine große Kokainlieferung in Nordspanien organisiert; dieses eine Geschäft noch und er konnte sich zur Ruhe setzen.

Er dachte zurück an seine Kindheit im ehemaligen Jugoslawien. Seine Eltern waren zwar arme, aber ehrbare Leute im Kosovo gewesen, außer ihm hatten sie noch zwei Töchter und einen Sohn.

Seine Familie lebte in der Nähe von Peja, dem heutigen Pec, nahe der serbischen Grenze.

Igor hatte miterleben müssen, wie serbische Soldaten sein Dorf überfielen. Mit eigenen Augen musste er mit ansehen, wie seine älteren Schwestern und seine Mutter von den Serben vergewaltigt wurden.

Von seinem Versteck aus konnte er beobachten, wie die Soldaten seine Familie und einen großen Teil der Nachbarn wie Vieh auf einer Wiese zusammentrieben, um sie dort alle umzubringen. Die Leichen wurden einfach verscharrt.

Er war damals siebzehn Jahre alt.

Nachdem er sich einige Monate in den umliegenden Wäldern versteckt hatte, meldete er sich als Kämpfer bei der UCK. Er tötete jeden Serben, dem er nur irgendwie habhaft werden konnte, doch sein Zorn und seine Verbittertheit wurden dennoch immer größer. Seinen Hunger nach Blut und Tod konnte er nicht stillen. Im Streit erschlug er einen jungen Kosovo-Albaner und musste sich dann nach Deutschland absetzen. Damals war Deutschland für ihn das Land, in dem Milch und Honig flossen. Hier lief für ihn alles wie am Schnürchen. Langsam baute er sich seine Organisation auf, die er brutal und rücksichtslos führte. Fehler verzieh er niemandem.

Gott verzeiht, Igor niemals!

Immer hatte er das gleiche Ziel vor Augen, in kurzer Zeit so viel Geld wie möglich an die Seite zu schaffen, um sich dann aus dem Staub zu machen. Jetzt hatte er sein Ziel fast erreicht. Nur ein Geschäft noch und dann weg hier!

Agneta hatte sich an ihn geschmiegt und schnurrte wie eine Katze, als sie sich auf ihn setzte.

Brutal warf er sie aus dem Bett, sodass sie mit einem lauten Krachen zwischen zwei Stühlen landete. Das Kokain machte ihn noch brutaler und hemmungsloser, als er schon war. Er sah ihr zu, wie sie mit einer großen Platzwunde am Kopf weinend ins Badezimmer ging.

Sein Handy klingelte. Es war Ritchie.

„Nerv nicht rum", maulte Igor merklich gereizt in das Telefon, „ ich feiere gerade und dabei möchte ich nicht gestört werden."

„Wir müssen uns sehen, sofort!" Ritchie wirkte ziemlich nervös und aufgeregt.

„Was, verdammt noch mal, ist los?"

„Komm runter, ich stehe schon vor der Tür, nicht am Telefon."

Es musste schon sehr wichtig sein, dass Ritchie ihn jetzt störte. Igor zog sich schnell etwas über und bevor er das Apartment verließ, brüllte er Agneta an: „Räum hier auf und versau mir nicht die ganze Bude mit deinem Scheiß Blut, bin gleich wieder da!"

Er stürmte aus dem Zimmer.

Vor dem Apartmenthaus stand Ritchies schwarzer Mercedes. Igor setzte sich auf den Beifahrersitz.

„Schieß los, was gibt es so Dringendes?", blaffte er Ritchie sichtlich genervt an.

„Ich habe dir doch von den beiden Informanten erzählt, die ich bei den Bullen habe. Der eine hat sich vor ein paar Stunden bei mir gemeldet. Da ist die Kacke richtig am Dampfen. Er konnte mir noch nichts Genaues sagen, aber zumindest soviel, dass weitreichende Ermittlungen gegen dich laufen. Er hat irgendetwas von einem Notizbuch gefaselt, wusste aber noch nichts Konkretes."

Ritchies Stimme bebte vor Zorn.

„Was für ein Notizbuch denn? Ich weiß nichts über ein Notizbuch. Außerdem können die uns nichts. Die können gar nichts beweisen."

„Ich treffe mich morgen mit dem Informanten, wir haben ihn in der Hand. Ich werde ihm ein paar Tausender zustecken und dann soll er sich Mühe geben, Genaues herauszufinden."

„Mach das! Ich melde mich morgen bei dir. Wir sollten jetzt so wenig wie möglich telefonieren. Besorg dir eine andere Nummer, die Schweinehunde hören bestimmt unsere Telefone ab."

Igor stieg aus dem Mercedes aus und bewegte sich nachdenklich in Richtung Eingang der Apartmentanlage. Keiner von beiden hatte den winzigen Lichtpunkt auf der Autoscheibe bemerkt.

Im Haus gegenüber saßen Abhörspezialisten des BKA, die mit Hilfe eines Lasersystems das Gespräch mitgehört hatten.

Igor hatte die kleine Polin zum Teufel gejagt, lag wieder auf seinem Bett und dachte nach.

Er konnte sich nicht erklären, was für ein Notizbuch der Informant meinen könnte. Systematisch durchforschte er in seinem Gehirn die Ereignisse der letzten Wochen. Wer könnte sich worüber Notizen gemacht haben?

Vielleicht Abraham, dieser Esel?

Möglich wäre es. Das war sowieso ein Moralapostel, der vielleicht damit seinen Kopf aus der Schlinge ziehen wollte. Aber dafür war er nach Igors Meinung zu dumm und viel zu ängstlich.

Valerie, diese Schlampe, hatte sie sich vielleicht Notizen gemacht?

Das wäre für ihn verdammt gefährlich; sie wusste zwar nichts Konkretes, aber dafür hatte sie jede Menge Bettkontakte, und im Bett werden bekanntlich die geheimsten Geheimnisse ausgeplaudert.

Hatte er dieses Miststück vielleicht unterschätzt?

Wo konnte sie sich nur verkrochen haben? Eventuell hat ihr einer dieser perversen Säcke, die sie gefickt hatten, geholfen. Er musste sie sich alle einzeln vorknöpfen.

Jetzt wollte er erst einmal abwarten, was dieser Informant noch zu sagen hatte. Morgen wäre er sicher um einiges schlauer. Er durfte jetzt nicht in Panik verfallen und damit Fehler machen. Für ihn stand fest, dass man ihm nichts beweisen könnte. Diese Scheiß Bullen! Wer hatte sie ihm auf die Fersen gehetzt? Je länger er darüber nachdachte, desto sicherer war er sich, dass Valerie etwas damit zu tun haben musste. Jetzt durfte er nicht den Kopf verlieren!

Wenn allerdings seine russischen Freunde oder einer seiner anderen Geschäftspartner Wind davon bekommen würden, dann könnte er sich auf jede Menge Probleme einrichten. Und er war sich sicher, dass er solch eine Problematik nicht überleben würde! Diese Leute konnten genauso gut wie er keine Zeugen gebrauchen. Sie würden sicher kurzen Prozess mit ihm machen. Er musste also auf der Hut sein.

Um Ritchie musste er sich auch noch kümmern. Der alte Lude war verdammt nervös geworden, und Igor wusste nicht, ob er im Ernstfall nicht singen würde wie eine Nachtigall, nur um seine Haut zu retten. Er versuchte, sich auf seine Stärken zu besinnen, ruhig zu bleiben und genau zu analysieren, was jetzt zu tun sei. Auf keinen Fall durfte er die Nerven verlieren. Er würde alles aus dem Weg räumen, was ihm gefährlich werden könnte. Bevor er in einen unruhigen Schlaf fiel, schaltete er noch sein Handy ab, was er jetzt so oder so nicht mehr gebrauchen konnte.

Hans Wolf saß in seinem Büro beim BKA in Wiesbaden. Nachdem er von dem Überwachungsteam die Nachricht erhalten hatte, dass sie einen oder mehrere Maulwürfe in ihren

Reihen hatten, machte er sich große Sorgen um seinen Freund Marcel Runge. Wenn Bako von dem Notizbuch wusste, dann wusste er auch davon, vonfeudalenwem sie es erhalten hatten. Das war eine sehr gefährliche Situation für Marcel.

In den letzten Stunden hatte er schon mehrfach versucht, ihn zu kontaktieren. Allerdings bekam er ständig den Ansagetext, dass der Teilnehmer im Moment nicht erreichbar sei. Wolf nahm noch einmal den Hörer seines Diensttelefons ab und wählte Runges Nummer. Er stieß einen Seufzer der Erleichterung aus, als der Ruf durchging und er den Klingelton vernahm.

Am anderen Ende meldete sich Runge.

„Mein Gott, bin ich froh, dass ich dich am Telefon habe! Seit ein paar Stunden versuche ich, dich zu erreichen."

Hans Wolf war sichtlich erleichtert, als er die Stimme seines alten Freundes vernahm.

„Ich war in Cluny und habe einen Freund besucht, anschließend war ich an Mias Grab. Mein Telefon war abgeschaltet. Ich wollte halt nicht gestört werden. Auf der Rückfahrt habe ich vergessen, es wieder anzuschalten. Was gibt es denn so Wichtiges? Deiner Stimme kann ich entnehmen, dass du ernstlich besorgt bist. Oder täusche ich mich da?"

„Da täuschst du dich ganz und gar nicht! Es haben sich inzwischen einige Dinge ereignet, die nicht gerade erfreulich sind. Du weißt, dass wir diesen Bako oder Igor schon seit ein paar Tagen überwachen. Der scheint eine große Nummer mit einem südamerikanischen Kartell zu planen, außerdem hat er direkt oder indirekt etwas mit dem Tod von Peter Abraham zu tun.

Die ersten Eindrücke der Auswertung des Notizbuches haben ergeben, dass dieser Gangster ein fast unglaubliches Netzwerk aus Intrigen, Erpressung und Korruption aufgebaut hat. Wir haben weitreichende Ermittlungen eingeleitet und neben dem BND auch die Steuerfahndung eingeschaltet."

„Dann haben wir unseren Fisch doch bald am Haken! Freut mich, das zu hören."

Runges Gesichtszüge hellten sich merklich auf.

„Und ich dachte schon, die Welt würde untergehen. Das ist doch absolut positiv."

„Leider reicht das, was wir zurzeit haben, noch nicht aus, um ihn einzubuchten. Da brauchen wir noch einiges mehr als nur ein paar Verdächtigungen. Es liegen uns noch keine handfesten Beweise vor.

Allerdings haben wir da ein anderes Problem. Bei einer unserer Abhöraktionen mussten wir erfahren, dass wir einen oder mehrere Maulwürfe in unseren Reihen haben."

Wolfs Stimme klang äußerst besorgt.

„Was soll das heißen? Bedeutet das, dass dieser Schweinehund auch Leute vom BKA auf seiner Lohnliste hat?"

Dieses Mal war Runge derjenige, der sich besorgt anhörte.

„Vermutlich ist das so. Bako weiß über das Notizbuch Bescheid. Und ich glaube, es wird nicht mehr lange dauern, bis er weiß, woher wir es haben. Jetzt wird es für dich wirklich ausgesprochen gefährlich, mein Freund! Ich kann mir nicht vorstellen, dass er das einfach so teilnahmslos hinnehmen wird. Letztendlich bist du derjenige, der ihn ans Messer geliefert hat, und er wird alles daran setzen, dich mundtot zu machen."

„Gefährlich war es schon immer, das weißt du! Ich habe keine Angst, außerdem habe ich mit dieser Drecksau noch eine Rechnung zu begleichen."

Runge wirkte angesichts der Gefahr, in der er sich befand, ausgesprochen gelassen.

„Wir wissen beide doch zu gut, dass es einmal so weit kommen würde. Ich bin schon seit Jahren darauf vorbereitet.

Glaube mir, ich habe für diesen Fall schon einen Plan in der Tasche."

„Mensch, Marcel, spiel hier jetzt nicht den Helden! Du musst für ein paar Monate abtauchen. In der Zeit können wir unsere Arbeit machen."

Hans Wolfs Stimme überschlug sich fast. Er konnte nicht zulassen, dass seinem besten Freund jetzt kurz vor dem Ziel etwas zustoßen würde.

„Wie stellst du dir das vor? Morgen fängt die Europameisterschaft an, und ich bin hier, um darüber zu berichten. Außerdem will ich den kleinen Kaiser live im Stadion spielen sehen. Das kann ich mir doch nicht entgehen lassen!"

Eindringlich versuchte Wolf seinen Freund vom Gegenteil zu überzeugen, obwohl er wusste, dass es sinnlos war.

„Dann werde ich zumindest versuchen, dich in den Zeugenschutz zu nehmen und dir zwei Beamte in die Schweiz schicken, die auf dich aufpassen."

„Das wirst du schön bleiben lassen! Oder willst du unbedingt von meinen Affären mit den Spielerfrauen erfahren?"

Wolf wusste, dass sein Freund das nicht ernst meinte.

„Behalt mal deine Wachhunde schön in Wiesbaden. Ich werde Jean Pierre anrufen. Der passt schon auf mich auf. Der alte Haudegen hat mit diesen Leuten auch noch ein Hühnchen zu rupfen. Mach dir keine Sorgen. Sieh lieber zu, dass du diesen Bastard endlich hinter Schloss und Riegel bekommst."

Runge lachte diabolisch am anderen Ende der Leitung.

„Mach es gut, mein Freund, und pass auf dich auf! Versprich mir, dass du Jean Pierre zu dir holst, das ist besser als nichts."

„Versprochen, ich rufe ihn jetzt gleich an!"

Runge legte auf und ließ Wolf mit seiner Besorgnis alleine. Er hatte immer damit gerechnet, dass die Situation für ihn irgendwann bedrohlich werden würde. Der Reporter hatte diese Leute und deren Skrupellosigkeit schon einmal unterschätzt, und das hatte damals Mia das Leben gekostet. Davon war er überzeugt. Den gleichen Fehler würde er nicht noch einmal begehen! Gleich am anderen Morgen würde er Jean Pierre zu sich zu rufen. Sicher ist sicher, dachte er! Sein alter Freund und Ex-Legionär würde schon dafür sorgen, dass ihm nichts passierte. Er kannte sich mit solchen Situationen aus, immerhin hatte er für die Legion fast schon überall auf dieser Welt gekämpft und das Wichtigste daran war, dass er es überlebt hatte. Dies allein sprach schon für ihn und für seine Qualitäten. Jean Pierre war Fachmann für Sprengstoffe und hatte die letzten Jahre in der Legion als Nahkampfausbilder gearbeitet. Seine Fähigkeiten konnten für Marcel Runge jetzt nützlich sein und vielleicht sogar dafür sorgen, dass ihm wirklich nichts passierte.

Mano stand der Schweiß auf der Stirn, sein weißes T-Shirt war übersät mit Flecken, er war gerade dabei, das letzte Menü für den heutigen Abend zuzubereiten. Ein Pabellon Criollo, das venezolanische Nationalgericht. Es setzte sich zusammen aus den für Südamerika typischen schwarzen Bohnen, Kochbananen, Reis, Rindfleisch und jeder Menge Chili. Seine neue Chefin hatte mit ihm gemeinsam eine Speisekarte zusammengestellt, die überwiegend aus einheimischen Gerichten sowie verschiedenen Variationen von Fisch und Meeresfrüchten bestand.

Seit der Eröffnung des kleinen Lokals war nun schon eine Woche vergangen und sowohl Einheimische als auch Touristen aller Nationalitäten fanden sich inzwischen Abend für

Abend in *Val's Kitchen* ein. Mano gab sich auch alle erdenkliche Mühe. Er mochte Valerie, weil sie ihn gut bezahlte und ihn korrekt und fair behandelte. Die Küche war sein Reich, und Valerie ließ ihm darin völlig freie Hand. Sie kümmerte sich um den Betrieb im Lokal und auf der Terrasse. Dabei verwöhnte sie die Gäste mit den exotischsten Cocktails, herrlichen Weinen und dem typisch venezolanischen Bier der Marke Polar.

Ihre Gäste schätzten Valeries Offenheit, und man merkte ihr die Freude an, mit der sie ihre tägliche Arbeit verrichtete. Von Tag zu Tag lebte sie mehr auf, und ihre Vergangenheit geriet immer mehr in den Hintergrund. Mittlerweile hatte sie Igor und die Jahre, die sie mit ihm verbracht hatte, völlig verdrängt und konzentrierte sich ausschließlich auf ihre neue Aufgabe. Nachdem die letzten Gäste gegangen waren, räumte sie gemeinsam mit Mano das Lokal auf und rechnete die Tageskasse ab.

Sie hatte mit dem schmächtigen Koch vereinbart, dass er täglich auf Provisionsbasis bezahlt würde. Ihrer Meinung nach war dies die gerechteste Lösung, und Mano war auch sofort damit einverstanden.

Madras, sein Cousin, hatte Wort gehalten. Er wickelte den Kauf für Valerie einwandfrei ab, besorgte sämtliche Genehmigungen und behielt auch Recht mit dem, was er ihr über Mano erzählt hatte.

Der war wirklich ein ausgesprochen guter Koch. Außerdem kümmerte er sich auch weiterhin fürsorglich um Valerie und versuchte, ihr bei allen täglichen Problemen zu helfen.

Val setzte sich in den Geländewagen, den Madras ihr besorgt hatte. Er war zwar ein altes Schätzchen, das mindestens schon vierzig Jahre auf dem Buckel hatte, aber er tat seinen Dienst ohne Murren und Knurren und brachte Val überall hin, wohin sie musste. Valerie war froh, dass Madras sich so fürsorglich um sie kümmerte; seine tiefsinnige Heiterkeit brachte sie immer zum Schmunzeln, und sie entwickelte eine wahre freundschaftliche Beziehung zu ihm. Was ihr am meisten imponierte, war die Tatsache, dass er der erste Mann in ihrem Leben war, der in ihr nicht ein Sex-Objekt sah und der ihr nicht ständig in ihren Ausschnitt glotzte, während sie mit ihm sprach.

Sie hatte einfach das Gefühl, dass er die menschliche Seite an ihr mochte und nicht getrieben war von der Geilheit wie die meisten Männer, mit denen sie in den letzten Jahren zu tun hatte.

Begleitet von einem sonoren Brummen des Jeeps steuerte sie das alte Vehikel behutsam über die schmale Auffahrt zu ihrem Bungalow.

Der Portier hatte sie wie immer mit einem freundlichen „Buenas noches, Senorita Valerie!" begrüßt. Nachdem sie geduscht und sich den Küchengeruch und den Schweiß des Tages von der Haut gespült hatte, machte sie es sich in ihrem Schaukelstuhl auf der Terrasse bequem.

Sie schaute auf ihre Armbanduhr, eine Rolex Submariner, das einzige Relikt, das sie noch entfernt an ihre Zeit mit Igor erinnerte. Sie hatte sich diese Uhr vor einigen Jahren selbst zu Weihnachten geschenkt. Igor war völlig empört, als sie den Chronometer das erste Mal getragen hatte. Er war der Meinung, dass diese Uhr ausschließlich von Männern getragen werden sollte und viel zu groß für ihr Handgelenk war.

Aber Valerie ließ sich von seiner Kritik nicht beeinflussen. Diese Uhr war eines der wenigen Dinge, mit dem sie sich gegen ihn durchsetzten konnte.

Vom Meer wehte eine lauwarme Brise herauf; sie liebte diese Atmosphäre und die Ruhe und Zufriedenheit, die sie damit verband.

Es war drei Uhr morgens, in Deutschland musste es jetzt sechs Stunden später sein. Spontan entschloss sie sich, Marcel Runge anzurufen. Sie musste unbedingt erfahren, wie es ihm ging und ob es Neuigkeiten über Igor gab. Sie nahm ihr Handy und nachdem sie ihre Rufkennung auf anonym geschaltet hatte, wählte sie Runges Nummer. Noch wollte sie nicht, dass er erfuhr, wo sie sich gerade aufhielt und wohin sie geflüchtet war.

Runge meldete sich mit einem unfreundlichen „Ja, bitte!" Das machte er immer, wenn ihn jemand ohne Rufkennung anrief.

„Hallo! Wer ist da?"

Valerie lief ein kalter Schauer über den Rücken, als sie seine wohlbekannte, raue, männliche Stimme hörte. Es schnürte ihr die Kehle zu. In diesem Moment wurde ihr klar, wie sehr sie ihn wirklich vermisste.

„Ich bin es, Valerie. Erinnerst du dich noch an mich?"

Marcel erschauerte ebenso wie Val kurz zuvor.

Wie sehr hatte er sich gewünscht, dass sie sich meldete. Er kam fast um vor Sehnsucht nach ihr. Sie hatte tief in seiner Seele Gefühle geweckt, die er schon längst verloren glaubte.

„Mein Gott, Val! Wie könnte ich dich vergessen. Ich träume jede Nacht von dir! Wo bist du, was machst du? Ich komme um vor Sehnsucht nach dir."

Runge stammelte diese Worte mehr, als dass er sie aussprach. Er fühlte sich wie ein kleiner Junge, der seine Glücksgefühle nicht beherrschen konnte. Aber das wollte er auch nicht.

„Ich bin weiter entfernt, als du glaubst und näher bei dir, als du dir vorstellen kannst. Ich hoffe, du verstehst, dass ich dir noch nicht sagen kann, wo ich jetzt lebe. Was ist mit dem Zuhälter, gibt es Neuigkeiten?"

Runge überlegte angestrengt, inwieweit er Valerie in alles, was er wusste, einweihen konnte und entschied sich schließlich dafür, dass er ihr vertrauen könne.

„Wir sind ihm dicht auf den Fersen, und ich denke, es wird nicht mehr sehr lange dauern, bis er da ist, wo er hingehört."

„Ich hoffe, du meinst damit das Gefängnis oder besser den nächsten Friedhof."

Wenn Runge jetzt neben ihr gesessen hätte, wäre sie ihm sicher um den Hals gefallen, so sehr freute sie sich über diese Nachricht.

„Diese Bastarde rotten sich gerade gegenseitig aus. Vor ein paar Tagen haben sie Abraham tot in seinem Büro gefunden, sieht aus wie Selbstmord. Aber es deutet einiges darauf hin, dass unser gemeinsamer Freund Igor etwas damit zu tun hat."

Runge vermied es bewusst, Val davon zu berichten, dass Igor über ihr Notizbuch Bescheid wusste. Er wollte sie nicht unnötig beunruhigen.

„Abraham, war das nicht dieser Baulöwe, ein Kumpan von Holger Kranbaum? Dieses scheinheilige Stinktier hatte ich auch ein paar Mal als Kunden. Ich musste mich immer verkleiden, wenn er bei mir war und so tun, als ob ich seine Mutter wäre. Das war zwar ein perverses Schwein, hat mir aber trotzdem immer ein wenig Leid getan."

„Diese Leute müssen dir nicht Leid tun. Die sind für die Öffentlichkeit Saubermänner mit einer weißen Weste und in Wirklichkeit einfach nur skrupellose Kriminelle. Menschen ohne Maß, die getrieben sind von einer kaum zu bändigenden Gier nach Geld, Macht und Einfluss. Abraham gehörte auch dazu, vielleicht war er einer der harmloseren Gangster. Aber er unterschied sich ansonsten in nichts von Igor. Nur seine Methoden waren anders, das Ziel war das gleiche."

„Igor hat ihn bestimmt in den Selbstmord getrieben, da bin ich mir sicher. Das entspricht genau seiner Methode."

Runge dachte einen Moment nach, bevor er antwortete.

„Vermutlich ist das so; durch dich kannte er Abrahams sexuelle Neigung und hat ihm sicher eine Falle gestellt. Aber das ist nur ein Zeichen dafür, dass ich in ein Wespennest gestochen habe, und Abraham unbequem geworden war. Wie auch immer, einer weniger auf der Liste. Das ist für mich das einzige, was im Moment zählt."

Valerie versprach ihm, dass sie sich in Kürze wieder melden würde und dass sie sich sehr darüber freuen würde, wenn sie ihn beizeiten wiedersehen könnte. Sie würde ihn, wenn Igor aus dem Verkehr gezogen wäre, darüber informieren, wo er sie finden könne. Runge stimmte ihr zu, verstand ihre Angst davor, entdeckt zu werden, und ihr Misstrauen kränkte ihn auch nicht. Er sagte ihr noch, wie sehr er sich auf den Moment freue, in dem er sie in seine Arme nehmen könnte.

Die halbe Nacht lag Valerie wach auf ihrem Bett. Die Sehnsucht nach Marcel und die Freude darüber, dass sich jetzt für sie doch noch alles zum Guten wenden sollte, ließ sie nicht einschlafen.

Die Sonne ging schon langsam auf, als sie in einen Halbschlaf versank. Sie träumte von ihrem Geliebten und von einer gemeinsamen Zukunft hier in diesem Paradies.

KAPITEL 9

Ritchie hatte sich mit seinem Informanten am Walldorfer See verabredet. Der See lag außerhalb Frankfurts, und weil das Wetter nicht besonders gut war an diesem Tag, waren außer ein paar Anglern kaum Menschen zu sehen.

Er hatte sich für dieses Treffen einen unauffälligen Kleinwagen besorgt. Sein Mercedes hätte in dieser Gegend zu viel Aufsehen erregt. Er saß hinter dem Steuer des weißen Toyota und wartete auf Gerd Lahme, seinen Informanten.

Lahme war BKA-Beamter und versorgte ihn schon seit vielen Jahren mit Informationen. Er hatte ihn im Frankfurter Rotlichtmilieu kennen gelernt. Damals versah Lahme seinen Dienst noch bei der Sitte in Frankfurt.

Schon als Ritchie das erste Mal mit Lahme zu tun hatte, war ihm sofort klar, dass dieser Typ zu der korrupten Sorte Bullen gehörte. Im Laufe der Jahre hatte er ein Gespür und eine Nase für solche Leute entwickelt.

Lahme lebte auf viel zu großem Fuß und hatte sich wohl mit der Finanzierung seiner Eigentumswohnung etwas übernommen; außerdem hatte er ein Laster, das, wenn es zur Gewohnheit wurde, Unsummen an Geld verschlang.

Lahme war ein notorischer Zocker!

Über einen längeren Zeitraum hatte ihn Ritchie damals observieren lassen, was er immer so gemacht hatte, um die Schwäche der Zielperson herauszufinden. Und bei Lahme hatte er sich nicht getäuscht; kein Spieltisch in Hessen und Umgebung war vor ihm sicher.

Schon beim ersten Mal, als sie ihn um einen kleinen Gefallen baten und ihm ein prall gefülltes Kuvert zusteckten, griff Lahme zu.

Seitdem hatte Lahme Ritchie regelmäßig über geplante Aktionen der Polizei im Frankfurter Milieu informiert.

Hierdurch konnte er den Ermittlern immer wieder durch die Maschen schlüpfen.

Nach einigen Jahren wurde Lahme zum BKA versetzt. Ein absoluter Glücksfall für Ritchie, denn jetzt erhielten die Informationen, die er bekam, noch eine ganz andere Qualität. Unbewusst bot dieser Spitzel Ritchie damit die Möglichkeit, riesige Geldsummen zu verdienen, indem er die Informationen, die ihm Lahme zuspielte, an die Unterwelt weiterverkaufte. Insofern hatte sich Lahme für Ritchie zu einem Goldesel entwickelt, der ihn dazu in die Lage versetzte, Unmengen an Kohle zu scheffeln.

Lahme hatte seinen Wagen weit abseits an einem einsamen Feldweg geparkt, den Rest der Strecke hatte er zu Fuß zurückgelegt. Nicht nur wegen des Nieselregens hatte er sich die Kapuze seines Anoraks tief ins Gesicht gezogen, er wollte möglichst nicht erkannt werden. Diesmal müsste dieser Scheißlude für seine Informationen richtig tief in die Tasche greifen. Er würde sich nicht wie in der Vergangenheit mit ein paar Tausendern abspeisen lassen. Die Nachrichten und Unterlagen, die er jetzt hatte, waren aus erster Quelle und todsicher sehr wichtig für diese Herren. Sie würden eine ganze Menge von Leuten vor dem Abgrund bewahren, wenn man sie richtig einsetzte.

Und das sollte dann sein letzter Dienst sein, den er diesem Halsabschneider erweisen wollte.

Diesmal müsste der Unterweltler schon eine entsprechende Summe auf den Tisch legen, und dann würde er sich erst einmal einen langen Urlaub in der Karibik gönnen. Hier könnte er dann in Ruhe darüber nachdenken, wie er den Rest des Geldes unter die Leute bringen würde. Er war es leid, immer von diesen Schweinehunden abhängig zu sein, denn von seinem Beamtensold konnte er sich seinen exklusiven Lebenswandel nicht leisten.

Aber dem würde er nun ein Ende bereiten! Die Informationen, die er jetzt hatte, waren wie ein Sechser im Lotto, dessen war er sich sicher. Welch ein segensreicher Zufall, dass sein Vorgesetzter Wolf ausgerechnet ihn damit beauftragte, dieses Notizbuch, das er von dem Reporter bekommen hatte, zu kopieren. Und dieser unglaubliche Zufall würde ihn jetzt zu einem reichen Mann machen!

Er kannte diese Hure, die so akribisch Buch geführt hatte. Ritchie hatte ihm auch einmal ein Date mit ihr verschafft. Diese Schlampe war eine Sex-Göttin, vom Olymp heruntergestiegen, um gevögelt zu werden.

Die Aufzeichnungen über sich selbst hatte Lahme vorsichtshalber entfernt, bevor er sie an Wolf zurückgab. Diese Seite in dem roten Notizbuch fehlte nun! Das hätte sicherlich ein Disziplinarverfahren ausgelöst, oder im schlimmsten Fall wäre er seinen Job losgeworden.

Diese Verbrecherbande hatte auch von seinem Date Video-Aufzeichnungen gemacht, und wenn man den Inhalt des Materials richtig deutete, dann mussten sie ein ganzes Arsenal dieser Videos besitzen.

Damit stellte sich ein ganzes Netzwerk von Verwicklungen, Erpressung und Korruption dar.

Diese kleine Schlampe hatte in den letzten Jahren Kontakte zu hochrangigen Vertretern der Politik und des Sports gehabt; selbst Staatsanwälte, Richter und Polizeibeamte waren darunter. Die hatten wirklich nichts ausgelassen. Wenn diese Informationen an die Öffentlichkeit gerieten, bevor die Betroffenen entsprechende Vorkehrungen treffen könnten, dann würden sicherlich einige der hohen Herren ihren Hut nehmen müssen.

Obwohl Lahmes Moralvorstellungen nicht besonders ausgeprägt waren, fand er dennoch die Informationen, die dieses kleine Notizbuch enthielt, für ungeheuerlich. Es war schon verrückt zu sehen, wer in diesen Skandal verwickelt war. Von den Hintermännern, die dieses Netzwerk aufgebaut hatten, war das schon sehr clever und intelligent gemacht worden. Lahme wurde der Boden unter den Füßen jetzt langsam auch zu heiß; er musste sein Wissen nur noch zu Geld machen und dann für immer verschwinden. Hierfür hatte er sich auch schon ein passendes Ziel ausgesucht: Südamerika!

Ritchie sah durch die verregnete Frontscheibe seines Leihwagens Lahme auf sich zukommen. Er bewegte sich wie ein Spaziergänger, so als würde er rein zufällig auf den Wagen zusteuern.

In dem Moment, als Lahme auf dem Beifahrersitz Platz genommen hatte, startete der Zuhälter sofort den Motor und fuhr los.

„Bist du sicher, dass dir niemand gefolgt ist?", fragte er sichtlich nervös.

„Ich bin mir schon sicher, ich hoffe, du auch?"

Äußerlich wirkte der BKA-Mann sehr ruhig, doch er hatte seine Hände zu Fäusten geballt, sodass die Knöchel weiß hervortraten, und seine Mundwinkel zuckten leicht.

„Also, schieß los, was sind das für Ermittlungen, die da im Gange sind, und was für ein Notizbuch soll das sein, von dem du geredet hast?"

Ein drohender Unterton verlieh Ritchies Stimme eine gefährliche und bedrohliche Attitüde.

„Vielleicht sollten wir zunächst einmal das Geschäftliche, ich meine natürlich das Finanzielle besprechen, bevor wir in medias res gehen."

Abschätzend sah der korrupte Beamte den Zuhälter von der Seite an.

„Das kommt natürlich darauf an, wie wichtig deine Informationen sind", verschärfte Ritchie seinen drohenden Unterton.

Lahme entschied, dass er schon allein aus taktischen Gründen einen Teil der Informationen preisgeben musste. Nichts Konkretes, aber immerhin so viel, dass dieser miese Zuhälter neugierig wurde.

„Es sind umfassende Ermittlungen gegen jede Menge Leute eingeleitet worden. Ermittlungen aller Art, wie du dir sicherlich vorstellen kannst. Mord, Drogenhandel, Erpressung, Korruption, Bestechung, illegales Glücksspiel, Menschenhandel, Rechtsbeugung und Amtsmissbrauch, um nur einige Stichworte zu nennen.

Darin sind Namen verwickelt, die du ohne weiteres dem ‚who is who' der deutschen und internationalen Gesellschaft entnehmen könntest. Politprominenz, Sportler und Sportfunktionäre, Staatsanwälte, Richter, Wirtschaftsbosse und so weiter sind davon betroffen. Die ganze Sache unterliegt der höchsten Geheimhaltungsstufe. Selbst der BND ist schon eingeschaltet worden. Es wurden unzählige Straf- und Steuerstrafverfahren eingeleitet."

Scheinbar völlig entspannt und sich der Wirkung seiner Worte bewusst, lehnte sich Lahme in seinem Sitz zurück. Er war sich seiner Sache sehr sicher. Diese Nachrichten würden einschlagen wie eine Bombe.

„Warum wurden diese Ermittlungen eingeleitet?"

Ein leichter Schweißfilm bildete sich auf Ritchies Stirn. Lahme hatte absolut Recht, er hatte voll ins Schwarze getroffen. Der Zuhälter konnte seine Nervosität nicht mehr verbergen.

„Dem BKA wurden Aufzeichnungen zugespielt, in denen akribisch über viele Jahre alle möglichen Aktionen aufgezeichnet waren. Darin findest du jede Menge Namen, Adressen und Hintergründe.

So wie es aussieht, seid ihr, du und dein Kumpel Igor darin verwickelt. Die haben euch beide ganz oben auf die Abschussliste gesetzt. Es wurden extra mehrere Sonderkommissionen dafür gegründet!", konstatierte der Maulwurf und sein arrogantes Grinsen verzog sein Gesicht zu einer Fratze.

Er wusste, dass seinem Gegenüber jetzt gehörig der Hintern brannte.

„Wir brauchen diese Aufzeichnungen dringend und zwar so schnell wie möglich! Egal, was es kostet!"

Behutsam lenkte Ritchie seinen Wagen in einen abgelegenen Feldweg. Weit und breit war keine Menschenseele zu sehen. Inmitten einer weitläufigen Buschgruppe hielt er den Toyota an und warf seinem Beifahrer einen gefährlichen und abschätzenden Blick zu.

„Also, lass uns nicht lange um den heißen Brei herumreden, was kostet mich der Spaß?"

Lahme fühlte sich als Sieger und glaubte zu wissen, dass der Lude jeden Preis für seine Informationen zahlen würde.

„Zwei Millionen Euro und eine neue Identität, dazu die passenden Papiere. Geburtsurkunde, Führerschein und Pass! Das ganze innerhalb von drei Tagen, sonst wird aus unserem Geschäft nichts, und ihr geht alle hoch und verbringt die nächsten fünfzehn Jahre in einem staatlichen Hotel."

„Du hast wohl schlecht geträumt heute Nacht, was denkst du, woher ich in so kurzer Zeit so viel Knete auftreiben soll? Ich glaube, du weißt nicht genau, mit wem du dich hier anlegst. Die Leute sind einige Nummern zu groß für dich! Du hängst genauso in der Sache drin wie wir, und wenn sie uns kassieren, dann schnappen sie auch dich, mein Freund!"

„Das kann gut sein, aber es gibt für mich Mittel und Wege, um da mit einer sehr geringen Strafe herauszukommen. Ich könnte mich auch als Kronzeuge zur Verfügung stellen. Dann käme ich sicherlich mit einer Bewährungsstrafe davon, aber euch hätten sie richtig am Arsch!"

„Du willst uns doch nicht etwa drohen! Wenn ich das so weitergebe, dann bist du morgen ein toter Mann! Alter Junge, überlege dir genau, was du als nächstes sagst!"

Unvermittelt zog Ritchie eine Waffe aus der Tasche und hielt sie Lahme an den Kopf. Es war eine Browning 9 mm.

„Du kannst dir sicherlich vorstellen, was mit deiner Rübe passiert, wenn ich abdrücke!"

Lahme zuckte zusammen; jetzt war er derjenige, der Schweißperlen auf der Stirn hatte.

Mit allen Mitteln versuchte er, ruhig zu bleiben. In den psychologischen Schulungen beim BKA hatte man ihm beigebracht, wie er mit solchen Situationen umzugehen hatte. Aber die Realität war entschieden anders als die Theorie. Er hatte das Gefühl, irgendetwas würde ihm die Kehle zuschnüren, sein Mund war trocken und die folgenden Worte presste er förmlich heraus.

„Immer mit der Ruhe, niemandem ist damit geholfen, wenn du jetzt durchdrehst. Die Sache ist ganz einfach. Ich habe Kopien von allen Unterlagen und Informationen, die uns zur Verfügung stehen.

Du erinnerst dich bestimmt an die Hure, die du mir vor ein paar Jahren zum Zeitvertreib geschickt hattest? Die Aufzeichnungen stammen von ihr. Irgend so ein Reporter hat sie uns gebracht! Ich denke, es wäre sehr wichtig für alle Beteiligten, wenn ihr so schnell wie möglich die Unterlagen erhaltet."

Ritchie überlegte einen Moment. Er wusste nicht genau, ob er diesem korrupten Bullen trauen konnte. Für einen Moment übermannte ihn die Versuchung, einfach abzudrücken und damit dem Possenspiel ein Ende zu bereiten. Dieses korrupte Schwein hatte es nicht anders verdient. Doch dann besann er sich eines Besseren. Vorsichtig nahm er die Browning von Lahmes Kopf. Dieser Kerl hatte Recht, er musste diese

Notizen um jeden Preis erhalten und dann mit Igor entscheiden, was zu tun sei. Sonst wären sie alle am Arsch!

„Wann können wir die Unterlagen haben?"

Lahme atmete tief durch. Ihn beschlich das Gefühl, dass er dem Teufel noch einmal von der Schüppe gesprungen war. An seinem gesamten Körper hatte sich kalter Schweiß gebildet. Sein Pulsschlag beruhigte sich allmählich.

„Ich sagte bereits, in drei Tagen! Wir tauschen das Geld und meine neuen Papiere gegen die Informationen aus, und als kleinen Bonus gebt ihr mir das Video, das ihr linken Säcke damals von mir und der Hure gedreht habt, noch obendrauf. Versucht nicht, mich zu linken, ich werde gleichzeitig einen verschlossenen Umschlag bei einem Notar hinterlegen, worin sich eine umfassende Aussage von mir befindet und wenn ich nicht bis zu einem bestimmten Zeitpunkt bei dem Notar vorspreche, geht die Aussage zum BKA."

Ritchie wusste zu gut, dass er keine andere Wahl hatte. Er musste diesem korrupten Schwein ein Vermögen hinterlegen, um sich und Igor vor dem Knast zu bewahren.

Max Kaiser saß in der Hotel-Lobby und wartete auf Marcel Runge. Bei der Europameisterschaft hatten sie schon zwei Spiele hinter sich. Gegen Polen 2:0 gewonnen und gegen Kroatien 1:2 verloren. Irgendwie fehlten der Mannschaft die Frische und die Spielfreude, die sie noch bei der letzten WM oder der Qualifikation zur Europameisterschaft an den Tag gelegt hatten. Die ganze Mannschaft wirkte in ihren Aktionen gehemmt. Vielleicht lastete die Favoritenbürde auch zu sehr auf den Schultern der jungen Spieler.

Jetzt ging es im letzten Spiel der Vorrunde gegen Österreich. Dies würde vermutlich das schwerste Spiel der Gruppenphase werden, denn die Österreicher hatten eine ganze

Nation im Rücken, und was das bewirken kann, hatte man nicht nur bei der letzten WM in Deutschland gesehen. Unglaubliche mentale Kräfte konnten in einer Mannschaft freigesetzt werden, wenn sie vor den eigenen Fans spielte.

Max hatte sich eigentlich nichts vorzuwerfen.

Er hatte bislang alle drei Tore seiner Elf bei der Europameisterschaft erzielt und sehr gut gespielt. Aber Fußball ist nun mal ein Mannschaftssport, und da geht die Leistung des einzelnen manchmal unter.

Vor dem ersten Spiel gegen Polen hatte er ein langes Gespräch mit Steffen geführt und danach den Eindruck, dass sein Mitspieler wieder auf den richtigen Weg zurück finden würde.

Nachdem Max ihm zu verstehen gegeben hatte, dass er mit dem Trainer über ihn reden würde, hatte Steffen ihm sein Ehrenwort versprochen, dass er sich zumindest während der Europameisterschaft zu einhundert Prozent in den Dienst der Mannschaft stellen würde.

Vor jedem Spiel hatte Max versucht, sich voll auf das Geschehen zu konzentrieren und den Gedanken daran, dass eventuell irgendetwas getürkt oder abgesprochen sei, zu verdrängen.

Bisher hatte er auch nicht den Eindruck, dass etwas nicht mit rechten Dingen zugehen könnte, außer dass das Spiel der Mannschaft irgendwie gehemmt wirkte. Man hatte das Gefühl, dass sich einige Spieler über die Zeit quälten und nicht ihre volle Leistung abrufen konnten.

Marcel Runge kam zu ihrer Verabredung dieses Mal nicht alleine, er war in Begleitung eines anderen Mannes, den Max vorher noch nie gesehen hatte.

Dieser Kerl wirkte etwas Respekt einflößend auf ihn. Er hatte eine gedrungene und kräftige Figur mit breiten Schultern.

Max schätzte sein Alter auf etwa 50 bis 60 Jahre. Seine riesigen Hände erinnerten ihn ein wenig an Bratpfannen. In seinem Gesicht spiegelten sich alle Facetten eines ereignisreichen Lebens wider.

Max hatte das Gefühl, dass jede kleine Falte und Narbe, von denen der Mann etliche im Gesicht trug, eine eigene Geschichte erzählen könnte.

Seine Haut war vom Wetter gegerbt, und auf seinem Kopf trug er eine schwarze Baskenmütze. Aber, was ihn etwas besänftigte, waren die Augen des Mannes, die tiefbraun waren, und eine eigenartige Ruhe und Intelligenz ausstrahlten.

„Guten Tag, kleiner Kaiser", begrüßte ihn Runge überschwänglich „ darf ich dir meinen alten Freund Jean Pierre vorstellen?"

Jean Pierre streckte Max seine Hand entgegen, und als er sie ergriff, hatte der junge Mann das Gefühl, man würde sie in einen Schraubstock spannen.

„Jean Pierre ist einer meiner ältesten Freunde und er begleitet mich für ein paar Tage bei meiner Arbeit. Wir haben eure ersten beiden Spiele im Stadion verfolgt. Da hast du ja bisher für ziemlich viel Furore gesorgt."

Max antwortete wie immer bescheiden: „Ich habe nur das getan, was Sie mir empfohlen haben, ich habe Fußball gespielt, sonst nichts."

„Na, das ist dir ja recht gut gelungen. Immerhin hast du bisher alle drei Tore geschossen. Ich denke, dass jedes dieser Tore deinen aktuellen Marktwert um mindestens dreißig Prozent erhöht hat. Eigentlich müssten dir langsam die ersten Angebote europäischer Spitzenvereine vorliegen."

„Mein Management hat mich deshalb schon angerufen; es gab einige Anfragen, vor allem nachdem Sie in Ihrem letzten Artikel geschrieben hatten, dass ich eine Ausstiegsklausel in meinem aktuellen Vertrag habe."

„Ich hoffe, du bist mir nicht böse deswegen, ich wollte damit nur das Interesse anderer Clubs wecken und dir gegebenenfalls einen Wechsel erleichtern."

„Das ist Ihnen ohne Zweifel gelungen. Aber ich werde mich damit erst nach der Euro befassen. Mal schauen, wie weit wir kommen. Unser Ziel ist immer noch das Finale!"

Runge nickte wissend.

„Das sollte es auch sein. Die Niederlage gegen Kroatien sehe ich gar nicht so dramatisch. Ein Schelm wäre, wer dahinter eine Absicht vermutet!"

„Ich glaube, da kann ich Ihnen nicht ganz folgen, wie meinen Sie das denn?" Max sah Runge etwas erstaunt und fragend an.

„Wenn ihr die Österreicher im letzten Spiel weghaut, dann geht ihr bis zum Finale zumindest den Holländern und den Spaniern aus dem Weg. Diese beiden Mannschaften haben immerhin bisher den schönsten und attraktivsten Fußball gespielt."

„Na ja, wenn wir die Österreicher schlagen, dann werden wir womöglich in der nächsten Runde auf Portugal treffen. Und die spielen auch nicht gerade schlecht, oder?"

Runge runzelte die Stirn, er wollte auch niemandem etwas unterstellen, aber die Möglichkeit, dass die Geschichte abgesprochen war, bestand immerhin. Und nach allem, was er so in den letzten Jahrzehnten recherchiert hatte, war das auch nicht unbedingt abwegig.

„Du weißt doch, dass ich alle Spiele, vor allen Dingen bei großen Turnieren mit Argusaugen beobachte, und ganz so abwegig wäre das auch nicht."

„Nun wollen wir doch mal die Kirche im Dorf lassen. Wir haben gegen Kroatien verdient verloren. Fußball ist nun mal ein Laufspiel, und wenn man sich nicht genug bewegt und kämpft, dann kann man Spiele auch verlieren!"

Max war der Meinung, dass Runge hier etwas übertrieb und viel zu misstrauisch war.

„Gehen wir einmal davon aus, dass hier alles mit rechten Dingen zugeht."

Runge sagte dies eigentlich nur, um das Thema zu wechseln. Denn so richtig überzeugt war er von dem, was Max sagte, nicht!

„Ich möchte in der nächsten Woche eine Kolumne über dich schreiben, in der ich gerne einen kompletten Lebenslauf mit allen deinen sportlichen Stationen, einigen Hintergründen über deine Kindheit, deine Familie und deinen schulischen Werdegang veröffentlichen möchte. Ich will dich fragen, ob du etwas dagegen hast.

Dem Leser soll damit aufgezeigt werden, dass man es mit Ehrlichkeit und einem einwandfreien Charakter in diesem Sport sehr weit bringen kann. Vorausgesetzt, man hat das nötige Talent. Ich würde dir den Artikel selbstverständlich zum Lesen geben, bevor er veröffentlicht wird."

„Was sollte ich dagegen haben? Vielleicht wäre es eine gute Idee, wenn Sie vorher auch noch mit meinen Eltern darüber reden. Ich möchte sie bei dieser Entscheidung nicht übergehen!"

Runge nahm einen Block aus seinem Aktenkoffer und machte sich eifrig Notizen, während er Max verschiedene Fragen über seine Kindheit und seinen Werdegang stellte.

Sein Freund Jean Pierre stand etwas abseits und verfolgte scheinbar teilnahmslos das Geschehen in der Hotel-Lobby. Am anderen Ende der Bar saß ein Typ, der irgendwie nicht in diese Umgebung passte.

Jean Pierre fiel auf, dass dieser Kerl wie zufällig den jungen Fußballer und den Journalisten beobachtete. Aber aus seiner Sicht verhielt er sich so unauffällig, dass es schon auffällig war.

Der Mann trug einen braunen Anzug, wirkte sehr gepflegt und weltmännisch. Er sah aus wie ein erfolgreicher Geschäftsmann. Doch irgendetwas störte Jean Pierre an ihm gewaltig. Es waren seine Augen. Sie waren kalt und ausdruckslos. So, als wären sie abgestumpft durch Dinge, die sie schon gesehen hatten, und zu keinem emotionalen Ausdruck mehr fähig.

Er kannte diese Art von Augen zu gut. Schon oft hatte er sie in seiner Zeit als Ausbilder bei der Legion gesehen. Es waren die Augen eines Scharfschützen, eines professionellen Killers, die Augen eines Meuchelmörders, der ohne Gefühlsregung und Skrupel aus der Entfernung Menschen tötete.

Diese Männer versagten im direkten Zweikampf meistens immer, aber aus der Entfernung waren sie so präzise wie ein Schweizer Uhrwerk und daher bei der ankämpfenden Truppe auch sehr gefürchtet. Sie töteten immer aus dem Hinterhalt – ohne irgendeine Gefühlsregung.

Dieser Kerl hatte auch Jean Pierre im Visier und wusste ziemlich sicher, welche Funktion Runges alter Freund hatte. Der ehemalige Söldner ließ ihn nicht aus den Augen. Er war sich gewiss, dass der Killer hier in dem Hotel nichts unternehmen würde. Der Mörder würde einen Moment abpassen, in dem er aus großer Distanz seine Aufgabe erfüllen konnte und der ihm gleichzeitig die Möglichkeit eröffnete, unbemerkt zu verschwinden.

Runge hatte sich jede Menge Notizen gemacht und wünschte Max noch alles Gute und viel Erfolg für das nächste Spiel gegen Österreich. Er stand auf und rief Jean Pierre zu sich. Auch dieser verabschiedete sich von dem jungen Spieler, wobei er ständig den Mann an der Bar im Auge behielt und seinen Freund, ohne dass dieser es bemerkte, mit seinem Körper deckte. Unverhohlen suchte er den direkten Blickkontakt zu dem Mann am anderen Ende des Raumes und gab ihm damit zu verstehen, dass er ihn entdeckt und entlarvt hatte. Der Kerl wich seinem Blick nicht aus, sondern erwiderte ihn aus seinen kalten Augen, so, als wolle er sagen: „Ich werde meinen Auftrag erledigen, egal, ob du ihn beschützt oder nicht!"

Beide verließen das Hotel und machten sich auf den Weg nach Cluny. Bis zum Spiel gegen die Österreicher hatten sie noch drei Tage Zeit, und Jean Pierre wollte zusammen mit Runge noch einmal nach dem Rechten sehen. Als sie die Passage zum Genfer See entlangfuhren, beobachtete Jean Pierre ständig den Verkehr hinter ihnen. Aber ihm fiel nichts Außergewöhnliches auf. Sie wurden nicht verfolgt oder beschattet. Das zeigte ihm, dass der Killer seine Planung schon abgeschlossen hatte, und der Zeitpunkt und der Ort des Attentates bereits feststanden. Der ehemalige Fremdenlegionär würde äußerst wachsam sein und musste dem Killer zuvorzukommen. Er hoffte inständig, dass ihm sein Instinkt und seine Erfahrung zum richtigen Zeitpunkt warnen würden.

Hans Wolf zermarterte sich sein Hirn darüber, wem er in seiner Abteilung trauen konnte und wem nicht. Er hatte sich die Personalakten von allen seinen Mitarbeitern besorgt und durchforschte jetzt jede einzelne Akte nach irgendeinem Anhaltspunkt, der ihn auf die Spur des Verräters bringen würde. Aber er konnte nichts Konkretes finden, so sehr er sich auch mühte. Er versuchte, sich auf seine Intuition zu verlassen und führte sich noch einmal jede einzelne Person vor sein geistiges Auge.

Irgendwie kam er nicht weiter.

Alle Szenarien, die sich in den letzten Wochen und Monaten in seiner Behörde ereignet hatten, spielte er noch einmal durch und versuchte, sich an jede Einzelheit zu erinnern.

Schließlich kam er zu dem Tag, an dem Marcel Runge ihn in seinem Büro aufgesucht hatte. An diesem Tag hatte er das Notizbuch erhalten und es kopieren lassen. Wem hatte er den Auftrag dazu gegeben?

Es war Lahme.

Konnte Lahme korrupt sein?

Aus dem vor ihm liegenden Stapel suchte er sich Lahmes Personalakte heraus. Lahme war einige Zeit mit ihm zusammen bei der Sitte der Frankfurter Kripo gewesen. Er hatte auf Hans Wolf immer einen völlig loyalen Eindruck gemacht. Sicher war er sehr ehrgeizig, ein intelligenter Kerl und eigentlich ein guter Polizist und Staatsbürger. Zum BKA war er einige Jahre nach Wolf gekommen und war nach einigen Schulungen und Seminaren direkt in seiner Abteilung gelandet. Noch einmal nahm sich Wolf Lahmes Akte intensiv vor.

Die Akte war sauber.

Lahme kam aus geordneten Familienverhältnissen; sein Vater hatte Jahrzehnte als Streifenpolizist in Hanau gearbeitet. Schulabschluss Abitur, Note gut. Den Einstellungstest und die medizinische Untersuchung hatte er mit der Note sehr gut bewältigt. Anschließend Studium an der Polizeiakademie in Nienburg in Niedersachsen für den höheren Polizeidienst. Abschlussnote gut. Auch von seiner Dienststelle bei der Kripo hatte er einwandfreie Beurteilungen.

Lahme war ein richtiger Vorzeigepolizist.

Genau das war es, was Hans Wolf misstrauisch machte. Seine Akte war einfach zu sauber und geradlinig. Sein Instinkt sagte ihm, dass hier irgendetwas faul war. Lahme war nicht verheiratet und hatte keine Kinder.

In einem persönlichen Gespräch bei einer Jubiläumsfeier hatte er Hans Wolf einmal erzählt, er sei zu gut für eine einzige Frau und daher ein leidenschaftlicher Junggeselle.

Er könne sich nicht vorstellen, dass ihm eine einzige Frau im Leben reichen würde.

War das vielleicht der Ansatzpunkt dafür, korrupt zu sein?

Während seiner Zeit bei der Sitte hätte er genügend Möglichkeiten gehabt, die Frauen täglich zu wechseln. Vielleicht war in dieser Zeit jemand aus dem Milieu an ihn herangetreten? Vielleicht hatte er auch noch eine andere Schwäche? Je länger Wolf darüber nachdachte, desto wahrscheinlicher war für ihn die Möglichkeit, dass Lahme der Maulwurf sein könnte.

Aber wie sollte er ihn entlarven? Er hätte ihn sicher eine Zeit lang observieren lassen können, wobei jedoch die Gefahr bestand, dass Lahme von der Sache hätte erfahren können und dadurch nur noch vorsichtiger geworden wäre. Vielleicht hatte er auch noch einen oder mehrere Partner, die mit ihm zusammenarbeiteten, dann würde die Aktion ohne Ergebnis verpuffen. Wolf musste sich schon etwas einfallen lassen, wovon nur er alleine wusste und sonst niemand. In dieser Sache durfte er nur sich selbst vertrauen.

Er nahm sich vor, Lahme einen absolut vertraulichen Auftrag in der Ermittlung gegen diesen Igor zu geben, um zu sehen, ob diese Anweisung bei Igor ankäme. Sollte dies der Fall sein, dann konnte nur Lahme der Informant sein. Langsam nahm er den Hörer seines Diensttelefons ab und wählte Lahmes Nummer. Nach kurzem Klingeln nahm der Kollege den Hörer ab. Hans Wolf forderte ihn auf, zu einer dienstlichen Besprechung in sein Büro zu kommen. Nur wenige Minuten später erschien Lahme in Wolfs Dienstzimmer.

„Nehmen Sie doch Platz, Herr Lahme!“

Wolf sah Lahme freundlich an, während er sich auf den Stuhl vor seinen Schreibtisch setzte, auf dem vor einigen Wochen noch Marcel Runge gesessen hatte.

„Aus den Abhör- und Überwachungsprotokollen von diesem Bako alias Igor ist Ihnen bekannt, dass wir womöglich einen Informanten in unseren Reihen haben."

Lahme verzog keine Mine. Er wirkte gelassen und entspannt. Aber das war für Hans Wolf nichts Neues, er wusste zu gut, dass notorische Lügner meist ausgesprochen gute Schauspieler waren und sich nicht so schnell aus der Ruhe bringen ließen. Immerhin waren sie es gewohnt, die Unwahrheit zu sagen; dies war fast schon ein Teil ihres Lebens geworden.

„Es sieht fast so aus, als hätten wir einen Verräter in unserer Mitte, obwohl ich mir schlecht vorstellen kann, dass das wirklich so ist. Die meisten meiner Kollegen kenne ich recht gut und auch schon lange. Eigentlich kann ich mir von keinem vorstellen, dass er ins andere Lager gewandert ist. Aber man weiß ja nie so recht. Man kann den Leuten halt nur vor den Kopf schauen."

Lahme wirkte nach außen absolut gelassen, als er das sagte, und sein Vorgesetzter suchte vergeblich nach irgendeinem Anzeichen in seiner Mimik oder Gestik, das ihn verraten könnte.

„Da haben Sie natürlich Recht. Ist Ihnen vielleicht bei einem Ihrer Kollegen in den letzten Jahren etwas Außergewöhnliches aufgefallen? Hatte jemand gravierende private oder dienstliche Probleme? Gab es vielleicht finanzielle Schwierigkeiten oder Ähnliches?"

„Wenn ich ehrlich sein soll, dann fällt mir da im Moment nichts ein, ich habe aber auch kaum privaten Kontakt zu meinen Kollegen. Ich habe immer versucht, Dienst und Privatleben voneinander zu trennen. Ich wollte nie soweit gehen, dass ich mit den dienstlichen Problemen mein privates Leben beeinträchtige. Die meisten Kollegen nehmen ihren beruflichen Kram mit nach Hause und belasten damit ihre

Familie. Mein Vater hatte das sein ganzes Leben so gemacht, und ich habe mir vorgenommen, es niemals soweit kommen zu lassen. Ich habe gesehen, wie unser Familienleben darunter gelitten hat."

„Manchmal ist es nicht so einfach, dienstliche und private Belange voneinander zu trennen. Mir gelingt das auch nicht immer. Aber die Ehe mit meiner Frau dauert jetzt schon über dreißig Jahre, und ich denke, daran hat sie sich mittlerweile gewöhnt."

Der Kommissar versuchte, bei Lahme Vertrauen zu erwecken, indem er ihn an seinem Privatleben etwas teilhaben ließ. Eine Verhörstrategie, die er in der Vergangenheit schon sehr oft mit Erfolg angewendet hatte.

„Ich bin froh, dass ich nicht verheiratet bin, so bin ich außer mir auch niemandem Rechenschaft schuldig und kann eigentlich tun und lassen, was ich will. Außerdem könnte ich mir ein ganzes Leben mit nur einer einzigen Frau nicht wirklich vorstellen. Ich glaube, irgendwann würde mich das langweilen."

Lahme wirkte jetzt etwas überheblich auf Wolf.

„Haben Sie denn auch keine feste Beziehung? Manchmal ist es doch gut, wenn man jemanden hat, der zu Hause wartet und mit dem man seine kleinen Problemchen des Alltags besprechen kann."

Wolf versuchte, das Gespräch in eine bestimmte Richtung zu lenken und hoffte, dass Lahme darauf eingehen würde.

„Natürlich wäre das eine angenehme Situation, aber ich denke, man sollte im Leben manchmal Prioritäten setzen, und mein Lebensziel liegt nun mal nicht darin, eine Ehe zu führen. Ich habe bei meinen Eltern gesehen, wohin das führt. Erst haben sie sich jahrelang gestritten, weil mein Vater eher mit seiner Dienststelle verheiratet war als mit meiner Mutter. Irgendwann hatten sie sich dann gar nichts mehr zu sagen und schwiegen sich nur noch an. Ich habe mir damals vorgenommen, dass mein Leben etwas anders verlaufen sollte. Vielleicht habe ich die richtige Frau auch noch nicht gefunden."

Lahme merkte nicht, worauf es sein Vorgesetzter abgesehen hatte, als er das Gespräch in diese Richtung lenkte. Einerseits fand Wolf es ungewöhnlich, dass ein Mann in Lahmes Alter keine feste Beziehung mit dem anderen Geschlecht eingehen wollte und andererseits wollte er herausfinden, was mit diesem Vorzeigepolizisten wirklich los war. Er hatte Lahmes Vertrauen geweckt und darin, dass er ihm tieferen Einblick in seine Motive gab, erkannte er, dass dieser auf die Strategie hereinfiel.

„Jetzt wollen wir mal unsere privaten Dinge etwas beiseite lassen; ich habe Sie ja nicht zu mir gerufen, um mich über ihr Privatleben zu unterhalten."

Verschmitzt grinste der alte Wolf!

„Ich halte Sie für einen der Fähigsten in unserer Abteilung und möchte Ihnen daher eine spezielle Aufgabe übertragen. Es handelt sich dabei um einen Auftrag, den nur Sie alleine und persönlich übernehmen können! Außerdem scheinen Sie mir durch Ihre dienstliche Biografie besonders geeignet dafür!"

„Natürlich schmeichelt es mir, wenn Sie mir so etwas zutrauen. Aber vielleicht sollten Sie mich etwas näher über den Auftrag informieren, vor allen Dingen würde es mich interessieren, warum ausgerechnet ich dafür geeignet sein soll. Wir haben jede Menge fähige Kollegen in unserer Abteilung."

Lahme war vorsichtig geworden, weil irgendetwas sein Misstrauen geweckt hatte. Von der persönlichen Atmosphäre, die das Gespräch vor wenigen Minuten noch ausgemacht hatte, war nicht mehr viel übrig geblieben.

„Natürlich haben wir einige fähige und sehr gut ausgebildete Kollegen, allerdings sind Sie der einzige, der sich wegen seiner Zeit bei der Sitte im Rotlicht-Milieu auskennt. Wir haben anhand der Überwachungsprotokolle Anhaltspunkte dafür, dass Bako enge Beziehungen zur Frankfurter Szene unterhält. Es gibt da diesen Luden mit dem Spitznamen Ritchie. Sie wissen sicherlich noch, welche Rolle dieser Ritchie im Milieu spielt? In den letzten Jahren konnten wir ihm absolut nichts mehr nachweisen. Der ist plötzlich so sauber geworden, dass wir ihn von keiner Seite mehr packen konnten. Niemand kann sich wirklich vorstellen, dass er plötzlich auf den Pfad der Tugend zurückgekehrt sein soll. Anhand der Überwachungs- und der Bewegungsprotokolle, die wir von Bako erstellt haben, wissen wir genau, dass er sich regelmäßig mit Ritchie trifft und dass er in einem der Etablissements, die der Zuhälter betreibt, ein und aus geht. Also können wir daraus folgern, dass zwischen den beiden ein enger Kontakt besteht. Wir wollen nun herausfinden, wie eng dieser Kontakt wirklich ist, und inwieweit die beiden Herren miteinander kooperieren."

Bedächtig legte Hans Wolf die Falle aus, in der er Lahme fangen wollte.

„Worin soll denn nun meine Aufgabe bestehen?"

„Aus Ihrer Zeit bei der Frankfurter Sitte ist Ihnen dieser Ritchie recht gut bekannt. Ich würde mir wünschen, dass Sie, wie gesagt alleine, in seinem Puff auftauchen und dort so richtig auf den Busch klopfen. Drohen Sie ihm, schüchtern Sie ihn richtig ein! Verdächtigen Sie ihn wegen Menschenhandels oder weiß der Kuckuck mit irgendwas anderem. Lassen Sie richtig die Sau raus! Ich möchte, dass Sie ihn aufscheuchen und nervös machen! Wenn er mit Bako zusammenarbeitet, dann wird er sich sofort mit ihm in Verbindung setzen und wir werden es erfahren."

Lahme sah Wolf direkt an. „Kein schlechter Plan. Sie haben sicher Recht, wir sollten schon sämtliche Verbindungen, die Bako hat, aufdecken. Umso eher werden wir ihn bei irgendeiner konkreten Straftat erwischen. Es liegt die Vermutung nahe, dass der Zuhälter ihm die Frauen besorgt, die er braucht, um sich gewisse Leute gefügig zu machen. Wann soll die Aktion starten?"

„Am besten sofort. Wir sollten in dieser Angelegenheit keine Zeit vertrödeln. Diese Verbrecher laufen schon viel zu lange frei herum."

Lahme stand auf und verabschiedete sich von Wolf. Er sagte ihm zu, dass er noch heute Abend Ritchies Saunaclub aufsuchen wolle, um den Plan in die Tat umzusetzen.

Der listige Kommissar war sich absolut sicher, dass Lahme die Falle nicht erkannt hatte. Das, was er ihm gesagt hatte, hatte eine gewisse Logik und war für Lahme auch nachvollziehbar. Jedoch war sein eigentlicher Plan ein anderer. Wenn Lahme der Maulwurf war, dann würde er Ritchie warnen, und der bisher rege Kontakt zu Bako würde auf einmal unvermittelt aufhören. Spätestens dann wäre er sich seiner Sache sicher!

In seinem Büro dachte der korrupte BKA-Beamte angestrengt über das Gespräch nach, das er gerade mit seinem Abteilungsleiter geführt hatte. Wenn dieser verkalkte Bulle wüsste, welch einen Gefallen er ihm mit diesem Spezialauftrag getan hatte! Er wollte sich sowieso mit Ritchie treffen, um seine Kohle und seine neuen Papiere in Empfang zu nehmen, und sein Vorgesetzter lieferte ihm noch ein passendes Alibi dafür! Jetzt konnte er ohne besondere Geheimhaltung bei Ritchie einlaufen und alles regeln, was noch zu regeln war.

Was war er nur für ein Glückspilz!

Alles schien sich für ihn zum Guten zu entwickeln. Er konnte es kaum glauben, dass es ihm so einfach gemacht wurde! Sobald er die Kohle von Ritchie hatte, würde er seinen Bericht über die Aktion schreiben und dann seinen wohlverdienten Jahresurlaub antreten, von dem er nie wieder zurückkommen würde!

Innerlich jubilierte er, als er darüber nachdachte.

Schneider hatte sich in seinem Büro mit Igor verabredet und wartete schon seit einer halben Stunde auf ihn. Es war ungewöhnlich, dass der sich verspätete. Normalerweise arbeitete er wie ein Uhrwerk. Das war auch die Eigenschaft, die seine Bosse besonders an ihm schätzten. Wenn er einen Auftrag erhielt, dann wurde dieser schnell, präzise und ohne Grund zur Beanstandung ausgeführt. Wie er das Problem Abraham gelöst hatte, war schon aller Ehren wert. Auf diese Idee wäre Schneider selbst nie gekommen, obwohl er in vielerlei Hinsicht manchmal sehr fantasievoll und kreativ sein konnte. Doch dieser Igor war schon ein Meister seines Faches, das musste man ihm einfach lassen. Von dem Summer seiner Gegensprechanlage wurde er in seinen Gedanken unterbrochen. Seine Vorzimmerdame meldete sich an der anderen Seite.

„Ihr Termin ist hier", schnarrte es aus dem Lautsprecher.

Schneider stand auf und öffnete seine Bürotür.

„Kommen Sie rein, Igor! Schön, Sie zu sehen! Was macht das werte Befinden? Wie laufen die Geschäfte?"

Igor brummte sich irgendetwas Unverständliches in den Bart, als er Schneiders Büro betrat. Er setzte sich auf ein großes Ledersofa, das dem Schreibtisch gegenüberstand.

Wie feudal dieser Handlanger hier residiert, dachte er, als er sich in dem Büro umsah.

Durch das Fenster hatte er einen guten Ausblick auf das neue Trainingsgelände, das der Club erst im letzten Jahr angelegt hatte.

„Ich muss schon sagen, das Problem Abraham haben Sie ja mit Bravour gelöst. Respekt!“

Schneider sah Igor direkt und offen an. In der Vergangenheit hatte er bereits sehr oft mit derartigen Männern zu tun gehabt. Die meisten von ihnen legten eine nahezu animalische Brutalität und Skrupellosigkeit an den Tag. Ihre Hemmschwelle war sehr gering, und ein Menschenleben bedeutete ihnen absolut nichts. Doch dieser Mann, der ihm jetzt gegenüber saß, war mit denen, die er bisher kannte, nicht zu vergleichen. Der Albaner war faktisch die Inkarnation der Boshaftigkeit. Noch nie zuvor war Schneider ein Mensch begegnet, der derart durchtrieben, rücksichtslos und gnadenlos war. Was ihn besonders gefährlich machte, waren seine überdurchschnittliche Intelligenz und sein scharfer Verstand. Diese Attribute, gepaart mit der entsprechenden kriminellen Energie, bargen ein Gefahrenpotenzial in sich, das unbeherrschbar war!

„Haben Sie etwas anderes erwartet? Ich kenne das nicht anders. Probleme sind dafür da, dass man sie löst!“

„Meine Bosse sind auch außerordentlich zufrieden mit Ihrer Arbeit. Ich denke, Sie sind auch entsprechend honoriert worden!“

„Es reicht, um mir etwas zu essen zu kaufen.“

Igor grinste Schneider frech an. Er konnte diese schmierige Ratte nicht leiden. Schon vom ersten Tag an, als er ihn kennen gelernt hatte, war er ihm unsympathisch. Dieser Kerl war aalglatt.

„Schön, dass Sie Ihren Humor nicht verloren haben.“

„Wir haben auch eine neue Problemstellung für Sie! Sagt Ihnen der Name Marcel Runge etwas?“

„Natürlich, das ist doch dieser Schmierfink, der ständig irgendwelche Unterstellungen in der Presse veröffentlicht und mit Halbwahrheiten an die Öffentlichkeit geht, die er nicht beweisen kann. Für mich persönlich stellt er auch ein Problem dar. Ich bin aber schon dabei, es zu lösen!"

„Na, dann können Sie ja gleich zwei Fliegen mit einer Klappe schlagen. Meine Auftraggeber sind da an einer finalen Lösung interessiert. Runge macht einfach zu viel Wirbel mit seinen Artikeln. Außerdem hat er dafür gesorgt, dass wir vermutlich eines der größten Talente im deutschen Fußball verlieren werden. Dem muss sehr zeitnah ein Ende bereitet werden! Der Tod von Kranbaum und Abraham hat für genügend Aufsehen und Aufmerksamkeit in der Öffentlichkeit gesorgt. Jetzt können wir dieses Kesseltreiben, das der Schreiberling in der Presse veranstaltet, nicht gebrauchen. Es muss erst wieder Gras über die ganze Sache wachsen, damit wir in Ruhe weiterarbeiten können."

„Richten Sie Ihren Auftraggebern aus, dass auch dieses Problem zur vollsten Zufriedenheit gelöst wird. Ich habe schon einen Spezialisten auf ihn angesetzt. Ich kenne ihn aus meiner Zeit bei der UCK. Er ist ein absoluter Fachmann in seiner Branche. Der Mann führt seine Aufträge aus und verschwindet danach vom Erdboden, ohne eine Spur zu hinterlassen. Dieser Killer ist Weltklasse!"

Igor sprach so hemmungslos und abgebrüht über einen Mordauftrag, als würde er ein Wiener Schnitzel bestellen. Es war zu seinem Tagesgeschäft geworden, Probleme mit seinen Mitmenschen auf diese Art und Weise zu lösen.

„Es muss aber so aussehen wie ein Unfall; niemand darf auf den Gedanken kommen, uns damit in Verbindung zu bringen! Sie verstehen, was ich damit meine!"

Schneider sah Igor durchdringend an.

„Mal sehen, was sich machen lässt. Letztendlich kann das auch egal sein, wie diese Schmeißfliege von der Bildfläche verschwindet. Der Typ hat sich in den letzten Jahren durch seine Pamphlete genügend Feinde gemacht. Wie soll da jemand auf den Gedanken kommen, Sie damit in Verbindung zu bringen? Außerdem habe ich ein persönliches Problem mit diesem Runge und würde daher gerne sehen, wie seine Eingeweide in alle Himmelsrichtungen verstreut werden. Allerdings wird diese Sache eine Menge Zaster kosten. Der Kerl ist schlau, und vermutlich müssen wir ihn in aller Öffentlichkeit erledigen. Das ist mit diversen Schwierigkeiten verbunden, die sich vorher nicht kalkulieren lassen. Ich denke da an 250.000 Euro!"

„Puh, das ist eine Stange Geld, aber ich glaube, das lässt sich machen. Soll das Geld wieder auf dem gleichen Weg bezahlt werden – wie üblich?"

„Ja, natürlich, genau wie immer, die Hälfte sofort und den Rest, nachdem der Auftrag erledigt ist!"

Igor stand auf und verließ das Büro ohne ein weiteres Wort. Jetzt durfte er keine Zeit verlieren!

Sein letzter großer Deal musste noch abgewickelt werden und dann nichts wie weg hier! Diesen Schreiberling musste er noch auf Nimmerwiedersehen verschwinden lassen! Dieser Schmierfink und Valerie, die Schlampe, hatten es doch tatsächlich geschafft, das Gebäude, das er sich in mühevoller Kleinarbeit aufgebaut hatte, zum Wackeln zu bringen.

Verdammt noch mal, er könnte sich dafür ohrfeigen, dass er diese kleine Nutte unterschätzt hatte! Das war ihm vorher noch nie passiert. Sie musste ihren Abgang schon lange geplant haben, ohne dass er auch nur den leisesten Verdacht hegte. Sie war die erste Frau in seinem Leben, die es schaffte, ihm die Stirn zu bieten. Jetzt musste er nur ruhig bleiben und alle Probleme systematisch lösen und ganz zum Schluss würde er sich um Valerie kümmern. Er würde schon irgendwie herausfinden, wo sie sich verkrochen hatte und dann Gnade ihr Gott!

KAPITEL 10

Sie hatten es doch geschafft! Deutschland war im Viertelfinale der Europameisterschaft!

Es war bestimmt kein gutes Spiel, aber sie hatten die Österreicher und ihre Fans in Wien niedergerungen. Max hatte sich durch eine Meute von Reportern bis zum Mannschaftsbus durchgeboxt.

Er war hundemüde.

Dieses Spiel hatte ihm sowohl psychisch als auch physisch alles abverlangt. Er konnte sich an keine Situation in seinem Leben erinnern, in der er sich so ausgelaugt gefühlt hatte. Für ein Tor hatte es dieses Mal nicht gereicht, aber das war für ihn auch völlig zweitrangig.

Sie hatten gewonnen, und das war schließlich das einzige, was zählte.

Deutschland war im Viertelfinale! Nun wurde der Druck, der auf der jungen Mannschaft lastete, noch erhöht. Jetzt ging es gegen Portugal, und das war schon ein ganz anderes Kaliber als die bisherigen Gruppenspiele.

Gegen die Österreicher hatten sie nicht gerade bravourös gespielt, aber sie haben sie in dem Hexenkessel in Wien geschlagen, und das zeigte, über welche Moral diese Truppe verfügte.

Bisher hatten sie die ersten beiden Gruppenspiele in Klagenfurt bestreiten müssen. Doch dieses Spiel in der Hauptstadt und dann noch gegen die Heimmannschaft war schon etwas Besonderes.

Obwohl die österreichischen Fans ihre Mannschaft immer wieder frenetisch nach vorne gepeitscht hatten, hatten sich die deutschen Fußballer den Schneid nicht abkaufen lassen und das gesamte Spiel dagegen angekämpft. So ist halt Fußball, und am Ende zählt nur das Ergebnis!

Morgen gönnte ihnen der Trainer nach dem Auslaufen einen Tag Verschnaufpause, und dann würden sie sich auf das Spiel gegen Portugal konzentrieren.

„Na, Max, wie fühlst du dich nach dieser Nervenschlacht?"

Jörg Hunold ließ sich auf den freien Sitzplatz neben Max nieder.

„Ich bin völlig platt! Kann kaum noch einen klaren Gedanken fassen. Das war ein mörderischer Hexenkessel, aber wir haben sie niedergekämpft und kaum Torchancen zugelassen."

Max fuhr sich mit beiden Händen durch die strohblonden Haare.

„Das stimmt wohl, aber ihr hattet mehrere Möglichkeiten, den Sack schon früh zuzumachen. Dann wäre das Spiel sicher etwas ruhiger und entspannter für alle Beteiligten verlaufen. Du hast dich auch von der allgemeinen Hektik anstecken lassen.

Obwohl du heute nicht bravourös gespielt hast, so hat man doch gemerkt, dass die Österreicher reichlich Respekt vor dir hatten, und damit hast du dann die Bahn frei gemacht für andere Spieler. Trotzdem hatte ich über das gesamte Spiel das Gefühl, dass du dein Tor noch machen wirst."

Hunold sah Max aus schon fast väterlichen Augen an.

„Ach, wissen Sie, Trainer, natürlich ist es immer schön für mich, wenn ich im Spiel ein oder mehrere Tore schießen kann. Doch am Ende zählt für mich nur, ob wir gewinnen oder nicht.

Wenn ich dann zum Sieg unserer Mannschaft noch ein Tor beisteuern kann, ist es umso besser. Wir haben gewonnen, und das ist schließlich das einzige, was zählt! Es macht mir sicherlich Spaß, Fußball zu spielen und noch mehr Spaß, dabei Tore zu schießen, aber am meisten freue ich mich darüber, wenn wir gewinnen. Darum geht es und um nichts anderes!"

Hunold wunderte sich darüber, mit welcher Einstellung dieser blutjunge Spieler an die Sache heranging. Doch das und nichts anderes erwartete er von ihm. Er musste seine persönlichen Triumphe dem Ziel der Mannschaft unterordnen. Wenn er das konnte, dann würde aus Max Kaiser ein ganz großer Spieler werden. Viele junge und talentierte Spieler versuchten ständig, für die Galerie zu spielen, um persönlich zu glänzen. Aber nicht Max! Trotz seiner Jugend war er in seiner Entwicklung den meisten um Lichtjahre voraus, und das machte ihn neben seinem Talent zu etwas ganz Besonderem. Hunold war froh darüber, solch einen Spieler in seiner Mannschaft zu haben.

„Morgen könnt ihr euch ein wenig erholen, und dann werden wir uns auf das Viertelfinale gegen die Portugiesen konzentrieren."

Hunold stand auf und bewegte sich zur Front des Busses, wo er klären wollte, ob sie vollzählig waren, bevor sie sich wieder auf den Weg in ihr Hotel machten.

Einige Stunden später lag Max nur mit Shorts bekleidet auf dem Bett seines Hotelzimmers.

Sein Handy-Display hatte 28 Anrufe in Abwesenheit angezeigt. Er fühlte sich einfach nicht in der Lage, jetzt alle Gratulationen über sich ergehen zu lassen, deshalb rief er nur seine Eltern zurück.

Mit seinem Vater führte er ein langes Gespräch.

Paps war unglaublich stolz auf ihn und hatte ihm erzählt, dass dieser Reporter angerufen hätte, und dass es in der kleinen Fleischerei nach dem Artikel in der Zeitung kein Halten mehr gegeben hätte.

Hunderte von Schaulustigen und Fans hätten den Laden fast gestürmt. Alle hätten sich die neuste Kreation seines

Vaters gekauft. Die Kaiser-Wurst! Das war ein Bierschinken, der aussah wie ein Fußball, und jeder wollte diese Wurst! Max lachte lauthals, als Paps ihm das alles berichtete.

Er versprach ihm, dass er alles dafür geben werde, auch die Portugiesen zu schlagen.

Im Bett neben Max lag Steffen.

„Na, wie fühlst du dich jetzt? Du kannst doch wirklich stolz auf dich sein."

Max sah Steffen an. Er war auf dem Platz gerannt, als wenn es um sein Leben ginge, hatte kaum einen Zweikampf verloren und sogar noch Ausflüge in die Offensive gewagt.

„Ich fühle mich ausgesprochen gut. Ich weiß ja, dass du Recht hast, in allem, was du sagst. Es ist schon ein besseres Gefühl, ein ehrliches Spiel abzuliefern!"

Steffen hatte lange mit sich kämpfen müssen, doch schließlich hatte sein Gewissen gesiegt.

Er hasste sich selbst dafür, dass er sich in der Vergangenheit so hatte manipulieren lassen.

Sicher hatte er seine Gründe, doch am Ende musste er Max Recht geben. Nichts auf dieser Welt konnte wichtig genug sein, um gegen seine Überzeugung zu handeln. Früher einmal, es kam ihm so vor, als sei es in einem anderen Leben gewesen, hatte er für seine Verhältnisse ein stolzes und ehrbares Leben geführt. Jedoch hatten ihn die äußeren Umstände dazu gebracht, damit zu brechen.

Nicht zuletzt die Liebe zu seiner Familie und der Zwang, für wirtschaftliche Sicherheit zu sorgen, brachten ihn soweit, sich auf die verlockenden Angebote, die ihm gemacht wurden, einzulassen.

Durch den Sport schaffte er es, seiner ärmlichen Umgebung zu entfliehen. Die Szene aus dem letzten Spiel gegen die Bayern verfolgte ihn seitdem jede Nacht in seinen Träumen.

Er konnte sich noch zu gut an Kranbaums Worte erinnern.

„Wir setzen unser Vertrauen auf dich, tu das, was wir von dir erwarten! Es gibt Leute, sehr mächtige und einflussreiche Leute, die sehr viel Geld auf dieses Spiel gesetzt haben."

Er hatte diesen Rückpass kurz vor Schluss des Spiels mit voller Absicht verstolpert. Der Bayern-Stürmer brauchte nur noch abzustauben. So einfach war das. Er erinnerte sich an die vorwurfsvollen Blicke seiner Mitspieler und an die enttäuschten, weinenden Augen der Fans auf den Rängen.

Am liebsten wäre er im Boden versunken, als die Bayern nach dem Spiel die Salatschüssel für die Meisterschaft in den Himmel reckten. 200.000 hatte er dafür kassiert, sicher eine Menge Geld. Aber ist das genug, um seine Seele zu verhökern?

Max hatte Recht damit, als er ihn beschwor, wieder auf den richtigen Weg zurückzukommen.

Steffen hatte sich vorgenommen, gemeinsam mit Max dafür zu sorgen, dass dieser Sport wieder sauber wurde, zumindest soweit es in seiner Macht lag! Auch sein Vertrag war nach der vergangenen Saison abgelaufen. Er hatte zwar ein neues Angebot des Vereins vorliegen, jedoch noch nicht unterschrieben. Die hohen Herren aus der Vorstandsetage waren sich seiner ziemlich sicher und hatten ihn daher auch nicht unter Druck gesetzt. Sie waren so verblieben, dass sie eine weitere gemeinsame Zusammenarbeit erst nach der Europameisterschaft besiegeln wollten.

Er wollte raus aus diesem Umfeld aus Korruption und Betrug und den Rest seiner Karriere als ehrbarer Sportler verbringen. Nie wieder würde er dieser Versuchung nachgeben!

Max versprach ihm, über sein Wissen darüber, wie sehr Steffen in diese Manipulationen verstrickt war, zu schweigen, unter der Voraussetzung, dass er sofort wieder auf den richtigen Weg zurückkommen würde.

Karl Schneider hatte die lange Fahrt mit dem Auto nach Berlin auf sich genommen. Er brauchte Zeit zum Nachdenken und das konnte er schon immer am besten, wenn er mit dem Wagen unterwegs war. Seine Auftraggeber hatten ihn nach Berlin beordert, weil man mit ihm einige Probleme besprechen und die Zielrichtung für die neue Spielzeit abstimmen wollte. Schneider hatte eigentlich eine Bilderbuchkarriere hinter sich, und daher war es absolut unverständlich, dass er auf die kriminelle Seite unserer Gesellschaft abgerutscht war.

Nach seinem Abitur hatte er Betriebswirtschaft studiert und weil er schon nach zehn Semestern sein Diplom in der Tasche hatte, hing er noch vier Semester Jura und Russisch hinten ran.

Anschließend absolvierte er eine achtzehnmonatige Zeit als Volontär bei einem großen russischen Gasmultikonzern in Moskau. Danach wechselte er in das deutsche Tochterunternehmen des Konzerns. Man hatte ihm eine gut dotierte Position in der Marketingabteilung angeboten. Hier beschäftigte er sich zunächst mit der Vermarktung von Erdgas.

Nach dem Zerfall der UdSSR Anfang der neunziger Jahre kamen dann neue Energiekonzepte hinzu, die in erster Linie mit dem Vertrieb von Erd-Flüssig-Gas zu tun hatten. Nach nur drei Jahren übertrug man ihm die Leitung der Abteilung und nach weiteren fünf Jahren wechselte er in den Vorstand.

Schon in den achtziger Jahren pendelte er regelmäßig zwischen der Sowjetunion und der Bundesrepublik hin und her. Bereits damals fand er Gefallen an dem totalitären

Regime und den Vorteilen, die man in diesem System mit wirtschaftlicher Macht hatte. Mit Argusaugen beobachtete er den Zerfall der Sowjetunion unter Gorbatschow und die seiner Meinung anfangs schwierige Zeit der Perestrojka sowie den Wechsel der UdSSR in die GUS in den neunziger Jahren. Erst später entdeckte er die wirklichen Vorteile, die die Aufspaltung der ehemaligen Staatengemeinschaft mit sich brachte.

Die Kluft zwischen Arm und Reich wurde immer größer. Die ehemals Reichen wurden unermesslich reich und die ehemals armen Leute noch ärmer. Korruption und Bestechung waren an der Tagesordnung. Mit etwas mehr oder weniger Geld sowie den richtigen Beziehungen konnte man zu jener Zeit fast alles erreichen. Hier tat sich der Nährboden für seine immer krimineller werdenden Machenschaften auf. Im Laufe der Jahre sank seine Hemmschwelle mehr und mehr, und sein Moralbegriff sowie seine Weltanschauung veränderten sich diametral. Sein Streben nach Macht und Einfluss entwickelte sich im Laufe der Jahre zu einer Gier, die er kaum noch befriedigen konnte.

Die Firma, für die er arbeitete, bot ihm hierfür alle Möglichkeiten, die er benötigte. Der Global Player war ein weltumspannender Gaskonzern, an dem sogar der russische Staat beteiligt war, und spätestens nach dem Super-GAU von Tschernobyl erfuhr Gas als Energieträger eine immense Bedeutung.

Zu dieser Zeit lernte er Menschen kennen, für die das Leben eine einzige Spielwiese darstellte, auf der sie ihre Profilneurosen und ihren Hunger nach Erfolg, Macht und Einfluss ausleben konnten. Dabei spielten die allgemeinen Wertvorstellungen unserer Gesellschaft wie Ehre, Moral und Menschlichkeit keine Rolle mehr und wurden immer wieder ausgehebelt oder völlig missachtet.

Schneider fühlte sich wohl in dieser Umgebung, und es gab ihm immer wieder einen besonderen Kick, wenn er seine Ziele erreichen konnte. Er sog den Erfolg auf wie eine Droge, nach der er von Jahr zu Jahr immer süchtiger wurde.

Im Laufe der Zeit erkannten er und seine Auftraggeber die Macht des Sportes, um ihre verwerflichen Visionen zu verwirklichen. Sport als Mittel, um Massen zu manipulieren und unvorstellbare Mengen an Geld zu verdienen. Insbesondere die Breitensportarten, die global die Menschen elektrisierten, waren für sie vorrangig interessant.

Fußball bekam nach dem Zweiten Weltkrieg einen immer höheren Stellenwert und Zulauf an Anhängern. In den sechziger und siebziger Jahren wurden die Strukturen zunehmend professioneller, und die jeweiligen Organisationen und Funktionäre erhielten einen Zuwachs an Macht und Einfluss.

Spätestens nach der Weltmeisterschaft in Argentinien 1978 war der politische Stellenwert dieses einfachen Spiels nicht mehr zu leugnen. Der alte Panem et Circenses Gedanke zeigte sich immer deutlicher. Die Menschen vergaßen ihre persönlichen und sozialen Probleme, während sie in Massen in die Stadien strömten und verloren – wenn auch nur für einen kurzen Zeitraum – den Blick für das Wesentliche. Die Präsenz der Medien wurde immer wichtiger, und damit war der Manipulation Tür und Tor geöffnet.

Im Laufe der letzten zwanzig Jahre war der Fußball zu einem wirtschaftlichen Monster mutiert, an dessen Gesäuge sich nicht nur Wirtschaftsbosse und Politiker labten, sondern auch jede Menge krimineller Elemente und Organisationen hingen, die sich die Macht dieses einfachen Spiels zu Nutze machten.

Brot und Spiele! Gib den Menschen Brot und Zerstreuung und ihre Probleme treten in den Hintergrund! Gib ihnen Idole und Träume, denen sie nacheifern können! Diesen Effekt hatten bereits die alten Römer erkannt und sich im Altertum zu Nutze gemacht, doch in der modernen Neuzeit sind diese einfachen Zusammenhänge perfektioniert worden.

Fußball hatte sich zu einem finanziellen Koloss entwickelt, der weltweit Milliarden-Umsätze machte, und dessen politischer Einfluss immer deutlicher wurde.

Vereine, die einst aus sozialen und erzieherischen Gründen entstanden waren, entwickelten sich zu Aktiengesellschaften und Organisationen, in denen sich Investoren tummelten, deren einziges Ziel der wirtschaftliche Erfolg war. Die ehemaligen Ziele des Sports verblassten immer mehr und waren irgendwann völlig verschwunden.

Schneider steuerte seinen Aston Martin auf den bewachten Parkplatz des Kempinski Hotels am Kurfürstendamm in Berlin. Irgendwann hatte er sich teure und schnelle Autos zum Steckenpferd gemacht, und seine Sammlung dieser Boliden vergrößerte sich von Jahr zu Jahr.

Seine Junior Suite lag im vierten Stock; von hier aus hatte er einen Ausblick auf die Fasanenstraße und das Savoy Hotel. Bis zu seinem Besprechungstermin hatte er noch genügend Zeit.

Der Manager war extra einen Tag früher angereist, denn er wollte sich noch einen Abend in netter, frivoler Gesellschaft entspannen, so wie er es sich bei jedem seiner Besuche der Hauptstadt zur Gewohnheit gemacht hatte. Er ließ sich in dem edel ausgestatteten Badezimmer ein heißes Bad ein, um sich von der langen Fahrt zu erholen. Anschließend bestellte er sich beim Room-Service noch einen kleinen Imbiss. Er orderte Cantaloupe-Melone mit Krebsschwänzen, eine Flasche Grauburgunder sowie Kaffee. Schneider liebte und genoss diese feudale Umgebung und hatte sich ihm Laufe der Jahre so daran gewöhnt, dass es für ihn zur Selbstverständlichkeit wurde, in den teuersten Hotels abzusteigen und in den besten Lokalen zu speisen.

Das Kempinski Hotel hatte seinen Erfolg in den Zwanzigerjahren gegründet, mit einer einfachen aber ebenso genialen Geschäftsidee. Man bot halbe Portionen zum halben Preis an, und das entwickelte sich in einer Stadt, in der überwiegend Wurst und Buletten die Speisenkarten zierten, zu einem Renner, der seinesgleichen suchte. Ausschlaggebend waren dabei nicht die halben Portionen, sondern die Tatsache, dass nicht die üblichen Berliner Standardgerichte angeboten wurden, sondern feudale, ausgefallene Gerichte in entsprechenden Portionen und dem dazu gehörenden Ambiente.

Der Ausdruck ‚Volkküche für die bessere Welt' war geboren.

Im Laufe der Jahrzehnte entwickelte sich das Kempinski zu einer der nobelsten Adressen in Berlin. Politiker aller Nationen sowie Stars und Sternchen der High Society stiegen hier ab und residierten regelmäßig in dieser Luxusherberge.

Schneider nahm den Hörer des Telefons ab und wählte die ihm wohl bekannte Nummer des Escort-Service. Am anderen Ende meldete sich eine weibliche, rauchige Stimme. Er war hier Stammkunde und hatte die Dienstleistung dieses Etablissements zu schätzen gelernt. Schon früher hatte er Leib und Seele von den extravaganten Begleiterinnen inspirieren und verwöhnen lassen.

Die Geliebte, die ihr Geheimnis blieb!

Er bestellte Lu. Sie war eine moderne Frau. Eine Blondine mit grünen Augen. Sie zeichnete sich durch Herzenswärme und Humor aus, außerdem verfügte sie über einen zum Anbeißen attraktiven Körper, und Schneider liebte die kultivierte Konversation mit ihr, bevor er sie mit in sein Bett nahm.

Er hatte sich mit Lu in einem Sushi Restaurant am Potsdamer Platz verabredet und genoss ihre Gesellschaft und die prickelnde Erotik, die von ihrer Anwesenheit ausgingen.

Lu war eine Frau, die es Schneider wirklich angetan hatte. Diskret ging sie auf alle seine Wünsche ein, übte jedoch auch eine gewisse Dominanz auf ihn aus, die jedoch so unterschwellig war, dass Schneider sie kaum bemerkte. Aber gerade das war das gewisse Etwas, das er so liebte und schätzte.

Sie gab ihm immer das Gefühl, ein Eroberer zu sein, dem keine Frau widerstehen konnte. Am meisten schätzte er an dieser Art Frauen deren Professionalität. Nachdem er sie für seine Zwecke benutzt hatte, konnte er sie bezahlen und wegschicken und wenn er sie das nächste Mal buchte, gaben sie ihm immer wieder das Gefühl, als sei er der erste und einzige Mann auf dieser Welt.

Wie jedes Mal nahm er Lu mit in sein Hotel, und nachdem sie ihn bereits im Fahrstuhl oral befriedigt hatte, genoss er noch ein paar Stunden mit ihr in seiner Suite.

Ritchie zitterte am ganzen Körper vor Zorn und Erregung.

Lahme hatte ihm bereits vor ein paar Tagen die Kopien des Notizbuches zukommen lassen.

Er war einfach so in seinen Sauna Club spaziert und hatte ihm die Unterlagen mitgebracht. Der Zuhälter konnte nicht fassen, wie umfangreich die Notizen waren.

Igor, dieser Schwachkopf! Wie konnte er dieser Schlampe nur so vertrauen? Eigentlich hatte er dem Albaner etwas mehr Intelligenz zugetraut. Jetzt war er mit in den Fokus der Ermittlungen geraten!

Lahme empfahl ihm, sich erst einmal für eine lange Zeit von Igor fern zu halten. Das BKA ging davon aus, dass er in alle Machenschaften des Albaners verstrickt war. Nun musste er dafür sorgen, dass ihm diese Verbindung nicht nachgewiesen werden konnte. Er ließ Igor über den neuesten Stand der Dinge informieren und brach zunächst jeglichen direkten Kontakt mit ihm ab.

Seitdem er Lahme für seine Verdienste bezahlt hatte, war dieser Kerl wie vom Erdboden verschwunden. Obwohl er ihm zugesagt hatte, dass er ihn regelmäßig über den Stand der Ermittlungen und die Pläne der Bullen auf dem Laufenden halten wollte, konnte er ihn nicht mehr erreichen, und der Spitzel reagierte auch auf seine Nachrichten nicht.

Diesem Saukerl war bestimmt der Boden zu heiß geworden, und er hatte sich vom Acker gemacht.

Immer wieder versuchte Ritchie, die Zusammenhänge zu erkennen, die er Valeries Notizen entnehmen konnte. Es war schon unglaublich und auf eine ganz bestimmte Art auch genial, wie professionell sich der Albaner dieses Netzwerk aufgebaut hatte.

Ritchie war zwar in einige dieser Machenschaften eingeweiht, das komplette Ausmaß jedoch wurde ihm erst jetzt deutlich.

Er konnte sich sehr gut vorstellen, dass die Bullen sich auf diese Sachen stürzten wie die Geier auf einen Kadaver und war sich bewusst, dass die Ermittlungen auf Hochtouren liefen.

Die einzige Frage, die er sich stellte, war, wie er unbeschadet aus dieser Sache wieder herauskommen sollte. Geld hatte er genug beiseite geschafft, auch wenn Lahme, dieses gierige Schwein, einen Teil davon kassiert hatte.

Ritchie traf die Entscheidung, so schnell wie möglich zu verschwinden, bevor er so sehr im Netz der Ermittler gefangen wäre, dass ihm das nicht mehr möglich war. Er hatte soviel Dreck am Stecken und war so tief in diese Sache verwickelt, dass er vermutlich den Rest seines Lebens hinter Gittern verbringen würde, wenn sie ihn schnappten.

Im Laufe seiner Geschäfte mit internationalen Menschenhändler-Ringen hatte er genügend Beziehungen nach Osteuropa und ins asiatische Ausland aufgebaut. Bis nach Thailand und Kambodscha reichten seine Verbindungen. Hier hatte er sich immer einen großen Teil der Frauen besorgt, die er für seine Zwecke benötigte.

Die Nummer lief eigentlich immer gleich ab.

Meist wurden junge Frauen von einer Modell-Agentur für Aufträge im westlichen Ausland gesucht. Überwiegend wurden die Frauen, die sich meldeten, nach einem kurzen Training in die Mode-Metropolen Westeuropas geschafft. Dort köderte man sie mit einem vermeintlichen Vertrag, mit dem sie ins glamouröse Modegeschäft einsteigen sollten.

Die Realität zeigte sich für die Mädchen dann immer anders.

Kaum waren sie im so genannten westlichen Schlaraffenland angekommen, nahm man ihnen die Pässe ab. Sie wurden geschlagen, vergewaltigt und auf die brutalste Art und Weise gefügig gemacht, bevor sie von ihren Peinigern zur Prostitution gezwungen wurden. Keine dieser Frauen hatte die Chance, sich zu wehren und nur wenige entkamen diesem Schicksal.

Besonders nach dem Fall des Eisernen Vorhangs und der Öffnung des Ostens hatten diese Schleuser-Gruppen einen enormen Zuwachs zu verzeichnen. Viele Frauen waren auf der Suche nach Arbeit und versuchten nur, ihre Familien zu ernähren. Dabei wurden sie angelockt durch Versprechungen und die Aussicht auf das große Geld. Vor dem Hintergrund der Armut in ihrer Heimat waren viele dazu bereit, ins westliche Ausland zu gehen und erlagen immer öfter den haltlosen Versprechungen dieser skrupellosen Menschenhändler.

Der völlige Zusammenbruch des Kommunismus' in Osteuropa sowie Kriege und Armut sorgten in verstärktem Maße dafür, dass besonders in diesen Teilen der Welt der internationale Menschenhandel zugenommen hatte. Die Opfer dieser global operierenden Organisationen wurden im Laufe der Zeit immer jünger.

Selbst Kinder wurden verkauft und zur Prostitution gezwungen!

Die Schlepper- und Schleuserbanden waren so gut organisiert, dass man ihnen kaum auf die Schliche kommen konnte.

In erster Linie lag das auch daran, dass regelmäßig sowohl Polizisten als auch Zoll- und Verwaltungsbeamte ihre Hand aufhielten. Es handelte sich dabei meist um Organisationen, die von der Rekrutierung der Frauen bis zur Vermittlung der jeweiligen Opfer alles übernahmen.

Diese Organisationen waren streng hierarchisch aufgebaut und funktionierten im Stile großer wirtschaftlicher Verbände und Konzerne.

Die ständige und stetig wachsende Nachfrage nach jungen Frauen in der westlichen Gesellschaft ließ diesen kriminellen Geschäftszweig immer mehr aufblühen und florieren.

Ritchie stellte im Prinzip einen der Endabnehmer der Ware Mensch dar.

In dem Moment, in dem er die Opfer übernahm, waren sie bereits willenlos gemacht worden und nicht mehr in der Lage, sich gegen ihr Schicksal zu wehren.

Igor hatte einmal zu ihm gesagt:

„Das Schicksal mischt die Karten, aber das Spiel spielt jeder selbst."

Damit wollte er zum Ausdruck bringen, dass jede dieser Frauen ihr Schicksal selbst bestimmt hätte und damit auch nichts anderes verdienen würde.

Mit dieser Art Geschäften hatte Ritchie im Laufe der Zeit ein ungeheures Vermögen angehäuft.

Er vermittelte seine Ware in alle möglichen Richtungen und Bereiche. Einige der Frauen ließ er in seinem Sauna Club arbeiten, allerdings immer nur für kurze Zeit. Einen Großteil vermittelte er an andere Zuhälterringe, die die Mädchen irgendwo auf den Strich schickten. In der Regel wurden sie vorher zwangsverheiratet, damit es keine Probleme mit der Aufenthaltsgenehmigung gab. Die Opfer waren dann zwar offiziell Ehefrauen, jedoch ohne irgendwelche Rechte. In den meisten Fällen hatten sie ihren ‚Ehemann' auch nur einmal im Leben gesehen.

Die Kinder, die dieser herzlose, unbarmherzige Menschenhändler geliefert bekam, vermittelte er an pädophile Gruppen und Organisationen, die sie dann Kinderschändern zur Verfügung stellten, oder es wurden die abartigsten Pornofilme gedreht und über das Internet verkauft.

Die Ware Mensch war für den seelenlosen Zuhälter ein ständig nachwachsender Rohstoff, der nie zu versiegen schien, und die Nachfrage danach war unerschöpflich. Ritchie verspürte die ganze Zeit keine Skrupel bei seinen Machenschaften, er war immer getrieben von der Gier nach Geld und dem unstillbaren Hunger, Macht über Menschen ausüben zu können. Diese Gier konnte er auch regelmäßig befriedigen.

Jetzt saß er hinter dem Lenkrad seines Mercedes' und wartete auf Igor. Er hatte ihn in ein abgelegenes Gewerbegebiet außerhalb Frankfurts bestellt. Sein Wagen stand umgeben von Lagerhallen und riesigen Bergen von Sand und Kies im Schatten eines Baukrans. Das Gebilde, das er sich im Laufe der Jahre aufgebaut hatte, sah er nun langsam in sich zusammenfallen. Dabei dachte er krampfhaft darüber nach, wie er dieser Falle, in der er sich befand, entkommen konnte.

Igor wollte sich mit ihm an einem sicheren Ort treffen, wo sie nicht Gefahr liefen, von den Bullen abgehört zu werden. Hier wollten sie beratschlagen, wie sie weiter vorgehen könnten, um den Ermittlern doch noch ein Schnippchen zu schlagen. Er und der Albaner saßen gemeinsam in einem Boot und obwohl ihm klar war, dass sich in solchen Situationen jeder selbst der Nächste war, vertraute er darauf, dass Igor sich an die Ganovenehre halten würde und ihn nicht ans Messer lieferte. Zu viele gemeinsame Geschäfte hatten sie in der Vergangenheit abgewickelt. Hierdurch war ihm Igor eigentlich auf ewig zu Dank verpflichtet.

Der brutale Menschenhändler schaute auf seine Breitling, der Albaner müsste eigentlich jeden Moment auftauchen. In der Vergangenheit war er immer übermäßig pünktlich gewesen. Von seinem Standort aus konnte Ritchie das gesamte Werksgelände übersehen, vor allem hatte er die Zufahrt von der Straße her im Blickfeld.

Zu spät bemerkte er den Schatten, der sich seitlich auf seinen Mercedes zubewegte. Eine dunkel gekleidete Person schob sich in der Deckung einer der Lagerhallen von der Seite auf die Limousine zu. Vorsichtig und behutsam setzte sie einen Fuß vor den anderen, immer darauf bedacht, kein Geräusch zu verursachen. An den fließenden Bewegungen konnte man erkennen, dass sie trainiert und einstudiert waren. In unmittelbarer Nähe des Wagens hielt die Person einen Moment inne. In der ausgestreckten Hand hielt sie eine automatische Waffe. Das diffuse Mondlicht wurde von dem dunklen Stahl des Schalldämpfers, der auf den Lauf aufgesetzt war, reflektiert.

Der Meuchelmörder zielte mit der Waffe auf die in dem Wagen sitzende Person. Ein dumpfes ‚Plopp' zerriss die Stille und in dem Moment, als das Glas der Seitenscheibe zersplitterte, wurde dem Zuhälter klar, dass Igor ihn gelinkt hatte.

Das Projektil drang seitlich in seinen Kopf ein und trat auf der anderen Seite seines Schädels wieder hinaus.

Sein Blut und seine Hirnmasse verteilten sich in einem abstrakten Muster in der Luxuslimousine.

Die Augen, die er weit aufgerissen hatte, starrten schmerzverzerrt in die Dunkelheit. Kraftlos sackte er in sich zusammen. Das zweite Projektil wurde durch die Frontscheibe abgefeuert und traf ihn mitten ins Herz, aber das spürte er schon nicht mehr.

Die kalten und ausdruckslosen Augen des Killers, den Igor ihm geschickt hatte, funkelten in der Dunkelheit, als er teilnahmslos den Schalldämpfer von seiner Waffe abschraubte und in der Nacht verschwand.

Es war schon unglaublich, wie schnell hier die Sonne auf- oder unterging.

Isla Margarita lag in unmittelbarer Nähe des Äquators. Wenn die Sonne am Abend unterging, dann hatte man zunächst das Gefühl, man könne sie mit den Händen greifen und wenn man die Arme ausstreckte, dann war sie schon fast im Meer versunken.

Valerie saß in dem noch warmen Sand am Playa el Agua und hatte sich den Sonnenuntergang angesehen. In solchen Momenten überwältigte sie immer die Sehnsucht. Eine unstillbare Sehnsucht nach einem geregelten Leben, so wie es Millionen anderer Menschen auch führten.

Nach den Unwägbarkeiten und den Wirren der letzten Jahre war sie der Erfüllung ihres Traums sehr nahe. Alles, was sie sich vorgenommen und wovon sie jahrelang geträumt hatte, war eingetreten.

Ihr kleines Restaurant war sehr gut angelaufen, die Gäste strömten in Scharen zu ihr und lobten ihre einfache, aber sehr gute Küche. Am meisten jedoch schwärmten sie von Valerie selbst. Sie ging förmlich auf in ihrer neuen Aufgabe, und man merkte ihr die Freude an, mit der sie ihre tägliche Arbeit verrichtete.

Es war schon ein großer Unterschied, ob sie etwas tun musste, was gegen ihre Natur war und wozu sie sich immer wieder zwingen musste, oder ob sie es aus Überzeugung tat.

Sie hatte ein paar Stunden im Schatten einer Kokospalme am Strand gesessen und unentwegt aufs Meer gestarrt, so, als würde sie etwas suchen oder auf jemanden warten. Aber zwischen ihr und dem Horizont lag nur der tiefblaue Ozean.

Solch ein Nachmittag am Meer entspannte sie ungemein, und sie fühlte immer deutlicher eine tiefe Zufriedenheit, die sich in ihr ausbreitete. Eine innere Ruhe, die vollständig Besitz von ihr ergriff.

Das einzige, was ihr zu ihrem Glück noch fehlte, war der Mann ihrer Träume, aber der war unzählige Kilometer von ihr entfernt, und der Gedanke daran, dass es wohl noch sehr lange dauern würde, bis sie ihn endlich in ihre Arme schließen könnte, machte sie fast wahnsinnig.

Es gab sicherlich viele Männer, die sie während der kurzen Zeit auf Margarita kennen gelernt hatte, doch es war niemand dabei, der es schaffte, Marcel Runge aus ihrem Herzen zu verbannen.

Heute hatte sie einen Ausflug nach Porlamar, der größten Stadt Margaritas, gemacht.

Porlamar galt als das wirtschaftliche Zentrum der Insel und verfügte sogar über einen internationalen Flughafen. Die Stadt selbst bestand im Stadtkern aus unzähligen engen Gassen und Straßen, die von alten Häusern im typisch karibischen Stil gesäumt waren. Es gab sowohl hochmoderne

Einkaufszentren, als auch Gassen voller kleiner Läden und Boutiquen, in denen internationale Markenware angeboten wurde.

Valerie genoss das geschäftige Treiben der Menschen, die hier lebten.

Trotz der Hektik und Betriebsamkeit, die in den engen Gassen herrschten, hatte sie nie das Gefühl, dass die Atmosphäre unangenehm würde. Die Menschen hatten alle einen freundlichen und entspannten Gesichtsausdruck und wirkten äußerst zufrieden auf sie.

Sie hatte sich ein paar Shirts und Schuhe gekauft und in einer kleinen Bar in der Avenida 4 de Mayo zu Mittag gegessen. Vor dem Lokal befand sich eine fast runde Plaza, in deren Mitte eine große Statue von Simon Bolivar, dem venezolanischen Nationalhelden, stand. Simon Bolivar, genannt El Libertador, galt nicht nur als Befreier Venezuelas, sondern auch einer Vielzahl heutiger südamerikanischer Staaten wie Kolumbien, Panama, Ecuador, Peru und Bolivien.

Anfang des 19. Jahrhunderts führte das zunehmende nationale Bewusstsein in den damaligen spanischen Kolonien zu einer Unabhängigkeitsbewegung in Lateinamerika. Bolivar schloss sich zunächst einer Junta in Caracas, der heutigen Hauptstadt Venezuelas, an. Die ersten Bestrebungen nach Unabhängigkeit wurden von den spanischen Kolonialherren brutal niedergeschlagen.

Erst in seinem zweiten Befreiungsversuch 1813 schaffte es Bolivar, ausgehend von Granada, Venezuela von der Kolonialherrschaft zu befreien und die venezolanische Republik auszurufen.

Später gelang es noch, weitere lateinamerikanische Staaten von der spanischen Herrschaft zu lösen und in die Unabhängigkeit zu führen. Nicht zuletzt wurde das heutige Bolivien nach ihm benannt.

In fast allen Staaten Lateinamerikas galt Simon Bolivar als der Befreier, daher findet man heute überall Gedenktafeln oder Statuen von El Libertador. Venezuela nennt sich heute noch bolivarische Republik, und die Landeswährung heißt Bolivar.

Valerie sog die friedliche Atmosphäre, die sie umgab, in sich auf. Es erschien ihr so, als seien die Menschen, die hier lebten und arbeiteten, weit entfernt von der Machtbesessenheit, die sie aus Europa kannte, und jetzt hatte sie das Gefühl, dass ihr früheres Leben immer mehr hinter einem Schleier des Vergessens verschwand.

Den Rest des Nachmittags verbrachte sie am Strand von Playa el Agua, beseelt von der Friedlichkeit und Weite des Ozeans, der direkt vor ihren Augen lag.

Es war bereits sieben Uhr abends, als sie sich auf den Weg zu ihrem Restaurant machte. Mano, ihr Koch, war bereits in der Küche und bereitete verschiedene Speisen für den abendlichen Betrieb vor.

Als Val die Küche des kleinen Lokals betrat, lächelte er sie freundlich an, jedoch ohne sich von seinen Arbeiten abhalten zu lassen.

Valerie war gerade damit beschäftigt, das Lokal für den Abend vorzubereiten, da trafen auch schon die ersten Gäste ein. Es waren einheimische Stammgäste aus Asuncion, die mindestens zwei Mal pro Woche das kleine Restaurant aufsuchten. Nach kurzer Zeit war das Lokal bis auf wenige Tische komplett belegt. Valerie hatte Mühe, alle Gäste schnell und zuvorkommend zu bedienen.

An einem der äußeren Tische der Terrasse hatte ein Pärchen Platz genommen. Die Frau saß mit dem Gesicht zu ihr. Schon aus der Entfernung konnte Val erkennen, dass es sich um eine Einheimische handelte, eine dieser typischen Putas, die den auf Margarita langsam entstehenden Tourismus dazu nutzten, ihren Lebensunterhalt damit zu verdienen, ihren Körper für die Touristen anzubieten.

Das hatte zur Folge, dass sich ein kleiner Teil des Tourismus' in die Richtung entwickelte, dass mehr und mehr Männer nach Margarita kamen, um ihre sexuellen Bedürfnisse zu befriedigen.

Offensichtlich war ihr Begleiter einer dieser Herren, die den schnellen und preisgünstigen Sex suchten.

Valerie bewegte sich auf den Tisch zu, an dem die beiden saßen, um eine Bestellung aufzunehmen.

Der Begleiter der jungen Frau saß mit dem Rücken zu ihr. Er trug ein buntes Hemd und hatte kurz geschnittene dunkle Haare, in die er sich seine Sonnenbrille gesteckt hatte. In mittlerweile perfektem Englisch sprach sie die beiden an.

Es durchfuhr sie wie ein Blitz, als sich der Mann zu ihr umdrehte. Obwohl sie ihm nur einmal in ihrem Leben begegnet war, erkannte sie ihn sofort wieder. Es war Lahme, und sie wusste, dass er Bulle war! Igor hatte sie vor einigen Jahren einmal an ihn vermittelt.

Diesen arroganten Schnösel würde sie niemals vergessen! Er hatte sie behandelt wie ein Stück Vieh, das er irgendwo ersteigert hatte.

Igor hatte ihr erzählt, dass er Bulle sei und er ihm noch einen Gefallen schulde. Das Date fand wie immer in dem Apartment statt, das mit einer Videoanlage ausgestattet war, und Igor zeichnete die komplette Nacht auf. Sie erinnerte sich noch sehr gut daran, dass sich Igor über den Blümchensex, den Lahme wünschte, lustig gemacht hatte.

Val hoffte, dass er sie nicht wiedererkennen würde, immerhin hatte sie ihr Äußeres sehr verändert.

Doch an seinem erstaunten Gesichtsausdruck erkannte sie sofort, dass dem nicht so war.

Lahme wusste sofort, wen er vor sich hatte.

Es überraschte ihn, und er war sich nicht ganz klar darüber, ob diese Begegnung nun gut oder schlecht für ihn war. Immerhin war er auch inkognito hier auf Margarita und wollte nicht erkannt werden.

Nachdem er von Ritchie die Kohle und seine neuen Papiere abgeholt hatte, war er am anderen Tag nur kurz in der Behörde in Wiesbaden gewesen und hatte seinen Bericht geschrieben. Anschließend hatte er aus seiner Wohnung die paar Sachen, die er gepackt hatte, geholt und sich sofort auf den Weg zum Flughafen gemacht, wo er bereits unter seiner neuen Identität einen Flug nach Porlamar gebucht hatte. Eigentlich wollte er nur zwei Wochen Station machen und danach nach Costa Rica weiterreisen.

Im Gegensatz zu Valerie konnte er sein Erstaunen kaum verbergen. Er hatte mit fast allem gerechnet, aber nicht damit, sie hier zu treffen. Val nahm die Bestellung auf und rang auf dem Weg zur Küche mit ihrer Fassung.

Schlagartig holte sie ihre Vergangenheit wieder ein!

Mit fahrigen Fingern mixte sie die Cocktails, die Lahme bestellt hatte. Sie war sich sicher, dass es jetzt nicht mehr lange dauern konnte, bis Igor wusste, wo sie sich aufhielt, und damit war ihr Schicksal besiegelt.

Binnen einer Sekunde zerplatzten alle ihre Träume, die sie sich ausgemalt hatte. Warum musste dieser Scheißbulle ausgerechnet hier auftauchen?

Sie verfluchte sich jetzt dafür, dass sie nicht noch länger mit der Eröffnung des Lokals gewartet hatte und hasste sich selbst dafür, dass sie, übermannt von der vermeintlichen Sicherheit, so weit entfernt aus Deutschland, nicht vorsichtiger gewesen war.

Schließlich blieb ihr nichts anderes übrig, als ihre Zelte hier so schnell wie möglich abzubrechen, um sich ein neues Versteck zu suchen.

Valerie wusste nicht, dass Lahme fast die gleichen Gedanken hegte wie sie.

Ihm wäre es auch am liebsten, wenn er unerkannt bis nach Costa Rica gekommen wäre.

So klein war die Welt, schließlich hatte sie das Schicksal hier auf Margarita zusammengeführt.

Lahme entschloss sich dazu, am anderen Tag ein Treffen mit Valerie zu arrangieren.

Immerhin war er es gewohnt, aus fast allen Situationen in seinem Leben einen Vorteil zu ziehen und auch in dieser Lage würde er dies versuchen.

Als sie gegessen hatten, notierte er auf der Rechnung seine Telefonnummer mit der Aufforderung, dass es besser für sie wäre, wenn sie sich am nächsten Tag bei ihm melden würde.

Er war sich, ohne weiter darüber nachzudenken, sicher, dass er auch hier einen Vorteil für sich erzielen könnte.

Val hatte die ganze Nacht darüber nachgedacht, ob sie Lahme anrufen sollte, oder nicht.

Ihr erster Gedanke war, mit dem nächsten Flieger zu verschwinden. Schließlich entschied sie sich dafür, sich mit ihm zu treffen.

Abhauen konnte sie dann immer noch.

Sie verabredete sich mit ihm für den kommenden Tag in einer kleinen Strandbar am Playa el Agua.

Auch in dieser Nacht lag sie wach und versuchte vergeblich, Schlaf zu finden. Sie hatte immer Angst davor gehabt, durch einen dummen Zufall entdeckt zu werden. Allerdings hatte sie nicht so schnell damit gerechnet.

Was dieser Bulle wohl von ihr wollte?

Auf jeden Fall musste er korrupt sein, sonst hätte Igor nichts mit ihm zu tun gehabt. Vielleicht konnte sie ihn mit etwas Bargeld dazu verleiten, sie in Ruhe zu lassen.

Am Morgen begab sie sich schon sehr früh zum Strand. In der Bar saß Madras, der Makler, mit dem sie sich angefreundet hatte und schlürfte genüsslich seinen Café con leche.

Val setzte sich zu ihm, da sie noch etwas Zeit bis zu ihrer Verabredung mit Lahme hatte.

„Wie geht es Ihnen heute Morgen, Senorita Valerie?", fragte Madras und lächelte sie vergnügt an.

Valerie kannte ihn erst seit ein paar Wochen, hatte ihn aber noch nie schlecht gelaunt gesehen.

Sie hatte immer das Gefühl, dass er eine Art Lebenskünstler war, der stets versuchte, dem Leben seine besten Seiten abzugewinnen.

„Guapa, Sie sehen so aus, als hätten sie schlecht geschlafen. Gibt es Probleme mit dem Restaurant?"

Madras nannte sie immer Guapa, das bedeutete so viel wie schöne Frau.

„Nein, nein! Mit dem Restaurant ist alles in Ordnung. Mano macht einen guten Job in der Küche, und ansonsten ist alles bestens."

In diesem Moment betrat Lahme das Lokal. Als er Valerie sah, begrüßte er sie von weitem und gab ihr durch ein Handzeichen zu verstehen, dass er draußen auf der Terrasse auf sie warten würde.

„Kennen Sie diesen Mann näher?"

Madras sah Val erstaunt an.

„Er ist ein entfernter Bekannter von mir aus Deutschland. Ich bin hier mit ihm verabredet. Warum fragen Sie nach ihm?"

„Sehen Sie, Guapa, Margarita ist eine kleine Insel, und Neuigkeiten sprechen sich hier sehr schnell herum. Dieser Kerl ist seit ein paar Tagen hier und wohnt im Hesperia Golf Ressort, das ist das noble Haus zwischen Juan Griego und Asuncion. Er nennt sich dort Van Eupen."

„Das ist doch diese sternförmige Bettenburg mit dem riesigen Golfplatz, nicht wahr?“, vergewisserte sich Val.

„Warum fragen Sie nach ihm? Er war gestern Abend zufällig Gast in meiner Bar und bat mich, mit ihm heute Morgen zu frühstücken.“

„Wie gesagt, dieser Gringo hat in der kurzen Zeit, die er auf der Insel ist, schon für sehr viel Aufsehen gesorgt. Bisher hat er keine der Puta-Bars an der Nationalstraße nach Porlamar ausgelassen. Er stellt hier jedem Weiberrock nach, selbst die Zimmermädchen sind nicht sicher vor ihm. Außerdem wirft er mit Geld nur so um sich.

So etwas sollte man auf Margarita nicht tun. Sie wissen, die meisten Leute sind hier nicht besonders vermögend, das schafft Neid und führt die Menschen in Versuchung. Sie nennen ihn schon ‚burro‘.

A burro muerto la cebada al rabo. Was nützt dem toten Esel der Hafer! Ich hoffe, Sie verstehen, was ich damit meine!“

Madras hatte eine verständnislose Miene. Er konnte sich beim besten Willen nicht vorstellen, dass die sympathische Deutsche irgendetwas mit solchen Kerlen zu tun haben könnte.

„Ich frühstücke nur mit ihm und danach werde ich ihn hoffentlich nie wiedersehen. Danke für den Rat, Amigo!“

Val stand auf und setzte sich draußen auf die Terrasse. Lahme saß ihr direkt gegenüber, und über seine Schulter konnte sie in das besorgte Gesicht des Maklers sehen.

„Sie sind ja noch hübscher, als ich Sie in Erinnerung hatte. Irgendetwas an ihrem Äußeren haben Sie verändert. Aber ich komme nicht darauf, was es ist.“

Lahme sah sie aus wässrigen Augen an. Vermutlich hatte er in der letzten Nacht etwas zu tief ins Glas geschaut. Selbst aus der Entfernung nahm Val seine penetrant riechende Alkoholfahne wahr.

„Es sind die Haare", antwortete Val knapp, „reden Sie nicht lange um den Brei herum, sagen Sie mir lieber, was Sie von mir wollen!"

„Es überrascht mich schon sehr, Sie hier so alleine in Venezuela anzutreffen. Ich kann mir nicht vorstellen, dass der albanische Lude sein bestes Pferd im Stall so einfach hat ziehen lassen."

„Ich wüsste nicht, was Sie das angeht, Herr, wie war Ihr Name noch?"

Sie wusste nicht mehr genau, wie er hieß, war sich aber sicher, dass sein richtiger Name nicht Van Eupen war.

„Lahme, aber hier nenne ich mich Van Eupen. Es muss ja nicht jeder meinen richtigen Namen erfahren."

„Ich denke mir, wir belassen es dabei, dass ich weiß, dass Sie hier sind und umgekehrt. Ich werde es niemandem erzählen, und Sie sollten das Gleiche tun, denn es wird schon seinen Grund haben, dass Sie hier unter falschem Namen abgestiegen sind. Eigentlich interessiert es mich auch nicht. Ich wünsche nur, dass Sie mich in Ruhe lassen!"

„Aber, aber, mein Täubchen, wer wird denn gleich so ungehalten sein! Ich glaube, ich weiß mehr über dich, als dir lieb sein kann.

Vor ein paar Wochen hatte ich noch ein hübsches, rotes Notizbuch vor mir auf dem Schreibtisch liegen und die Möglichkeit, es sehr ausgiebig studieren zu können."

Valerie fuhr der Schreck durch alle Glieder, und unter ihrer sonnengebräunten Haut wirkte sie aschfahl.

„Dein Ex-Lude weiß auch darüber Bescheid. Er würde sicher einiges dafür geben, wenn er erfahren könnte, wo sich die Nutte aufhält, die ihn bei den Bullen angeschissen hat!"

Val hatte das Gefühl, als würde sich eine eiskalte Hand um ihre Kehle legen. Ihr Mund war plötzlich trocken, und sie spürte ein dumpfes Gefühl in der Magengegend, das sich langsam über ihren gesamten Körper ausbreitete.

„Immerhin hat er mir ein Vermögen für diese Information bezahlt. Ich könnte mir vorstellen, dass er dich in deine Bestandteile zerlegen lässt, wenn er erfährt, wo du bist. Außerdem gibt es noch ein paar andere sehr einflussreiche Leute, die eine Hauptrolle in deinem Notizbuch spielen. Die werden auch nicht besonders erbaut darüber sein, dass du sie mit in den Strudel gezogen hast!"

Lahme sah sie triumphierend an.

Jetzt hatte er sie soweit.

Valerie schossen die Tränen in die Augen. Ihre Mundwinkel zuckten nervös. Schlagartig war die Angst wieder da. Die Angst, die in den letzten Jahren ihr ständiger Begleiter war!

KAPITEL 11

Der Baseler St. Jakob Park schien ein gutes Pflaster für die deutsche Mannschaft zu sein. Vor wenigen Tagen hatten die Nationalkicker in einem berauschenden Spiel Portugal bezwungen und waren ins Semifinale eingezogen.

Gegner waren die Türken.

Das Stadion war ein einziges Fahnenmeer, und niemand konnte sagen, welche Anhänger in der Mehrheit waren, die mit den schwarz-rot-goldenen Fahnen oder die mit den roten und dem weißen Halbmond darauf. Auf jeden Fall war die Stimmung prächtig, und jeder Zuschauer erwartete ein großes Spiel. Immerhin ging es um den Einzug in das Finale um die Europameisterschaft.

Zumindest von den Türken hätte niemand erwartet, dass sie so weit kommen würden.

Marcel Runge saß auf der Presse-Tribüne und auf dem Platz neben ihm sein Freund Jean Pierre.

Er hatte Runge in den letzten Tagen nicht aus den Augen gelassen und ihn auf Schritt und Tritt begleitet. Jean Pierre wusste, dass der Killer irgendwann zuschlagen würde, aber er konnte nicht genau sagen, wann und wo.

Seine Augen fixierten die Umgebung und versuchten, irgendetwas Auffälliges oder Verdächtiges zu finden. Sein prüfender Blick schätzte jede Person in ihrer Umgebung ab, doch so sehr er sich auch mühte, er konnte nichts Außergewöhnliches feststellen. Alle Leute in der nächsten Nähe waren damit beschäftigt, Kommentare in ihre Head-Set-Mikrofone zu sprechen oder führten gerade Interviews.

Jean Pierre hatte versucht, sich in die Person des Killers hineinzuversetzen und krampfhaft überlegt, wo das Attentat stattfinden könnte. Er war sich ziemlich sicher, dass der Killer es nicht hier im Stadion versuchen würde. Es gab zu viele Zeugen und die Wahrscheinlichkeit, unbemerkt verschwinden zu können, war äußerst gering.

In den letzten Tagen war er darum bemüht, zusammen mit Runge immer andere Routen zu fahren, um dem Attentäter nicht die Möglichkeit zu geben, irgendeine Gewohnheit des Opfers zu finden. Damit hätte er es ihm auch ausgesprochen leicht gemacht. Wenn sie abends ihr Hotelzimmer betraten, geschah dies immer, ohne das Licht anzumachen. Der ehemalige Fremdenlegionär war ständig darauf bedacht, dass sein Freund Marcel für den auf der Lauer liegenden Mörder kein einwandfreies Ziel abgeben würde. Er wunderte sich darüber, mit welcher Gelassenheit und Ruhe Runge, der sich anscheinend voll und ganz auf ihn verließ, mit dieser Situation umging.

Jean Pierre war 1970 in die Legion eingetreten. In den Jahren davor war er als Student für französische Völkerkunde und Journalistik an der Universität Heidelberg immatrikuliert. In dieser Zeit hatte er sich auch mit Marcel Runge angefreundet. Nach einer durchzechten Nacht war Jean Pierre auf dem Weg nach Hause mit zwei anderen jungen Leuten aneinander geraten. Dabei hatte er im Streit einen der beiden so sehr verletzt, dass dieser Zeit seines Lebens an den Rollstuhl gefesselt blieb.

Obwohl Jean Pierre aus Notwehr gehandelt hatte, wurde von dem anderen Schläger, der vor Gericht als Zeuge aufgetreten war, die Situation so dargestellt, als würde er die alleinige Schuld tragen.

Seine Anwälte hatten ihm damals wenig Hoffnung gemacht, bei dem anstehenden Prozess nicht verurteilt zu werden.

Die Anklage lautete auf versuchten Mord, und Jean Pierre musste mit einer nicht geringen Gefängnisstrafe rechnen. Zu allem Überfluss hätte er mit einer derartigen Verurteilung seine vielversprechende Karriere an den Nagel hängen können. In seiner Panik und Angst vor dem drohenden Gefängnis setzte er sich nach Frankreich ab und trat der Fremdenlegion bei.

Hier fragte niemand danach, wer er wirklich war, und welche Motive ihn zur Legion getrieben hätten. Die Legionäre setzten sich fast ausnahmslos aus vielen jungen Leuten zusammen, die aus irgendwelchen guten Gründen aus ihrer Heimat verschwinden mussten.

Jean Pierre erhielt nach fünfjähriger Zugehörigkeit eine neue Identität und Staatsbürgerschaft.

Plötzlich war er Franzose. Seine deutsche Vergangenheit und sein früheres Leben waren gelöscht.

‚Legio Patria Nostra', die Legion ist unser Vaterland! Dieses Motto traf zu einhundert Prozent auf ihn zu.

Obwohl er an dem Unglück keine Schuld trug, schickte er seit dem Vorfall regelmäßig Geld an das Opfer. Das tat er nicht, um sein Gewissen zu beruhigen, sondern weil er die Meinung vertrat, dass er, wenn er nicht so betrunken gewesen wäre, dem Streit hätte aus dem Weg gehen können.

Außerdem konnte die Familie seines Gegners das Geld sicherlich gut gebrauchen.

Er hatte sich zunächst für zehn lange Jahre verpflichtet. Die ersten Ausbildungsmonate erschienen ihm wie die Hölle. Bei der Legion hatte man den Grundsatz, dass Schweiß Blut spare.

Das hatte zu bedeuten, dass man versuchte, alle Legionäre in der Ausbildung über ihre psychischen und physischen Grenzen zu führen, damit sie im Kampfeinsatz über die entsprechende geistige und körperliche Fitness verfügten. Die Legionäre waren dafür bekannt, dass sie weltweit mit die härteste und anspruchsvollste Ausbildung für den Militärdienst genossen hatten.

Nachdem Jean Pierre seine Ausbildungszeit erfolgreich hinter sich gebracht hatte, wurde er fast auf der ganzen Welt zu Kampfeinsätzen geschickt. Die Legionäre wurden immer dahin entsandt, wo der französische Staat seine Interessen militärisch vertrat. Meistens hatten sie die Aufgabe, französische Staatsbürger aus einer Gefahr zu retten. Das Wichtigste, was er lernte, so lange er das Képi Blanc trug, war nicht die Kunst des Krieges und des Kämpfens, sondern eher die Kunst, im Kampf zu überleben.

Anfangs war er viele Jahre bei der 13. Halbbrigade der Legion in Dschibuti in Ostafrika stationiert.

Von hier aus nahm er an Einsätzen in Algerien und Indochina teil. Später, er hatte sich bereits bis zum Offiziersdienstgrad als Capitaine hochgedient, versah er seinen Dienst einige Jahre in Französisch-Guayana in Südamerika.

Hier hatte er auch Luise kennen und lieben gelernt und ließ sich auf ihren Wunsch zurück nach Frankreich versetzen. Die letzten zwanzig Jahre bis zu seiner Pensionierung verbrachte er als Leiter eines Ausbildungsregimentes in Aubagne in Südfrankreich.

Jean Pierre galt als harter Hund in der Legion und hatte unzählige Kampfeinsätze überlebt.

Er war an den verschiedensten Waffensystemen ausgebildet worden und war Sprengstoffexperte und Spezialist im Nahkampf. Außerdem hatte er gelernt, wie ein Legionär zu denken und zu fühlen, wodurch er sein ehemaliges Leben fast völlig verdrängt hatte.

Anfangs waren fast zwei Drittel der Legionäre Deutsche, in den neunziger Jahren kamen dann immer mehr Osteuropäer dazu. Das lag hauptsächlich daran, dass viele junge Männer aus der ehemaligen UdSSR in Zeiten von Glasnost und Perestrojka den Wirren ihres Landes entflohen und ihre neue Bestimmung in der Legion suchten.

Auch nach seiner Zeit als Legionär konnte Jean Pierre die Gebräuche und Riten nicht völlig ablegen; er trat einer Kameradschaft ehemaliger Fremdenlegionäre bei, die sich immer noch regelmäßig trafen und die alten Zeiten hochleben ließen.

„Na, wie findest du das Spiel? Sieht so aus, als ob die einen nicht könnten und die anderen nicht wollten."

Marcel grinste Jean Pierre an.

Er wusste, dass sich sein Freund nicht sehr für Fußball interessierte.

„Es lebt halt von der Spannung."

Die Türken lagen 1 : 0 vorn, und die deutsche Mannschaft versuchte bislang vergeblich, den Ausgleich zu erzielen.

Mitten in das sichere Gefühl des Sieges der türkischen Fans fiel wie aus heiterem Himmel der Ausgleich: 1 : 1!

Jetzt wurden die Karten neu gemischt. Das Stadion tobte, und die Tribünen erzitterten unter den Schlachtgesängen der deutschen Schlachtenbummler.

„So ein Tag, so wunderschön wie heute ...", skandierten sie aus tausenden Kehlen.

Neben Runge saß ein Reporter, der für das türkische Radio berichtete. Er hatte einen hochroten Kopf und schrie seine Kommentare förmlich in das Mikrofon. Es hatte den Anschein, als würde er jeden Moment vor lauter Aufregung tot vom Stuhl fallen.

Jean Pierre lächelte, er konnte diesem Sport zwar nicht sehr viel abgewinnen, allerdings gefielen ihm diese aufgeheizte Atmosphäre im Stadion und die Tatsache, wie die Menschen mit dem Spiel mitfieberten. Er konnte nun sehr gut nachvollziehen, welche Macht und Faszination in diesem Spiel lagen.

Fußball war ein Phänomen, das von den Emotionen und der Begeisterung lebte.

Wenn diese aufgeladenen Massen manipuliert und in die falsche Richtung gelenkt würden, dann war das ein Potenzial, das nicht zu unterschätzen war.

Er hatte es schon bei der Weltmeisterschaft 1998 in Frankreich miterlebt, was dabei herauskam, wenn Hooligans, egal, ob sie politisch motiviert waren oder nur ihre Aggressionen loswerden wollten, durch die Städte zogen und auf alles und jeden losgingen, was sich ihnen in den Weg stellte. Schon oft genug hatte es dabei Schwerverletzte oder sogar Tote gegeben.

Die Zeitgeschichte hat mehrfach gezeigt, dass der Mob sehr einfach zu manipulieren war, wenn er nur genügend emotional aufgepeitscht wurde. In der Masse konnte der Einzelne die individuelle Verschiedenheit ablegen und in der Menge untergehen. Dabei sank die Reizschwelle, und das Gewaltpotenzial wuchs zu einem kaum zu kontrollierenden Monstrum an.

Alle totalitären Systeme der Geschichte lebten von diesem Phänomen.

Fußball war eines dieser Beispiele, wie sich zwischen Patriotismus, gemeinsam zelebrierten Alkoholexzessen und Gewaltausbrüchen die Grenzen der Gesellschaft verschoben, und sich Emotionen und tiefste Abgründe völlig unverhüllt zeigten.

Die Halbzeitpause in diesem Spiel, das von der Erwartung lebte und getragen wurde, beruhigte die Gemüter der Fans, und im weiten Rund des St. Jakob Stadions wurden tausendfach die einzelnen Spielszenen diskutiert.

Eine nicht endende Welle der Begeisterung wogte über die Ränge, als die beiden Mannschaften zur zweiten Spielhälfte antraten.

Marcel Runge und Jean Pierre nahmen auch wieder ihre Plätze auf der Pressetribüne ein. In ihrer nächsten Umgebung wurde immer noch heiß darüber diskutiert, welche der beiden Mannschaften wohl in das Finale um die Europameisterschaft einziehen würde.

Der Tenor ging in die Richtung, dass es wohl wie immer die Deutschen sein würden.

Garry Lineker, ein ehemaliger englischer Nationalspieler, hatte einmal den Begriff Fußball aus seiner subjektiven Erfahrung sehr einfach und anschaulich definiert:

Fußball ist ein Spiel, in dem 22 Spieler um einen Ball kämpfen. Dieses Spiel dauert neunzig Minuten, und am Ende gewinnt Deutschland!

Diese rein englische Betrachtungsweise des Fußballspielens hatte natürlich seine historischen Hintergründe, denn England hatte bei Welt- oder Europameisterschaften seit mehr als fünfzig Jahren gegen Deutschland nicht mehr gewinnen können.

Inzwischen war das 2:1 für Deutschland gefallen, und die in schwarz-rot-gold gekleideten Fans lagen sich in den Armen.

Es waren nur noch zehn Minuten zu spielen, und sie wähnten sich im siebten Fußballhimmel. Doch die türkische Mannschaft steckte nicht auf. Die Spieler rannten und kämpften, als wäre der Teufel hinter ihnen her. Immer wieder entfachten sie aufs Neue die Schlachtgesänge der Roten.

„Türkiyet, Türkiyet!!"

Das Stadion dröhnte und stampfte wie bei einem urzeitlichen Erdbeben.

Marcel Runge lief eine Gänsehaut über den Rücken! Wer, verdammt noch mal, hatte das Drehbuch für dieses unglaubliche Spiel geschrieben? Aber genau das, was er hier am eigenen Leib erfuhr, war das, was den Fußball ausmachte.

In diesen neunzig Minuten wurden die Spieler und Zuschauer hin und her gerissen von einer Emotionswelle in die nächste. Mitten in dieses Stakkato, das den Baseler St. Jakobs Park bis in seine Grundmauern erschütterte, fiel der Ausgleich.

2 : 2!

Diese türkische Mannschaft hatte es tatsächlich geschafft, die drohende Niederlage noch kurz vor Ende des Spiels abzuwenden.

Ein Sturm der Begeisterung tobte über die Ränge. Unfassbare Szenen spielten sich ab, die türkischen Fans weinten vor Glück. Manche schrien haltlos ihre Gefühle hinaus.

Tausende Kehlen krächzten und brüllten ihre Glückseligkeit auf den grünen Rasen.

Auf dem Spielfeld bildete sich eine kaum zu definierende Spielertraube, die den Torschützen unter sich begrub.

Doch noch war das Spiel nicht zu Ende; der Unparteiische an der Außenlinie zeigte noch vier Minuten Nachspielzeit an.

Die Deutschen hielten den Ball in ihren Reihen, und es sah so aus, als wollten sie die verbleibende Zeit herunter spielen, um das Spiel in die Verlängerung zu bringen. Und dann geschah das Unglaubliche. Ein schneller Vorstoß über die linke Seite des Spielfelds überraschte die türkische Abwehr. Der Ball führende Spieler kurvte nach innen. Ein präziser Schuss und es stand 3 : 2 für Deutschland!

Das Stadion explodierte förmlich! Ein nicht zu beschreibender Freudentaumel erfasste die deutschen Schlachtenbummler. Ein Meer von schwarz-rot-goldenen Farben durchflutete die Tribünen, und ein Ozean von Freudentränen ergoss sich über die Ränge.

Wieder einmal hatte Garry Linneker Recht behalten: *Und am Ende gewinnt Deutschland!*

Marcel Runge konnte sich ein breites Grinsen nicht verkneifen.

Jean Pierre schaute ihn völlig konsterniert an.

Solch ein Wechselbad der Gefühle hatte er noch nie erlebt.

Der türkische Reporter neben ihnen blickte sie aus leeren und hohlen Augen an, so als sei das Leben aus ihnen gewichen. Seine Haare hingen ihm wirr in die Stirn, und er war in Schweiß gebadet.

Und am Ende gewinnt Deutschland!

Es war genau das eingetreten, was Hans Wolf zunächst nicht hatte glauben wollen, aber dennoch erwartet hatte. Nachdem er Lahme den Auftrag gegeben hatte, mit dem Zuhälter Ritchie Kontakt aufzunehmen, wurde die Information, die er ihm mit auf den Weg gab, direkt weitergegeben.

Eines der Abhörprotokolle, das Wolf auf seinen Schreibtisch bekam, beinhaltete genau das, was er mit Lahme besprochen hatte. Ritchie hatte seinen Kompagnon direkt über den Inhalt der Information unterrichten lassen. Der Kontakt zwischen Vladimir Bako, alias Igor und Ritchie brach danach augenscheinlich sofort ab.

Lahme hatte direkt am nächsten Tag seinen Urlaub angetreten, und als Wolf den Haftbefehl für ihn in der Tasche hatte und tags darauf seine Wohnung durchsuchen ließ, vermittelte diese den Anschein, als sei er sehr hastig abgereist. Obwohl er Lahme sofort zur Fahndung ausschrieb, konnte dieser nicht gefasst werden.

Er war wie vom Erdboden verschluckt.

Gestern hatte man dann die Leiche Ritchies in einem abgelegenen Industriegebiet am Rande von Frankfurt gefunden.

Er lag in seiner Luxuslimousine mit zwei Einschüssen im Körper. Einer seitlich an der linken Schläfe und der andere mitten in seiner Brust. Jede dieser Verletzungen wäre tödlich gewesen. Alles sprach dafür, dass hier ein Profikiller am Werk war.

Hans Wolf war sich sicher, dass Bako dahinter steckte und jetzt versuchen würde, alle Zeugen, die ihm gefährlich werden konnten, für immer zum Schweigen zu bringen.

Zwischenzeitlich hatte der BKA-Ermittler ein langes Gespräch mit seinem Freund Marcel Runge geführt und ihn eindringlich vor der bestehenden Gefahr gewarnt, doch Runge nahm die neuesten Informationen scheinbar gelassen hin. Auf Wolf machte es den Eindruck, als würde er die Situation völlig unterschätzen. Lapidar erklärte Runge ihm, dass Jean Pierre schon auf ihn Acht geben würde.

Aber Jean Pierre war ein alternder, ehemaliger Fremdenlegionär, der sicherlich über große Erfahrungen verfügte, allerdings auch seine besten Jahre bereits hinter sich hatte.

Hier hatten sie es vermutlich mit einem Profikiller zu tun, und Hans Wolf glaubte nicht daran, dass Jean Pierre große Chancen hatte, Marcel vor ihm zu beschützen.

Die Verletzungen, die der Killer Ritchie zugefügt hatte, und die Art und Weise, wie er seinen Auftrag beendete, ließen keinen anderen Schluss zu, als den, dass hier ein Profi am Werk gewesen war. Aus Erfahrung wusste Wolf, dass die Profis in diesem Gewerbe immer zwei tödliche Schüsse abgaben und zwar immer in der gleichen Reihenfolge.

Der erste Schuss wurde immer auf den Kopf des Opfers abgegeben und der zweite war auf das Herz gerichtet. Damit wollte der Killer sichergehen, dass er seinen Auftrag zu einhundert Prozent erledigt hatte. Das war ihm in diesem Fall auch gelungen.

Lahme war ihnen zwar fürs Erste durch die Lappen gegangen, jedoch war sich Wolf sicher, dass sie ihn über kurz oder lang fassen würden. Jeder Mitarbeiter seiner Abteilung hatte jetzt, nachdem sie alle wussten, dass er ein Spitzel und korrupter Verräter war, eine besondere Motivation, diesen Kerl so schnell wie möglich hinter Schloss und Riegel zu bringen. Bisher hatten sie nur herausgefunden, dass er sich mit einem Taxi zum Frankfurter Flughafen hatte bringen lassen. Allerdings tauchte sein Name in keiner der Passagierlisten auf, die ihm die Fluggesellschaften zur Verfügung stellten.

Vermutlich hatte Lahme seine Tickets unter einem falschen Namen gebucht, und Wolf war überzeugt davon, dass er sich schon außerhalb Europas aufhielt.

Irgendwann würden sie ihn schon ausfindig machen!

Zurzeit allerdings hatten sie ihr Augenmerk darauf gelegt, Vladimir Bako nicht aus den Augen zu verlieren. Er war mit absoluter Sicherheit der Hauptakteur in diesem kriminellen Drama.

Die Hinweise darauf, dass er einen großen Coup plante, verdichteten sich immer mehr. Aus den Überwachungsergebnissen konnte man entnehmen, dass er seit Tagen sehr regen Kontakt nach Südamerika und Nordspanien hatte. Außerdem wurde er mit einer Gruppe Italiener in Verbindung gebracht, die nach aktuellsten Informationen eine deutsche Splittergruppe der kalabrischen Mafia war.

Hans Wolf versuchte, die Informationen in einen logischen Zusammenhang zu sortieren.

Ihm war relativ klar, dass es sich entweder um ein Drogen- oder um ein Waffengeschäft handeln musste. Die Ndrangheta war eine der Organisationen, die den Drogenmarkt in Mittel- und Westeuropa beherrschte. Gleichzeitig war Nordspanien, also Galizien, die Haupteinfuhrroute für Kokain aus Südamerika.

Galizien ist eine der autonomen Gemeinschaften Spaniens und liegt im Norden des Landes, oberhalb der portugiesischen Grenze. Nach Osten grenzt Galizien an das Baskenland und wird im Norden und im Westen vom Atlantik flankiert.

Daher bezog Galizien seine wirtschaftliche Macht schon seit Menschengedenken aus dem Meer. Die meisten Menschen dieser Provinz ernährten sich vom Fischfang und von allem, was das Meer sonst noch so hergab. Die Küste Galiziens ist gesäumt von schroffen Steilküsten, die ins Meer münden.

Im Volksmund wurden diese Provinzen Spaniens auch als das grüne Spanien bezeichnet. Dies lag in erster Linie daran, dass es in Galizien riesige Waldbestände gab, die zum großen Teil aus künstlich angepflanzten Eukalyptusbäumen bestanden.

Das überwiegend feuchte Klima dieses Landstriches sowie Nebel, Wind und die grünen bewaldeten Hügel und Berge ließen ohne weiteres Vergleiche mit der Bretagne oder Irland zu.

Schon seit jeher galt der Schmuggel in Galizien als Kavaliersdelikt. Fast jeder beschäftigte sich irgendwie mit der Schmuggelei. Es wurde so ziemlich alles illegal eingeführt, was sich irgendwie zu Geld machen ließ. Die geschmuggelten Waren reichten von Alkohol, über Zigaretten, Tabak und Glücksspielgeräten bis hin zu allen erdenklichen Drogen.

Es gab Familien, die sich schon seit Generationen nur vom Schwarzhandel ernährten. Die Behörden duldeten das Schwarzmarktgeschäft meist stillschweigend, weil ein striktes Verbot vermutlich eine ganze Region ins Elend gestürzt hätte. Erst als der Drogenmarkt an der galizischen Küste überhand nahm, versuchte die sozialistische Regierung Spaniens die Contrabandistas, die Schmugglerbanden, dingfest zu machen. Dies gestaltete sich allerdings als äußerst schwierig, denn trotz einiger Erfolge und Beschlagnahmungen von etlichen Tonnen Kokain zeigte sich immer wieder, dass die Schmuggler in den Rias, den engen Fjorden an der galizischen Küste, mit ihren schnellen und wendigen Booten ihren Jägern haushoch überlegen waren.

Außerdem scheiterte die Fahndung auch über viele Jahre an den schmalen Budgets, die den Häschern zur Verfügung standen. So durfte in den neunziger Jahren ein Einsatz nicht mehr als neunhundert Mark kosten, und Verfolgungen konnten nicht durchgeführt werden, weil es z. B. an Benzin fehlte.

Zusätzlich waren die Küstenregionen so spärlich überwacht, dass zum Beispiel zwei Guardia Civiles einen Küstenstreifen von mehreren Kilometern bewachen mussten. Diese waren dann meist so schlecht bezahlt, dass sie für ein paar Peseten oder später Euro gerne in die andere Richtung schauten.

Den größten Gewinn erzielten nicht die Schmuggler selbst, sondern mächtige Wirtschaftsbosse und korrupte Politiker, die in Anlehnung an eine aus der Karibik entliehene Bezeichnung Kaziken genannt wurden. Gemeinsam mit den Schmugglern bildeten sie die galizische Mafia.

Mittlerweile erzielten die Schwarzmarktgeschäfte Milliardenumsätze, und fast der gesamte europäische Markt wurde aus Nordspanien mit Drogen beliefert. Hauptabnehmer für den Bereich Mittel- und Südeuropa waren die kalabrische und die russische Mafia.

Die Schmuggler-Clans aus Galizien waren nur Zwischenhändler zwischen den großen kolumbianischen Drogenkartellen und der Mafia.

Unmengen von Kokain wurden von den Narcos, den Drogendealern, über die galizische Küste eingeführt, wobei man auch in Kauf nahm, dass einmal ein paar Tonnen beschlagnahmt wurden.

Aus dem Drogenhandel von Südamerika an die Küste Nordspaniens entwickelte sich ein ganzer Wirtschaftszweig, der nach Schätzungen der internationalen Rauschgiftfahnder den Dealern Gewinne von mehr als 15 Milliarden Euro pro Jahr einbrachte.

Das Drogengeschäft blühte mehr denn je!

Am Anfang waren es die Einheimischen und Latinos, die den Handel betrieben und sich die Gewinne teilten. Später fungierten sie nur noch als Transporteure und Kommissionäre, die die Drogen auf Kommissionsbasis erhielten und die logistischen Strukturen aufbauten. Sie waren die Lieferanten für die eigentlichen Abnehmer der heißen Ware. Damit übernahmen sie auch das alleinige Risiko, entdeckt zu werden, das sie sich von beiden Seiten, sowohl von den südamerikanischen Kartellen als auch von den Abnehmern, fürstlich bezahlen ließen.

Für den Fall, dass die Narcos einmal nicht funktionierten oder ihre Auftraggeber betrogen, schickte man ihnen meist kolumbianische Meuchelmörder, die das Problem rücksichtslos beseitigten.

Noch schlimmer waren die Killer, die von der russischen Mafia entsandt wurden. Hier handelte es sich fast immer um ehemalige KGB-Agenten, die kalt, gefürchtet und äußerst professionell waren.

Hans Wolf hatte seine Informationen über den von Bako geplanten Deal an ein Anti-Drogen-Dezernat in Vigo, einer Hafenstadt in Nordspanien, weitergeleitet und hoffte inständig, dass die spanische Sondereinheit der Guardia Civil mit ihm zusammenarbeiten würde.

Dies war in der Vergangenheit nicht sehr oft der Fall gewesen.

Die Spanier waren zwar sehr dankbar für alle Informationen, die ihnen übermittelt wurden, legten aber keinen besonderen Wert auf eine weitere Zusammenarbeit. Deutsche Kriminalbeamte wurden meist lediglich als Beobachter geduldet. Die weitere Fahndung und die Zugriffe führten die spanischen Behörden selbst aus. Aus Spanien wurde ihm versichert, dass man seine Informationen und Ermittlungsergebnisse sehr ernst nehmen würde. Man hätte jedoch auch eigene Informationen, die in die gleiche Richtung gingen. Die spanischen Ermittler versprachen ihm, dass sie ihn über den Fortgang der Ereignisse auf dem Laufenden halten würden.

In den folgenden Tagen widmete sich Wolf mit seiner gesamten Energie und seinem instinktiven Spürsinn den weiteren Ermittlungen gegen den Albaner Bako. Er hatte sich auf die Fahne geschrieben, ihn so schnell wie möglich dingfest zu machen. Dies war er schon seinem Freund Marcel Runge schuldig.

Runge befand sich auf dem Weg zum Genfer See. Er saß am Steuer seines uralten Peugeots. Das Vehikel hatte ihm in der Vergangenheit immer treue Dienste geleistet. Gemächlich legte er die vor ihm liegende Fahrtstrecke zurück, er hatte es nicht eilig. Es dämmerte bereits, und im Rückspiegel des antiken Gefährtes konnte er beobachten, dass sich hinter ihm der Himmel von der untergehenden Sonne blutrot gefärbt hatte. Am vor ihm liegenden Horizont bildeten sich dunkle Gewitterwolken, die die schemenhafte Kulisse der französischen Alpen bedrohlich und mystisch wirken ließen.

Außer ihm waren nicht besonders viele Menschen mit ihren Fahrzeugen unterwegs. Die sonst so stark befahrene Nationalstraße war nahezu menschenleer. In gebührendem Abstand verfolgte ihn ein dunkler Kleinwagen, der dem Reporter bereits vor geraumer Zeit aufgefallen war. Runge ahnte, was dies zu bedeuten hatte. Er war sich der Gefahr, in der er schwebte, immer bewusst und wusste zu genau, dass er darauf Acht geben musste, den Bogen nicht zu überspannen.

In dem dunklen Gefährt, das ihm schon seit seiner Abfahrt aus Cluny folgte, befand sich mit absoluter Sicherheit der

Kerl, der Jean Pierre und ihn bereits seit Tagen beschattete. Jean Pierre gegenüber hatte Runge sich so verhalten, als sei ihm ihr Verfolger nicht aufgefallen.

Als er sich von seinem alten Freund in Cluny verabschiedet hatte, hatte es ihn unglaubliche Mühe gekostet, den skeptischen Legionär davon zu überzeugen, dass er sich ohne besondere Gefahr allein auf den Weg zum Genfer See machen könne. Nach einer schier endlosen Diskussion ließ ihn sein Freund schließlich gewähren.

Der Sportreporter warf erneut einen Blick in seinen Rückspiegel. Sein Verfolger klebte immer noch wie eine Klette an ihm. In dem Scheinwerferlicht seines Peugeots erschien das Hinweisschild Richtung Genf, Nyon und Lausanne. Hier würde er die Autobahn verlassen und schon nach wenigen Kilometern auf die Passstraße gelangen, die ihn direkt zum Grand Lac führen würde.

Im Autoradio lief gerade ein alter Elvis Song. Das Lied erinnerte ihn an seine Kindheit, da sein Vater ein ausgesprochener Fan des amerikanischen Rock'n'Roll-Interpreten gewesen war.

Marcel Runge wurde Anfang der fünfziger Jahre im tiefsten Ruhrgebiet geboren, und seine Eltern gehörten zu der Generation, die noch sehr unter den Auswirkungen des Zweiten Weltkriegs zu leiden hatte. Zu der Zeit befand sich das zerstörte Deutschland sowohl im politischen als auch im wirtschaftlichen Aufbau. Konrad Adenauer war im September 1949 zum ersten deutschen Bundeskanzler gewählt worden, und die gerade gegründete junge Republik war darum bemüht, mit den Sünden der Vergangenheit zu leben. Die vom Krieg gebeutelte Bevölkerung versuchte wieder, einen neuen, funktionierenden Staat aufzubauen.

In den Nürnberger Kriegsverbrecherprozessen hatten die alliierten Siegermächte einen Teil der Hauptverantwortlichen für die deutschen Schandtaten während der nationalsozialistischen Diktatur zur Verantwortung gezogen. Nachdem 1949 der letzte Richterspruch gefällt worden war, und die meisten Angeklagten ihre gerechte Strafe erhalten hatten, konnte die deutsche Bevölkerung mit dem Aufbau ihres am Boden liegenden Heimatlandes beginnen.

Das Ruhrgebiet hatte die Zerstörungswut der alliierten Bomberpiloten, neben vielen anderen deutschen Industriezentren, am härtesten getroffen. Die Menschen waren nicht nur damit beschäftigt, ihre ausgebombten Städte wiederaufzubauen, sondern hatten daneben in erster Linie mit einer gravierenden Identitätskrise zu kämpfen. Große Teile des deutschen Volkes hatten ihr Selbstwertgefühl als autonome Nation verloren. Das nationale Selbstbewusstsein war am Boden zerstört, und die Familien, die sich in den Wirren des Krieges verloren hatten, waren auf der Suche nach ihren Wurzeln.

So erging es auch der jungen Familie Runge.

Siegfried Runge hatte seine unzähligen Fronteinsätze als Offizier der deutschen Wehrmacht zum Glück relativ unbeschadet überstanden. Er war während der Ardennenoffensive im Winter 1944 in amerikanische Kriegsgefangenschaft geraten.

Nach einem überhasteten Rückzug der deutschen Truppen war der Offizier von einer französischen Kampfeinheit gefangen genommen worden. Der Befehlshaber der Franzosen hatte ihm mit einem eindeutigen Befehl an seine Untergebenen das Leben gerettet, ansonsten wäre er hingerichtet worden. Gerade die französischen Truppen machten zu dieser Zeit keine Gefangenen. Jeder deutsche Soldat, dem sie habhaft werden konnten, wurde meist unmittelbar erschossen. Der französische Offizier, der dafür sorgte gesorgt hatte, dass Siegfried Runge und seine übrigen Kameraden verschont und in ein amerikanisches Gefangenenlager verbracht wurden, hieß Marcel Dubois. Siegfried Runge verband in den Jahrzehnten danach eine tiefe Freundschaft mit dem Franzosen.

Nach Beendigung des Krieges kehrte er in seine Heimatstadt im Ruhrgebiet zurück. Hier lernte er in einem der wenigen, noch funktionsfähigen Militärlazarette die Krankenschwester Frieda kennen. Mit einer Engelsgeduld hatte sie ihm die unzähligen Granatsplitter, die sich in den letzten Kriegstagen während der amerikanischen Offensive in seine Haut gegraben hatten, entfernt. 1951 führte er sie zum Traualtar. Ein Jahre später gebar Frieda einen strammen Jungen, den das junge Ehepaar in Erinnerung an den Mann, der seinem Vater das Leben gerettet hatte, auf den Namen Marcel taufte.

Marcel wuchs in behüteten, kleinbürgerlichen Verhältnissen der aufstrebenden Bundesrepublik auf. In seiner Familie galten strenge Regeln, die sein Vater aufgrund seiner militärischen Vergangenheit aufstellt hatte und die er eisern überwachte. Neben seiner schulischen Ausbildung gehörten die Attribute Ehre, Gewissen, Treue, Mut und Zielstrebigkeit zu den Lebensinhalten, auf die sein Elternhaus besonderen Wert legte.

Sein Vater, der nach dem Krieg die mittlere Beamtenlaufbahn in der Verwaltung seiner Heimatstadt eingeschlagen hatte, war ein Mann mit eisernen Prinzipien. Er hatte immer besonderen Wert darauf gelegt, dass sein Sohn von ihm die Wesenszüge übernahm, die ihn während seiner militärischen Vergangenheit ausgezeichnet hatten.

Frieda, seine Mutter, nahm die für die damaligen Verhältnisse typische Rolle einer deutschen Ehefrau ein. Sie hütete das kleine Reihenhaus, in dem sie lebten, und versorgte die Familie.

Marcels schulische Leistungen waren überdurchschnittlich gut. Das Lernen fiel ihm ausgesprochen leicht, und sein sympathisches Wesen sorgte dafür, dass er sowohl bei seinen Lehrern als auch bei seinen Mitschülern äußerst beliebt war.

Seine Freizeit verbrachte er überwiegend auf dem Sportplatz, wo er in der Jugendmannschaft eines lokalen Fußballvereins, allerdings nur mit mäßigem Erfolg, spielte. Dennoch gehörte der Fußballsport wie bei den meisten seiner Altersgenossen zu einem seiner wichtigsten Lebensinhalte.

1954 durfte die deutsche Fußballnationalmannschaft das erste Mal nach dem Krieg wieder an einer Weltmeisterschaft teilnehmen, und das so genannte Wunder von Bern trug einen erheblichen Anteil daran, dass das deutsche Volk sein Nationalbewusstsein und sein Selbstvertrauen wiederfand.

Der jugendliche Marcel Runge wurde während seiner Adoleszens von den neuen Nationalhelden begleitet, die der deutsche Fußball zu jener Zeit hervorgebracht hatte. Es waren Männer wie Helmut Rahn, Fritz und Othmar Walter sowie der junge Uwe Seeler, die die neuen Idole der deutschen Jugend ausmachten. Besonders im Ruhrgebiet erhielt der Fußball durch seine Traditionsmannschaften einen besonderen Stellenwert.

Als der BV-Borussia-Dortmund 1966 vor 41500 Zuschauern in Glasgow den FC Liverpool mit 2 : 1 nach Verlängerung schlug und sich damit den Europapokal der Pokalsieger sicherte, wurden die Dortmunder Spieler in ihrer Heimatstadt wie Volkshelden gefeiert. Die Jubelstürme nahmen kein Ende. Spätestens damit hatte das Ruhrgebiet seine unumstößlichen Helden gefunden.

Der erste große Fußballskandal aus der Bundesligasaison 1970/71 beeinflusste als eines der eklatantesten Ereignisse in der deutschen Fußballgeschichte die Berufsfindung des jungen Mannes. Die skandalösen Betrügereien, die zu der Zeit an die Öffentlichkeit kamen, erschütterten seinen bis dahin unumstößlichen Glauben an die Sauberkeit des Sports bis ins Mark. Nach seinem Abitur absolvierte Marcel an der Universität Heidelberg ein Studium der Journalistik und Publizistik, das er einige Jahre später mit Erfolg abschloss.

Nachdem er ein Volontariat bei einer lokalen Zeitung in Heidelberg beendet hatte, führte ihn sein Weg wieder zurück in seine Heimatstadt. Hier arbeitete er geraume Zeit als Sportredakteur bei einem Ruhrgebietsverlag. Das Misstrauen, das sich tief in seinem Inneren eingepflanzt hatte, ließ ihn nie wieder los, und er legte neben seiner täglichen Routinearbeit sein Hauptaugenmerk darauf, Fußballskandale zu recherchieren und aufzudecken. Während seiner Tätigkeit als Sportredakteur lernte er seine spätere Ehefrau Mia kennen, die ihn bis zu ihrer Schwangerschaft regelmäßig auf seinen Reisen kreuz und quer durch die Republik begleitet hatte. Mia war für Marcel Runge die Quelle, aus der er die Kraft schöpfte, die er benötigte, um seine beruflichen Ziele zu erreichen. Sie war auch diejenige, die ihn in seinen Recherchen bezüglich der großen Sportskandale grenzenlos unterstützt hatte.

Mit sicherer Hand steuerte der Reporter sein altes Gefährt über die enge Passstraße. Bei Saint-Genis-Pouilly überquerte er die Schweizer Grenze. Inzwischen hatte es zu regnen angefangen. Der Wind frischte stark auf, und die Regentropfen prasselten in einem unablässigen Stakkato auf die Windschutzscheibe. Die altersschwachen Scheibenwischer des Peugeots wurden der Wassermassen, die der Himmel ausschüttete, kaum Herr. Angestrengt fixierte Runge die vor ihm liegende Straße, auf der sich bereits riesige Pfützen gebildet hatten, die durch die Sturzbäche, die der Himmel entlud, immer mehr anschwollen. Zwischendurch beobachtete er im Rückspiegel den Wagen, der ihm seit geraumer Zeit folgte. Seine Scheinwerfer durchschnitten die Nacht wie zwei imaginär leuchtende Finger. Immer wieder versuchte Marcel Runge, seinem Verfolger zu entkommen, indem er das Tempo forcierte. So schnell er jedoch auch fuhr, war es ihm unmöglich, seinen Häscher abzuschütteln.

Der albanische Killer hatte den Reporter schon seit Tagen beobachtet, um seinen perfiden Plan in die Tat umzusetzen. Bisher hatte sich noch keine Gelegenheit geboten, seinen Auftrag auszuführen.

Seit Stunden verfolgte er nun schon sein Opfer auf dem Weg in die Schweiz. Der Meuchelmörder hatte gelernt, geduldig zu sein und nicht überhastet zu agieren. Irgendwann würde der Todgeweihte, den er verfolgte, seinen entscheidenden Fehler begehen. In diesem Moment musste er gnadenlos zuschlagen!

Der Peugeot vor ihm entglitt seinem Gesichtsfeld gerade hinter einer Bergkuppe. Schemenhaft sah er die Rücklichter durch den strömenden Regen verschwinden. Als er die Anhöhe erreichte, erblickte er unter sich den Genfer See, an dessen Ufer sich die schmale Straße entlang schlängelte.

Vergeblich suchte der Albaner die Rücklichter des Peugeots, der noch vor wenigen Augenblicken nur einige hundert Meter vor ihm gefahren war. Unvermittelt hielt er seinen Wagen an und schaltete das Licht aus.

Mit zusammengekniffenen Augen versuchte er, die Dunkelheit zu durchdringen. Aber die Straße, die er durch den Regen nur undeutlich und verschwommen wahrnahm, war wie leergefegt. Der Peugeot war wie vom Erdboden verschluckt. Langsam fuhr der Killer mit ausgeschalteten Scheinwerfern weiter und lenkte sein Fahrzeug vorsichtig die steile Passstraße hinab. Vor ihm lag eine scharfe Linkskurve. Neben der Fahrbahn fiel das Gelände steil ab und mündete direkt in den See, der sich dunkel und bedrohlich an den Abhang schmiegte.

Am Scheitelpunkt der Kurve war die Leitplanke durchbrochen. Wrackteile lagen verteilt auf der engen Passstraße.

Der Albaner hatte sein Auto am Straßenrand abgestellt und stand direkt an der Unfallstelle. Er war sich sicher, dass sein Opfer an dieser Stelle in den See gestürzt war. Eine Zeitlang beobachtete er die aufgewühlte Wasseroberfläche. Blasen stiegen vom Grund des Sees auf.

Erst als er überzeugt war, dass der Fahrer des verunglückten Wagens seinem kalten und nassen Grab nicht entkommen war, bestieg er seinen geparkten PKW und verschwand in der Nacht.

Das Schicksal hatte seinen Auftrag für ihn erledigt!

Igor war auf dem Weg nach Biarritz, einer kleinen Küstenstadt in Südfrankreich, nahe der spanischen Grenze. Er hatte sich mit seinen iberischen Kontaktleuten, die für ihn die letzten Drogenlieferungen organisiert und abgewickelt hatten, verabredet. In dem Touristen verseuchten Badeort an der Atlantikküste wollte er sich nicht mit ihnen treffen, sondern ein paar Kilometer weiter südlich in Vieux Bocau. Von hier aus konnte man fast über die spanische Grenze spucken.

Seine Kokainlieferungen bekam er in der Regel direkt aus Kolumbien. Die Droge wurde auf den unterschiedlichsten Wegen nach Europa gebracht und landete meist an der galizischen Küste in Nordspanien. Die Drogenkuriere, die über den Luftweg kamen, warfen ihre brisante Fracht unmittelbar vor der Küste ab. Hier wurden die in wasserdichte Behälter verpackten Lieferungen von den Narcos aus dem Meer gefischt.

Meistens jedoch fanden die Lieferungen über den Seeweg statt. Entweder wurden sie mit normalen Handelsschiffen oder mit Fischfangbooten, die vor der südamerikanischen Küste fischten, auf den Weg nach Europa mitgenommen.

Igors Leute hatten dann von Spanien aus ein ausgeklügeltes und professionelles Verteilersystem aufgebaut.

Die Drogen, die nicht über den Landweg, insbesondere über Osteuropa, sondern über den Atlantik nach Mitteleuropa kamen, wurden zunächst einmal quer durch Spanien an die Mittelmeerküste transportiert. Von hier aus gelangten die Lieferungen dann auf die Baleareninseln Mallorca oder Ibiza, von wo aus sie darauf in den gesamten südeuropäischen Raum verteilt wurden.

Igors Partner hatten eine durchdachte Logistik aufgebaut und dadurch, dass sie immer sehr viele verschiedene Verteilerwege benutzten, hielten sich die beschlagnahmten Mengen in Grenzen.

In den seltensten Fällen gingen wirklich große Kokainlieferungen durch die Behörden verloren. Die Narcos wurden von ihm auf Provisionsbasis bezahlt, und die Höhe der Provision berechnete sich nach der Menge an Kokain, die am Bestimmungsort ankam.

Igor selbst erhielt seine Lieferungen als Kommissionsware.

Die Kolumbianer schickten mit jeder großen Menge einen oder mehrere Kontrolleure mit, um zu gewährleisten, dass sie von ihren europäischen Geschäftspartnern nicht übers Ohr gehauen wurden.

Bei einem durchschnittlichen Verkaufspreis von 25.000 Euro pro Kilo reinen Kokses verdiente Igor nicht schlecht, zumal die gelieferte Ware meist mit einem Streckmittel auf die drei- bis vierfache Menge vergrößert wurde. Hierfür verwandten sie in der Regel Milchzucker.

Igor hatte sich mit seinem Mittelsmann in einer kleinen Strandbar in Vieux Bocau verabredet.

Der Spanier war ihm nur unter dem Decknamen Carlos bekannt, und obwohl er schon seit vielen Jahren mit ihm zusammenarbeitete, kannte er seinen wirklichen Namen nicht. Aber das war in dieser Szene auch nichts Ungewöhnliches.

Carlos war ein Mann mittleren Alters, Igor schätzte ihn auf ungefähr 35 bis 40 Jahre. Er hatte einen durchtrainierten Körper, kurz geschorene dunkle Haare und fast schwarze Augen, die an die einer Ratte erinnerten.

„Na, mein deutscher Freund, wie geht es dir?", begrüßte er Igor überschwänglich, „Hast du eine angenehme Reise gehabt?"

„Es gab keine besonderen Vorkommnisse, war eigentlich so wie immer."

Igor hasste diese Höflichkeitsfloskeln, zumal sie doch nicht ehrlich gemeint waren. Er wollte lieber gleich zum Geschäft kommen.

„Die nächste Lieferung kommt auf dem Seeweg, von unseren Freunden aus Bogota. Es werden ungefähr 1.200 Kilogramm sein. Zusätzlich ist eine Probelieferung Coca Negra, ungefähr 300 Kilogramm, dabei!"

„Coca Negra, was soll das sein? Habe noch nie etwas davon gehört." Carlos sah Igor fragend an.

„Wir versuchen damit eine neue Methode. Das Zeug wird mit Kobalt- und Eisenchlorid vermischt. Das hat den Vorteil, dass die üblichen Testmethoden die Droge nicht erkennen. Später reextrahieren wir den Mist wieder zu unserem weißen Pulver", klärte ihn Igor auf.

„Wer hat sich denn diesen Scheiß einfallen lassen?", nörgelte der Spanier.

„Das ist kein Scheiß, sondern eine Möglichkeit, den Bullen ein Schnippchen zu schlagen. Unsere kolumbianischen

Freunde sind da sehr erfinderisch. Für dich ändert sich nichts, du musst nur weiter dafür sorgen, dass die Lieferungen an ihren Zielorten eintreffen, comprende?", wies ihn der Dealer mit Nachdruck an.

„1.500 Kilogramm ist eine unglaubliche Menge an Koks. Wenn du das noch streckst, dann hast du gut sechs Tonnen. Willst du damit den ganzen Markt überschwemmen oder was hast du vor?", begehrte Carlos auf.

„Ich denke, das geht dich nichts an, oder? Kümmere dich darum, dass das Zeug wie gehabt verteilt wird und stell keine blöden Fragen!"

Igor sah Carlos wütend und mit funkelnden Augen an. Neugierde, vor allen Dingen in Momenten, in denen sie nicht angebracht war, machte ihn rasend. Er hasste es, wenn Leute zu viele Fragen stellten.

„Du verdienst genügend Kohle an dem Deal. Das sollte dir reichen. Alles andere hat dich nicht zu interessieren!" Deutlich war Igors Ungeduld in seiner verschärften Wortwahl zu spüren.

Carlos grinste breit.

„Entspann dich wieder, Amigo! Ich denke nur an das Risiko. Die Drogenfahnder sind in den letzten Jahren auch schlauer geworden und haben einiges dazugelernt. So eine riesige Lieferung hinterlässt Spuren und sorgt für Gerede. Wenn sie uns erwischen und die Lieferung hochnehmen, bevor wir sie verteilt haben, sind wir beide nicht nur pleite, wir hätten dann auch noch ein gravierendes Problem mit den Latinos. Oder glaubst du etwa im Ernst daran, dass wir ungeschoren davonkämen, wenn mit der Lieferung etwas anbrennen würde?

Unsere kolumbianischen Freunde haben da so ihre eigenen Methoden! Ich möchte nicht unbedingt mit aufgedunsenem Bauch und einem riesigen Loch im Schädel am Strand gefunden werden!“ Carlos war sich dem bitteren Ernst seiner Lage durchaus bewusst.

„Lass die Latinos meine Sorge sein, kümmere du dich um den Rest. Ich werde selbst vor Ort sein, wenn das Zeug ankommt. Wir haben diesmal eine etwas andere Variante gewählt. Die Übergabe findet nicht wie sonst im Norden in der Nähe von La Coruna statt. Diesmal gehen wir runter in den Süden, direkt an die portugiesische Grenze. Das Ganze ist in zwei Teillieferungen aufgeteilt.

Die erste geht an den Playa von A Guarda und soll von da aus über den Landweg nach Frankreich gebracht werden. Die zweite Lieferung bekommst du in Pasaje übergeben, das ist unterhalb von Camposancos. Ihr müsst das Zeug schon auf dem Meer außerhalb der Dreimeilenzone annehmen. Anschließend fahrt ihr rein in die Rias; hier verläuft die Grenze mitten im Fjord. Das hat den Vorteil, dass ihr ständig von Spanien nach Portugal wechseln könnt. Der Golf mündet direkt in den Rio Mino. Ab San Pedro da Torre könnt ihr dann auf den Landweg umsteigen. Hast du das soweit begriffen?“, schnauzte Igor den Spanier an.

„Ich denke schon. Schlauer Plan, mal sehen, wie gut die spanischen Bullen mit den Portugiesen zusammenarbeiten“, feixte Carlos in sich hinein.

„Die Lieferung kommt in fünf Tagen! Bereitet also alles vor! Wir treffen uns einen Tag vorher in Camposancos!“

Igor stand von seinem Stuhl auf und verließ, ohne ein weiteres Wort zu verlieren, das Lokal.

Er hatte sich nicht umsonst den Ort A Guarda ausgesucht.

A Guarda war ein unscheinbarer, typisch galizischer Fischerort oberhalb der portugiesischen Grenze

Die Grenze verlief in der Mitte des Flusses Mino. A Guarda und Camposancos hatten in den späten dreißiger Jahren traurige Berühmtheit dadurch erlangt, dass Franco hier während des Spanischen Bürgerkrieges tausende asturische Gefangene in einem Konzentrationslager untergebracht hatte. Das Lager war in einem ehemaligen Jesuitenkloster eingerichtet worden.

Schon seit dem Mittelalter war A Guarda ein Zentrum für Piraten und Schmuggler. Der kleine idyllische Ort lag im Schatten des Berges Santa Tecla.

Igor wollte sich hier mit seinen Geschäftspartnern aus Kalabrien und Bogota treffen, um den geplanten Drogendeal abzuwickeln. Danach hatte er noch ein Meeting mit den Russen vorgesehen.

Der Albaner wollte keine Zeit mehr verlieren. Dieses Geschäft noch und dann nichts wie weg!

Er plante, sich sofort nach Portugal abzusetzen und von Lissabon aus den direkten Weg nach Südamerika zu suchen. Sein Plan war bis ins letzte Detail durchdacht. Wenn er erst einmal in Südamerika wäre, könnten ihn die Bullen in Deutschland und dem Rest der Welt am Arsch lecken.

Alleine an diesem Deal würde er fast zehn Millionen verdienen und zusammen mit dem Geld, das er schon an die Seite geschafft hatte, hätte er ein Vermögen angehäuft, das bis ans Ende seiner Tage allemal ausreichen würde.

Lahme war schon längst gegangen und hatte Valerie einen Vorschlag unterbreitet, den sie unmöglich annehmen konnte.

Was bildete sich dieser korrupte Fatzke eigentlich ein?

Er war der Meinung, dass er und Val, zumindest auf unbestimmte Zeit, ein hervorragendes Paar abgeben würden. Sie als Nutte sollte dabei bestimmt kein Problem haben, immerhin hätte sie ja in den letzten Jahren ihr Brot damit verdient,

Männern zu Diensten zu sein. Außerdem wären sie nur so etwas wie eine Zweckgemeinschaft, und er könnte eine Menge Geld sparen, wenn er es nicht an jedem Gott verdammten Ort auf dieser Erde für Huren ausgeben müsste.

Lahme war überzeugt davon, dass sie schon sehr gut zusammenpassen würden.

Andernfalls drohte er Valerie damit, einige Leute, insbesondere Igor darüber zu informieren, wo sie sich aufhielt. Er ließ ihr eine Woche Bedenkzeit. Bevor er ging, redete er nochmals eindringlich auf sie ein. Seiner Meinung nach war es für sie das geringere Übel, eine gewisse Zeit mit ihm zu verbringen und ihm zu Diensten zu sein.

Seit Lahme gegangen war, fühlte Valerie ein unstillbares Verlangen danach, diesem Kerl einfach die Kehle durchzuschneiden. Der Ekel und die Übelkeit nahmen ihr fast den Atem.

Was sollte sie nur machen?

Rodrigo Madras hatte sich zwischenzeitlich zu ihr gesetzt. Valerie überlegte krampfhaft, ob sie ihn in ihr Geheimnis einweihen sollte oder nicht. Sie hatte schon das Gefühl, dass sie dem kleinen Venezolaner vertrauen konnte, immerhin hatte er sich ihr gegenüber immer korrekt verhalten.

Madras schaute sie mit seinen wachen Augen an.

„Dieser Kerl scheint Ihnen große Probleme zu bereiten, nicht wahr, Guapa? Man braucht nur ein wenig in Ihrem Gesicht zu lesen, um Bescheid zu wissen. Sie sehen aus, als sei Ihnen der Leibhaftige begegnet."

„Ganz so schlimm ist es nicht," presste sie mühsam hervor, „aber es kommt dem schon sehr nahe. Dieser Kerl versucht, mich zu erpressen."

„Ich habe mir die ganze Zeit gedacht, dass eine schöne Frau wie Sie, Senorita, nicht ohne Grund so ganz alleine nach Venezuela kommt, um ein neues Leben anzufangen. Die Menschen hier sind etwas anders als in Europa. Wir lassen jedem seine Privatsphäre und fragen nicht danach, wer jemand ist oder woher er kommt. Zumindest so lange nicht, wie sich derjenige an unsere landesüblichen Sitten und Gebräuche hält."

Madras musterte sie nachdenklich.

„Es hat im Laufe der letzten Jahrhunderte eine große Anzahl von Leuten gegeben, die versucht haben, auf Margarita Fuß zu fassen. Sie kamen mit den unterschiedlichsten Motiven. Da waren die spanischen Eroberer, die dieses Land unter ihr Joch zwingen wollten; es waren jede Menge Kriminelle dabei oder einfach nur Glücksritter, die das große Geld gesucht haben. Einige wollten aussteigen aus dem Stress und Leistungsdruck ihres Gesellschaftssystems. Doch die wenigsten sind lange hiergeblieben. Man muss dieses Land und die Menschen, die hier leben, lieben und verstehen lernen. Anders wird man hier nicht alt.

So vielfältig dieses Land ist, so vielfältig sind auch die Einwohner. Ein großer Teil der Bewohner unseres Landes sind Mestizen mit indianischer Herkunft und einer mehrere tausend Jahre alten Tradition. Unsere herausragenden Eigenschaften sind die Ruhe, mit der wir das Leben angehen, und unser Gerechtigkeitssinn.

Unrecht können wir nur schwer ertragen. Dies trifft besonders zu, wenn unser Rechtsempfinden von Menschen beleidigt wird, die nicht hierher gehören."

Valerie hörte ihm interessiert zu, und Rodrigo Madras überlegte einen Moment, bevor er fortfuhr.

„Dieser Deutsche beleidigt unser Ehrgefühl und missachtet unsere Gastfreundschaft. Er entwickelt weder einen Sinn noch Verständnis für unsere Kultur und Tradition. Wir Venezolaner sind ein Volk mit hohen ethischen und moralischen Grundsätzen.

Senorita, Sie sind zwar noch nicht allzu lange hier auf Margarita, aber die Menschen, die hier leben, schätzen und lieben sie schon sehr. Sie werden es nicht zulassen, dass dieser Burro sich hier aufführt wie die spanischen Conquistadores vor 500 Jahren."

Er lächelte, als er fortfuhr: „Glauben Sie mir, Guapa, dieses Problem wird sich von ganz allein regeln, da ist keine Eile geboten."

So viel Intelligenz, Verständnis und Güte hatte Val dem Venezolaner nicht zugetraut. Sie spürte die Ruhe und die Sicherheit, die dieser kleine Kerl ausstrahlte, zum ersten Mal fast körperlich. Ohne dass er es wusste, hatte Madras es geschafft, ihr die Angst zu nehmen. Valeries Gesichtszüge entspannten sich zunehmend, und der Gedanke daran, dass sie nicht alleine war, verscheuchte ihre düsteren Vorstellungen.

Nachdem er mit Valerie Sattler gesprochen hatte, fühlte Lahme wieder dieses Gefühl von Macht, das er so liebte, in sich aufsteigen. Schon früh hatte er gelernt, die vermeintlichen Schwächen seiner Mitmenschen auszunutzen und für sich einen Vorteil daraus zu ziehen.

Auch diesmal war ihm das wieder gelungen. Er beglückwünschte sich selbst dafür. Diese Schlampe würde ihm erst einmal für einige Zeit zu Diensten sein, und er würde sie benutzen, wann immer er den Wunsch nach ihr verspürte. Was sollte sie auch anderes tun, als auf seinen Vorschlag einzugehen!

Wenn er dann genug von ihr hatte, dann könnte er sie immer noch meistbietend an den Mann bringen. Igor und seine Kumpane würden es sich bestimmt einiges kosten lassen, wenn sie die Hure zu fassen bekämen. Lahme streckte sich wohlig im erfrischenden Wasser des Pools, der sich in dem paradiesischen Hotelgarten befand, aus. Von einem Kellner hatte er sich einen Ron Anejo mit Eis bringen lassen. Er liebte dieses himmlische Gesöff, das wie flüssiges Gold durch seine Kehle floss. Es betäubte die Sinne und rief eine eigenartige Euphorie in ihm hervor.

Darauf wollte er ein paar Stunden ruhen. Die venezolanische Schlampe hatte ihm letzte Nacht alles abverlangt und den letzten Tropfen Saft aus ihm herausgesaugt. Der Gedanke daran, dass ihm jetzt endlich alle Frauen dieser Welt zu Füßen liegen würden, und er ein Leben in Saus und Braus führen könnte, beseelte ihn, bevor er in seinem Hotelzimmer einschlief.

KAPITEL 12

Max Kaiser hatte eine lange Unterredung mit Jörg Hunold geführt. Zurzeit fühlte er sich nicht besonders wohl in seiner Haut. Zu viele Dinge beschäftigten ihn, und er hatte das Gefühl, dass er sich nicht mehr richtig auf den Fußball und den Grund, warum er eigentlich in Wien war, konzentrieren konnte. Bis zum EM-Finale waren noch zwei Tage Zeit, und er musste unbedingt seine innere Ruhe und Ausgeglichenheit wiederfinden.

Er saß in seinem Zimmer des vornehmen Hotels Danube City im Wiener Donauviertel. Durch das Fenster hatte er einen guten Ausblick auf das weitläufige Messe-Areal. Sein Verein hatte zwar sein Ziel, das Finale der Europameisterschaft, erreicht, jedoch konnte er darüber nicht wirklich glücklich werden. Das späte Tor und der komplette Ablauf des Spiels gegen die Türken hatten ihn sehr nachdenklich gestimmt.

Erst jetzt begriff er, wie tief der Stachel des Misstrauens saß, den Marcel Runge ihm eingepflanzt hatte.

Die Dramaturgie dieses Spiels erschien ihm so, als hätte jemand ein Drehbuch dafür geschrieben.

Die türkische Mannschaft, die zuvor zweimal ein Spiel noch in der Nachspielzeit gedreht hatte, verlor ausgerechnet jetzt durch genau solch ein Tor. Immer wieder ließ er die Szenen des Spiels vor seinem geistigen Auge Revue passieren. Doch er konnte nichts finden, was sein Misstrauen bestärkte. Dennoch ließ ihn der Gedanke nicht los, dass irgendetwas an diesem Spiel nicht passte.

Die riesige Last, die Runge ihm auferlegt hatte, wog auf seinen Schultern. Auf welche Art und Weise konnte er als blutjunger Spieler dazu beitragen, diesen Sport wieder sauber zu machen?

Vor allen Dingen fragte er sich, wie er selbst das Vertrauen in den Sport und in die Sauberkeit des Fußballs zurückgewinnen sollte. Je mehr und je öfter er über alles nachdachte, was er von Runge erfahren hatte, desto mehr verlor er den Glauben daran, dass er das Richtige tat.

Er wusste zwar noch nicht alles über die Zusammenhänge der Manipulationen, allerdings hatte ihm Runge genug erzählt, sodass ganz tief in seinem Inneren die Überzeugung wuchs, diese Bürde nicht tragen zu können. Ihm ging es ausschließlich darum, Fußball zu spielen, und eigentlich wollte er mit dem Drum und Dran nicht viel zu tun haben.

Je mehr er sich damit befasste, desto mehr wurde ihm der Spaß an dem Sport genommen.

Allein der Gedanke daran, welche kriminellen Elemente sich mittlerweile auf diesem Spielfeld tummelten, machte ihm Angst. Das alles hatte mit Sport nicht mehr viel zu tun! Er fühlte sich als Spielball von Kräften, denen er nichts entgegenzusetzen hatte und denen er schutzlos ausgeliefert war.

Mit Grauen dachte er daran, ständig von Zweifeln geplagt zu sein und den Glauben daran zu verlieren, dass sein Handeln richtig sei. Er wollte und konnte nicht der Heilsbringer und Retter des Fußballs sein, und das war auch niemals seine Absicht!

Jörg Hunold hatte versucht, ihm seine Bedenken zu nehmen, jedoch brachte er auch Verständnis für sein Problem auf.

„Natürlich werden wir in unserer Rolle als Profisportler immer im Rampenlicht stehen, und es wird immer ein immenser Druck auf unseren Schultern lasten. Dieser Druck wächst ständig mehr an, solange die wirtschaftlichen und finanziellen Interessen des Sports über die eigentlichen und fundamentalen Ziele gesetzt werden. Jeder Sportler kann immer nur an sein eigenes Ehrgefühl appellieren und sollte versuchen, sich, so gut es geht, von den wirtschaftlichen Zwängen zu befreien.

Denn so lange finanzielle Interessen dem reinen Sportgedanken übergeordnet werden, müssen wir immer mit dem Zweifel leben, dass nicht alles mit rechten Dingen zugeht. Die Spitzensportler und Weltklassespieler stehen natürlich permanent im besonderen Fokus der Öffentlichkeit und müssen daher immer besonders auf alles Acht geben, was von den Medien publik gemacht werden könnte."

Hunold gehörte selbst zu den Verfechtern und Förderern des sauberen Sports. Er hasste und verabscheute jede Art von Manipulation und Einflussnahme. Doch auch er musste einsehen und verstehen, dass der Fußball im Laufe der letzten Jahrzehnte eine Eigendynamik bekommen hatte, die kaum noch zu kontrollieren war.

Der Einfluss von Politik und wirtschaftlichen Interessen war so stark geworden, dass immer häufiger zwielichtigen Elementen Zugang zu diesem sportlichen Phänomen verschafft wurde.

Jedes große Spiel oder Turnier wurde reduziert auf ein Massenereignis, in dem das Spiel nur noch eine untergeordnete Rolle einnahm.

Hunold konnte sich mit diesen Gedanken nicht abfinden; er spielte seine eigene Rolle in dem Kampf gegen Manipulation, Korruption und Doping. Er hatte sich vorgenommen, zunächst in kleinen Schritten das Spiel wieder auf den richtigen Weg zu bringen und mit allen Mitteln, die ihm zur Verfügung standen, gegen die Kriminalisierung vorzugehen.

Über viele Jahre hatte er die negative Entwicklung des beliebten Ballspiels mitverfolgt und musste immer öfter zur Kenntnis nehmen, dass Fußball im Laufe der Jahrzehnte zu einem unglaublichen Wirtschaftsfaktor herangewachsen war, mit allen dunklen Facetten, die die Macht des Geldes mit sich brachte.

Dieser Sport drehte sich nicht mehr wie einst um den Ball, sondern der Ball drehte sich nur noch um Geld und wurde immer häufiger dazu ausgenutzt, Machtstreben, Geldgier und Profilneurosen zu befriedigen.

In seiner gesamten Laufbahn sowohl als Profispieler als auch als Trainer konnte sich Hunold nie mit dieser Entwicklung seines Sportes abfinden. Schon während seiner aktiven Zeit hatte er immer wieder der Verlockung des Geldes widerstehen können und sämtliche Angebote, die ihn nicht sportlich weiterbrachten, abgelehnt.

Als er dann später seine Trainerlizenz erhielt, ließ er sich ausnahmslos in seinen Verträgen die alleinige Verantwortung und Entscheidungsbefugnis für alle sportlichen Belange der Mannschaft, die er betreute, festschreiben. Sobald Vorstände, Funktionäre oder Sponsoren versucht hatten, sich in Angelegenheiten einzumischen, die seine Zuständigkeit betrafen, hatte er sein Amt unmittelbar niedergelegt.

Diesem Verhalten hatte er den Ruf als der Unbestechliche und Unbeugsame der Branche zu verdanken.

Das Amt als Bundestrainer bekleidete er jetzt schon seit zwei Jahren, und auch hier hatten sich seine Charakterstärke und sein eiserner Wille durchgesetzt.

Die desolaten Leistungen, die die deutsche Nationalmannschaft Ende der neunziger Jahre abgeliefert hatte, waren Vergangenheit. Hunold hatte es geschafft, immer mehr junge, talentierte Spieler in die Nationalelf zu integrieren, und der Erfolg, den er mit diesem Konzept hatte, gab ihm bislang Recht.

Seine Arbeit hatte bereits die ersten Früchte getragen. Die Fans strömten wieder in die Stadien und standen hinter der Mannschaft wie schon lange nicht mehr.

Immerhin hatte seine Mannschaft das Finale einer Europameisterschaft erreicht!

Jetzt fehlte ihm nur noch ein großer Titel, um alle Skeptiker zu überzeugen und seine Gegner zum Schweigen zu bringen. Er gestand Max dessen Zweifel und Skepsis ohne weiteres zu, jedoch gab er ihm zu bedenken, dass er niemals sicher sein könne, dass nicht irgendein Mächtiger oder Mäzen im Hintergrund versuchen würde, die Fäden des Spiels zu spinnen.

Dazu waren die finanziellen Interessen zu offensichtlich geworden, und die Verlockung, das große Geld zu verdienen, war viel zu präsent. Schließlich waren sie alle nur einzelne Figuren in einem großen Spiel, in dem jeder auf seine Art und im Rahmen seiner Möglichkeiten dazu beitragen konnte, das System zu verändern. Hunold ließ Max mit dem Gefühl, einen Bundesgenossen zu haben, in seinem Hotelzimmer zurück. Allerdings zweifelte er stark daran, ihn vollständig überzeugt zu haben.

In dieser Nacht fand Max Kaiser keinen Schlaf. In seinem Inneren tobte ein Kampf zwischen seiner Berufung und seinem Talent auf der einen und den nagenden Zweifeln und seinem geradlinigen Charakter auf der anderen Seite. Er wollte nicht ein Spielball von Mächten sein, die er nie beeinflussen konnte.

Marcel Runge hatte ihm, ohne dass er das gewollt hätte, den Spaß am Spielen genommen, und Max war sich sicher, dass er ohne Spaßfaktor auch keine guten Spiele abliefern konnte. Dies war für ihn untrennbar mit dem Fußball verbunden. Die Verantwortung, die er trug, wog wie eine tonnenschwere Last auf seinen noch so jungen Schultern. Max hatte das Gefühl, dass er unter dieser Last zusammenbrechen würde. Er konnte sich einfach nicht vorstellen, dass er dem Druck der Verantwortung und der Erwartungshaltung lange würde gewachsen sein. Erst gegen Morgen fiel er in einen unruhigen Schlaf, hin und her gerissen von seinen Gedanken und Träumen.

Als er erwachte, traf er eine Entscheidung, die sein Leben gravierend verändern sollte!

Jean Pierre stand am Rande des idyllischen Parkplatzes am Grand Lac. Der Parkplatz befand sich am nordwestlichen Ufer des Genfer Sees, unmittelbar an der Route de Suisse, in der Nähe des Ortes Nyon.

Sein Gesicht war versteinert, und er starrte wie hypnotisiert auf die Stelle kurz vor der Zufahrt des Parkplatzes. Hier war die Leitplanke durchbrochen, und die Einzelteile lagen am Straßenrand verstreut. Die Fahrbahn verlief durch eine scharfe Rechtskurve, und neben der Straße fiel das Gelände mindestens fünfzig Meter tief steil ab. Unterhalb der Straße befand sich unmittelbar das Seeufer.

Schweizer Gendarmen waren gerade damit beschäftigt, einen Wagen aus dem tiefblauen Wasser des Sees zu bergen.

Jean Pierre sah Polizeitaucher, die offensichtlich versuchten, den Grund des Sees abzusuchen. Die aufgestellten Scheinwerfer tauchten die ganze Umgebung in ein gespenstisches Licht.

„Monsieur, das Fahrzeug wird gerade geborgen."

Neben Jean Pierre stand ein Inspektor der Gendarmerie, der ohne Unterlass in sein Funkgerät sprach.

„Allerdings fehlt von dem Fahrer bisher jede Spur. Die Chancen, ihn zu finden, halten wir für äußerst gering. Der See ist hier fast siebzig Meter tief, und es herrscht eine starke Unterströmung. Wir suchen jetzt schon seit Stunden nach ihm. Vermutlich ist er bei dem Unfall aus dem Wagen geschleudert worden."

Jean Pierre nahm kaum wahr, was der Gendarm zu ihm sagte. Sein Blick war gefesselt von dem dunklen Peugeot, der gerade ans Ufer des Sees gezogen wurde. Der Schock und die Trauer saßen einfach zu tief. Er konnte gar nicht richtig fassen, was er hier sah. Die ganze Szenerie kam ihm völlig unwirklich vor.

Warum hatte er sich von Marcel nur überzeugen lassen?

Sie waren vor ein paar Tagen erneut nach Cluny gefahren. Marcel wollte in der Ruhe und der Abgeschiedenheit des kleinen Ortes, fernab vom Rummel der Europameisterschaft, seine Artikel zu Ende schreiben.

Irgendwann hatte er sich dazu entschlossen, einen kurzen Ausflug zum Genfer See zu unternehmen, um ein paar Bekannte aus seiner Studienzeit zu besuchen. Jean Pierre hatte zunächst darauf bestanden, ihn zu begleiten. Aber sein Freund Marcel konnte wieder einmal seinen Dickschädel durchsetzen und war schließlich ohne ihn gefahren. Nun machte er sich Vorwürfe, dass er nicht hartnäckiger geblieben war.

Nachdem sich Runge am folgenden Tag nicht gemeldet hatte und auch über sein Handy nicht zu erreichen war, beschloss Jean Pierre, sich auf den Weg nach Nyon zu machen, um nach ihm zu suchen. Bei der Gendarmerie in Nyon erfuhr er dann von einem schweren Autounfall, der sich in der Nacht ereignet hatte, und dass man gerade dabei sei, ein Fahrzeug aus dem See zu bergen.

Jean Pierre hatte sich sofort auf den Weg zur Unfallstelle gemacht und wurde auf der Fahrt dorthin dieses mulmige Gefühl im Magen nicht los, das er bekommen hatte, als er von dem schweren Unfall erfuhr. Nun wurden seine schlimmsten Befürchtungen Gewissheit. Der Wagen, der gerade aus dem See geborgen wurde, gehörte zweifellos seinem Freund Marcel Runge.

„Ich glaube nicht, dass wir den Fahrer noch lebend finden werden. Kannten Sie ihn eigentlich gut?"

Der Gendarm sah in durchdringend an.

„Er war Sportreporter und wollte hier in der Nähe ein paar Bekannte besuchen. Er war mein bester Freund!", antwortete Jean Pierre sichtlich bewegt mit tränenerstickter Stimme.

„So, wie sich der Fall darstellt, hat er in der Kurve die Kontrolle über den Wagen verloren und ist dann durch die Leitplanke gebrochen.

Gestern hat es hier in der Gegend sehr lange und stark geregnet. Besonders in dieser Jahreszeit sind dann die Straßen schmierig und glatt. Die Chancen, solch einen Unfall zu überleben, sind wirklich sehr gering. Der Aufprall auf dem Wasser muss fürchterlich gewesen sein. Meistens verlieren die Fahrer bei derartigen Unfällen das Bewusstsein und haben deshalb kaum eine Chance zu überleben."

Professionell sachlich legte der Gendarm den vermeintlichen Unfallhergang anhand seiner Erkenntnisse dar.

„Er war eigentlich ein umsichtiger Fahrer, und ich kann mir nicht vorstellen, dass er ausgerechnet hier auf der engen und abschüssigen Straße zu schnell gefahren sein soll. Außerdem hat es nach Ihren Aussagen sehr stark geregnet. Allein das wäre ein Grund gewesen, vorsichtig zu fahren."

Jean Pierre sah den Polizisten zweifelnd an.

„Wie auch immer der Unfall passiert ist, ich denke nicht, dass wir jemals erfahren werden, was sich genau ereignet hat. Die Spuren, die wir gefunden haben, sprechen allerdings eine eindeutige Sprache."

Der Inspektor überlegte einen Moment, bevor er fortfuhr.

„Wissen Sie von irgendwelchen Verwandten, die er hat?"

Jean Pierre zögerte mit der Antwort.

„Er war allein, seine Frau ist schon vor vielen Jahren gestorben. Sie kam bei einem Autounfall in der Nähe von

Cluny ums Leben. Ansonsten weiß ich nichts von weiteren Verwandten."

Er sah keinen Sinn darin, der Polizei von der Existenz Roberts zu berichten.

„Offensichtlich haben Unfälle eine entscheidende Rolle im Leben Ihres Freundes gespielt."

„Er war auf seine Art schon etwas Besonderes, und im Grunde genommen ist es immer so gewesen, dass sein Leben nicht in gewöhnlichen Bahnen verlaufen ist. Demnach konnte er dieses Leben vermutlich auch nicht auf natürliche Art und Weise beenden."

Jean Pierres Miene war zu einer Maske erstarrt, sein Gesichtsausdruck hatte etwas Unwirkliches.

„Wenn wir noch Fragen haben, dann melden wir uns wieder bei Ihnen. Sollte Ihnen noch irgendetwas Wichtiges einfallen, dann rufen Sie mich bitte an!"

Der Gendarm gab Jean Pierre eine Visitenkarte, die dieser gedankenverloren einsteckte. Er hatte das Gefühl einer unendlichen Leere, und die Wut und Trauer über den Verlust seines besten Freundes raubten ihm fast den Verstand. Oft genug hatte er Runge gewarnt und versucht, ihn von seinem Vorhaben abzubringen. Doch der ließ sich durch nichts und niemanden beeinflussen. Die Gefahr, in der er sich befand, war ihm zwar bewusst, jedoch schreckte er davor nicht zurück. Jean Pierre glaubte nicht an einen Unfall.

So, wie es für ihn aussah, hatte der Killer sein Ziel erreicht.

Er kannte Marcel Runge nun schon fast sein gesamtes Leben lang und konnte sich einfach nicht vorstellen, dass es sich hier wirklich um einen Verkehrsunfall handelte. Alles passte irgendwie zusammen. Zu einem gewissen Anteil gab er sich die Schuld daran. Marcel hatte ihm sein Leben anvertraut, und er hatte seiner Meinung nach versagt. Die Erkenntnis, dass er seinen besten Freund nicht hatte schützen können, brachte ihn fast an den Rand des Wahnsinns. Dafür würde er sich bis in alle Ewigkeit Vorwürfe machen.

Er würde nicht eher ruhen, bis er den Fall zu seiner Zufriedenheit aufgeklärt hatte, und die Mörder seines Freundes ihre gerechte Strafe bekamen!

Schneider saß geistesabwesend in seinem Büro im Verwaltungsgebäude des Clubs. Er hatte die Tagespresse vor sich auf dem Schreibtisch liegen. Sämtliche Titelblätter trugen fast die gleichen reißerischen Überschriften. Der Einzug der deutschen Mannschaft in das Finale der Europameisterschaft geriet völlig ins Hintertreffen.

Marcel Runge tot!?

Deutschland trauert um einen der bekanntesten Sportjournalisten der Nachkriegsgeschichte

Runge verunglückte bei einem Unfall am Genfer See wahrscheinlich tödlich

Die Leiche des Reporters konnte bisher noch nicht geborgen werden

Der Albaner hatte mal wieder ganze Arbeit geleistet. Alles war genau so, wie sie es besprochen hatten. Niemand würde auf die Idee kommen, dass er oder seine Auftraggeber irgendetwas damit zu tun hätten. Es war halt ein Unfall. Shit happens!

Jetzt endlich konnte Schneider in Ruhe die nächste Saison planen. Dieser Runge hatte in der Vergangenheit für viel zu viele Scherereien gesorgt. Immer wieder hatte er Verdächtigungen ausgesprochen und dubiose Anschuldigungen in der Öffentlichkeit verbreitet!

Dieser Schreiberling war schon ein massiver Störfaktor für seine kriminellen Aktivitäten gewesen. Es war wirklich an der Zeit, dass man ihn zum Schweigen gebracht hatte! In seiner Euphorie darüber, dass er jetzt vermeintlich freie Bahn hatte, überhörte er fast den Summer seiner Gegensprechanlage.

„Ja, was gibt es denn?“

Auf der anderen Seite meldete sich die Stimme seiner Sekretärin. Sie wirkte ausgesprochen nervös und hektisch.

„Hier sind ein paar Herren vom BKA, die Sie unbedingt sprechen möchten.“

Bevor Schneider antworten konnte, öffnete sich abrupt seine Bürotür, und mehre Polizeibeamte stürmten in den Raum. Sie wurden angeführt von Hans Wolf, dem Leiter des Sonderkommandos für organisierte Kriminalität beim Bundeskriminalamt.

„Herr Schneider, wir haben einen Haftbefehl. Er ist ausgestellt für Sie persönlich mit dem Vorwurf der Bestechung, Spiel- und Wettspielmanipulation, Anstiftung zum Mord sowie Zugehörigkeit zu einer kriminellen Vereinigung. Wir müssen Sie bitten, uns zu begleiten, Sie werden noch heute dem Haftrichter vorgeführt!“

Schneider war wie vor den Kopf geschlagen, stammelte nur einige, für die Umherstehenden unverständliche Worte und ließ sich teilnahmslos die Handschellen anlegen. Sein Gesichtsausdruck wurde aschfahl, und er hatte das Gefühl, als wenn ihm jemand den Boden unter den Füßen wegziehen würde.

Er hatte sich so sicher gefühlt, dass diese Aktion der Behörden völlig überraschend für ihn kam.

Seine Sekretärin stand mit fassungslosem Gesichtsausdruck in der Bürotür und beobachtete die Aktion.

Unter normalen Umständen hätte Hans Wolf diesen Triumph genossen, allerdings überwog bei ihm die Trauer über den Tod seines Freundes Marcel Runge.

Er hatte einen Tag zuvor früh morgens die Nachricht aus der Schweiz erhalten. Obwohl er eigentlich ein harter Hund war, traf ihn der Verlust eines der für ihn wichtigsten Menschen in seinem Leben doch sehr tief.

Insgeheim hatte er immer mit diesem Ende rechnen müssen. Schon damals, nach Mias Tod, hatte er Marcel beständig vor der Gefahr gewarnt, in der er sich befand.

Sein Freund hatte sich mit Kräften eingelassen, die er einfach nicht kalkulieren und zu guter Letzt auch nicht beherrschen konnte.

Wolf glaubte nicht an einen Unfall. Um das allerdings beweisen zu können, müsste zunächst einmal Runges Leichnam gefunden und geborgen werden.

Laut Auskunft der Gendarmerie in der Schweiz würde sich dies allerdings äußerst schwierig gestalten, und die Aussichten darauf waren aufgrund der Gegebenheiten ausgesprochen gering.

Von tiefer Trauer erfüllt konnte Hans Wolf daher dem Fahndungserfolg und der Verhaftung Schneiders kaum etwas Positives abgewinnen.

Unmittelbar, nachdem er die Nachricht von Runges Tod erhalten hatte, hatte er unzählige Haftbefehle, zumindest gegen die Personen, die in dieses Netzwerk verstrickt waren und gegen die wegen der laufenden Überwachungen und Ermittlungen entsprechende Beweise vorlagen, beantragt. Er konnte und durfte nicht länger warten. Dies war er seinem Freund mehr als schuldig!

Ausschließlich Marcel hatte er die Informationen zu verdanken, die ihm vorlagen.

Jetzt war der Zeitpunkt gekommen, an dem er zuschlagen musste!

In ganz Deutschland wurden zunächst einige hundert Personen aus allen Bereichen der Gesellschaft festgenommen. Die Inhaftierungswelle betraf Richter, Staatsanwälte, Funktionäre und Sportler. Selbst Politiker waren davon betroffen. Für fast alle Beteiligten kam der Haftbefehl völlig überraschend. Kaum jemand hatte mit einer derartigen Aktion gerechnet.

Runge hatte Wolf bereits vor längerer Zeit einen Umschlag mit dem Hinweis übergeben, ihn erst dann zu öffnen, wenn ihm irgendetwas zugestoßen sein sollte.

In dem Kuvert fand Wolf neben einem von Marcel verfassten Brief eine Adresse und einen Schlüssel für eine Wohnung.

In dem Brief beschrieb der Journalist noch einmal kurz die Ergebnisse seiner Recherchen und bat seinen Freund Hans darum, sein geheimes Apartment aufzusuchen. Hier würde er eine Anzahl von Beweisen vorfinden, um diesem Spuk endlich ein Ende zu bereiten.

Unmittelbar nachdem der Fahnder die Information über Runges geheimes Archiv erhalten hatte, begab er sich mit einer Spezialeinheit dorthin, um sämtliche Beweise zu sichern.

Das Bild, das sich den Ermittlern bot, war schier unfassbar. Der Reporter hatte wirklich ganze Arbeit geleistet!

Nach einer ersten Einsichtnahme in die Unterlagen stellte sich ein Konglomerat aus Korruption und Manipulation dar, das weit über die Grenzen Deutschlands hinaus reichte.

Nach den Recherchen hatten sie es mit einem weltumspannenden Komplott zu tun. Nahezu alle europäischen Ligen waren von einem Filz an Bestechung und schäbiger Einflussnahme durchzogen. Die Verbandsstrukturen waren unterwandert worden von subversiven Elementen mit verbrecherischen Absichten.

Es lagen unzählige Recherchen und Beweise dafür vor, dass der Weltfußball von einer Wettspielmafia manipuliert wurde. Zentren der kriminellen Machenschaften lagen in Asien und Osteuropa. Wettpaten steuerten von dort aus ihre Erpressungen und nahmen globalen Einfluss auf Fußballspiele und deren Protagonisten.

Nach der Auswertung aller Unterlagen, die Runge im Laufe der Jahre gesammelt hatte, würden sich die Ermittlungen und Festnahmen noch um ein Vielfaches erhöhen. Allerdings würden die Bearbeitung und Überprüfung der Recherchen des Reporters noch Monate in Anspruch nehmen.

Hans Wolf musste direkt Kontakt mit den zuständigen Ermittlungsbehörden im Ausland aufnehmen.

Das Szenario war nahezu unvorstellbar und erschütterte seinen bisherigen Glauben an das Gebot des Fairplay im Fußballsport bis in seine Fundamente.

Schade, dass Marcel diesen Triumph nicht mehr erleben konnte, immerhin waren seine Hartnäckigkeit in dieser Sache und die von ihm beschafften Beweise und Informationen ausschlaggebend dafür, dass diese Fahndungserfolge erst möglich waren.

Marcel Runge war der Hauptakteur in diesem Spiel. Er hatte sich über Jahrzehnte nicht von seiner Überzeugung der Manipulation und Korruption abbringen lassen und weder Tod noch Teufel gefürchtet, um seiner Vorsehung gerecht zu werden und sein vorbestimmtes Schicksal zu erfüllen.

Schneider wurde zunächst nach Wiesbaden zum BKA gebracht, wo er verhört werden sollte. Vielleicht konnten sie ihm im Rahmen der Vernehmung noch Informationen entlocken, die zur Verhaftung von Vladimir Bako, alias Igor führen würden. Er war der Drahtzieher, den man bisher noch nicht hatte fassen können.

Bako war derjenige, der im Hintergrund die Fäden in der Hand hatte und einen Großteil der kriminellen Machenschaften plante und durchführte. Ihm galt nun Wolfs ganze

Aufmerksamkeit. Jetzt, da der Ermittler einen fast kompletten Überblick hatte, fügten sich das gesamte Ausmaß und die Zusammenhänge dieser skandalösen und verabscheuungswürdigen Machenschaften wie Puzzleteile zu einem kompletten Bild zusammen. Immer wieder tauchte der Name Igor auf, doch der war wie vom Erdboden verschluckt.

Die spanischen Kollegen der Guardia Civil hatten einen Tag zuvor oberhalb der portugiesischen Grenze eine riesige Lieferung Kokain beschlagnahmt. In einer konzertierten Aktion, gemeinschaftlich mit dem Drogendezernat aus Lissabon, wurde mehr als eine Tonne der Droge sichergestellt. Von der Festnahme von mehr als einhundert Personen war die Rede. Dabei wurden sowohl kolumbianische Drogendealer, Mitglieder der kalabrischen und russischen Mafia als auch zahlreiche Angehörige der spanischen Drogenszene verhaftet.

Die Spur des Albaners verlor sich an der portugiesischen Küste kurz vor Lissabon.

Max Kaiser hatte am Tag des Finales der Europameisterschaft gegen Spanien vom Tod Marcel Runges erfahren.

Die Nachricht traf ihn wie ein Keulenschlag. Jörg Hunold hatte ihn darüber informiert.

Zunächst wollte er die Tatsache nicht akzeptieren, dass er einen guten Freund verloren hatte.

Alles kam ihm vor wie ein schlechter Traum, und er wünschte sich nichts sehnlicher, als endlich aufzuwachen und festzustellen, dass die Ereignisse der letzten Wochen nicht wirklich passiert waren.

Nachdem er den ersten Schock beiseite gedrängt hatte, führte er ein langes Telefonat mit seinem Vater. Sein Entschluss, die Europameisterschaft nicht zu Ende zu spielen, stand schon länger fest, und der Tod Runges bestärkte ihn in seiner Entscheidung nur noch!

Die Reaktion seines Vaters überraschte ihn nicht!

„Komm einfach nach Hause, wir sind für dich da, alles andere regelt sich schon!"

Seine Logik war ebenso einfach wie bestechend.

Max hatte den Entschluss gefasst, die bisher so kurze Profikarriere an den Nagel zu hängen. Er fühlte sich dem immensen Druck und der Verantwortung, die er trug, nicht gewachsen.

Mit Hunold hatte er lange darüber gesprochen.

Auch wenn der Trainer den Umstand, dass Max seine vielversprechende Karriere aufgeben wollte, nicht verstand, blieb ihm doch keine andere Möglichkeit, als seine Entscheidung zu akzeptieren.

Mit allen möglichen Argumenten versuchte er, ihn umzustimmen, allerdings ohne Erfolg.

Max brauchte jetzt dringend Abstand zu den Ereignissen der letzten Wochen. Zuviel war über ihn hereingebrochen! Er suchte jetzt Ruhe im Kreis seiner Familie. Hier würde er wohlüberlegt entscheiden, wie es für ihn weitergehen sollte. Er brauchte dringend den Halt, den ihm seine Eltern immer gegeben hatten.

Sicher war für ihn nur eines, er wollte nichts zu tun haben mit Korruption und Manipulation und den kriminellen Elementen, die ihn umgaben. Er war ein Verfechter des ehrlichen Sports und sah seine Berufung nicht darin, irgendjemanden davon überzeugen zu müssen, dass er auf der richtigen Seite stand. Er wollte nur Fußball spielen, und inzwischen hatte man ihm den Spaß an diesem Sport gründlich genommen.

Sein Vater hatte ihn in seiner Entscheidung bekräftigt, und damit war sie auch unumstößlich.

Seine Koffer waren längst gepackt, und er befand sich auf dem Weg nach Hause. Er sehnte sich nach Aufrichtigkeit und der Geborgenheit in seinem Elternhaus, fernab von Lug, Trug und dem Possenspiel, in dem er sich befand.

Igor hatte sich vorgenommen, die Übergabe der Drogenlieferung aus Kolumbien selbst zu überwachen und war deshalb zum vereinbarten Termin direkt an die portugiesische Grenze gefahren.

Dort traf er sich mit seinen Kumpanen.

Alle Einzelheiten waren bis ins Detail geplant, und seiner Ansicht nach konnte nichts schiefgehen.

Seine italienischen und russischen Abnehmer hatten wie vereinbart die Hälfte des Kaufpreises vorab geleistet, den Rest des Geldes sollte er bei Lieferung erhalten.

Am Vorabend des Deals hatte er sich mit seinen Geschäftspartnern noch einmal getroffen und die bis dahin abgewickelten Geschäfte ausgiebig gefeiert.

Umso mehr überraschte ihn das plötzliche Auftauchen der spanischen und portugiesischen Behörden während der Übergabe der Drogen am folgenden Tag.

Die Fahnder schienen an allen Treffpunkten gleichzeitig zu sein und griffen mit unglaublicher Härte und Präzision zu. Kaum einer der Dealer und Narcos entkam ihnen. Die meisten ließen sich ohne Widerstand festnehmen.

Sämtliche Drogen wurden beschlagnahmt. Selbst ein Großteil der kolumbianischen Leute konnte sich dem Zugriff der Drogenfahnder nicht entziehen.

Im Dunkel der Nacht war es Igor gelungen, mit einem der Speed Boote nach Portugal zu entkommen. Einem Kolumbianer, der sich zusammen mit ihm in dem Boot befand, schoss er mit seiner großkalibrigen Waffe einfach in den Kopf und warf den toten Südamerikaner während der Fahrt über Bord. Er konnte jetzt keine weiteren Zeugen gebrauchen.

Ohne Beleuchtung raste er an der portugiesischen Küste entlang. Immer wieder musste er sich in einer der unzähligen kleinen Flussmündungen oder Buchten verstecken, so lange, bis er sicher war, dass seine Verfolger die Jagd aufgegeben und seine Spur verloren hatten.

Bei dem kleinen Fischerort Peniche ging er an Land. Zuvor hatte er das Boot in einer Bucht in Brand gesteckt.

In Peniche stand ein Wagen für ihn bereit, den er in der Woche zuvor abgestellt hatte. Von hier aus war es noch eine gute Stunde Fahrt bis zum Flughafen von Lissabon.

Unterwegs hielt er an einer Raststätte an, um sein Aussehen zu verändern. Er passte sich komplett seiner neuen Identität an, weil er fest damit rechnete, dass die Behörden sofort eine Ringfahndung nach ihm ausgelöst hatten, und sein Foto jetzt an jedem Flughafen und an jeder Zollstation hing.

Dies alles hatte er Monate lang geplant und tausend Mal in Gedanken durchgespielt. Seine Flucht war akribisch durchdacht, und er musste nur noch aufpassen, dass er keinen Fehler beging.

In Lissabon checkte er sofort in seinen Flug nach Paraguay ein. Das Ticket hatte er schon zuvor gebucht. Das erste Etappenziel war Asuncion.

Von hier aus ging es weiter nach Dubai. Mit jeder Station seiner Fluchtroute, die er erreichte, wurde die Wahrscheinlichkeit, dass er gefasst würde, immer geringer.

Er konnte nicht verstehen, was gerade bei diesem letzten Deal schief gelaufen war!

Immer wieder stellte er sich die gleichen Fragen:

Wie hatten die Schnüffler von dem Drogendeal in Galizien erfahren? Was war schief gegangen? Wo war die undichte Stelle?

Alles war ausgeklügelt geplant. Die Übergabepunkte und der Zeitpunkt der Lieferung waren professionell ausgewählt worden. Solange er auch nachdachte, er fand keine Erklärung für das Desaster.

Igor versuchte, sich auf das Wesentliche zu konzentrieren. Seine gesamte Aufmerksamkeit galt nun seiner Flucht. Zunächst musste er unbehelligt in Südamerika ankommen.

Schon seit geraumer Zeit hatte der Schwerstkriminelle seinen Ausstieg bis in die kleinste Kleinigkeit vorbereitet. Er hatte sich die Papiere und Dokumente für mehrere verschiedene Identitäten beschafft und für jede Identität einen Flug quer über den Globus gebucht.

Jedes Mal, wenn er nun eines seiner Etappenziele erreichte, veränderte er sein Aussehen komplett und nahm eine neue Identität an. Damit wollte er seine Spuren verwischen und sein eigentliches Reiseziel verschleiern.

An jedem Zielort hatte er bereits Bankkonten eröffnet, die er den jeweiligen Identitäten zugeordnet hatte. Damit sorgte er dafür, dass er an jedem Punkt seiner Fluchtroute über genügend finanzielle Mittel verfügte.

Der Plan sah vor, dass er erst an seinem endgültigen Ziel alle Gelder über eine Bank auf den Cayman Islands zusammenführen und bündeln wollte. Allein über die todsicheren Fußballwetten bei den asiatischen Buchmachern waren etliche Millionen Dollar auf seine Konten geflossen. Ganz zu schweigen von der Kohle, die er mit seinen übrigen Geschäften gemacht hatte. Im Laufe der Jahre hatte er genügend Geld angesammelt, um damit bis ans Ende seiner Tage ohne Not und in Saus und Braus leben zu können. Trotzdem störte ihn der Verlust des letzten Geschäftes ungemein.

Einerseits war er es nicht gewohnt zu verlieren und andererseits musste er jetzt mit dem Gedanken leben, dass ihn seine Geschäftspartner überall suchen würden.

Sowohl die kolumbianischen Drogenkartelle als auch die Mafiaorganisationen würden ihn weltweit jagen! Drogengeschäfte hatten ihre eigenen Gesetze, und Fehler wurden nicht verziehen!

Er hatte sich damit Feinde geschaffen, mit denen nicht zu spaßen war. Mit absoluter Sicherheit stand er jetzt ganz oben auf deren Abschussliste, und sie würden nicht eher ruhen, bis sie ihn irgendwo auf diesem Globus erwischten. Was dann mit ihm passieren würde, war ihm völlig klar.

Ohne viel Federlesen würde er einen Kopf kürzer gemacht werden oder mit Betonfüßen in irgendeinem tiefen Gewässer auf diesem Erdball auf Nimmerwiedersehen versinken!

Was war bloß schief gelaufen? Woher hatten die Bullen die Informationen?

Diese Fragen ließen ihn einfach nicht los!

Wieder und wieder zermarterte sich Igor sein Hirn. Aber so intensiv er auch nachdachte, war es ihm unmöglich, den Fehler zu finden. Niemanden hatte er in seine Pläne eingeweiht!

Außer den Leuten, mit denen er das Geschäft abwickeln wollte, wusste keine Menschenseele darüber Bescheid. Irgendwo musste es eine undichte Stelle geben!

Vermutlich waren die Fahnder auch durch Valeries Aufzeichnungen auf seine Spur gekommen. Sein Intellekt und sein Ego ließen es nicht zu, dass sie ihn hatte dermaßen linken können.

Diese verdammte kleine Nutte!

Er hätte sie viel eher umlegen müssen! Ein Vermögen hatte sie ihn gekostet und ebenso viel würde er ausgeben müssen, um herauszufinden, wo sie sich versteckt hielt. Igor war sich sicher, dass er Valerie irgendwann ausfindig machen würde und dann Gnade ihr Gott! Eigentlich musste er nur die Zeit für sich arbeiten lassen.

Doch jetzt galt es für ihn, zunächst seine Flucht komplett in die Tat umzusetzen und seine Spuren so zu verschleiern, dass man ihn nicht mehr finden konnte. Bisher hatte ihn sein Glück noch nicht verlassen. Entspannt lehnte er sich in seinem komfortablen Sessel in der Businessclass zurück und versuchte, alle dunklen Gedanken zu verjagen. Er nippte an seinem Wodka und bestellte sich bei der Stewardess eine Kleinigkeit zu essen. Ab heute, so hatte er es sich vorgenommen, würde er sein Leben nur noch genießen. Alle seine Träume schienen sich zu erfüllen. Er hielt sich für sehr viel schlauer als all diejenigen, die ihn jagten!

Von Paraguay aus würde er ohne langen Aufenthalt weiter nach Dubai fliegen. Wieder mit einer neuen Identität. Anschließend würde ihn seine Route in die USA führen. Hier hatte er einen Termin in einer Privatklinik in Los Angeles, um sein Aussehen operativ völlig verändern zu lassen. Selbst seine eigene Mutter würde ihn nach dieser Operation nicht mehr erkennen können.

Es verwunderte ihn nicht mehr, was man mit genügend Geld auf dieser Welt alles bewerkstelligen konnte. Wenn man bereit war, jeden Preis zu bezahlen, dann konnte man sich so ziemlich alles kaufen, auch ein neues Leben!

Von L.A. aus sollte ihn seine Reise weiter nach Asien führen. Hongkong, Tokio und Bangkok waren nur einige seiner Etappenziele. Er war sich sicher, dass niemand auf dieser Erde seiner Spur folgen konnte.

KAPITEL 13

Madras hatte gerade in Valeries kleinem Restaurant zu Abend gegessen. Er saß auf der Terrasse des Lokals und genoss beim Anblick des Sonnenuntergangs seinen Ron Anjeo. Obwohl er auf Margarita aufgewachsen war, erstaunte ihn die unglaubliche Schönheit der Sonnenuntergänge immer wieder aufs Neue.

Nachmittags frischte der Wind etwas auf, und ständig wiederholte sich das Gefühl, das man hatte, wenn die weiche und laue karibische Brise vom Meer kam und wie Seide die Haut streichelte.

„Ich muss schon sagen, Senorita, dass Ihre Küche wirkliche aller Ehren wert ist! Ganz zu schweigen von der Bedienung!"

Valerie sah den kleinen Venezolaner freundlich an. Sie hatte sich für ein paar Minuten an seinen Tisch gesetzt. In den letzten Wochen hatte sie ihn schätzen gelernt.

„Danke für das nette Kompliment, wir geben uns alle Mühe, um unsere Gäste zufrieden zu stellen. Mano ist wirklich ein ausgesprochen exzellenter Koch. Seine Kochkünste kommen bei unseren Gästen sehr gut an!"

Madras sah ihr direkt in die Augen, und Valerie stellte fest, dass ihr dieser Blick nicht unangenehm war. Seine warmen, dunklen Augen strahlten eine tiefe Ruhe und Ehrlichkeit aus, wie sie dies selten bei einem Mann empfand. Der sympathische Venezolaner ruhte offensichtlich in sich selbst und war mit seinem Leben zufrieden.

Bisher kannte sie nur die gehetzten und gestressten Blicke der Männer, mit denen sie in der Vergangenheit zu tun gehabt hatte.

„Senorita Valerie, wir kennen uns jetzt schon seit vielen Wochen."

Madras hielt einen Moment lang inne, bevor er fortfuhr. Er wusste nicht genau, auf welche Art er Valerie sagen sollte, was ihn berührte.

„Ich habe dich … Ich hoffe, das ‚Du' ist dir nicht unangenehm?", stammelte er etwas unsicher.

„Selbstverständlich können wir gerne beim ‚Du' bleiben!", erwiderte Valerie freundlich, fühlte sich jedoch etwas unwohl in ihrer Haut. Sie schien zu ahnen, was Madras ihr zu sagen versuchte.

„Also, mein Name ist, wie Sie ja wissen, Rodrigo. Ich fange am besten noch einmal von vorne an. Ich habe dich in den letzten Wochen wirklich sehr schätzen gelernt und dabei haben sich tief in mir Gefühle entwickelt, die mich nachts nicht oder nur sehr schlecht schlafen lassen. Ich weiß nicht genau, wie ich dieses Gefühl für dich nennen oder beschreiben soll. Ich hoffe, du verstehst das jetzt nicht falsch. Ich möchte dich wirklich nicht bedrängen, aber ich denke, dafür gibt es nur einen Ausdruck."

Rodrigo Madras hielt einen Moment inne, bevor er weiter redete. Er sah Valerie dabei immer noch mit festem Blick an.

„Ich glaube, ich habe mich in dich verliebt! In meinem ganzen Leben ist mir noch keine Frau begegnet, die meine Gefühlswelt so in Aufruhr gebracht hat wie du."

Die entwaffnende Ehrlichkeit des netten Mannes schmeichelte Valerie, doch sie wusste genau, dass sie ihn wohl mochte und außerordentlich sympathisch fand, jedoch war er nicht der Mann, in den sie sich verlieben konnte.

Sie hatte in den letzten Tagen fast täglich mit Marcel Runge telefoniert.

Ihm gehörten ihr Herz und ihre ganze Liebe!

Beim letzten Mal, als sie mit ihm gesprochen hatte, war er gerade auf dem Weg zum Genfer See. Er hatte sie über den Stand der Dinge auf dem Laufenden gehalten. Die Nachricht, dass es wohl nicht mehr lange bis zur Verhaftung Igors dauern würde, löste bei Valerie unvorstellbare Glücksgefühle aus.

Sie hatte beschlossen, dem Mann, den sie liebte, ihren Aufenthaltsort zu verraten und berichtete ihm von ihrem neuen Leben in Venezuela, von dem Restaurant, von den Menschen, mit denen sie zu tun hatte, und davon, dass sie hier ihren Ruhepunkt gefunden habe.

Marcel Runge versprach ihr, sobald er seine Arbeit erledigt hätte, das nächste Flugzeug nach Caracas zu nehmen. Er sprach davon, dass sie sich nur noch wenige Tage gedulden müsse, bevor er sie in seine Arme schließen könnte.

Valerie konnte den Moment, ihrer großen Liebe gegenüberzustehen, kaum noch abwarten. Ihre Sehnsucht nach Runge verzehrte sie innerlich, und in ihren Träumen war er permanent präsent.

Sie wünschte sich nichts mehr auf dieser Welt, als den Rest ihrer Tage mit dem Mann ihrer Träume zu verbringen.

Valerie beschloss, Rodrigo Madras die ganze Wahrheit über ihr Gefühlsleben zu sagen. Dies war sie ihm schuldig, und das hatte er auch verdient!

„Natürlich fühle ich mich durch deine Gefühle sehr geschmeichelt. Aber um ehrlich zu sein, ich empfinde nicht so für dich. Mein Herz gehört einem anderen Mann, und dieser Mann wird schon bald hier sein. Er heißt Marcel und ist Reporter in Deutschland. Zurzeit berichtet er gerade von der Fußball-Europameisterschaft. Sobald das Turnier zu Ende ist, wird er nach Margarita kommen!

Ich mag dich natürlich sehr, aber dieses Gefühl kann man nicht Liebe nennen. Jedenfalls nicht so, wie sich Liebe zwischen einem Mann und einer Frau ausdrückt. Es ist eher so wie bei Freunden oder vielleicht wie bei Bruder und Schwester. Ich mag dich wirklich sehr, deine Hilfsbereitschaft, deine Ehrlichkeit und deine Herzenswärme, aber ich liebe dich nicht."

Valerie hoffte inständig, dass sie ihn jetzt nicht zu sehr verletzt hatte. Sie sah ihn eindringlich an. Um seine Augen hatte sich ein Schatten von Traurigkeit gebildet.

„Ich würde dich gerne als meinen besten Freund behalten. Soweit Freundschaft zwischen Mann und Frau überhaupt möglich ist. Ich hoffe, du verstehst das."

Madras wirkte niedergeschlagen. Aber das verwunderte Valerie nicht. Er war wirklich ein sehr netter Mann, aber sie hätte sich niemals in ihn verlieben können.

„Natürlich verstehe ich das", antwortete er kleinlaut, aber ich musste dir das jetzt einfach einmal sagen, weil ich diese Ungewissheit nicht mehr sehr lange mit mir hätte herumtragen können. Ich bedanke mich für deine Ehrlichkeit und Offenheit und hoffe inständig, dass dieser Marcel dich glücklich macht. Du bist eine außergewöhnliche Frau und hast ein glückliches Leben verdient!"

Die Traurigkeit in seinen Augen war wie weggewischt.

„Und ich möchte sehr gerne dein bester Freund sein!"

Val nahm den herzlichen Venezolaner in ihre Arme und drückte ihn an sich. Dabei verspürte sie eine Wärme, die sie bisher noch nie empfunden hatte.

„Ich werde deine Freundschaft immer in Ehren halten und hoffe, dass ich sie nie enttäuschen werde!", versprach sie mit strahlenden Augen.

„Davon bin ich überzeugt", antwortete er zufrieden.

„Ich wünsche dir, schöne Frau, wirklich alles Glück auf dieser Erde, in diesem und allen weiteren Leben! Ich bin sehr froh, dass ich ehrlich zu dir war!"

Valerie fühlte, dass er seinen Wunsch auch ehrlich meinte. Durch alles, was sie bisher in ihrem Leben erfahren musste, vor allen Dingen, seitdem sie ihr Vater auf die Straße gesetzt hatte, war sie sehr misstrauisch geworden. Eigentlich kannte sie nur zwei Menschen, die ihrer Meinung nach ihr Vertrauen verdienten. Einer davon war Rodrigo Madras, und den anderen würde sie schon bald in ihre Arme schließen.

Der Gedanke daran, endlich mit dem Mann ihres Lebens für immer zusammenbleiben zu können, erfüllte sie mit tiefer Ehrfurcht und großer Dankbarkeit. Dankbarkeit und Demut dafür, dass sie ihrem unehrenhaften alten Leben entkommen konnte, um an diesem traumhaften Ort ein neues, friedvolles beginnen zu dürfen!

In der Zentrale des BKA in Wiesbaden überschlugen sich seit dem Start der Festnahmen die Ereignisse. Hier liefen jetzt alle Informationen zusammen, und Berge von Berichten und Ermittlungsakten stapelten sich in dem Büro von Hans Wolf.

Erst jetzt verstand der Leiter der Sonderkommission das ganze Ausmaß und die Tragweite dieses Skandals. Es würde noch Monate dauern, bis die Ermittlungen abgeschlossen wären, und Anklage gegen die verschiedenen Beteiligten erhoben werden könnte.

Wolf begriff langsam, wie weit das Gesellschafts- und Rechtssystem von diesen kriminellen Elementen unterwandert worden war. Erst jetzt bekam er eine genaue Vorstellung über die wirkliche Tragweite der Verschwörung. Das Netzwerk umspannte fast alle Bereiche des gesellschaftlichen, wirtschaftlichen und politischen Lebens und reichte bis weit über die Grenzen Deutschlands hinaus.

Ohne weiteres konnte er Verbindungen erkennen, die globale Ausmaße angenommen hatten. Verschiedene kriminelle Vereinigungen waren darin verwickelt, die so professionell organisiert waren, dass sie sämtlichen Vergleichen mit großen Wirtschaftskonzernen und Multis standhielten.

Die Wege der Geldbeschaffung verliefen in alle Bereiche der Schwerstkriminalität. Angefangen von Menschen- und Drogenhandel, organisiert über professionelle Schleuserbanden und internationale Drogenkartelle, illegalen Sportwetten, Bestechung und Schutzgelderpressung, bis hin zu gezielten Mordaufträgen.

Die größten Wirtschaftskonzerne beteiligten sich in der einen oder anderen Weise daran, um für sich den höchsten Profit herauszuschlagen. Hier verschwammen die Grenzen zwischen legalen Geschäften und Illegalität völlig.

Alles wurde gedeckt durch bestochene oder erpresste Mitglieder des Rechtsstaates. Politiker, Parteifunktionäre, Richter, Staatsanwälte sowie weitere Beamte jeglicher Behörden waren darin verwickelt.

Im Grunde genommen hatte man eine fast vollständige Parallelgesellschaft aufgebaut.

Immer wieder führte die Spur zu den großen Sportveranstaltungen auf dieser Welt. Hier tummelten sich alle Größen der Gesellschaft, um sich unter ihresgleichen zu bewegen. Jeder sonnte sich in seinen dubiosen Erfolgen und jeder hatte seine eigene Intention, die ihn antrieb. Das Streben nach Macht, Einfluss, Geld und Habgier waren die Triebfedern.

Mit jeder Akte, die Hans Wolf aufschlug und bearbeitete, verstärkte sich sein Gefühl, kaum noch jemandem trauen zu können, und die Erkenntnis, dass er umgeben war von subversiven Elementen und Kriminellen, ließ ihm einen kalten Schauer nach dem anderen über den Rücken laufen.

Langsam machte sich in ihm die Überzeugung breit, gegen Windmühlen zu kämpfen. Immer wieder versuchte er, die Zusammenhänge zu verstehen und immer wieder entdeckte er neue Verflechtungen und Verbindungen.

In der Vergangenheit hatte er häufig mit seinem Freund Marcel Runge über diese Themen diskutiert. Dabei hatte ihn oft das Gefühl beschlichen, dass Marcel in vielerlei Hinsicht übertrieb und nicht zu beweisenden Verschwörungstheorien nachjagte.

Mittlerweile musste er seinem alten Freund in fast allen Belangen Recht geben. Nichts war mehr so, wie es aussah, und sein Glaube an den Rechtsstaat wurde bis tief in seine Fundamente erschüttert. Während er noch grübelnd über verschiedenen Akten saß, betrat einer seiner Mitarbeiter sein Büro.

„Chef, ich weiß nicht, ob diese Nachricht besonders wichtig ist, aber ich habe hier eine Information aus Venezuela erhalten. Demnach ist gestern ein deutscher Staatsbürger auf Isla Margarita inhaftiert worden."

Hans Wolf schaute kurz von seinen Ermittlungsakten auf. Er warf dem Beamten einen irritierten Blick zu.

„Was wirft man ihm vor? Haben wir seine Identität?"

„Namentlich ist er uns noch nicht bekannt. Die Rede ist von Vergewaltigung, Verführung Minderjähriger sowie Drogen- und Waffenbesitz."

„Haben wir eine Täterbeschreibung?"

Wolf sah seinen Mitarbeiter interessiert an.

„Die haben wir! Nach der Beschreibung könnte es sich um unseren Freund Lahme handeln!"

Der Ermittlungsbeamte grinste breit.

„Dann setzen Sie sich sofort mit den Behörden in Venezuela in Verbindung! Wir brauchen seine Fingerabdrücke, ein DNA-Profil und ein Foto!"

„Das habe ich schon alles in die Wege geleitet, wir warten nur noch auf eine Antwort."

„Haben wir ein Auslieferungsabkommen mit Venezuela? Prüfen Sie das bitte auch!"

„Auch das haben wir bereits getan. Wir warten noch auf die Antwort des Bundesjustizministeriums."

„Wäre schön, wenn es sich um Lahme handeln würde, selbst, wenn sie ihn nicht ausliefern. Für diese Straftaten, die man ihm vorwirft, braucht er sicher zwei Leben, um seine Strafe in Südamerika abzusitzen. Die Verhältnisse in deren Vollzugsanstalten sind nicht so prickelnd wie hier in Deutschland."

Hans Wolf lächelte seinen Mitarbeiter an.

„Manchmal hält das Leben eine eigene Art von Gerechtigkeit für uns parat!"

Der BKA-Beamte verließ das Büro seines Chefs mit einem Anflug von Schadenfreude in seiner Miene.

Wolf vertiefte sich wieder in seine Akten.

Krampfhaft versuchte er, irgendeine Spur von Bako zu finden. Aber bei dieser Menge an Ermittlungsergebnissen erschien ihm das fast unmöglich. Dennoch war er davon überzeugt, dass der Albaner Spuren hinterlassen hatte, und auch wenn sie verschwindend klein wären, er musste sie finden!

Er hatte versucht, sich in dessen Person zu versetzen. Diese Art der Vorgehensweise hatte ihm in der Vergangenheit schon etliche Ermittlungserfolge eingebracht. Seine akribische Arbeit und seine kriminalistische Logik waren bereits unzähligen Gesetzesbrechern zum Verhängnis geworden.

Er stellte sich die Frage, was er tun würde, wenn er an Bakos Stelle wäre. Wie würde er sein Verschwinden planen und in die Tat umsetzen?

Wolf war überzeugt, dass sich dieser Schwerverbrecher nicht mehr in Europa aufhielt. Seiner Meinung nach hatte er sich noch an dem Tag des Zugriffs der Fahnder in Spanien und Portugal nach Übersee abgesetzt. Dafür sprachen auch die weiteren Ermittlungen.

In der Nähe von Peniche in Portugal wurde das ausgebrannte Wrack des Bootes gefunden, mit dem Bako vermutlich geflüchtet war. In unmittelbarer Nähe, etwas oberhalb an der Küste, fand man die angeschwemmte Leiche eines Kolumbianers. Den Informationen nach, die er von den spanischen Fahndern bekommen hatte, handelte es sich dabei um ein einschlägig bekanntes Mitglied eines kolumbianischen Drogenkartells.

Der nächste Flughafen befand sich in Lissabon. Wolf studierte gerade die Passagierlisten der Flüge, die an diesem Tag Europa verlassen hatten. Es waren zwölf Flüge. Die meisten davon gingen in die USA.

Er suchte nach einzelnen Personen, also Tickets, die nicht gemeinschaftlich gebucht waren. Dabei handelte es sich um unzählige Passagiere, aber Wolf konnte nichts Ungewöhnliches entdecken.

Der Fahnder nahm an, dass der Albaner seine Flucht schon von langer Hand geplant hatte, deshalb beschränkte er seine Suche auf die Tickets, die bereits Tage oder Wochen vorher übers Internet und nicht direkt bei der Fluggesellschaft gebucht worden waren.

Nachdem er die weiblichen Fluggäste aus seiner Liste aussortiert hatte, blieben noch zwei Fluggäste übrig. Ein Flug ging nach Malaysia und der andere nach Asuncion in Paraguay.

Über seinen PC lud er sich die Aufnahmen der Überwachungskameras am Lissaboner Flughafen herunter und verglich die Bilder, die er sah, mit seinen Nachforschungen. Schon nach kurzer Zeit war er sich sicher, dass er Bako gefunden hatte!

Der Fluggast, der nach Malaysia geflogen war, war klein und untersetzt, allein seine Körpergröße passte nicht zu Bako. Also musste es der andere sein!

Sofort beauftragte er einen seiner Mitarbeiter, die Behörden in Asuncion über sein Ermittlungsergebnis zu informieren, und schon einige Minuten später gingen die Informationen via E-Mail an die Behörden in Paraguay.

Gleichzeitig wurden Zielfahnder in Marsch gesetzt, die Bako und seiner Spur folgten. Er wurde auf die internationale Fahndungsliste von Interpol gesetzt.

Jetzt durften sie seine Fährte nicht wieder verlieren!

Die Idylle des alten Bruchsteinhauses in Cluny in Südfrankreich täuschte darüber hinweg, was sich hinter seinen Mauern abspielte.

Jean Pierre entschied sich dazu, spätestens jetzt, Marcels Sohn Robert nicht länger im Unklaren über seine wahre Identität zu lassen. Am Tag zuvor hatte er ihn in Paris angerufen und darum gebeten, nach Cluny zu kommen. Nun saßen sie, Jean Pierre, seine Frau Luise und Robert gemeinsam am Tisch der gemütlichen Küche.

„Wir haben uns heute hier getroffen, weil es einige Dinge gibt, die wir dir unbedingt erzählen müssen."

Jean Pierre sah Robert direkt an und der lebenserfahrene Mann fragte sich, wie der jüngere wohl die Realität, die er jetzt erfahren sollte, aufnehmen würde.

Robert erwiderte seinen Blick genauso direkt. In seinem Gesicht konnte man keinerlei Unsicherheit, dafür aber einen Hauch von Skepsis und Nachdenklichkeit finden.

„Wir, ich meine Luise und ich, sind nicht deine wahren Eltern! Zumindest nicht biologisch."

Jean Pierre wartete einen Moment, bevor er fortfuhr. Eigentlich erwartete er eine Reaktion von Marcels Sohn. Doch der blieb völlig gelassen und wartete neugierig darauf, dass er weiter redete.

„Es ist auch nicht so, dass wir dich adoptiert haben. Du bist von Kindesbeinen an bei uns aufgewachsen, wir haben dich umsorgt, erzogen und in unserer Obhut aufwachsen lassen. In all den Jahren warst du in unseren Augen immer unser eigenes Kind, auch wenn wir genau wussten, dass es nicht so war. Wir haben dich behütet und gepflegt, wenn du krank warst, immer darum bemüht, dir die Wärme und Zuneigung zu geben, die dir deine leiblichen Eltern gegeben hätten."

„Egal, wie du auch immer fortfahren möchtest, spätestens hier ist der Punkt erreicht, an dem ich dir ins Wort fallen muss.

Du weißt, dass ich Menschen nicht gerne unterbreche, bevor sie zu Ende gesprochen haben. Das ist neben vielen anderen Dingen etwas, was ich von euch gelernt habe."

Roberts Blick wanderte von Luise zu Jean Pierre, und in seinen Augen konnte man unendliche Liebe und tiefe Zuneigung lesen.

„Es spielt für mich heute keine große Rolle mehr, ob ihr meine biologischen Eltern seid oder nicht. Für mich ward ihr, solange ich zurückdenken kann, Vater und Mutter. Daran wird sich auch zukünftig nichts ändern. Ich habe euch schätzen und lieben gelernt. Ein Leben lang habt ihr mir das Gefühl gegeben, euer Sohn zu sein und mich auch dementsprechend behandelt.

Ich bin stolz darauf, solche Eltern wie euch zu haben. Und jetzt sagt mir bitte, wer meine biologischen Eltern sind, und was mit ihnen geschehen ist!"

Luise kämpfte mit den Tränen, und Jean Pierre hatte ebenfalls Mühe, seine Gefühle, die ihn gerade übermannten, zu unterdrücken.

„Deine Mutter hieß Mia. Du warst noch ein Säugling, als sie hier in Cluny bei einem Verkehrsunfall ums Leben kam. Du weißt, dass sie auf dem kleinen Friedhof an der Kirche begraben liegt. Sie war die Ehefrau von Marcel Runge, und Marcel ist oder war dein leiblicher Vater."

Robert schien wie vom Donner gerührt, als er den Inhalt und die Tragweite der Worte realisierte. Marcel Runge – sein Vater! Und Mia – seine Mutter? Der Onkel Marcel, den er so gemocht hatte? Auf dessen Schoß er gesessen hatte, wenn er sie in Cluny besucht hatte, der Marcel, der ihm das Schwimmen und das Radfahren gelehrt hatte, der ihm gezeigt hatte, wie man sich rasiert!

Zu gut erinnerte er sich daran, wie ihm Onkel Marcel Rasierschaum in sein damaliges Kindergesicht geschmiert hatte und den Schaum anschließend wieder, ohne Klinge in dem Rasierapparat, abrasiert hatte.

Just in diesem Moment verspürte er wieder dieses kitzelnde Gefühl, als der Rasierapparat über seine zarte Kinderhaut geglitten war, und sein helles Lachen klang in seinen Ohren, als wenn es erst gestern gewesen wäre.

Wie im Zeitraffer zogen die Bilder seiner Jugend vor seinem geistigen Auge vorüber, alle Stationen seiner Kindheit, seiner Pubertät, seiner Adoleszens, an die er sich erinnern konnte.

„Du weißt, dass Marcel mein bester Freund war. Fast sein gesamtes Leben lang war er einem unglaublichen Komplott auf der Spur. Er recherchierte wegen illegaler Sportwetten und Spielmanipulationen. Schon damals, kurz vor Mias Tod, hatte er sich damit viele Feinde geschaffen und war häufig bedroht worden. Wir nehmen an, dass deine Mutter deshalb getötet worden ist. Und auch Marcels Tod am Genfer See war meiner Meinung nach kein Unfall.

Er hatte mich damit beauftragt, auf ihn Acht zu geben. Doch wie sollte ich einen Mann beschützen, der war wie dein Vater? Marcel war unglaublich stur! Wenn er sich einmal etwas in den Kopf gesetzt hatte, dann ließ er sich von nichts und niemandem davon abbringen. Er wollte unbedingt allein zum Genfer See fahren. Ich hatte keine Chance, ihn zu begleiten!

Schon damals, nachdem wir Mia beerdigt hatten, war er sich der Gefahr, in der er sich befand, bewusst und ihm war völlig klar, dass sein Kind das schwächste Glied in der Kette war.

Hier konnte man seine empfindlichste Stelle finden, hier war er erpressbar und mit dir hätte man ihn unter jeglichen Druck setzen können. Er hat sich immer die Schuld an Mias Tod gegeben und er wollte nicht, dass es dir irgendwann genauso ergehen würde wie deiner Mutter. Deshalb hat er uns damals darum gebeten, dich aufzunehmen und als unser eigenes Kind großzuziehen.

Wir hatten uns vorgenommen, dich darüber aufzuklären, sobald er seine Arbeit beendet hätte.

Leider ist es dazu nicht mehr gekommen!

Das alles hätte er dir sicher gerne selbst gesagt. Er hat dich abgöttisch geliebt und war unglaublich stolz auf dich!"

Robert hatte es die Sprache verschlagen.

Auch er hatte Marcel Runge sehr geliebt. Er hatte ihn immer als seinen Onkel betrachtet und jetzt musste er feststellen, dass er sein Vater war. All die Jahre hatte er keinen Verdacht geschöpft und wäre nie auf den Gedanken gekommen, dass Jean Pierre und Luise nicht seine leiblichen Eltern wären.

Sein wirklicher Vater war sehr oft zu Besuch in Cluny gewesen, meist während der Schulferien, und Robert konnte sich sehr gut daran erinnern, dass er sich immer sehr liebevoll um ihn gekümmert hatte. Plötzlich fielen ihm wieder unzählige Ereignisse aus der Vergangenheit ein, die er unmittelbar mit seinem Vater in Verbindung brachte. Die vielen gemeinsamen Gespräche, etliche Tage, die sie zusammen am Mittelmeer verbracht hatten, die abendlichen gemeinsamen Stunden, wenn sie am Strand ein Lagerfeuer entfacht hatten.

Marcel Runge hatte ihm das Ski laufen beigebracht, und Robert erinnerte sich noch genau an die Wochenenden in den Französischen Alpen.

Erst jetzt verstand er wirklich, warum Jean Pierre und Luise meist nicht mit dabei waren.

Robert wollte auf jeden Fall alles über seinen Vater und seine Mutter erfahren, was Jean Pierre und Luise über sie wussten.

„Bitte entschuldigt jetzt meine Fragen. Ich denke, es ist absolut menschlich, dass ich alles über meine leiblichen Eltern wissen möchte. Was haben sie für ein Leben geführt, wie und wo habt ihr sie kennen gelernt und vor allen Dingen, was für ein Mensch war meine Mutter?

Ich möchte eigentlich alles wissen!

Onkel Marcel hatte in unseren gemeinsamen Stunden immer sehr lange Gespräche mit mir geführt. Die Inhalte der Gespräche hatten sich meistens auf meine jugendlichen Probleme bezogen. Eigentlich auf alles, was einen Heranwachsenden beschäftigte.

Über sich selbst, über seine Sorgen und Nöte oder über Mia, meine Mutter, hatte er nie gesprochen. Ich wusste von ihm eigentlich nur, dass er Reporter und immer sehr beschäftigt war. Jetzt möchte ich alles hören, was ihr mir berichten könnt!"

Sein Blick wanderte zwischen Jean Pierre und Luise hin und her.

„Natürlich sollst du alles über deine Eltern erfahren. Allerdings war dein Vater auch ein Sturkopf und Eigenbrötler. Er fraß viele Dinge, die ihn beschäftigten, in sich hinein. Das machte ihn manchmal sehr schwierig. Er war ein harter

Hund, zumindest nach außen. Tief in seinem Inneren sah es sicherlich anders aus. Harte Schale, weicher Kern!

Das Leben hatte ihn so geformt. Ich glaube, dass er mit seiner äußerlichen Härte versuchte, sich auch selbst zu schützen. Er hat die Menschen, die ihn kannten, polarisiert. Entweder mochte man ihn oder man hasste ihn! Dazwischen gab es nichts.

Solange ich ihn kannte, habe ich ihn nur ein einziges Mal weinen sehen. Das war damals am Grab deiner Mutter. Davor und danach nie wieder. An Mias Tod wäre er bald zerbrochen. Es war eine unglaubliche Tragödie."

„Wie habt ihr euch eigentlich kennen gelernt?"

„Wir studierten damals gemeinsam an der Universität in Heidelberg. Dein Vater hatte sich für ein Journalistik- und Publizistik-Studium entschieden. Ich hatte Betriebswirtschaftslehre und Jura belegt. Der Studienplan sah vor, dass die beiden Fakultäten bestimmte Vorlesungen gemeinsam abhielten, bei denen wir uns dann auch begegnet sind.

Ich erinnere mich nicht mehr genau daran, bei welcher Gelegenheit wir uns kennen gelernt haben. Vermutlich bei irgendeiner Veranstaltung, die vom AStA ausgerichtet wurde. Damals ging es bei diesen Partys immer hoch her.

Irgendwann haben wir uns angefreundet, was auch daran lag, dass wir jede Menge gleicher Interessen hatten. Dein Vater war als junger Mann sehr sportlich, und wir spielten gemeinsam in einer Fußballmannschaft.

Einige Jahre später, ich hatte gerade mein Studium abgebrochen, haben wir uns etwas aus den Augen verloren. Als mich jedoch die Legion nach Südfrankreich versetzt hatte, lebte der Kontakt wieder auf."

„Warum hast du damals dein Studium eigentlich abgebrochen, und was hat dich zur Legion geführt?"

Robert betrachtete ihn interessiert. Er konnte sich wohl denken, dass sich etwas Außergewöhnliches ereignet haben musste, jedoch hatte er keine Ahnung, was wirklich geschehen war.

„Das ist eine lange Geschichte, und die gehört jetzt gerade auch nicht hierher. Ich werde sie dir einmal bei einer anderen Gelegenheit erzählen.

Ende der achtziger Jahre erfuhr ich das erste Mal, womit sich Marcel neben seiner täglichen journalistischen Arbeit beschäftigte. Gemeinsam mit einem französischen Journalisten recherchierte er wegen eines Betrugs- und Bestechungsskandals im französischen Fußball. Damals berichtete er mir ausführlich, was seiner Meinung nach im internationalen Profifußball an der Tagesordnung war.

Er sprach von Spiel- und Wettspielmanipulation und Bestechung. Dein Vater war der festen Überzeugung, dass es sich dabei um organisierte Kriminalität handeln müsse, in die auch hochrangige Personen involviert wären.

Anfangs hatte ich immer gedacht, dass er Gespenster sehe und sich da in eine Sache verrenne.

Doch einige Jahre später musste ich ihm zumindest zum Teil Recht geben.

Einer dieser Skandale wurde tatsächlich von ihm aufgedeckt, und es kam auch zur Verurteilung. Der damalige Präsident von Olympique Marseilles wurde, wenn ich mich richtig erinnere, zu einer mehrjährigen Haftstrafe verurteilt. Man konnte ihm beweisen, dass er Spiele gekauft und Spieler bestochen hatte.

Das schlug in den Medien ein wie eine Bombe. Die meisten Leute hielten derartige Manipulationen für unmöglich. Doch dein Vater hat sie alle eines Besseren belehrt.

Zu der Zeit bekam er auch seine ersten handfesten Drohungen.

Du warst gerade geboren, als er uns zusammen mit deiner Mutter hier in Cluny besuchte. Wir hatten herrliche Tage verlebt, bis es dann zu dem unglücklichen Unfall kam. Mia wollte eines Morgens für das gemeinsame Frühstück einkaufen und fuhr mit dem Wagen in den Ort. Auf dem Rückweg wurde ihr von einem LKW die Vorfahrt genommen. Der Wagen deiner Mutter war völlig zerquetscht. Ein paar Tage später verstarb sie dann im Krankenhaus. Der Fahrer des LKW war einfach weitergefahren, als wenn nichts geschehen wäre. Er wurde bis heute nicht gefasst.

Dein Vater war sich absolut sicher, dass es ein Auftragsmord war, konnte es aber nie beweisen.

Wir dachten alle, er würde daran zerbrechen. Es hat auch viele Jahre gedauert, bis er – zumindest teilweise – darüber hinwegkam. Er hat sich immer die Schuld an Mias Tod gegeben. Ihm selbst konnte niemand Angst machen, deshalb nahm er die Drohungen auch nicht sonderlich Ernst. Doch deine Mutter und du waren seine schwache Stelle. Deshalb hat er dich damals auch in unsere Obhut gegeben. Immer, wenn er Zeit hatte, kam er uns besuchen, natürlich um dich zu sehen und um zu erfahren, wie es dir ging. Er allein hat deine komplette Ausbildung bezahlt.

Kurz vor der Fußball-Europameisterschaft war er an einer großen Sache dran. Soweit er mir erzählt hat, stand er kurz davor, einen großen Skandal im europäischen Profifußball aufzudecken.

Er arbeitete deshalb direkt mit dem BKA in Deutschland zusammen. Mir gegenüber stellte er es immer so dar, dass seine Enthüllungen unser gesamtes Gesellschaftssystem erschüttern würden. Dafür hatte er eine Flut von Beweisen gesammelt. Er sagte immer, dass ich davon keine Vorstellung hätte, wer in dieses Komplott alles verwickelt sei, selbst er könne es zum Teil nicht glauben.

Kurz vor seinem Tod habe ich ihn zwei Wochen lang begleitet. Ich sollte etwas Acht auf ihn geben. Er hatte das Gefühl, dass die ganze Angelegenheit jetzt sehr Ernst für ihn würde.

Ich glaube, nein, ich bin mir absolut sicher, dass man einen Killer auf ihn angesetzt hat. Ich habe den Kerl auch einmal gesehen. An dem Tag, als er starb, hatte dein Vater einen Ausflug zum Genfer See geplant. Dort wollte er ein paar Kommilitonen, die er aus seiner Studienzeit kannte, besuchen. Er bestand darauf, alleine zu fahren. Ich hatte keine Chance, etwas daran zu ändern. Er war halt ein Sturkopf! Heute mache ich mir Vorwürfe, dass ich nicht beharrlicher geblieben bin. Womöglich hätte er dir dann heute dies alles selbst erzählen können!"

Robert hatte die ganze Zeit aufmerksam zugehört. Seine Augen waren feucht von den Tränen, die er krampfhaft zurückhalten wollte. Seine Stimme klang traurig und gepresst.

„Glaubst du wirklich, dass man ihn getötet hat? Soweit ich weiß, gehen die Behörden davon aus, dass es ein Unfall war. Es hatte an dem Tag sehr stark geregnet, und die Strecke am Genfer See ist schon bei trockener Straße sehr schwierig."

„Ich weiß das alles, mein Junge. Glaube mir, dein Vater war ein ausgesprochen guter und umsichtiger Autofahrer. Wenn man den Untersuchungen der Gendarmerie in der Schweiz Glauben schenken kann, dann hatte der Wagen auch keinen Defekt. Demnach scheidet ein technisches Versagen als Unfallursache aus.

Dieser Killer hat sein Ziel erreicht! Da bin ich mir absolut sicher!

Ich habe hier ein paar Tageszeitungen aus Deutschland für dich besorgt, da kannst du schwarz auf weiß lesen, was dein Vater aufgedeckt hat. Wenn man das so liest, dann fällt es einem wirklich schwer, das alles zu glauben. Aber offensichtlich hat dein Vater post mortem mit allem Recht behalten!"

Jean Pierre legte einen Stapel Tageszeitungen auf den Küchentisch. Die Gazetten waren voll mit Berichten und Artikeln über die Festnahmen der letzten Tage. Es wurde in alle Richtungen spekuliert. Konkrete Informationen lagen wohl keiner der Redaktionen vor. Die Behörden und die Staatsanwaltschaft in Deutschland hatten wegen der laufenden Ermittlungen kaum Näheres an die Presse weitergegeben.

Bisher gab es die wirklich großen Fußballskandale immer nur im Ausland. So wie es aussah, konnte sich in Deutschland niemand vorstellen, dass man im eigenen Land auch davon betroffen sein könnte und schon gar nicht in diesem Ausmaß.

Robert traute seinen Augen nicht, als er nur die Überschriften der Berichte überflog. Auch er hätte niemals daran geglaubt, dass so etwas überhaupt möglich sei. Er konnte sich zwar immer vorstellen, dass es kleinere Bestechungen oder Manipulationen im Amateurfußball gäbe. Auch dass einige Kleinkriminelle versuchten, über Wettmanipulationen ein paar Euro zu verdienen. Doch nicht einmal in seinen kühnsten Träumen hätte er je damit gerechnet, dass die kriminellen Machenschaften solche Ausmaße annehmen könnten.

„Dein Vater und ich haben diesem Phänomen einen Namen gegeben. Wir nannten dieses korrupte Gebilde: Brot und Spiele!"

KAPITEL 14

Federico Cristobal saß hinter seinem Schreibtisch und wartete darauf, dass man ihm den Deutschen, den man vor einer Woche auf Margarita verhaftet hatte, zum Verhör brachte. Eigentlich hieß er Friederich Christ, denn seine Eltern waren Deutsche, die in den sechziger Jahren nach Venezuela ausgewandert waren.

Sein Vater hatte auf einer der vielen Bohrinseln vor der Küste Venezuelas gearbeitet und sich damit eine Existenz außerhalb seiner Heimat aufgebaut.

Seine Eltern waren immer darauf bedacht, ihn auch im Ausland nach dem deutschen Brauchtum zu erziehen. Deshalb musste er eine der wenigen Schulen in Caracas besuchen, in denen die Kinder auch in deutscher Sprache unterrichtet wurden.

Als er seine Ausbildung für den Polizeidienst in der PTJ, der Policia Tecnica Judicial, dem Äquivalent zum deutschen BKA beendet hatte, nahm er die venezolanische Staatsbürgerschaft an und änderte seinen Namen entsprechend.

Seine deutsche Herkunft und seine damit verbundenen Sprachkenntnisse hatten seinen Vorgesetzten veranlasst, ihn mit dem Verhör des Deutschen zu betrauen.

Als sich die Tür seines Büros öffnete, brachten zwei Polizisten den Gefangenen herein. An den Händen trug er Handschellen und an den Füßen entsprechende Fußfesseln.

„Nehmen Sie bitte Platz, Herr…? Ich nenne Sie vorübergehend einfach Herr X, denn ich gehe einmal davon aus, dass der Name aus ihrem Reisepass nicht Ihrer wirklichen Identität entspricht."

Der Beamte sprach den Sträfling in akzentfreiem Deutsch an. Dieser nahm auf der gegenüberliegenden Seite des Schreibtisches Platz. Seine Häftlingskleidung war übersät mit Flecken, und seine blonden Haare waren zerzaust. Unter seiner sonnenverbrannten Haut wirkte er aschfahl.

„Bevor ich Sie zu den Einzelheiten befrage, die Ihnen vorgeworfen werden, würde ich zunächst gerne Ihren richtigen Namen erfahren.

Um das Ganze abzukürzen, kann ich Ihnen schon einmal mitteilen, dass das deutsche BKA und das Auswärtige Amt bereits Kontakt mit uns aufgenommen haben, und wir auch, für den Fall, dass sie uns weiter belügen, in Kürze so oder so Ihre wahre Identität erfahren."

Der Inspektor sah den Häftling durchdringend an.

Seine scharfsichtigen Augen versprühten einen Hauch von Humor. Der Gefangene schwieg.

Man konnte nur das leise Surren des Ventilators der Klimaanlage hören.

Ansonsten war es totenstill in dem Büro.

„Na gut, wenn Sie sich weiterhin nicht dazu äußern wollen, dann lassen wir das. Ich werde Ihnen vorerst eine andere Frage stellen: Wie haben Ihnen denn die ersten Tage in einem venezolanischen Gefängnis gefallen? Dagegen muss doch der Knast in Deutschland wie ein Hotel sein!

Richten Sie sich schon mal darauf ein, dass Sie die nächsten Jahre oder vielleicht auch Jahrzehnte in dieser Umgebung verbringen werden!"

Federico Cristobal grinste den Gefangenen ohne Scham an.

Mit spitzen Fingern nestelte er eine Zigarette aus seiner Jackentasche. Umständlich entzündete er sie und atmete den Rauch tief in seine Lungen ein.

Mit seiner ausgestreckten Hand bot er dem Deutschen einen der Glimmstängel an. Dieser schüttelte seinen Kopf.

„Ich weiß gar nicht, was Sie von mir wollen, der Knast hier ist fast wie Urlaub. Wir haben frische Luft, die Sonne scheint direkt durch die Löcher in der Decke. Außerdem bekommen wir regelmäßig zu essen, und mit etwas Glück werde ich nicht vergewaltigt oder umgebracht."

Der Gefangene grinste unverhohlen zurück.

„Sie haben ja einen goldigen Humor. Sie können mir glauben, dass Ihnen das Grinsen schon noch vergehen wird. Da bin ich mir absolut sicher.

Als hübscher und smarter Europäer mit Ihren blonden Haaren werden Sie sicher Ihren Spaß in unseren Gefängnissen haben. Ich denke, Sie wissen, was ich damit meine!"

Man hatte ihn in der Vollzugsanstalt von Los Teques untergebracht. Los Teques liegt etwa zwanzig Kilometer vor den Toren von Caracas. Er gilt als der härteste Knast in Venezuela.

Die Gefangenen sind in alten, vergammelten Betonsilos untergebracht, die man Pavillons nennt. Der Putz rieselt von den Wänden, die von Schimmelpilzen, die teilweise bis zur Decke wuchern, bedeckt sind.

Los Teques gleicht mehr einem Verlies als einer Vollzugsanstalt.

Hier arbeiten die so genannten Luceros, die Mitglieder berüchtigter und mächtiger Verbrecher-Syndikate, direkt mit den korrupten Wärtern zusammen.

Diese Banden kontrollieren alles im Knast. Sie handeln mit Waffen und Drogen, mit Ventilatoren, Lebensmitteln, Mobiltelefonen und Fernsehern, vergeben Kredite und erpressen Schutzgeld. Insassen, die nicht zu den Syndikaten gehören, werden gedemütigt, vergewaltigt oder einfach umgebracht.

Die Pavillons haben keine Gitter oder Stahltüren, durch die die Inhaftierten voneinander getrennt sind. Es handelt sich eher um weitläufige Verliese, deren Böden übersät sind von Dreck und Unrat.

Den Wachen ist das alles völlig egal. Sie kümmern sich wenig darum, was in den Pavillons geschieht. Mit den Gefälligkeiten für die Luceros bessern sie ihr jämmerliches Gehalt auf. Die Wärter fühlen sich nur für die Häftlinge zuständig, die aus den Kerkern herauskommen.

Da gibt es nicht viele Möglichkeiten. Sie sind dann entweder gestorben, werden verlegt oder sind geflüchtet. Die Geflohenen fängt man nicht einfach nur ein und bringt sie wieder zurück, sie werden meistens erschossen.

Mord unter den Häftlingen ist in Los Teques an der Tagesordnung. Wenn man hier ohne Geld einsitzt, hat man meist nicht lange zu leben. Das Ende der Haftzeit erleben nur die wenigsten!

Der Strafvollzug in Venezuela gilt als der katastrophalste und gefährlichste in Lateinamerika.

„Ich denke nicht darüber nach, sehr lange in Ihren Gefängnissen zu bleiben. Die deutschen Behörden werden so oder so einen Auslieferungsantrag stellen, und dann komme ich über kurz oder lang sowieso hier raus.“, begehrte der Eingebuchtete triumphierend, jedoch wenig überzeugend, auf.

„Das kann schon sein, Amigo, aber bis dahin werden Monate, wenn nicht sogar Jahre vergehen. Zunächst einmal werden Sie hier abgeurteilt und bei den Straftaten, die Sie in diesem Land begangen haben, erwarten Sie nach meiner Einschätzung mindestens zehn bis fünfzehn Jahre Gefängnis. Das aber nur, wenn Sie geständig sind und einen gnädigen Richter finden.

Eins können Sie mir glauben, Vergewaltiger und Kinderschänder leben hier in den Anstalten meist nicht lange. Es wäre für mich ein Leichtes, dafür zu sorgen, dass Ihre Mithäftlinge erfahren, warum Sie einsitzen. Die Chance, danach Ihren Prozess noch zu erleben, beurteile ich mit weniger als zehn Prozent.“

Cristobal machte eine Wirkungspause, bevor er weiterredete. Zwischenzeitlich nahm er einen tiefen Zug aus seiner Zigarette.

Er wollte dem Häftling Zeit geben nachzudenken.

„Ich glaube, ich mache Ihnen ein Angebot. Gleichzeitig versichere ich Ihnen, dass dieses Angebot nur einmal gemacht wird. Wenn Sie es ablehnen, dann lassen wir den Dingen ihren Lauf. Sie entscheiden hier und jetzt, wie es für Sie weitergeht!"

Nach einer erneuten Pause und nachdem sich der Inspektor sicher war, dass seine Worte ihre Wirkung nicht verfehlten, fuhr er fort.

„Ich schlage vor, Sie kooperieren. Das würde die ganze Angelegenheit sowohl für Sie als auch für mich abkürzen. Ich könnte meinen Vorgesetzten ein schnelles Ergebnis vorlegen und würde dafür sorgen, dass Sie in eine andere, modernere und vor allen Dingen für Sie sichere Anstalt verlegt werden. Ich habe da Maracay im Hinterkopf. Maracay ist gegen Los Teques ein fünf Sterne Knast.

Also, was halten Sie davon?"

Der Sträfling überlegte einen Moment und nickte dann mit dem Kopf.

„Es freut mich, dass Sie am Ende doch noch vernünftig werden. Für meine Begriffe haben Sie gerade eine weise Entscheidung getroffen, die Ihr Leben um einiges verlängert. Also, fangen wir noch mal von vorne an

Wie war noch mal Ihr Name?"

Der Häftling zögerte einen Moment.

„Und Sie sind sicher, dass ich Ihnen trauen kann, und Sie Ihr Wort halten?"

Das einzige, was im Leben absolut sicher ist, ist der Tod. Der kommt garantiert irgendwann. Bei dem einen früher, bei dem anderen später.

Aber ich versichere Ihnen, dass ich mein Wort und meine Zusage halten werde. Mehr kann ich leider nicht tun!"

Der Deutsche sah ihn zweifelnd an, bevor er antwortete:

„Ich heiße Gerd Lahme, bin deutscher Staatsbürger und Beamter des BKA!"

In der hochmodernen Flughafenhalle des Dubai International Airport ging es zu wie in einem Bienenstock. Geschäftsleute aller Nationalitäten, Touristen, Angestellte der Fluggesellschaften und einfache Kofferträger wieselten durcheinander.

Igor saß in der VIP-Lounge der American Airline und wartete auf seinen Flug nach Los Angeles. Er beobachtete das hektische Treiben vor den Abflugterminals. Durch die Fenster der Lounge hatte er einen direkten Blick auf die imposante Skyline von Dubai City. Aus der sowieso schon beeindruckenden Ansicht ragte der Burj Khalifa Tower mit einer Gesamthöhe von mehr als achthundert Metern heraus.

Hier regiert also ausschließlich die Macht des Geldes, das sieht man auf den ersten Blick, dachte Igor fasziniert. In diesem Land könnte er sich zumindest vorübergehend wohl fühlen. Alles war umfangen von purem Luxus und Verschwendung. Hier lebten im Verhältnis zu der Einwohnerzahl die meisten Millionäre und Milliardäre auf dieser Welt. Jeder, der Geld hatte, zeigte es auch. In Gedanken beschloss er, eines Tages an diesen Ort zurückzukehren.

Doch jetzt hatte seine weitere Flucht absolute Priorität. Er musste seine Spur noch weiter verwischen. Wenn er erst einmal in Los Angeles wäre, könnte er problemlos in der amerikanischen Millionenmetropole untertauchen.

Vor etwas mehr als zwei Tagen war er in Asuncion in Paraguay gelandet. Dort verbrachte er eine Nacht im Airport

Hilton, bevor er am frühen Morgen seine Maschine nach Dubai nahm.

Sein Plan sah vor, sich nicht lange in dem arabischen Emirat aufzuhalten. Direkt nach der Landung suchte er den nächsten Waschraum auf, um sich umzuziehen und sein Aussehen wiederum zu verändern. Er färbte sich die Haare dunkel und trug eine dicke Hornbrille, die ihm ein etwas intellektuelles Aussehen verlieh. Dazu kleidete er sich in einen leichten Sommeranzug. Die Kleidung, die er vorher getragen hatte, entsorgte er im Mülleimer des Waschraums.

Wie ein Chamäleon hatte er sich in die Person eines US-Bürgers verwandelt. Er gab sich als amerikanischer Geschäftsmann aus Los Angeles aus.

Seine Papiere waren perfekt gefälscht und würden jeder Überprüfung standhalten. Bisher war er auch noch nicht besonders überprüft worden. Er achtete darauf, dass er nirgendwo auffiel.

Vladimir Bako war ein ausgezeichneter Schauspieler und er traute sich zu, in fast jede Rolle zu schlüpfen, ohne dass jemand Verdacht schöpfte. Er adaptierte seine neue Identität zu einhundert Prozent, und es hatte den Anschein, als wäre er nie jemand anderes gewesen.

Von seinem Standpunkt aus musterte er die übrigen Passagiere, die sich in der VIP-Lounge befanden und versuchte, anhand deren Erscheinungsbildes herauszufinden, womit sich diese Leute in ihrem Leben beschäftigten. Er kam zu dem Schluss, dass die meisten der Anwesenden Touristen waren, die einen Shopping-Urlaub in Dubai verbrachten.

An einem Tisch am anderen Ende der Lounge saß ein Pärchen, das sich angeregt unterhielt. Er schätze die beiden auf Ende dreißig bis vierzig; vermutlich handelte es sich bei ihnen um Geschäftsreisende, die für einen großen amerikanischen Konzern unterwegs waren.

Die Frau hatte mittellange dunkle Haare, die sie zu einem kleinen Zopf geflochten hatte. Unter ihrem leichten Kostüm trug sie eine weiße Bluse. Auf den ersten Blick erschien sie Igor äußerst attraktiv. Auf dem Stuhl neben ihr lag ein Aktenkoffer.

Ihr Begleiter war ebenso wie er mit einem leichten Sommeranzug bekleidet. Seine strohblonden Haare waren kurz geschnitten und streng nach hinten gekämmt.

Auf dem Tisch vor ihm befand sich ein geöffneter Laptop, den er ständig fixierte, während er sich mit seiner Begleiterin unterhielt. Sie machten einen sehr geschäftigen Eindruck auf ihn und schienen in ihrer Debatte nichts von ihrer Umgebung wahrzunehmen.

Irgendwie fühlte sich Igor auch als Geschäftsreisender, der allerdings in eigener Sache unterwegs war. Bei dem Gedanken daran musste er schmunzeln. Durch eine schnarrende Lautsprecheransage wurde er aus seinen Gedanken aufgeschreckt.

„Erster Aufruf für Flug American Airlines, Flug Nummer AA 137 nach Los Angeles, Gate Nr. 17!"

Es war noch etwas Zeit, bevor er in die Maschine einsteigen musste, deshalb suchte er noch einmal die Toilette der VIP-Lounge auf, um sein Aussehen zu überprüfen. Er war darauf bedacht, dass wirklich alles stimmte. Selbst die Mimik der Personen, die er verkörperte, hatte er monatelang einstudiert.

Mit seinen Papieren konnte nicht viel passieren, sie hatten bisher sämtliche Kontrollen überstanden. Da hatte der Zinker, der sie ihm verschaffte, wirklich erstklassige Arbeit geleistet. Musste er auch, denn immerhin hatten sie ein Vermögen gekostet! Selbst bei einer Prüfung seines Wohnsitzes oder seines Führerscheins hätte er keine Probleme zu erwarten. Dieser Kerl war schon ein Meister seines Faches.

Als er am Abfluggate ankam, sah er das Pärchen, das er schon in der Lounge beobachtet hatte, vor sich in der Warteschlange stehen. Sie unterhielten sich immer noch angeregt. Er konnte allerdings nicht verstehen, worüber. Kurze Zeit später hatte er es sich in der Ersten Klasse des Fliegers bequem gemacht und wartete auf den Start.

Jetzt, da er seinem Ziel so nahe war, versuchte er, sich zu entspannen und konzentrierte sich auf seine verheißungsvolle Zukunft, die nun zum Greifen nahe lag!

Mit einem Gefühl der Sicherheit war er eingeschlafen und als er erwachte, befand sich das Flugzeug bereits im Landeanflug auf den Flughafen London Heathrow. Nach einer kurzen Zwischenlandung zum Auftanken würde der Flug nonstop weitergehen nach Los Angeles, USA.

Als sich die Maschine wieder in der Luft befand, verwickelte ihn eine der Stewardessen in ein Gespräch.

Sie war ihm schon vorher aufgefallen, und ihr war das auch nicht verborgen geblieben. Zwischendurch gab sie ihm durch eindeutige Blicke zu verstehen, dass Interesse vorhanden sei. Er hielt sie für ausgesprochen attraktiv und ihre fast schon aristokratischen Gesichtszüge mit hochstehenden Wangenknochen faszinierten ihn.

Über ihrer fein geschnittenen Nase funkelten grüne Augen, und ihr Kopf war eingerahmt von langen roten Haaren. Die vollen Lippen hatten etwas Erotisches an sich. Ihre dunkelgraue Flight-Uniform hob ihre auch so schon bestechende Figur hervor.

Igor erzählte ihr, dass er in L.A. Inhaber einer Firma für moderne Kommunikationssysteme sei und in Dubai einige sehr lukrative Geschäfte hätte abschließen können. Er sei in den letzten Jahren so sehr damit beschäftigt gewesen, seine Firma aufzubauen, dass es ihm an Zeit gefehlt habe, eine Beziehung einzugehen. Mitten im Gespräch beschloss er spontan, während seines Aufenthaltes in den Vereinigten Staaten für etwas erotische Abwechslung zu sorgen.

Die Stewardess gab ihm am Ende der Unterhaltung bereitwillig ihre Telefonnummer und versprach ihm, sich an ihren freien Tagen mit ihm zu treffen. Dies überraschte Igor nicht sonderlich, denn er war sich seiner Wirkung auf das weibliche Geschlecht bewusst und außerdem war er es nicht gewohnt, dass Frauen ihm einen Korb gaben.

Sein Leben lang war er offen für das andere Geschlecht gewesen; dies stellte zumindest in gewisser Weise eine seiner wenigen Schwächen dar. Einer attraktiven Frau konnte er noch nie widerstehen. Immer wieder hatte er versucht, sein Ego dadurch aufzuwerten, dass er das Herz einer schönen Frau eroberte.

Bei einer seiner letzten Urlaubsreisen hatte ihn sein Weg nach Brasilien geführt. Während dieser Trips plante er die Stationen seiner zukünftigen Flucht. Brasilien wählte er zu dieser Zeit mit völliger Absicht aus. Bevor er sein Reiseziel bestimmte, informierte er sich vorher genau über bestehende Auslieferungsabkommen mit der Bundesrepublik. In den brasilianischen Abkommen hatte er eine entscheidende Lücke gefunden, die er sich zu Nutze machen wollte.

Grundsätzlich bestand bei den Behörden die Bereitschaft, Straftäter an die BRD auszuliefern, allerdings mit einer Ausnahme. Für den Fall, dass die gesuchte Person Vater eines Kindes mit brasilianischer Staatsbürgerschaft war, wurde die Übergabe verweigert. Dieses Recht war in der brasilianischen Verfassung verankert: International gesuchte Verwandte ersten Grades von brasilianischen Staatsbürgern durften nicht ausgeliefert werden.

Damals fasste Igor den Plan, sich in Brasilien eine Frau zu nehmen, die entweder freiwillig oder unfreiwillig bereit war, mit ihm zusammen ein Kind zu zeugen. Diese Frau musste er auch nicht lange suchen. In einem Land, in dem die Kluft zwischen Arm und Reich so tief war, konnte er mit Geld alles bewegen. Schon ein Jahr später war er stolzer Vater eines Jungen, der gemeinsam mit seiner Mutter in Recife lebte.

Die Frau hatte er aus den Favelas geholt und in einer akzeptablen Stadtwohnung untergebracht; regelmäßig schickte er ihr Geld, um sie bei Laune und bei der Stange zu halten. In Recife sollte seine Flucht auch vorläufig enden.

Während seiner Reisen nach Lateinamerika gefiel es ihm in Brasilien besonders gut. Die Mentalität der Menschen und das tropische Klima begeisterten ihn. Dabei störte es ihn auch nicht, dass Recife die Stadt mit der höchsten Kriminalitätsrate in Brasilien war.

Hier wurden die meisten Drogendelikte, Überfälle und Morde verübt. In diesem Umfeld kannte er sich bestens aus, und daher konnten ihm diese Zahlen auch keine Furcht einflössen.

Er hatte sogar geplant, die Mutter seines Sohnes bei seiner Ankunft zu heiraten und anschließend mindestens vier Jahre dort zu leben. Danach würde er die Staatsbürgerschaft des Landes annehmen. Für diesen Zweck hatte er oberhalb von Recife eine riesige Hazienda gekauft. Hier wollte er dann, so sah es sein Plan vor, die ersten Jahre nach seiner Flucht aus Deutschland verbringen und die Ruhe und Sicherheit finden, um den Rest seines Lebens zu gestalten.

Immer wieder erhielt sie den gleichen Ansagetext über ihr Funktelefon.

„Der Teilnehmer ist vorübergehend nicht zu erreichen, wenn Sie eine Nachricht hinterlassen wollen, dann ...“

Seit Tagen versuchte Valerie Marcel Runge zu erreichen. Jedes Mal, wenn sie den Ansagetext vernahm, hatte sie das

Bedürfnis, das Telefon an die nächste Wand zu werfen, so groß war ihre Enttäuschung. Die Fußball-Europameisterschaft war längst beendet, und eigentlich hatte sie mit ihm verabredet, dass er sich bei ihr melden wollte.

Irgendwie verspürte sie ein mulmiges Gefühl in der Magengegend, weil ihr weiblicher Instinkt ihr sagte, dass etwas nicht in Ordnung sei.

Val saß in ihrem Geländewagen und fuhr in Richtung Porlamar; hier hatte sie die Möglichkeit, internationale Zeitschriften und Tagespresse zu bekommen.

Während der ganzen Zeit, die sie bisher auf Margarita verbracht hatte, hatte sie kein besonderes Interesse daran gefunden, zu erfahren, was in Deutschland passierte. Sie hatte eigentlich mit ihrer alten Heimat abgeschlossen.

Am Flughafen, etwas außerhalb der Stadt gelegen, kaufte sie mehrere deutsche Tageszeitungen und Wochenmagazine. Voller Ungeduld blätterte sie sofort in den Zeitschriften. Dabei sprangen sie auf der Titelseite eines Magazins die Schlagzeilen förmlich an:

Marcel Runge tot!

Größter Fußballskandal der Neuzeit aufgedeckt

Leider konnte der Vater des Erfolgs seinen Triumph nicht mehr genießen

Genaueres im Innenteil!

Diese schockierende Nachricht lähmte sie vor Entsetzen. Val hatte das Gefühl, als würde sich die Erde unter ihr öffnen. Das Blut rauschte in ihren Ohren und ihr wurde schwarz vor Augen.

Nur im Unterbewusstsein nahm sie wahr, dass sie stürzte. Ein stechender Schmerz holte sie wieder in die Realität zurück. Sie war mit dem Kopf auf den Boden geschlagen und als sie sich langsam wieder aufrappelte, lief von einer klaffenden Platzwunde an der Stirn Blut in ihre Augen.

Jemand griff ihr unter die Arme.

„Senorita, ist alles in Ordnung mit Ihnen?"

Der junge Venezolaner, der ihr gerade noch an dem Kiosk die Zeitschriften verkauft hatte, war sofort aus seinem Laden geeilt und half ihr wieder auf die Beine.

Valerie nahm den jungen Mann nur verschwommen wahr. Um sie herum hatte sich bereits eine kleine Menschenmenge gebildet, die die Szenerie neugierig beobachtete. Ihre Zeitungen und Magazine lagen auf dem Boden verstreut.

Mit dem Handrücken wischte sie sich das Blut aus den Augen. Jemand reichte ihr ein weißes Tuch, das sie dankbar annahm.

„Sie müssen es fest auf die Wunde drücken, damit die Blutung gestillt wird!"

Vor ihr stand ein Angehöriger der Policia Municipal.

„Die Wunde muss unbedingt versorgt werden! Hier im Flughafen befindet sich eine medizinische Station. Ich werde Sie dorthin begleiten!"

Der Polizeibeamte fasste Val mit sanfter Kraft um die Hüfte und stützte sie. Mit der anderen Hand packte er ihre Zeitschriften, die er vom Boden aufgehoben hatte.

„Es geht schon, Senor, ich glaube, ich kann ohne Ihre Hilfe laufen."

Der Schock über die Nachricht von Marcel Runges Tod hatte sie fest im Griff. Sie zitterte am ganzen Körper, und Tränen liefen über Ihre Wangen.

„Sollen wir jemanden benachrichtigen, Senorita? Haben Sie Verwandte oder Bekannte auf der Insel?"

Mit schluchzender Stimme gab sie dem Polizisten die Telefonnummer von Rodrigo Madras.

In der Krankenstation versorgte ein Arzt Valeries Wunde am Kopf mit geübten Handgriffen. Zuvor hatte er ihr ein Beruhigungsmittel gegeben. Zum Glück war die Verletzung nicht so gravierend, der Schmerz in ihrer Seele brannte viel stärker.

Inzwischen kam Madras in das Behandlungszimmer gestürmt.

„Madre de Dies, was ist passiert?! Geht es dir gut?"

Die Stimme des kleinen Maklers überschlug sich fast.

„Sie ist in der Flughafenhalle gestürzt und hat sich dabei am Kopf verletzt. Eigentlich keine große Sache. Können Sie sich um die Senorita kümmern?"

Der Polizist sah Madras fragend an und reichte ihm die Magazine.

„Selbstverständlich, Senorita Sattler lebt in Juan Griego und ist sehr gut mit mir befreundet. Sie betreibt dort ein kleines Restaurant. Ich werde sie nach Hause bringen."

Madras nahm die Zeitschriften an sich, wobei sein Blick auf das Titelblatt des obersten Magazins fiel. Obwohl er nur ein paar Brocken Deutsch sprach, verstand er sofort den Inhalt der Überschrift.

Augenblicklich erfasste ihn eine tiefe Traurigkeit, und voller Mitleid suchte er Valeries Blick. Sie schien durch ihn hindurch zu sehen. Ihre Augen waren gerötet und die Lider dick angeschwollen. Der Verband an ihrem Kopf verlieh ihr ein groteskes Aussehen.

Mit Valeries Wagen fuhren sie zurück nach Juan Griego. Unterwegs sprachen sie kein Wort miteinander. Der Arzt hatte Madras gesagt, dass die Wirkung des Beruhigungsmittels schon nach einigen Stunden nachlassen würde. Er hatte ihm noch ein paar der Pillen des Medikaments mitgegeben.

Madras konnte sich gut vorstellen, was Valerie jetzt empfand. Nachdem er ihr seine Liebe auf der Terrasse ihres Restaurants gestanden hatte, hatten sie sich anschließend noch die ganze Nacht miteinander unterhalten. Val hatte ihm ihre komplette Lebensgeschichte erzählt. Davon, dass sie nach dem Selbstmord ihrer Mutter von ihrem Vater als Teenager auf die Straße gesetzt worden war, von diesem Igor, von ihrer Tätigkeit als Call-Girl und ihrer Flucht nach Venezuela. Von ihrer Suche nach einem neuen Leben und vor allen Dingen von Marcel Runge.

Eigentlich hätte er jetzt eine Art von Triumph spüren müssen, doch er war weit entfernt davon.

Der kluge Venezolaner hatte niemals auch nur einen Hauch von Eifersucht oder Missgunst verspürt. Ganz im Gegenteil gönnte er Valerie, nach all dem, was sie durchgemacht hatte, ihr Glück.

Tage später erfuhr er von der Verhaftung des Deutschen. Dieser Burro hatte den Bogen überspannt und sich an ein junges Zimmermädchen herangemacht. Das Mädchen hatte Anzeige erstattet, und die Nachricht von seiner Verhaftung verbreitete sich wie ein Lauffeuer auf der Insel.

Madras erinnerte sich noch gut an Valeries glücklichen Gesichtsausdruck, als er ihr die Nachricht überbracht hatte. Ihr Schicksal schien sich zum Guten zu wenden.

Manche Dinge im Leben regelten sich halt von selbst!

Und jetzt diese Katastrophe! Er fragte sich, wie er Val wieder aufbauen und ins Leben zurückholen könnte. Irgendwie musste er ihr ihren Lebensmut wieder zurückgeben. Keinesfalls durfte er sie jetzt allein lassen!

Nachdem sie in Valeries kleinem Bungalow angekommen waren, gab er ihr nochmals zwei der Beruhigungspillen und legte sie auf ihr Bett. Sie starrte nur teilnahmslos an die Decke des gemütlichen Schlafzimmers. Immer noch rannen ihr Tränen über das hübsche Gesicht.

Madras fluchte vor sich hin, als er das Leid sah, das diese Frau durchmachen musste, für die er so viel empfand. Er selbst spürte den Schmerz, den Valerie in ihrer Seele empfand, körperlich.

Das Leben spielte manchmal ein verrücktes Spiel und war in vielerlei Hinsicht unverständlich und ungerecht. Doch er glaubte fest daran, was auch immer passierte und welches Schicksal die Menschen auch zu erleiden hatten, dass alles seinen tieferen Sinn haben würde.

Madras war ein sehr gläubiger Mann und davon überzeugt, dass Gott alles steuerte und am Ende seine Gerechtigkeit siegte, auch wenn das für den Menschen meistens zunächst nicht nachvollziehbar und nicht zu begreifen war.

Er hockte sich auf den Rand des Bettes und fing leise an zu beten. Er betete nicht für sich selbst, sondern für die Frau, die neben ihm lag und dieses entsetzliche Leid erfahren musste. Er betete zu dem Gott, an den er so fest glaubte und dafür, dass Valerie das Glück finden sollte, das ihr nach seiner Überzeugung zustand.

Der Seminarraum befand sich in einem Seitentrakt des BKA-Gebäudes in Wiesbaden, und die dort hinter verschlossenen Türen geführte Besprechung dauerte nun schon seit Stunden an.

Hans Wolf hatte die Leitung des Meetings übernommen.

Ziel war, eine Sonderkommission zu bilden, um Vladimir Bako über Zielfahndungsaktionen ausfindig zu machen und zu verhaften. Die letzten Informationen, die Wolf vorlagen, waren, dass Bako von Lissabon aus nach Dubai geflüchtet war. Seine letzte Spur, die er hinterlassen hatte, fanden die Fahnder, die ihm folgten, über die Videoaufnahme einer Überwachungskamera beim Einreise-Zoll in Dubai.

Ab hier verlor sich seine Fährte. Bako war wie vom Erdboden verschwunden.

Die Beamten waren sich sicher, dass das kleine Emirat nur eine Durchgangsstation war. Hans Wolf hatte zuvor alle beteiligten Beamten akribisch ausgewählt. Noch solch eine Hiobsbotschaft von einem korrupten Fahnder wie im Fall Lahme wollte er kein zweites Mal hinnehmen.

Die Sonderkommission „Albaner“ bestand aus zwanzig Beamten, die Leitung der Gruppe hatte Hans Wolf persönlich übernommen. Er wollte damit auch erreichen, dass alle Informationen und Fahndungsergebnisse über seinen Schreibtisch liefen. Nichts durfte übersehen werden, selbst der kleinste Hinweis konnte sie wieder auf Bakos Spur führen.

Die Aktionen der Fahnder waren verankert in der Polizeidienstvorschrift 384, die die gezielte, besonders intensive, operative Suche nach Kapitalverbrechern beinhaltete. Anfangs glich die Fahndung einer Suche nach der Nadel im Heuhaufen. Zunächst wurden Persönlichkeitsprofile von den gesuchten Personen erstellt. Dabei fanden besonders die Vorlieben der Straftäter Berücksichtigung. Alles war wichtig, Urlaube, Kontaktpersonen, eventuelle Spielsucht oder sonstige Charakterschwächen. Telefonanschlüsse, sexuelle Neigungen, selbst Lieblingsfilme oder Lieblingssportvereine, sogar die Zigarettenmarke wurden in das Profil mit eingepflegt. Ohne besonderen Druck ständig neu zu bearbeitender Fälle, konnten sich Zielfahnder ausschließlich auf die eine gesuchte Person konzentrieren.

In den meisten Fällen wurden den Verbrechern ihre schillernde Persönlichkeit oder ihr ausschweifender Lebenswandel zum Verhängnis.

Wolf hoffte natürlich, dass auch Bako auf diese Art zu fassen sei. Er hatte ausgiebig seine Akte studiert und sich tagelang mit den Aussagen aller seiner Kontaktpersonen beschäftigt, denen er nur habhaft werden konnte. Dabei fand er heraus, dass es bei dem Albaner im Grunde genommen zwei offensichtliche Schwächen gab, und die waren sein Verhältnis zum weiblichen Geschlecht und seine Geltungssucht.

Immer wieder polierte er sein Ego über diverse Frauen oder Statussymbole auf.

An vielen seiner Aktionen waren Frauen beteiligt oder in irgendeiner Form involviert. Auffällig war sein abgebrühter und hemmungsloser Umgang mit den Damen, mit denen er zu tun hatte.

Bako war ausgesprochen clever, und was ihn brandgefährlich machte, war die Paarung von überdurchschnittlicher Intelligenz mit seiner außerordentlichen kriminellen Energie. Er schreckte in der Wahl seiner Mittel vor nichts zurück und war unglaublich brutal in seiner Vorgehensweise.

Wolf hatte sich ausschließlich mit Spezialisten der unterschiedlichsten Ermittlungsmethoden umgeben. In den meisten Fällen kam ihnen irgendwann Kommissar Zufall zu Hilfe, und der Ermittler hoffte, dass ihnen auch in der Sache Bako die Vorsehung zur Seite stehen würde.

Die Beamten der Sonderkommission nahmen sich zunächst die Computer und Laptops vor, die sie bei der Durchsuchung der Wohnungen und Apartments, die Bako in der Vergangenheit genutzt hatte, beschlagnahmt hatten. Aufgrund der Tatsache, dass seine Unterkünfte nicht absolut clean waren, folgerten die Ermittler, dass seine Flucht zwar von langer Hand geplant gewesen sei, aber letztlich wegen des Zugriffs in Spanien doch spontan und Hals über Kopf abgelaufen wäre.

Sie konnten nicht viele Spuren finden, jedoch waren die wenigen von äußerster Wichtigkeit.

Auf den Festplatten der Computer Bakos konnten relativ problemlos die Internetseiten, die er in den letzten Monaten besucht hatte, rekonstruiert werden.

Dabei fand man auch Seiten von diversen Fluggesellschaften, die er aufgerufen hatte. Hieraus versuchte man, sich jetzt einen Überblick darüber zu verschaffen, wo und wohin er gegebenenfalls Flüge gebucht hatte. Auffällig war unter anderem, dass er an einem einzigen Tag auf den Internetportalen mehrerer verschiedener Fluggesellschaften in unterschiedlichen Ländern war.

Hans Wolf war sich sicher, dass er an diesem Tag die verschiedenen Flüge gebucht hatte.

Das Ergebnis dieser Recherche war, dass Bako mit hoher Wahrscheinlichkeit von Dubai in die Vereinigten Staaten geflüchtet war. Es stellte sich nur noch die Frage, wohin? An dem Tag seiner Ankunft in Dubai gingen mehrere Flüge in die USA, allerdings nur in drei verschiedene Städte. Washington D.C., New York und Los Angeles. Es gab keine direkten Flugverbindungen, alle hatten einen Zwischenstopp in London Heathrow.

Mit den ersten Ergebnissen ihrer Ermittlungen waren die Fahnder schon mehr als zufrieden. In den folgenden Tagen waren sie mit der Auswertung der Videoaufnahmen unterschiedlicher Überwachungskameras beschäftigt. Dabei fiel ihnen ein allein reisender Mann auf, der von Dubai mit American Airlines einen Flug nach Los Angeles gebucht hatte. Immer wieder flimmerten die Bilder, die in der VIP-Lounge von American Airlines aufgezeichnet wurden, über den Bildschirm.

Wolf studierte vor allen Dingen Aufnahmen, die den Mann zeigten, der ihnen verdächtig vorkam.

Die Person hatte kaum Ähnlichkeit mit Bako. Er sprach mit niemandem außer mit der Bedienung. Seine Haar- und Augenfarbe waren anders. Der Kerl wirkte eher zurückhaltend und schüchtern, was durch die dicke Hornbrille, die er trug, noch unterstrichen wurde. Eigentlich war er völlig unauffällig. Selbst seine Kleidung war dezent, nicht besonders modisch. Er sah eher aus wie ein Buchhalter oder Finanzbeamter.

Hans Wolf spulte den Videofilm immer wieder vor und zurück und betrachtete die Szenen aufs Neue. Er konnte nichts finden, was ihm irgendwie verdächtig vorgekommen wäre. Plötzlich erregte ein Ausschnitt gegen Ende der Aufzeichnung seine Aufmerksamkeit. Im Hintergrund hörte man den Aufruf des Fluges nach Los Angeles. Der Kerl hörte zunächst angespannt zu und schaute dann auf seine Armbanduhr, als wolle er sich vergewissern, dass er noch genügend Zeit bis zum Abflug der Maschine hätte.

Wolf hielt die Szene an.

Mit ein paar Mausklicks auf seinem PC vergrößerte er den Ausschnitt der Armbanduhr. Er kannte diese Uhr. Seine Frau hatte ihm vor vielen Jahren den gleichen Chronometer zum Geburtstag geschenkt.

Kommissar Zufall ließ schön grüßen!

Es war ein Klassiker der Marke Rolex. Eine GMT Master. Diese Uhr war ursprünglich einmal für Piloten konzipiert worden, da man die Möglichkeit hatte, verschiedene Zeitzonen einzustellen. Dadurch musste man, wenn man große Entfernungen zurücklegte, nicht in jeder Zeitzone die Uhr neu stellen.

Auf der Videovergrößerung konnte Hans Wolf die eingestellten Zeitzonen genau erkennen. Es waren die mitteleuropäische Zeit und die Zeitverschiebungen für Lateinamerika und Saudi Arabien. Außerdem passte die Uhr nicht zu dem übrigen Outfit des Reisenden. Bako war von Portugal nach Paraguay geflüchtet und anschließend nach Dubai. Das stimmte mit den Einstellungen auf dem Chronometer überein.

Der Fahnder hatte ihn gefunden, dessen war er sich sicher! Sein Spürsinn und seine gute Nase waren wieder einmal ein Garant für seinen Erfolg! Außerdem konnte er sich auf seine Kombinationsgabe und auf sein Glück immer verlassen.

Er war davon überzeugt, dass Göttin Fortuna nicht nur dem Tüchtigen hold war, sondern in erster Linie dem Gerechten zur Seite stand.

Der Ermittler entschloss sich, sofort Interpol und das amerikanische FBI zu informieren. Außerdem entschied er sich dafür, höchstpersönlich nach Los Angeles zu fliegen. Jetzt durften sie Bako nicht mehr verlieren! Er konnte nicht riskieren, dass der durch die Unachtsamkeit einer anderen Behörde wieder entwischte.

Hans Wolf war gemeinsam mit einem seiner Mitarbeiter unmittelbar zum Frankfurter Flughafen gefahren, um die nächste Maschine nach L.A. zu erwischen.

Einen kurzen Halt hatte er bei seiner Wohnung eingelegt, um ein paar Sachen zusammenzupacken und sich von seiner Frau zu verabschieden. Mit knappen Worten erzählte er ihr, worum es ging, und was er vorhatte. Außerdem entschuldigte er sich nochmals bei ihr, dass er in den letzten Tagen in seinem Büro übernachtet hatte.

Er befand sich schon auf der Türschwelle, als ihm seine Frau noch ein kleines Päckchen zusteckte.

„Ich weiß nicht, ob das wichtig ist, aber die Post liegt jetzt schon seit ein paar Tagen hier; alles, was an dich persönlich adressiert war, habe ich gesammelt. Du warst so sehr beschäftigt, und wir haben uns in den letzten Tagen auch nicht gesehen."

Seine Frau sah ihn entschuldigend an.

„Das macht nichts, Liebling, ich schaue mir die Briefe unterwegs im Flugzeug an. Im Moment habe ich auch Besseres zu tun. Dieser Schweinehund darf uns nicht wieder entkommen!"

„Pass bitte auf dich auf! Nach dem, was ich in der Zeitung gelesen habe, sind das sehr skrupellose Leute, hinter denen ihr her seid."

„Mach dir keine Sorgen, mein Engel! Wir sind in den USA nur Beobachter und Hinweisgeber."

Er drückte ihr noch einen dicken Kuss auf den Mund und versprach, sich unmittelbar nach seiner Ankunft in Los Angeles zu melden.

Die Briefe steckte er gedankenverloren in die Innentasche seiner Jacke.

Am anderen Morgen wurden sie von Angehörigen des FBI am L.A. International Airport abgeholt.

Sie bestiegen einen Buick Town Car und machten sich sofort auf den Weg in das Hotel, das man für die beiden deutschen Beamten gebucht hatte.

Wolf war hundemüde, der lange Flug forderte jetzt seinen Tribut. In Flugzeugen hatte er noch nie schlafen können, weil ihn ständig eine zwar unterschwellige, aber immer präsente Flugangst quälte.

Via E-Mail hatten sie den amerikanischen Behörden bereits alle Informationen über Bako zur Verfügung gestellt.

Die beiden deutschen Fahnder wollten zunächst in ihrem Hotel ein paar Stunden schlafen und am Nachmittag ihre Suche und ihre Ermittlungen gemeinsam mit den FBI-Agenten fortführen. Sie waren Bako jetzt dicht auf den Fersen und durften den Fahndungsdruck keinesfalls verringern.

Im Hotel angekommen gönnte sich Wolf zunächst eine ausgiebige heiße Dusche und legte sich anschließend entspannt aufs Bett; er fühlte sich wie gerädert. Er schloss seine Augen und versuchte einzuschlafen, als ihm in diesem Moment die Briefe einfielen, die ihm seine Frau noch zugesteckt hatte.

Also rappelte er sich wieder auf und holte die Anschreiben aus seiner Jackentasche. Bedächtig sah er sich die einzelnen Umschläge an. Auf einem der Umschläge stand kein Absender, und der Brief war an ihn persönlich mit dem Vermerk

„vertraulich“ adressiert. Abgestempelt war er in Genf, und die Handschrift kam ihm irgendwie bekannt vor. Vorsichtig öffnete er das Kuvert. Im Inneren fand er ein handgeschriebenes Dokument.

Ihm verschlug es fast die Sprache! Das Schreiben war von Marcel Runge! Er hatte es an dem Tag seines Unfalls verfasst!

Runge entschuldigte sich zunächst einmal für diese unter den beiden Freunden ungewöhnliche Kontaktaufnahme und begründete sein Handeln damit, dass er nach den Vorkommnissen in der Vergangenheit nicht mehr sicher sei, wem er vertrauen könne.

In kurzen und knappen Worten bestätigte er ihm seine Angst vor einem Attentat und dass er darauf vorbereitet sei. Der Reporter berichtete davon, dass er schon seit Tagen von einem Mann observiert würde. Er sprach von einem internationalen Komplott und einer Verschwörung, die bis in die höchsten Funktionärs- und Regierungskreise reiche. Globale Konzerne und Geschäftsbanken seien darin involviert.

Eine Passage aus dem Brief brannte sich förmlich in Wolfs Gehirn:

„Sie werden es nicht zulassen, dass du alles aufdeckst. Glaube mir, mein Freund, eine Krähe wird der anderen kein Auge auspicken. Alle profitieren davon und werden es weiter tun. Nichts ist so, wie es den Anschein hat. Sie werden ein paar Bauern opfern, die man dir auf dem goldenen Tablett präsentieren wird.

Du bist ein ausgezeichneter Polizist, und ich bin mir sicher, dass du nicht eher locker lässt, bis du sie alle am Wickel hast. Du wirst auch Bako finden, aber sie werden ihn dir nicht lebend überlassen.

Bei dieser ganzen Geschichte geht es nicht nur um Geld. Der finanzielle Aspekt ist nur zweitrangig. Es geht darum,

Macht und politischen Einfluss auszuüben. Es geht darum, am Ende die Entscheidungen zu treffen, die wichtigen Entscheidungen, egal in welcher Hinsicht.

Manchmal muss man Wege beschreiten, die fernab sind von unserer rechtsstaatlichen Überzeugung. Diese Verbrecher kannst du nur mit ihren eigenen Waffen schlagen.

Vergiss niemals, dass nichts so ist, wie es scheint!“

Wolf ließ die Worte Runges zunächst einmal eine Zeit lang auf sich wirken. Für ihn hörte es sich so an, als wolle er ihn warnen. Er war sich darüber im Klaren, dass er im Moment mit seinen Ermittlungen nur an der Spitze des Eisbergs kratzte und er war sich auch nicht sicher, alle Zusammenhänge aufklären und alle Beteiligten fassen zu können. Allerdings würde er, wenn das stimmte, was sein alter Freund ihm zu sagen versuchte, einige Leute gehörig aufscheuchen und verunsichern. Er würde alles, was in seiner Macht stand, in die Waagschale werfen, und wenn das nicht ausreichte, dann würde er seinen Dienst quittieren, so viel war sicher!

Sein hauptsächliches Augenmerk galt jetzt Vladimir Bako. Er war das Verbindungsstück, das ihm noch fehlte. Der Albaner war der einzige, der Licht in die Schattenwelt bringen konnte, in der er sich bewegte.

KAPITEL 15

Der blonde Deutsche saß zusammengekauert in einer Ecke des Betonsilos. Die Matratze, die er sich als Unterlage gesucht hatte, war übersät mit Flecken, und der Baumwollbezug war zerrissen und stank zum Himmel. So, wie alles hier in Los Teques!

Es war fast eine Woche her, dass ihn die Wärter nach seinem Verhör wieder in dieses stinkende Loch geworfen hatten. Das alles konnte mit Strafvollzug nichts zu tun haben. Die Menschen, die hier gefangen und eingesperrt waren, hatten keine Chance zur Resozialisierung.

Er glaubte auch nicht daran, dass in diesem Land auch nur irgendjemand daran interessiert wäre, Straftäter, nachdem sie ihre Zeit abgesessen hatten, wieder in die Gesellschaft einzugliedern.

Die Gefangenen vegetierten während ihrer Knastzeit vor sich hin. Die meisten schlossen sich einem der kriminellen Syndikate an und führten fortan ein Dasein als Leibeigene der Bosse. Dies bot ihnen zumindest eine reelle Möglichkeit, wieder lebend aus dieser Hölle herauszukommen. Für alle anderen war jeder Tag wie ein Ritt auf der Kanonenkugel.

Der Tod war ihr ständiger Begleiter. Die einzige Möglichkeit, hier dauerhaft am Leben zu bleiben, war, den Luceros regelmäßig ihre Schutzgeldforderungen zu zahlen. Sie waren die Bosse der Knast-Syndikate und patrouillierten bis an die Zähne bewaffnet mit Macheten und Schusswaffen durch das Gefangenenlager. Die Luceros waren hier das Gesetz.

Fast täglich wurde in einem der Pavillons ein toter Häftling gefunden. Entweder hatte man ihm mit einer Machete den Kopf abgeschlagen oder man hatte ihm eine Kugel verpasst. Mit diesen Morden wurde jeglicher Widerstand der übrigen Häftlinge gebrochen.

Los Teques war ein Verlies, ein Kerker, in dem man sich keine Angst oder Furcht leisten konnte. Wer Angst hatte, verlor früher oder später den Verstand, und das kam seinem Todesurteil gleich.

Schon seit geraumer Zeit wurde der Deutsche von einer Gruppe Häftlingen beobachtet. Sie musterten in abschätzend und diskutierten darüber, wie viel Geld man ihm wohl abknöpfen könnte.

Lahme hatte längst bemerkt, dass sie ihn beobachteten. Dieses asoziale Pack! Vor dem hatte er keine Angst! Von diesem Haufen Schwuchteln ließ er sich nicht einschüchtern! Der Polizist, der ihn verhört hatte, hatte ihm versprochen, dass er in eine andere Anstalt verlegt würde. Und das sollte nicht mehr sehr lange dauern. Ein paar Tage vielleicht noch. Das würde er auch noch überstehen!

Mehrere Wärter stürmten plötzlich mit gezogenen Waffen in den Pavillon und trieben die Gefangenen vor sich her nach draußen in den weitläufigen Gefängnishof. Alle mussten sich in einer Reihe aufstellen. Beim morgendlichen Appell war aufgefallen, dass die Häftlinge nicht vollzählig waren. Drei von ihnen fehlten, und inzwischen hatte man sie mit zerschossenen Köpfen in einer Ecke der Gefängnisküche gefunden.

Lahme stand in der Reihe mit den übrigen Delinquenten in der prallen Mittagssonne. Schweiß rann ihm über das Gesicht. Gespannt beobachtete er das Szenario. Alle Sträflinge hatten die Köpfe gesenkt und ihren Blick auf den Boden gerichtet. Keiner von ihnen wollte den Eindruck erwecken, als wüsste er irgendetwas von den Vorkommnissen der vergangenen Nacht. In der Zwischenzeit wurden die Pavillons von den Wärtern durchsucht. Sie suchten nach Waffen, Drogen, Telefonen und nach allem, was in der Anstalt offiziell nicht erlaubt war.

Der Häftling, der rechts neben Lahme stand, raunte ihm zu: „Lass deinen Kopf unten! Wenn du irgendwie aus der Reihe fällst, verhören sie dich stundenlang. Das ist bestimmt kein Zuckerschlecken. Sie schleppen dich in irgendein Loch und verprügeln dich, egal, ob du etwas weißt oder nicht!"

Der Mann neben ihm war etwas kleiner als Lahme, sein schmächtiger Körper steckte in einer Jeans, die vor Dreck starrte und einem T-Shirt, dessen eigentliche Farbe man nicht mehr erkennen konnte.

Nach einer halben Stunde war der Spuk vorbei. Stolz präsentierten die Wärter, was sie in den Zellen gefunden hatten. Allerlei Waffen und sonstige Gegenstände wurden auf einem Tisch in der Mitte des Gefängnishofes aufgestapelt. Dabei waren Macheten, kurzläufige Revolver und abgesägte Schrotflinten.

Alle Häftlinge wurden wieder zurück in die Pavillons getrieben. Lahmes Nachbar setzte sich zu ihm auf die schmierige Matratze. Sein Name war Dan, er war US-Amerikaner und saß schon seit fast einem Jahr in Los Teques ein. Man hatte ihn am Flughafen von Caracas beim Drogenschmuggel erwischt. Jahrelang hatte er Kokain aus Kolumbien über Venezuela nach Kanada und von dort aus in die Vereinigten Staaten gebracht und geglaubt, er habe eine todsichere Methode gefunden. Er hatte die Droge verflüssigt und sie anschließend in einen versteckten doppelten Boden in seinem Koffer gefüllt. Ein venezolanischer Nationalgardist hatte am Zoll plötzlich mit einem Dolch wie verrückt in seinen Koffer gestochen. Das Ergebnis war, dass die Drogenbrühe an allen Seiten des Koffers hinauslief. Nun warteten auf ihn bis zu zehn Jahre Knast in diesem Loch. Sein Verfahren lief noch. Auch ihm hatte man bei einem Geständnis versprochen, dass er in ein anderes Gefängnis verlegt würde. Seither kämpfte er jeden Tag ums Überleben in dieser Hölle.

Alle seien hier korrupt, erzählte er Lahme. Die Polizisten seien die schlimmsten, sie hielten für alles die Hand auf, ebenso Wärter, Nationalgardisten und der Gefängnisdirektor. Hier müsse man für alles bezahlen. Spätestens morgen Früh verkauften sie wieder alles, was sie gerade bei der Razzia gefunden hätten, an die Luceros. Und spätestens, wenn sie die nächste Leiche fänden, ginge das Spiel wieder von vorne los.

Als Ausländer habe man einen schlechten Stand, sie pressten einen aus wie eine Zitrone, weil sie vermuteten, dass man irgendwo Kohle gebunkert habe. Deshalb müsse man auch zusammenhalten. Er erzählte Lahme, dass außer ihm noch etwa zwanzig andere Ausländer in Los Teques inhaftiert seien. Je mehr sie würden, desto besser wären ihre Chancen, hier irgendwann wieder lebend herauszukommen. Deshalb riet er ihm, sich so schnell wie möglich seiner Gruppe anzuschließen. Gegen einen geringen Mitgliedsbeitrag von einer Million Bolivar würden sie ihn jederzeit aufnehmen und könnten ihm dafür eine gewisse Sicherheit garantieren.

Lahme versprach, darüber nachzudenken.

Langsam machte sich in ihm die Gewissheit breit, dass er sich auf einen langen Aufenthalt in diesem Loch, das man hierzulande Gefängnis nannte, einstellen musste. Der Polizeibeamte hatte ihn offensichtlich gelinkt, und er war sich darüber im Klaren, dass er unverzüglich die Gesetze von Los Teques akzeptieren musste, wenn er überleben wollte.

Igor hatte sich nach den endlosen Zollformalitäten am L.A. International Airport ein Taxi genommen. Er hatte sich nicht vorstellen können, dass er so streng am Einreisezoll überprüft werden sollte. Das hatte wohl etwas mit dem Anschlag vom 11. September zu tun. Seitdem waren die Einreisebedingungen für Reisende, die aus der arabischen Welt kamen, um ein Vielfaches verschärft worden. Seine Papiere wurden auf Herz und Nieren überprüft, und Igor hatte zwischenzeitlich die vage Befürchtung, dass sie der strengen Kontrolle nicht standhalten würden.

Aber auch hier zeigte sich erneut, dass der Fälscher, von dem er sie hatte, ein absoluter Spezialist war. Die Namen und Daten waren nicht frei erfunden, sondern stammten von tatsächlich existierenden Personen mit einer einwandfreien Legende.

Es verlangte seine ganze Selbstbeherrschung und vollste Konzentration, um den Beamten der Einreisebehörde nicht aufzufallen.

Erst als er im Taxi saß, und das Yellow Cab gemächlich über die Interstate 10 Richtung Venice und Santa Monica rollte, konnte er sich langsam entspannen. Sein Ziel war das Hotel Viceroy Santa Monica, eine der luxuriösen Absteigen am Ocean Boulevard. Von seinem Zimmer aus hatte er einen fantastischen Ausblick über die Santa Monica Bay.

Hier lebten also die Reichen und Berühmten, alle diejenigen, die durch die Filmindustrie im nahe gelegenen Hollywood Karriere gemacht hatten, dachte er. Auch hier konnte man es aushalten!

Igor hatte noch ein paar Tage Zeit, bis er sein Aussehen in einer der vielen Privatkliniken völlig verändern wollte. Vorher wollte er sich am Venice Beach, südlich von Santa Monica, von den Strapazen seiner überhasteten Flucht erholen. Für den Abend hatte er sich mit der Stewardess, die er auf seinem Flug von Dubai in die USA kennen gelernt hatte, in der Bar des Radison SAS Hotels in L.A. Downtown verabredet. Bis dahin wollte Igor noch ein paar Stunden schlafen. Er hatte es sich gerade auf dem Bett bequem gemacht, als er vom Room-Service gestört wurde.

Der Kellner brachte ihm den Kaffee, ein paar Snacks und die Magazine, die er kurz zuvor an der Rezeption bestellt hatte.

Langsam fiel die Anspannung der letzten Tage von ihm ab. Er fing an, sein Leben zu genießen. Jetzt, da war er sich sicher, hatte er seine Verfolger abgeschüttelt. Hier in der amerikanischen Metropole konnte er problemlos für eine Weile untertauchen. Niemand würde ihn hier ausfindig machen. Zu gut und ausgeklügelt war seine Tarnung.

Die erste Besprechung fand in der Central Agency des Los Angeles Police Departements statt. Hans Wolf war im Büro des Commissioners, um mit dem Leiter der Abteilung die weitere Vorgehensweise zu besprechen. Der Kommissar des deutschen BKA war der Meinung, Bako so schnell wie möglich festzunehmen. Damit wollte er jede Möglichkeit zur weiteren Flucht des Kapitalverbrechers vereiteln. Die bisherigen Ermittlungen hatten ergeben, dass er zunächst mit einem Taxi nach Santa Monica gefahren war. Hier wurde er bereits von einer Einheit des L.A.P.D. überwacht. Zurzeit befand er sich in seinem Hotelzimmer.

Wolf mahnte den Commissioner zur Vorsicht.

„Ich hoffe, Sie unterschätzen diesen Verbrecher nicht, er ist eiskalt und völlig skrupellos. Ein Menschenleben bedeutet ihm nichts, und er ist mit absoluter Sicherheit bewaffnet!"

Der Leiter des L.A.P.D. war ein Mann Mitte fünfzig. Er hatte eine untersetzte Figur und graue, fast weiße Haare. In seinem kreisrunden Gesicht funkelten blaue Augen, die vor Tatendrang und Intelligenz sprühten. Er sah Wolf geringschätzig an.

„In unserem Land ist fast jeder bewaffnet, das ist ein Umstand, auf den wir jederzeit vorbereitet sind.

Wir haben hier in L.A., gemeinsam mit allen Departements in der Umgebung, mehr als siebzehn Millionen Einwohner und die dritthöchste Kriminalitätsrate der USA. Sie können sicher sein, dass uns dieser Bastard mit nichts überraschen kann!"

„Ich wollte Sie auch nur vorwarnen und nicht belehren! Wir haben es hier nicht mit einem gewöhnlichen Verbrecher oder Kleinkriminellen zu tun."

„Sehen Sie, Mr. Wolf, so etwas ist bei uns in Los Angeles Alltagsgeschäft. In unserer Stadt, ja in ganz Kalifornien haben sich die unterschiedlichsten kriminellen Organisationen niedergelassen. Allein die Nähe zu Mexiko mit den dortigen Drogenkartellen und Schleuserbanden und die daraus entstehenden Probleme bereiten uns genügend Kopfzerbrechen."

Der arrogante Habitus des Commissioners und vor allen Dingen die Art und Weise, wie er seinen Namen aussprach, missfielen dem BKA-Beamten außerordentlich.

Jedoch war er nicht nach L.A. gekommen, um die korrekte Aussprache eines deutschen Namens zu diskutieren, sondern um einen Schwerverbrecher zu fangen. Daher konzentrierte er sich auf das Wesentliche.

„Das will ich Ihnen gerne glauben und ich möchte auch nicht mit Ihnen tauschen. Es liegt halt in unserem Interesse, dass er uns nicht wieder entwischt und untertaucht. Es liegt eine Menge Ermittlungsarbeit hinter uns und es wäre eine große Enttäuschung für mich und meine Mitarbeiter, wenn wir ihn jetzt nicht endgültig aus dem Verkehr ziehen könnten."

„Das wird schon alles klappen. Wir haben sämtliche Spezialisten für solche Fälle vor Ort. Das FBI arbeitet direkt mit uns zusammen. Machen Sie sich keine Sorgen. In ein paar Tagen sitzt er hinter Schloss und Riegel."

„Ich hoffe wirklich, dass Sie mich über die Ergebnisse seiner Observation regelmäßig auf dem Laufenden halten."

Hans Wolf sah den Commissioner durchdringend an.

„Außerdem wäre ich gerne dabei, wenn der Zugriff erfolgt."

„Unser Überwachungsteam behält ihn 24 Stunden täglich im Auge. Wir warten nur auf eine günstige Gelegenheit, um ihn dingfest zu machen. Natürlich wollen wir dabei vermeiden, dass wir unbeteiligte Personen gefährden. Wir machen den Moment des Zugriffs von der jeweiligen Situation abhängig. Wenn es sich ermöglichen lässt, dann werden wir Sie rechtzeitig informieren. Und jetzt lassen Sie uns bitte unsere Arbeit tun. Schauen Sie sich die Stadt an und genießen Sie den Aufenthalt in Los Angeles!"

Irgendwie fühlte sich Wolf kalt abserviert. Doch er hatte Verständnis für die Haltung der amerikanischen Behörde. Er war, wenn überhaupt, nur Beobachter und hatte keine polizeiliche Befugnis. Im umgekehrten Fall würde er sicher genauso handeln. Inständig hoffte er darauf, dass sie Bako nicht entwischen ließen.

Das Radison SAS Hotel lag in der South Figueroa Street in Downtown L.A. Igor saß bereits seit mehr als einer Stunde in der Lounge, ihm gegenüber die hübsche Stewardess. Ihr Name war Abigail, und sie hatte sich für den ersten Abend mit ihm besonders nett zurecht gemacht. Ihr enges grünes Kleid passte ausgesprochen gut zu ihrer Augenfarbe und betonte ihre langen Beine und ihre makellose Figur.

Er war sichtlich beeindruckt, als der Restaurantchef sie an ihren Tisch in der Hotelbar begleitete. Bereits im Flugzeug war sie ihm durch ihre außergewöhnliche Attraktivität aufgefallen. Diese Frau hatte Klasse, dachte er, als sie Platz nahm. Er musterte sie unverhohlen und entkleidete sie in Gedanken. In seiner Fantasie malte er sich aus, wie sie wohl unter ihrem Kleid aussehen würde und vor allen Dingen, wie sie sich anfühlen würde! Seine offensichtlich anzüglichen Blicke schienen Abigail nicht sonderlich zu stören. Sie lächelte unverbindlich.

Igor war dermaßen fasziniert von ihr, dass er nur unterbewusst die beiden Männer wahrnahm, die an dem Bartresen saßen und sich angeregt unterhielten. Ihm war ebenfalls entgangen, dass er von einem der beiden, der ihm zugewandt saß, unauffällig beobachtet wurde.

Zwei Tische hinter ihm, direkt am Ausgang zur großen Terrasse des Hotels, bekam ein unscheinbares Pärchen mittleren Alters gerade ein Dessert serviert. Auch bei ihnen handelte es sich um Agenten des FBI, die ihn nicht aus den Augen ließen.

Der Plan war, Igor bei passender Gelegenheit direkt in der Hotelbar zu verhaften. In der Lounge wäre das wegen des regen Publikumsverkehrs nicht möglich gewesen. In der Bar hatten die Ermittler den Moment vorgesehen, in dem ein als Kellner getarnter Agent an den Tisch der Gäste herantrat. Die Agenten warteten nur noch darauf, dass sich die Stewardess nicht mehr in der Schusslinie befand.

Wie erwartet entschuldigte sich Abigail nach dem Essen für ein paar Minuten bei Igor. Sie verließ den Tisch, um den Waschraum aufzusuchen. Die ewige Schwäche der Frauen, dachte er noch, als er ihrem erotischen Gang nachblickte. Aufreizend wackelte sie mit den Hüften.

Ständig müssen sie kontrollieren, ob ihr Make Up oder Ihre Frisur noch perfekt sitzen, hing Igor seinen Gedanken nach.

Im Gang zum Waschraum wurde Abigail von einem Mann aufgehalten. Er hielt ihr eine Polizeimarke unter die Nase und forderte sie auf, so lange hier mit ihm zu warten, bis er sie wieder ruhigen Gewissens gehen lassen könnte. Eine weitere Erklärung gab er nicht ab.

Währenddessen schob in der Hotelbar einer der Kellner einen Servierwagen an Igors Tisch, um das Geschirr abzuräumen. Als er unmittelbar neben Igor stand, sprach er ihn direkt an.

„Ich hoffe, das Essen war in Ordnung, Mister Bako!"

Igor zuckte zusammen, als er sich nach dem Ober umsah.

Dieser hatte in der linken Hand seine Dienstmarke und in der rechten eine automatische Waffe, die direkt auf Igor zielte.

„L.A.P.D.! Vladimir Bako, Sie sind verhaftet! Ich habe einen internationalen Haftbefehl für Sie. Legen Sie beide Hände auf den Tisch, sodass ich sie sehen kann! Machen Sie keine Schwierigkeiten!"

Die beiden Männer, die gerade noch an dem Bartresen gesessen hatten, hatten sich ebenfalls in Position gebracht und ihre Waffen auf ihn gerichtet. Unter seinem Sakko spürte Igor die neun Millimeter Browning, die er sich sofort nach seiner Ankunft in L.A. in einem Waffengeschäft gekauft hatte.

Das konnte nicht das Ende sein, dachte er mit einem total verblüfften Gesichtsausdruck, der ihm idiotische Züge verlieh!

„Hier muss es sich um einen Irrtum handeln! Ich heiße nicht Bako, ich bin amerikanischer Staatsbürger, und mein Name ist Fred Towning. In meiner Jackentasche habe ich meinen Führerschein und meinen Pass."

„Dann haben Sie ja nichts zu befürchten, wenn dem so ist. Legen Sie jetzt sofort beide Hände auf den Tisch! Ich will Ihre Hände sehen!"

Genau in diesem Moment sprang Vladimir Bako unvermittelt auf. Der Angriff kam so schnell und überraschend, dass er dem Polizeibeamten keine Möglichkeit zur Gegenwehr ließ.

Er schlug ihm seine Dienstwaffe aus der Hand und brachte sich hinter ihm in Stellung. Einen Arm hatte er um den Hals des Agenten gelegt und in der anderen Hand hielt er seine Browning, die er mit tausendfach eingeübter Routine blitzschnell aus seinem Schulterholster gezogen hatte.

„Bleibt, wo ihr seid, die Waffen auf den Boden!", schrie er den beiden Agenten, die vor dem Bartresen standen, mit kreischender Stimme panisch zu.

„Sie haben keine Chance!", entgegnete einer von beiden ruhig, aber bestimmt.

„Das ganze Gebäude ist umstellt! Machen Sie es nicht noch schlimmer, als es schon ist!"

Rückwärts bewegte sich Bako auf die Terrasse zu, den Officer brutal mit sich ziehend.

Jetzt erst nahm er die beiden FBI-Beamten hinter sich wahr.

„Weg mit den Waffen! Auf den Boden damit! Rüber zu den beiden anderen!"

Die beiden befolgten seine Anordnung und bewegten sich langsam in Richtung Innenraum.

Als er die Terrasse betrat, schaute er sich hektisch um; dabei bemerkte er nicht den roten Punkt an seinem Kopf! Einer der Scharfschützen, den das FBI auf den umliegenden Balkonen des Hotels postiert hatte, nahm ihn mit einem Laserzielgerät ins Visier. Der Beamte lauschte gespannt in sein Headset und wartete auf die Freigabe für den finalen Schuss.

Nicht so und nicht hier, durchfuhren die Gedanken des Gangsters in der letzten Sekunde seines widerwärtigen Daseins sein vollgekokstes Gehirn.

Alles war so gut geplant!

Den scharfen Knall des Präzisionsgewehrs nahm er nicht mehr wahr. Das Projektil schlug in seinen Hinterkopf.

Bako war auf der Stelle tot.

Sein lebloser Körper sackte wie in Zeitlupe in sich zusammen. In seinen glasigen Augen konnte man grenzenloses Erstaunen lesen, und neben seinem Kopf bildete sich langsam eine Blutlache.

Manchmal ereilt einen sein Schicksal auf dem Weg, auf dem man versucht, ihm zu entkommen!

Hans Wolf saß bereits am folgenden Tag in der Lufthansa Maschine auf seinem Rückflug nach Frankfurt. Er hätte Bako gerne lebend gefasst, damit dieser ihm hätte einige Fragen beantworten können. Aber das war ihm leider nicht vergönnt.

Auf dem kleinen Klapptisch vor sich hatte er den Brief liegen, den Marcel Runge ihm vor seinem tragischen Tod geschrieben hatte. Immer wieder las er, was ihm der Reporter mitteilen wollte:

„Sie werden es nicht zulassen, dass er dir lebend in die Hände fällt...!!!

Er ist das Verbindungsglied zwischen dem, was du hast und dem, was du gerne hättest.

Alle sind sie darin verstrickt. Mit allen meine ich die politischen Führungen, Wirtschaftsverbände, internationale Drogenkartelle, italienische und russische Mafia, Großbanken und selbst Geheimdienste. Vom israelischen Mossad angefangen bis hin zum CIA.

Denn alle profitieren davon in irgendeiner Weise. Sie decken sich gegenseitig und werden immer dafür sorgen, dass du nicht zu nah an sie herankommst.

Alle wichtigen Verbände, Institutionen und Einrichtungen dieser Welt bedienen sich früher oder später krimineller Elemente.

Du bist immer schon ein Mensch mit Idealen gewesen und hast für deine Träume gelebt und danach gehandelt. Nicht zuletzt deshalb waren wir Freunde, unsere Seelenverwandtschaft hatte uns zusammengeführt.

Ich musste sehr alt werden, um zu verstehen, dass Ideale und hohe Ziele in unserer Gesellschaft nicht mehr viel Wert sind. Das Leben schreibt halt seine eigenen Gesetze. Du reagierst nur noch auf die Situation, und die verändert sich ständig. Immer wieder wirst du im Leben vor neue Entscheidungen gestellt und bei jeder Entscheidung musst du ermessen, welchen Weg du gehst.

Die Zeitgeschichte hat gezeigt, dass Menschen morgen mit denen zusammenarbeiten, die sie gestern noch zutiefst verabscheut haben.

Denk immer daran, nichts ist so, wie es scheint!"

Marcel!

Die letzten Worte des Reporters machten ihn sehr nachdenklich. Bisher dachte er, immer zu wissen, was richtig und was falsch war. Doch jetzt war er an einem Punkt angekommen, an dem er nicht mehr wusste, wie es für ihn weitergehen sollte. Allerdings war er sich über eine Sache völlig im Klaren. Wenn Marcel Recht gehabt hatte mit dem, was er gesagt hatte, dann konnte er diesen Kampf gegen Windmühlen niemals gewinnen.

KAPITEL 16

Das Café „Bleu comme Bleu“ lag direkt auf der Champs-Elysées, war gemütlich und stilvoll eingerichtet. Es zeichnete sich durch seine hervorragende internationale Küche aus und bestach durch die bunte Mischung seiner Gäste.

Nicht nur die jungen und jung gebliebenen Pariser, sondern auch eine riesige Anzahl internationaler Besucher gehörten zu seinem Publikum.

Nicht zuletzt deshalb war das Lokal in den Jahren, seitdem er in Paris lebte, zu seinem Stammrestaurant geworden.

Robert saß gemeinsam mit Jean Pierre und seiner Frau Luise auf der weitläufigen Terrasse des beliebten Cafés.

Wortlos beobachteten sie die vorüberziehenden Passanten. Menschen aller Nationalitäten bevölkerten zu dieser Jahreszeit die Straßen von Paris. Die Metropole an der Seine war die Stadt der Liebe, der geschichtsträchtigen Sehenswürdigkeiten, der Museen und der Mode.

Robert hätte tagelang hier sitzen können; immer wieder genoss er die Stunden in der gemütlichen Cafébar.

Jean Pierre hatte ihm von der besonderen Beziehung seines Vaters zu dem jungen deutschen Fußballspieler erzählt, und deshalb entschloss er sich dazu, dass er den jungen Mann unbedingt kennen lernen wollte.

Max war schon einen Tag zuvor nach Paris gereist. Nachdem er Roberts Anruf erhalten hatte, entschied er spontan, den Sohn des Mannes, der in den letzten Wochen sein Leben komplett auf den Kopf gestellt hatte, zu treffen.

Außerdem nahm er die Gelegenheit wahr, der französischen Metropole endlich einmal einen Besuch abzustatten. Diesen Wunsch hegte er schon lange.

Er genoss die warme Sommersonne, als er zwischen tausenden von Passanten die Champs-Elysées entlang bummelte. Vor ihm lag die Terrasse des „Bleu comme Bleu". Sofort erblickte er Jean Pierre, der gemeinsam mit zwei weiteren Personen an einem Tisch saß. Er begrüßte ihn wie einen alten Freund.

„Hallo, Jean Pierre, trotz der besonderen Umstände freue ich mich sehr, dich zu sehen."

Max umarmte ihn freundschaftlich.

„Darf ich dir meine Frau Luise vorstellen? Und das ist Robert, ihr hattet euch ja bereits telefonisch gesprochen."

Höflich schüttelte Max beiden die Hand.

„Paris ist schon eine außergewöhnliche Stadt. Ich glaube, man würde ein ganzes Leben oder mehr brauchen, um wirklich alles sehen zu können."

Freundlich sah er Robert an.

„Da hast du sicherlich Recht. Paris hatte das Glück, dass in den beiden Weltkriegen so gut wie nichts zerstört wurde. Fast sämtliche alten Gebäude wurden über die Jahrhunderte erhalten. Ich lebe jetzt schon einige Jahre hier und habe nur einen kleinen Bruchteil aller Sehenswürdigkeiten besucht."

„Am Telefon hattest du mir erzählt, dass du all die Jahre nicht wusstest, dass Marcel Runge dein Vater ist."

„Meine Eltern sitzen auch hier mit uns am Tisch. Sie haben mich großgezogen und zu dem gemacht, was ich heute bin. Dass Marcel mein leiblicher Vater ist, habe ich erst vor ein paar Tagen von Jean Pierre erfahren! Selbstverständlich habe ich ihn all die Jahre auch geliebt. Aber nicht wie einen Vater. Er war für mich immer der nette, sympathische Onkel aus Deutschland, und wenn ich ehrlich sein soll, hat sich an dieser Einstellung nicht viel geändert."

„Marcel war schon ein besonderer Mensch, er hat zumindest mein Leben drastisch verändert. In der kurzen Zeit, die ich ihn kennen durfte, hatte er einen Einfluss auf mich ausgeübt, der mich sicherlich bis an mein Lebensende prägen wird!"

Ein Hauch von Traurigkeit spielte um seine Augen, da er immer noch nicht fassen konnte, dass der Reporter nicht mehr unter ihnen weilte. Jean Pierre sah Max väterlich an.

„Wir sind alle sehr traurig darüber, dass er nicht mehr bei uns ist. Doch er wusste immer, welche Gefahr ihm drohte, und dass er vielen Leuten mit seinen Nachforschungen gefährlich wurde. Marcel war nun mal äußerst hartnäckig, und das hat vielen nicht gefallen. Sehr bedauerlich ist nur, dass er seinen Triumph nicht mehr erleben durfte und vor allen Dingen seine Arbeit nicht zu Ende führen konnte. Ich kann mir sehr gut vorstellen, was ihm das bedeutet hätte. Schon allein seiner Frau Mia zuliebe!"

Luise beteiligte sich nun auch an der Unterhaltung.

„Mia wollte immer, dass er damit aufhört. Sie wusste viel früher von der Gefahr, in der sie schwebten. Als Frau hatte sie instinktiv gefühlt, dass irgendwann etwas Fürchterliches passieren würde. Wenn ich mit ihr alleine war, hatte sie mir oft ihre Ängste anvertraut. Aber sie war sich auch darüber im Klaren, dass Marcel nach seiner Überzeugung handelte und er sich durch nichts und niemanden auf dieser Welt von seinem Weg hätte abbringen lassen."

„Insofern war er schon ein ganz besonderer Mann. Nur eines dürfen wir nicht vergessen, er hatte nicht die Möglichkeit, seine Arbeit zu vollenden und hat uns damit ein Vermächtnis hinterlassen, dem wir meiner Meinung nach gerecht werden müssen!"

Robert war davon überzeugt, dass er in gewisser Weise die Gene seines Vaters in sich trug. Er konnte es nicht zulassen, und sein Gewissen sträubte sich mit aller Macht dagegen, dass der vermeintliche Mord an seinem Vater vielleicht ungesühnt bleiben würde. Außerdem hatte er sich vorgenommen, die Arbeit seines Erzeugers fortzuführen und zwar mit der gleichen Intensität und Entschlossenheit, wie der es getan hätte. Hier fand man auch den eigentlichen Grund der Zusammenkunft in Paris. Rob suchte Bundesgenossen, um das Erbe seines Vaters anzutreten!

Val's Kitchen war nun schon seit fast zwei Wochen geschlossen. Obwohl Madras immer wieder versuchte, sie davon zu überzeugen, dass sie sich um die Lebenden kümmern müsste, anstatt den Toten nachzutrauern, verfiel Valerie in eine regelrechte Lethargie. Madras hatte das Gefühl, dass sie jeglicher Lebensmut verlassen hatte.

Von ihrer Verletzung am Kopf konnte sie sich sehr schnell wieder erholen, und bis auf eine kleine Narbe an der Stirn war davon nichts übrig geblieben. Doch die Wunde, die die Nachricht über Marcel Runges Tod in ihre Seele gerissen hatte, klaffte tiefer, als er sich vorstellen konnte.

Meist saß Valerie auf der kleinen, blauen Bank, die ein einheimischer Schreiner vor Jahrzehnten in aufwändiger Handarbeit gefertigt hatte, vor ihrem Bungalow und starrte zum Horizont, ganz so, als würde sie in der Ferne etwas suchen oder auf jemanden warten.

Doch derjenige, auf den sie wartete, würde nie wiederkommen!

Diese Erkenntnis entzog ihr jegliche Energie. Sie fühlte sich leer und ausgebrannt wie nie zuvor in ihrem Leben. Selbst Igor mit seiner Brutalität und seiner Menschenverachtung hatte ihr nicht annähernd derartige Schmerzen zufügen können wie die, die sie jetzt empfand.

Immer wieder versuchte Madras, sie ins Leben zurückzuholen. Er hatte sein kleines Immobilienbüro geschlossen, nachdem er Valerie am Flughafen abgeholt hatte. Er wollte sie mit ihrem Schmerz nicht alleine lassen. Zu viel lag ihm an dieser Frau, und zu sehr spürte er, dass sie jetzt dringend die Nähe eines Menschen brauchte, dem sie vertrauen konnte.

Rührend kümmerte er sich um sie und las ihr förmlich jeden Wunsch von den Augen ab. Sie aß und trank so gut wie gar nicht, und er war davon überzeugt, dass sie mit ihrem Leben abgeschlossen hatte.

Immer wieder versuchte er, sie davon zu überzeugen, dass ihr die Einsamkeit nicht gut tue. Sie müsse unter Menschen gehen und sich von ihrem Schmerz ablenken und vor allen Dingen müsse sie auf den Pfad des Lebens zurückfinden.

In einer dunklen Ecke ihres Bungalows errichtete er einen kleinen Altar, den eine Madonnenfigur und ein in weiße Kleider gehüllter Engel zierten. Am Rand des Altars stellte er unzählige Kerzen auf und entzündete jeden Tag eine davon. In seinen Gebeten flehte er den allmächtigen Gott um Hilfe für dieses gestrandete Wesen an und bat um Vergebung ihrer Sünden. Er war davon überzeugt, dass sie sich auf einer Ebene bewegte, auf der ihr nur noch überirdische Kräfte helfen könnten.

Irgendwann schaffte er es, Valerie davon zu überzeugen, in ihrem kleinen Restaurant nach dem Rechten zu sehen. Insgeheim hoffte er natürlich, dass die Umgebung, die noch vor kurzer Zeit die Erfüllung ihrer Träume ausgemacht hatte, den letzten Funken Lebensmut, den er in ihr vermutete, zum Leben erwecken könnte.

Es dämmerte bereits, und die Sonne war gerade dabei, am karibischen Horizont blutrot im Meer zu versinken, als sie mühsam die Treppen zu dem Restaurant emporstiegen. Sie hatten gerade den Eingang der Veranda erreicht, da nahmen sie im Schatten einer Palme, die am äußersten Rand der Terrasse wuchs, die schemenhaften Umrisse einer Person wahr.

„Siehst du, Val, auch Mano sehnt sich danach, dass endlich wieder Leben in das Restaurant kommt. Nicht wahr, Mano?"

Unendlich langsam bewegte sich die Gestalt aus dem Schatten der Palme hervor.

Bekleidet war der Mann mit einem hellen Jackett und einer verwaschenen Jeans. Seinen Kopf zierte ein Strohhut, den er tief in sein Gesicht gezogen hatte. Der Schatten der Hutkrempe bedeckte sein Antlitz.

Valerie war sich sicher, dass dieser Mann niemals Mano, ihr Koch, sein könnte. Dafür war er viel zu groß. Aber vielleicht spielte ihr auch die zunehmende Dämmerung einen Streich.

Wie von Geisterhand getrieben breitete der Unbekannte seine Arme aus und streckte sie Valerie wortlos entgegen. Kaum merklich hob er seinen Kopf, und ihre Blicke trafen sich.

Ungläubig schaute sie in diese unendlich blauen Augen, die sie so gut kannte und nach denen sie sich so sehr gesehnt hatte!

Die leuchtende Erkenntnis durchzuckte ihren bebenden Körper wie ein Blitz die dunkle Nacht! Die Knie versagten ihr den Dienst, sodass Madras sie stützen musste. Ihre Augen füllten sich mit Tränen, und ihr Herz überschlug sich im Freudentaumel!

Konnte es wirklich sein? Vor ihr stand ihre unendlich große Liebe, Marcel Runge!

Von imaginären Flügeln getragen schwebte sie in seine weit ausgebreiteten Arme und bedeckte sein Gesicht mit nicht enden wollenden zärtlichen Küssen. Hingebungsvoll schmiegte sie ihren Kopf an seine starke Schulter.

Er lebt! Er lebt! durchfuhr es ihre gepeinigte Seele, und mit tränenerstickter Stimme stammelte sie:

„Ich bin so froh, so unendlich dankbar! Wir dachten alle, du seist tot! Doch du lebst, du lebst wirklich! Ich bin so froh, dass du lebst!"

„Ja, ich lebe. Und jetzt beginnt mit dir, meiner geliebten Valerie, ein neuer Lebensabschnitt, das verspreche ich dir!"

Auch Marcel Runge hatte Tränen in den Augen. Er wollte in seinem neuen Leben seine Gefühle nie wieder hinter dem Berg halten, das schwor er sich!

Mit kurzen und knappen Worten versuchte er zu erklären, warum er den Unfall in der Schweiz vorgetäuscht hatte.

Nachdem Bako von Valeries Notizbuch erfahren hatte, war es für Runge völlig klar, dass er damit zur Zielscheibe wurde. In den Jahren zuvor hatte er durch seine Recherchen und die damit verbundenen Veröffentlichungen für jede Menge Aufsehen gesorgt und war regelmäßig in irgendeiner Form bedroht worden. Die Ermittlungen, die sein Freund Hans Wolf über das BKA einleitete, hatten zur Folge, dass die ganze Bande aufgeschreckt wurde, und spätestens mit dem Tod Abrahams und dem Mord an dem Zuhälter Ritchie war es für ihn offensichtlich, dass man damit begonnen hatte, Zeugen zu beseitigen. Nicht nur Jean Pierre war der Killer aufgefallen, der ihnen auf Schritt und Tritt gefolgt war.

Marcel hatte die Befürchtung, dass er seine Freunde in Cluny und damit auch seinen Sohn Robert in erhebliche Gefahr bringen würde!

Schon seit Jahren hatte er dieses Szenario vorausgesehen und sich darauf vorbereitet. Lange hatte er nach einer geeigneten Stelle suchen müssen, um irgendwann seinen geplanten Abgang in die Tat umsetzen zu können. Schließlich fand er sie am Genfer See.

Er war davon überzeugt, dass diese Verbrecher nicht eher Ruhe gegeben hätten, bis man ihn zum Schweigen gebracht hätte.

Ursprünglich hatte es nicht zu seinem Plan gehört, dass er von dem Auftragsmörder bis zu dem vermeintlichen Unfallort verfolgt werden würde. Jedoch spielte ihm dieser Umstand in seine Karten. So hatte er sogar einen Zeugen für seinen Tod.

Hinter der Anhöhe auf der steilen Passstraße hatte er seinen alten Peugeot stark beschleunigt und war auf die Stelle zugerast, die er sich bereits Monate zuvor ausgesucht hatte.

Kurz vor dem unvermeidlichen Aufprall auf die Leitplanke ließ sich der Reporter seitlich aus dem Wagen fallen. Zum Glück hatte er sich dabei, außer ein paar Schürfwunden, keine gravierenden Verletzungen zugezogen. Sein altes Gefährt durchbrach die Straßenbegrenzung und stürzte wie geplant in die Tiefe. Kaum hatte er sich in einem Gebüsch am Straßenrand versteckt, sah er den Wagen seines Mörders. Ohne Beleuchtung rollte er die steile Straße hinunter. Runge überkam ein Schaudern, als der Kerl, der ihn vom Leben zum Tod befördern sollte, nur wenige Meter vor ihm in dem strömenden Regen stand. Es hatte ihn nahezu übermenschliche Beherrschung gekostet, sein Versteck nicht zu verlassen, um den Meuchelmörder die Klippen hinunterzustoßen.

Nachdem der Killer den Ort des Geschehens verlassen hatte, verlief alles nach Plan.

In einer kleinen Bucht des Genfer Sees hatte Marcel Runge zuvor ein Motorboot versteckt, mit dem er sich auf den Weg nach Genf machte. Von Genf aus führte ihn sein Weg nach Marseille. Hier heuerte er auf einem Fischerboot an, dessen Ziel die Küste Südamerikas war. Auf diesem Weg gelangte er nach Venezuela.

Am Tag seines vermeintlichen Unfalls hatte er noch einen langen Brief geschrieben, den er an Hans Wolf verschickte. In diesem Schreiben wollte er seinen alten Schulfreund vor der Gefahr warnen, in der auch er sich befand. Er war davon überzeugt, dass es sich bei den Manipulationen um ein globales Problem handelte, wobei die wirklichen Täter in den höchsten politischen und wirtschaftlichen Gremien zu suchen wären. Sie würden es nicht zulassen, dass man ihnen zu nahe käme. Den Sport betrachteten sie nur als Mittel zum Zweck, und damit meinte er nicht nur den Fußball.

Er war davon überzeugt, dass alle großen Sportveranstaltungen Teil eines Drehbuchs wären, in dem entsprechende Schauspieler mitspielten, um wirtschaftliche und kriminelle Interessen durchzusetzen. Sie würden dazu benutzt, politischen Einfluss auszuüben, wirtschaftliche Ziele durchzusetzen und Unmengen von Geld zu scheffeln. Eigentlich eine perverse Mutation des historischen Gedankens von „Brot und Spiele“.

An einem der Tische auf der Terrasse hatte sich Val auf Runges Schoß gesetzt. Ihre Arme hatte sie um seinen Hals geschlungen, sie wollte ihn unter keinen Umständen wieder loslassen.

An diesem Punkt endete Runges Planung, er wusste selbst nicht, wie es jetzt für ihn weitergehen sollte. Sicher war nur, dass Valerie einen festen Platz in seiner Zukunft hatte. Der Reporter war sich absolut sicher, dass er nicht wieder die gleichen Fehler begehen wollte, die ihm bereits in der Vergangenheit unterlaufen waren.

Nie wieder würde er die Menschen, die ihm am meisten bedeuteten, einer derartigen Gefahr aussetzen. Für ihn war klar, dass er seine Aufgabe zum größten Teil erfüllt hatte und seiner Bestimmung gerecht geworden war. Seine Zukunft gehörte ausschließlich Valerie!

Die letzten Jahrzehnte hatten einen großen Teil seiner Seele aufgefressen, und er hoffte inständig, dass Valerie der letzte Rest seines gequälten Inneren ausreichte, damit er sich von seinem bisherigen Leben lösen könnte. Alles andere sollte das Schicksal entscheiden.

Er nahm die Frau seines neuen Lebens fest in seine Arme und küsste ihr die letzten Reste der Tränen von ihrem Gesicht.

Auf dem Tisch vor ihm lagen mehrere Postkarten, adressiert an Jean Pierre, Robert, Max und Hans Wolf.

Sie trugen alle den gleichen Text. Es waren die Worte, die fast sein gesamtes Leben geprägt hatten:

Nichts im Leben ist so, wie es scheint!

EPILOG

Nachdem Marcel Runge seine Lebensaufgabe erfüllt hatte, fand er eine neue Passion. Gemeinsam mit seiner großen Liebe Valerie Sattler betrieb er nunmehr sehr erfolgreich ein kleines, aber feines Restaurant auf der Perle der Karibik. Nachdem er vom Enthüllungsjournalisten zum Barkeeper umgeschult hatte und sich fortan, anstatt mit Kriminellen und Mördern, ausschließlich mit dem Mixen guter Cocktails beschäftigte, trat Frieden in sein Leben ein.

Fußball bestimmte nicht mehr sein Dasein. Noch ein letztes Mal hatte er am Playa el Agua ein intensives Gespräch mit seiner verstorbenen Frau Mia geführt. Mia hatte ihm ihren Segen in Bezug auf Valerie gegeben. Damit hatte er sein Seelenheil!

Valerie hatte endlich die Liebe ihres Lebens gefunden. Kurz nachdem sie von dem Tod ihres ehemaligen Peinigers erfahren hatte, verschwanden ihre Ängste für immer in einem Hinterzimmer ihrer Seele. Aus der Bordsteinschwalbe war eine liebende Frau geworden, die allerdings ihre verborgenen Talente nicht immer völlig verleugnen konnte.

Insbesondere in ihrer Hochzeitsnacht mit Marcel Runge schwang sie sich zu ungeahnten Höhen auf!

Rodrigo Madras wurde der beste Freund der Runges und verbrachte von nun an nahezu jeden Abend auf der Terrasse von *Val's Kitchen*.

Max Kaiser hatte sich, nachdem er mit seiner Karriere als Profifußballer abgeschlossen hatte, dazu durchgerungen, an einem Abendgymnasium sein Abitur nachzuholen. Danach studierte er Sport und Pädagogik an der Sporthochschule in Köln und verbrachte seine Freizeit damit, in einem Fußballinternat ehrenamtlich als Trainer für junge und vielversprechende Fußballtalente zu arbeiten.

Jean Pierre und seine Frau Luise hatten, unmittelbar nachdem sie die Postkarte von Marcel Runge erhalten hatten, einen Flug nach Venezuela gebucht. Nach einer langen Nacht und etlichen Litern Ron Anjeo verzieh Jean Pierre dem Reporter seinen vorgespielten Tod. Seither ist ihre Freundschaft noch tiefer geworden, als sie sowieso schon war.

Runges Sohn, Robert, schlug eine erfolgreiche Karriere als Anwalt einer renommierten Pariser Kanzlei ein und avancierte im Laufe der Zeit zu einem glühenden Umweltaktivisten, der Umweltsünden und die damit zusammenhängenden Machenschaften gnadenlos verfolgte. Doch davon später mehr!

Schneider, der Sportfunktionär, erhielt für seine korrupte Lebensweise die entsprechende Quittung. Das Frankfurter Landgericht verurteilte ihn wegen seiner Taten zu einer Haftstrafe von 15 Jahren. Sein gesamtes Vermögen, das er sich im Laufe der Jahre ergaunert hatte, wurde beschlagnahmt.

Lahme, der blonde, korrupte BKA-Beamte, wurde von einem venezolanischen Strafgericht wegen verschiedener Delikte, unter anderem wegen Vergewaltigung und Verführung Minderjähriger, zu einer lebenslangen Freiheitsstrafe verurteilt. Seither dient er einem der Luceros in der Strafanstalt Los Teques als Gespielin für einsame Nächte! Inzwischen hat er mehrere gescheiterte Selbstmordversuche hinter sich. Das deutsche Auswärtige Amt verzichtet bis heute auf seine Auslieferung!

Vladimir Bako wurde nach seinem Dahinscheiden obduziert. Mit der Menge an Kokain, die man in seinem Körper fand, hätte man ohne weiteres mehrere Menschen töten können. Bei der Durchsuchung seines Hotelzimmers am Venice Beach stieß man auf Unterlagen über seine diversen Auslandskonten. Das Geld wurde beschlagnahmt! Bakos

Leichnam wurde eingeäschert und auf einem Friedhof der Namenlosen in Los Angeles bestattet.

Hans Wolf quittierte kurze Zeit nach Abschluss der Ermittlungen seinen Dienst und ging in den Vorruhestand. Fortan widmete er sich überwiegend seiner Ehefrau Eva. In letzter Zeit wurde er des Öfteren mit einer Angel in der Hand am Mainufer gesichtet!

DIE WICHTIGSTEN FUSSBALLSKANDALE DES 20. UND 21. JAHRHUNDERTS

1903

Vor dem Halbfinalspiel zur deutschen Meisterschaft erhalten die Verantwortlichen des damaligen Top Favoriten Karlsruher FV ein Telegramm, das angeblich vom DFB stammt. Demnach soll die Halbfinalbegegnung gegen DFC Germania Prag ausfallen und auf ein anderes Datum verschoben werden. Der Karlsruher FV tritt deshalb zur Begegnung nicht an und wird von der Meisterschaft ausgeschlossen.

1904

Billy Meredith, walisischer Nationalspieler, wird als Spieler von Manchester City wegen Bestechung 18 Monate gesperrt.

1915

Die Spieler Patrick o`Connell, Alex Turnbull, Arthur Walley und Enoch West von Manchester United werden der Spielmanipulation überführt. Sie setzen bei dem Spiel Manchester gegen Liverpool hohe Beträge auf den Spielausgang (2 : 0 für Manchester). Beim Spielstand von 2 :0 verschießt o`Connell absichtlich einen Elfmeter. Turnbull, Walley und West werden lebenslang gesperrt, o`Connell wird nie bestraft. Drei damalige Nationalspieler des FC Liverpool werden ebenfalls gesperrt.

1927

Dem FC Turin wird die italienische Meisterschaft wegen einer angeblichen Regelwidrigkeit zu Gunsten von Juventus Turin aberkannt. Außerdem wird ein Abwehrspieler des FC der Bestechlichkeit überführt.

1949
Verkauftes FA Cup Finale in England zwischen Leicester City und Wolverhampton Wanderers (1:3).

1965
FC Schalke und Karlsruher SC werden durch eine Skandalentscheidung des DFB vor dem sportlichen Abstieg gerettet. Die Bundesliga hat in der Spielzeit nur 16 Teilnehmer und sowohl Schalke als Tabellenletzter, als auch Karlsruhe als vorletzter wären sportlich abgestiegen.
Wegen finanzieller dubioser Transaktionen wird Hertha BSC zum Abstieg verurteilt und gleichzeitig die Bundesliga für die kommende Spielzeit auf 18 Vereine aufgestockt.
Tasmania Berlin wird in einer außerordentlichen Sitzung des DFB in die Bundesliga aufgenommen. Man betrachtet dies als Konzessionsentscheidung wegen des Zwangsabstiegs von Hertha BSC. Tasmania Berlin hält seitdem sämtliche Minusrekorde in der Geschichte der Bundesliga. (Die wenigsten Tore, die meisten Gegentore, die wenigsten Siege, die meisten Niederlagen, die wenigsten Zuschauer usw.)

1971
Erster großer Skandal in der Bundesliga. In der Saison 1970/71 werden im Abstiegskampf mehrere Spiele ver- bzw. gekauft. Aufgedeckt wird der Skandal von dem damaligen Vereinspräsidenten von Kickers Offenbach, Canellas, der anlässlich seines 50-jährigen Geburtstags ein Tonband abspielt. Auf dem Band sind Gespräche und Telefonate aufgezeichnet, die den Skandal und die manipulierten Spiele zum Inhalt haben. Insgesamt werden 52 Spieler, zwei Trainer und sechs Vereinsfunktionäre bestraft.

Alle Verurteilten werden 1974 wieder begnadigt. Verschiedene Spieler des FC Schalke schwören vor Gericht Meineide. Darunter so renommierte Spieler wie Fichtel, Sobiray, Fischer, Rüssmann und Burdenski. Kritiker werfen den verantwortlichen Funktionären eine zu oberflächliche Ermittlung und der Justiz überstürzte Aburteilung vor. Man sieht dies vor dem Hintergrund der anstehenden WM in Deutschland.

1980 – 1981

Zwangsabstieg von AC Mailand und Lazio Rom wegen illegaler Wettgeschäfte und Spielabsprachen. U. a. werden aktuelle Nationalspieler gesperrt. Darunter auch Paolo Rossi, der anschließend rechtzeitig zur WM 1982 begnadigt wird und bekanntlich die deutsche Nationalmannschaft im Finale fast im Alleingang abschießt.

1989

Im Meisterjahr des SSC Neapel werden Spielabsprachen und illegale Wettgeschäfte im Zusammenhang mit der neapolitanischen Mafia aufgedeckt. Sportdirektor ist ein gewisser Luciano Moggi, der bereits in dem Bestechungsskandal 1980 mit Lazio Rom in Verbindung gebracht wird. Moggi ist auch in den großen italienischen Fußballskandal 2005/06 als Manager von Juventus Turin verwickelt.

1989

Während des Qualifikationsspiels zur Fußball WM 1990 zwischen Brasilien und Chile kommt es zum Eklat, weil nach einer von einem Zuschauer gezündeten Rakete, die in den chilenischen Strafraum fliegt, der chilenische Torhüter Roberto Rojas unvermittelt zusammenbricht.

Nach einem Tumult wird er blutüberströmt vom Platz getragen, und das Spiel wird abgebrochen. Bei einer Wertung am grünen Tisch zu Gunsten Chiles wäre Chile und nicht Brasilien zur WM 1990 nach Italien gefahren. Nachträglich beweisen Bilder und Videoaufnahmen, dass der Torhüter von dem Zündkörper nicht getroffen wurde, sondern sich die Verletzungen mittels einer Klinge, die er in seinem Handschuh verborgen hielt, selbst zufügt.
Da dieser Schnitt offensichtlich nicht tief genug und Aufsehen erregend ist, hilft der Team-Arzt der Chilenen nach, indem er Rojas Merfen Orange, ein rotes Desinfektionsmittel, über das Gesicht schüttet. Das Spiel wird 2:0 für Brasilien gewertet, und Chile wird für Jahre vom internationalen Fußball ausgeschlossen. Rojas wird lebenslang gesperrt.

1993

Der malaysische Geschäftsmann Heng Suan Lim schmiert mehrere Spieler der englischen Liga zu Gunsten eines Wettspielsyndikats. Darunter ist der damalige Top-Torhüter des FC Liverpool, Bruce Grobelaar.

1995

Der französische Geschäftsmann und Politiker Bernard Tapie wird als Präsident von Olympique Marseilles des Betruges, der Spielmanipulation und Bestechung überführt und zu insgesamt zwei Jahren Haft verurteilt.

1995

Bestechungs- und Erpressungsskandal bei der U 20 WM in Katar.

1997
Der gesamte Kader des spanischen Erstligisten Gijon gewinnt 120.000 DM, weil er das eigene 0:0 gegen Oviedo bei einem internationalen Wettspielanbieter richtig getippt hat.

2000
Der brasilianische Nationaltrainer wird wegen Verwicklungen in kriminelle Machenschaften entlassen. Luxemburgo soll 2 Mio. DM Schweigegeld erhalten haben.

2000
Ungewöhnliche Außenseitersiege in der italienischen Serie A sowie der österreichischen Liga. Gleichzeitig setzt ein asiatischer Wettspieler große Beträge auf die entsprechenden Spiele bei Oddset und gewinnt insgesamt 6,6 Mio. Euro.

2002
Der türkische FIFA-Schiedsrichter Ihsan Türe berichtet in seiner Biographie von weit angelegter Bestechung im internationalen Fußball. Nach seinen Angaben hat auch er bezahlte Luxussuiten oder Sex-Abenteuer-Spiele genossen.

2002
DFB Schiedsrichter Trautmann versteigert Sportartikel-Neuware von ADIDAS über Ebay, die zuvor dem DFB als Werbematerial geliefert wurde.

2003
Nach Berichten der Süddeutschen Zeitung soll Reiner Calmund als Manager von Bayer Leverkusen mindestens drei Ligaspiele gekauft haben, um seinen Verein vor dem Abstieg zu retten.

Ermittlungen der Kölner Staatsanwaltschaft wurden eingeleitet. Heimspiele gegen Arminia Bielefeld (3:1) 1860 München (3:0) und 1. FC Nürnberg (1:0). Ermittlungen gegen Calmund im Zusammenhang mit Schmiergeldzahlungen von insgesamt 1,4 Mio. Euro.

2003
Der chinesische Journalist Yang Ming stellt in seiner Buchveröffentlichung fest, dass in der chinesischen Liga kein einziges Spiel ohne Betrug beendet wird.

2003
Mordanschlag auf den Enthüllungsjournalisten Ricardo Gabito in Uruguay. Gabito deckt weitreichende Zusammenhänge im südamerikanischen Fußball zwischen Spielertransfers und Wäsche von Drogengeldern auf.

2004
Zwölf Clubs der chinesischen ersten Liga revoltieren gegen die herrschende Korruption und Bestechung.

2004
Die Regierung Singapurs führt Lügendetektoren ein, um der massiven Schiebung in ihrer Top-Liga Herr zu werden.

2004
Die italienische Camorra manipuliert mindestens acht Spiele der Serie A in der Saison 2003/04.

2004
In Zypern wetten Nationalspieler hohe Geldbeträge auf die eigene Niederlage gegen Bulgarien.

2004
30 Schiedsrichter der ersten tschechischen Liga werden von Vereinsfunktionären geschmiert, die sich über illegale Sportwetten finanziert haben.

2004
Der FC Genua 1893 erkauft sich für 250.000 Euro den Aufstieg im Spiel gegen AC Venedig.

2004
Nachgewiesene Bestechung und Manipulation im UEFA-CUP Spiel zwischen Panionis Athen und Dinamo Tbilissi (5:2) durch die sogenannte Thessanoliki Connection der kroatischen Brüder um Ante S.

2005
Weitreichende Ermittlungen in Frankreich wegen Schmiergeldzahlungen im Zusammenhang mit Spielervermittlungen und Vergabe von Fernsehrechten. Im Mittelpunkt der Ermittlungen steht der Club Europe, dem die größten Vereine gehören (Paris, Marseilles, Bourdaux, Lyon und Lens). Außerdem werden Ermittlungen gegen den Pay-TV Sender Canal + sowie gegen die Ausrüsterfirma Sportive eingeleitet. Insbesondere rückt der Transfer des Brasilianers Ronaldinho von PSG zum FC Barcelona für 30 Millionen Euro in den Focus.

2005
Strafanzeige durch den Münchner Rechtsanwalt Rotter gegen die Funktionäre des BVB, Niebaum und Meier, wegen Vergehens gegen das Aktienrecht und Kursmanipulation.

2005
Der FIFA Schiedsrichter Edilson Pereira de Carvalho wird in Brasilien der Bestechlichkeit und Manipulation von Erstligaspielen überführt.

2005
Der Präsident des polnischen Erstligaabsteigers Katowice löst Ermittlungen in der polnischen Liga aus. Die Ermittlungen ergeben, dass fast alle Clubs der ersten und zweiten Liga in Betrugsskandale verwickelt werden. Mehr als 100 Spieler, Funktionäre und Schiedsrichter werden verhaftet. Dabei wird u. a. Widzew Lodz Schiedsrichterbestechung in mindestens zwölf Fällen nachgewiesen. Dem Meister Zaglebie Lublin wird nachgewiesen, dass der Aufstieg im Jahr zuvor erkauft wurde.

2005
Der bis dato größte Skandal in der deutschen Fußballgeschichte um den Schiedsrichter Robert Hoyzer wird aufgedeckt. Hoyzer gibt während der Vernehmungen zu, Spiele der Regionalliga, des DFB Pokals und der Zweiten Liga verschoben zu haben.
Die Ermittlungen konzentrierten sich auf die Inhaber des Wettspiel Casinos „Café King“ in Berlin, Ante S. und Brüder. Auch Hertha BSC gerät in den Focus der Ermittler, insbesondere im Zusammenhang mit dem DFB Pokal Spiel gegen den Regionalligisten Eintracht Braunschweig. (2 : 3), das durch ein Eigentor des Spielers Madlung in der 80. Minute

entschieden wurde. Madlung war vier Minuten zuvor eingewechselt worden.
Eins der bekanntesten Spiele aus dem Skandal war die DFB Pokal Begegnung zwischen Paderborn und dem Hamburger SV (4 : 2). Während des Spiels hatte es zwei umstrittene Elfmeterentscheidungen für Paderborn und einen Platzverweis gegen den HSV gegeben. Die Spielmanipulationen betreffen die Saisonverläufe 2003 – 2005.

2006

Ausgelöst durch die Veröffentlichung von Abhörprotokollen der italienischen Staatsanwaltschaft in der Gazetta dello Sport kommt der große Fußballskandal in Italien an die Öffentlichkeit. Veröffentlicht werden Protokolle und Ermittlungsergebnisse aus Telefongesprächen des Managers von Juventus Turin, Luciano Moggi. Gemäß der Ermittlungen hat Moggi gemeinsam mit dem Schiedsrichter Koordinator, Pierluigi Pairetto, etliche Spiele der Serie A und der Serie B manipuliert.
Zu den betroffenen Vereinen gehören unter anderem die Spitzenvereine Juventus Turin, AC Mailand, Lazio Rom, AC Florenz sowie Regina Calcio, Chievo Verona, US Lecce, FC Messina und AC Siena. Außerdem werden Ermittlungen gegen mehr als fünfzig Funktionäre eingeleitet sowie gegen den damaligen Nationaltrainer Marcello Lippi und die Nationalspieler Fabio Cannavaro und Gianluigi Buffon.
Verfahren werden eröffnet gegen Juventus Turin, AC Mailand, AC Florenz und Lazio Rom sowie 26 Funktionäre.

2008
Ermittlungen der spanischen Behörden in Verbindung mit dem Spiel der Zweiten Liga zwischen FC Malaga und CD Teneriffa (2:1). Die Spieler von Teneriffa sollen jeweils 6.000 Euro für die Niederlage erhalten haben. Nach Insider Aussagen sind die so genannten „maletines"(Geldköfferchen) im spanischen Profifußball an der Tagesordnung.

2009
Ermittlungen der italienischen Staatsanwaltschaft wegen Wettbetrug, Bestechung und Zugehörigkeit zu einer kriminellen Vereinigung gegen den Präsidenten des Fußball Drittligisten Potenza SC sowie acht weitere Verdächtige.

2009
Die Staatsanwaltschaft Bochum ermittelt in Sachen Fußball- und Wettskandal in Verbindung mit mehr als 200 Spielen aus der Champions League, Europa League sowie den deutschen Profiligen. Als einer der Drahtzieher wird Ante Sapina, der schon in den Skandal 2005 um Schiedsrichter Robert Hoyzer verwickelt war, verhaftet.
Neben Spielen in Deutschland stehen Begegnungen aus ganz Europa im Focus der Ermittler.

2010
Skandal in der spanischen Liga um den Aufstieg von Hercules Alicante. Der Vereinspräsident soll mindestens drei Spiele gekauft haben. Die Abhörprotokolle der Staatsanwaltschaft bleiben unter Verschluss.

2010
Nach weitreichenden Ermittlungen werden in Kroatien mehr als zwanzig Personen im Zusammenhang mit Spielmanipulationen festgenommen.

2010
Ermittlungen gegen den ungarischen Meister Debrecen wegen Spielmanipulation und Wettbetrug.

2010
In der Türkei werden insgesamt 46 Personen festgenommen. Darunter auch der ehemalige Bochumer Profi Fathi Akyel. Der Vorwurf lautet auf Spielmanipulation, illegale Sportwetten und Zugehörigkeit zu einer kriminellen Vereinigung.

2010
Die griechischen Profi Clubs Panthrakikos, PAS Ioannina, Panionios Athen, Atromitos Halkidona und Kavala FC werden der Spielmanipulation und Spielabsprache beschuldigt.

2010
Umfangreiche Ermittlungen in der italienischen zweiten Liga gegen den Club US Gallipoli wegen Spielabsprachen und Wettspielmanipulation.

2010
Ermittlungen gegen den UEFA-Funktionär Jozef Marko, eines von fünfzehn Mitgliedern der UEFA-Schiedsrichterkommission. Marko soll sich mit einem der Hauptangeklagten des durch die Bochumer Staatsanwaltschaft ermittelten Fußballskandals, Marijo C., getroffen haben, um einen perfiden Plan abzusprechen. Der Funktionär sollte dafür Sorge tragen, was abgehörte Telefonate belegen, dass der bosnische

Referee Novo Panic in die zweite Leistungskategorie befördert wird, um auch Spiele der Europa League pfeifen und manipulieren zu können.

2010

Aufgrund von Telefonüberwachungen der Bochumer Staatsanwaltschaft liegen Vermutungen nahe, dass einer der Hauptangeklagten im laufenden Manipulationsskandal, Ante Sapina, Umsätze in Höhe von 20 Mio. Euro monatlich bei internationalen Wettanbietern macht.

2010

Spanische Staatsanwälte ermitteln wegen der Halbfinalniederlage des FC Bayern München gegen Zenith St. Petersburg (0:4) im UEFA-Cup am 01. Mai 2008. Auslöser der Ermittlungen sind abgehörte Telefongespräche zwischen Mitgliedern der russischen Mafia, nach denen die Bayern insgesamt 50 Mio. Euro erhalten haben sollen.
Die Verantwortlichen des FC Bayern München dementieren sämtliche Vorwürfe und erstatten Strafanzeige gegen den Chefermittler der UEFA sowie seinen Informanten.